트로츠키 1927~1940

고전적 마르크스주의 전통을 사수하다

국립중앙도서관 출판예정도서목록(CIP)

트로츠키 : 1927~1940 : 고전적 마르크스주의 전통을 사수하다 / 지은이: 토니 클리프 ; 옮긴이: 이수현. -- 서울 : 책갈피, 2018
p. ; cm

원표제: Trotsky : the darker the night, the brighter the star, 1927-1940. v. 4
원저자명: Tony Cliff
색인수록
영어 원작을 한국어로 번역
ISBN 978-89-7966-137-8 03990 : ₩25000

Trotsky, Leon
마르크스 주의[--主義]

340.245-KDC6
335.43-DDC23 CIP2018021118

트로츠키 1927~1940

고전적 마르크스주의 전통을 사수하다

토니 클리프 지음 | 이수현 옮김

책갈피

트로츠키 1927~1940
고전적 마르크스주의 전통을 사수하다

지은이 | 토니 클리프
옮긴이 | 이수현

펴낸이 | 김태훈
편집 | 이재권

펴낸곳 | 도서출판 책갈피
등록 | 1992년 2월 14일(제2014-000019호)
주소 | 서울 성동구 무학봉15길 12 2층
전화 | 02) 2265-6354
팩스 | 02) 2265-6395
이메일 | bookmarx@naver.com
홈페이지 | http://chaekgalpi.com
페이스북 | http://facebook.com/chaekgalpi

첫 번째 찍은 날 2018년 7월 23일

값 25,000원

ISBN 978-89-7966-137-8

잘못된 책은 바꿔 드립니다.

차례

일러두기

1. 이 책은 Tony Cliff, *Trotsky: the darker the night the brighter the star. Volume 4, 1927-40*(Bookmarks, 1993)을 번역한 것이다.

2. 인명과 지명 등의 외래어는 최대한 외래어 표기법에 맞춰 표기했다.

3. 《 》 부호는 책과 잡지를 나타내고, 〈 〉 부호는 신문, 주간지를 나타낸다. 논문과 신문 기사 등은 " "로 나타냈다.

4. 본문에서 [ ]는 옮긴이나 편집자가 독자의 이해를 돕거나 문맥을 매끄럽게 하려고 덧붙인 것이다. 지은이가 인용문과 후주에 덧붙인 것은 [— 지은이]로 표기했다.

5. 본문의 각주는 옮긴이나 편집자가 넣은 것이다. 지은이의 각주는 '— 지은이'라고 표기했다.

6. 원문에서 이탤릭체로 강조한 부분은 고딕체로 나타냈다.

감사의 말

이 책을 쓰는 데 많은 사람의 도움을 받았다. 그중에 다수는 자료를 찾는 데 도움을 준 파노스 가르가나스, 폴크하르트 모슬러, 존 멀린, 장 펠티에, 크누트 산, 아메드 쇼키 같은 사람들이다. 또, 많은 동지가 다양한 문헌을 번역해 줬다. 예컨대, 에르시 콩토구리스, 일래나 댈러스, 개러스 젱킨스, 제이크 호번, 엔데 오캘러헌, 메리 필립스 등이다. 이런저런 조언과 제안을 해 준 크리스 뱀버리, 알렉스 캘리니코스, 린지 저먼, 크리스 하먼, 존 리즈에게 깊이 감사드린다. 원고를 편집하고 타이핑하는 데 동참한 하니 로젠버그에게는 특별히 감사드리고 싶다. 전문가다운 비평과 함께 문체에 관한 매우 귀중한 제안을 해 준 존 몰리뉴와 도니 글룩스타인, 이 책을 편집해 준 덩컨 블래키에게도 감사드린다.

1993년 4월

토니 클리프

머리말

생지옥

이 정치적 전기는 트로츠키가 1928년 1월 17일 카자흐스탄 수도 알마아타로* 유배된 뒤부터 1940년 8월 20일 멕시코에서 암살당할 때까지를 주로 다룬다. 이 시기는 파란만장한 트로츠키의 삶에서도 가장 비극적이었다. 약 13년간의 이 시기는 한 줄기 빛도 없는 칠흑같이 깜깜한 때였다.

1927년에 트로츠키가 "가장 강력한 서기장의 복수보다 역사의 복수가 더 강력하다"고 말했을 때, 그는 이 서기장 때문에 자신과 가족이 참혹한 경험을 하게 되리라는 것을 전혀 알지 못했다.

먼저, 트로츠키의 큰딸 지나는 폐결핵을 앓고 있었는데, 소련 정부는 지나가 치료차 독일에 가는 것을 허가했다. 그러나 지나의 두 자녀 중 [다섯 살 먹은] 아들 세바는 엄마와 함께 독일로 가는 것이 허용됐지만, 예닐곱 살 먹은 딸[알렉산드라]은 스탈린에게 인질로 잡혀 있었다. 지나의 남편인 플라톤 볼코프는 시베리아의 강제 노동 수용소로

---

* 현재의 알마티.

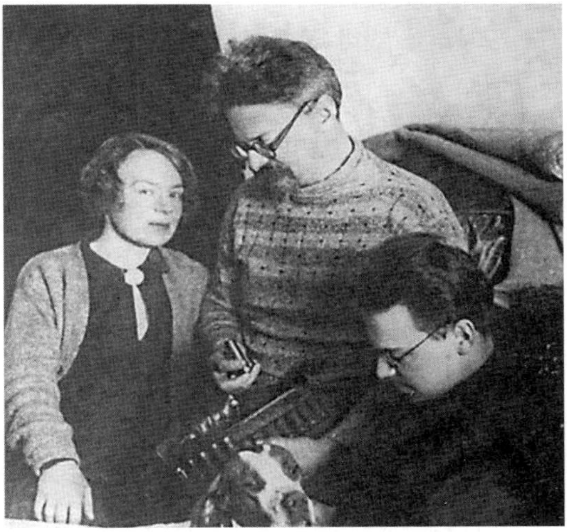

트로츠키의 가족.
왼쪽에 아내 나탈리야 세도바, 오른쪽에 아들 레온 세도프가 있다.

추방됐다. 여동생인 니나는 죽고, 아버지는 박해받고, 남편은 추방당하고, 자신과 두 자녀는 삶을 유지하기조차 힘들어지자 지나의 정신은 극도로 피폐해졌다. 그래서 몇 차례 폐 수술을 받고 나서 정신과 치료도 받아야 했다. 의사가 내린 결론은 지나가 회복되려면 소련에 있는 가족에게 돌아가야 한다는 것이었다. 그러나 스탈린의 앙심은 끝이 없었다. 지나와 세바는 소련 시민권을 박탈당했다. 절망에 빠진 지나는 1933년 1월 5일 자살했다. 서른 살이었다. 지나가 죽은 지 6일 뒤에 트로츠키는 소련 공산당과 정부 지도자들에게 보낼 '공개 서한'을 썼다. 지나는 너무 아파서 정치 활동을 적극적으로 할 수 없었으므로, 지나의 시민권을 박탈하고 결국 정신을 파괴한 것은 단지 보복성 잔학 행위일 뿐이라는 것이었다. 지나는 "자신의 의지로 그것[자살]을 선택하지 않았다. 스탈린이 지나를 자살로 몰아간 것이다."[1]

지나의 여동생 니나는 그보다 5년 앞선 1928년 1월 9일에 죽었다. 니나의 남편인 만 네벨손은 체포돼서 시베리아의 강제 노동 수용소로 보내졌다. 니나는 좌익반대파에서 매우 적극적으로 활동했기 때문에 당에서 제명당했고 일자리를 전혀 구할 수 없었다. 병석에 누운 니나는 결국 몇 주 뒤 폐결핵으로 죽었다. 스물여섯 살이었다. 병원에서 니나가 아버지에게 보낸 편지는 73일 뒤에야 도착했고, 그때 니나는 이미 죽은 사람이었다. 니나의 두 자녀는 언니의 딸과 함께 어머니이자 트로츠키의 첫 아내인 알렉산드라 소콜롭스카야가 돌보게 됐다.

트로츠키의 자녀 중 셋째는 애칭이 료바인 레온 세도프였다. 그는 아버지와 함께 알마아타로 유배됐다가 나중에 터키로 망명했다. 아내와 아들은 소련에 남겨 둘 수밖에 없었다. 레온 세도프는 좌익반대파 지도부에서 트로츠키의 오른팔 구실을 했다. 1938년 2월 초 파리에서 병에 걸린 그는 망명한 러시아 의사들이 운영하는 작은 사립 병원에 입원했다. 그곳에서 게페우[소련의 비밀경찰]의 마수에 걸려 1938년 2월 16일 독살됐다. 서른두 살이었다.

트로츠키의 막내아들 세르게이는 과학자이자 [모스크바]기술연구소 교수였고, 정치를 멀리했다. 그래서 아버지가 유배되거나 망명했을 때 따라가지 않았고 아버지와 전혀 연락하지도 않았다. 그러나 "전화기를 든 칭기즈칸"은 그를 가만 놔두지 않았다. 세르게이는 1934년 12월에 투옥되고 나서 보르쿠타에 있는 강제 노동 수용소로 유배됐다. 그에 관한 마지막 소식은 1936년 페초라강 유역의 모든 수용소에서 트로츠키주의자들이 벌인 132일간의 단식투쟁에 가담했다는 것이었다.

마지막으로, 알렉산드라 소콜롭스카야가 있다. 그녀는 좌익반대파의 능동적 일원이었고, 트로츠키의 손주 세 명을 돌봐야 했다. 1936년 소콜롭스카야는 레닌그라드에서 쫓겨나 처음에는 토볼스크로, 나중에는 옴스크주의 오지로 유배됐다. 트로츠키의 손주들도 늙은 고모할머니에게 보내져 양육됐고 운명 앞에서 속수무책이었다.

소콜롭스카야는 1938년 총살당했고, 트로츠키의 네 자녀와 마찬가지로 스탈린의 희생자가 됐다.

로자 룩셈부르크와 카를 리프크네히트도 살해됐고, 노동계급 운동에는 다른 순교자도 숱하다. 그러나 트로츠키의 지위는 특이하다. 그는 한 번이 아니고 여러 번 살해됐다. 그의 고통과 용기는 타의 추종을 불허한다. [그리스신화에서] 프로메테우스는 사슬로 바위에 묶인 채 독수리에게 간을 쪼여 먹히지만 결코 굴복하지 않고 자신의 태도를 의심하지도 않는다. 1935년 4월 4일 트로츠키는 일기에 다음과 같이 썼다. "[스탈린은 — 지은이] 심지어 지금도 내가 그와 자리를 바꾸려 하지 않으리라는 것을 알고 있을 만큼 충분히 영리하다.[… 그러나 더 높은 차원에서 나에게 복수하는 데 성공하지 못한다면 — 분명히 성공하지 못할 것이다 — 나와 가까운 사람들을 공격하는 것으로 보상받으려 할 것이다.]"[2] 트로츠키의 엄청난 고통을 덜어 줄 수 있는 것은 아무것도 없었지만, 그에게 자기 연민이나 옹졸함 따위는 전혀 없었다. 오직 명료한 사고, 열정, 불굴의 의지가 결합돼 있었을 뿐이다.

트로츠키 지지자들에 대한 스탈린의 복수도 끔찍했다. 1927~1928년에 소련 노동자들은 혁명의 국제적 패배(독일부터 중국까지)로 소련이 고립되자 사기가 꺾였다. 소련의 트로츠키주의자들은 여전히 수십만 명의 노동자에게 상당한 영향을 미치고 있었다. 소련 전역에서 좌익반대파의 활동이 고조되고 있다는 소식이 들려왔다. 광범한 노동쟁의에서 좌익반대파는 매우 중요한 구실을 했다. 감옥과 유배지에 있는 트로츠키주의자들은 실제로 매우 많았고 약 8000~1만 명쯤 됐다.

그러나 1928~1929년에 소련의 좌익반대파는 붕괴했다. 두 요인이 강하게 작용했다. 첫째, 노동계급의 투쟁과 의식이 쇠퇴했다. 5개년계획에 따른 대규모 공업화의 결과로 프롤레타리아의 구성이 급격히 바뀌었다. 제정 시절 형성된 노련한 프롤레타리아는 주로 농민 출신인 수많은 신참 노동자들에게 압도당했다. 이 새로운 노동자들은 산업 노동자로 생활한 전통도, 연대의 전통도, 계급의식도 없었다. 이제 프롤레타리아는 완전히 원자화했다.

산업 프롤레타리아를 원자화시킨 바로 그 과정 때문에 좌익반대파는 엄청난 이데올로기적 위기를 겪었다. 트로츠키와 좌익반대파는 몇 년 동안 스탈린을 중도파라고 부르면서, 스탈린과 그의 관료들이 프롤레타리아와 쿨라크·네프맨* 사이에서 동요한다고 주장했다(당시에는 매우 옳은 주장이었다). 스탈린은 결코 독립적 태도를 취할 수 없고, 두 기본 세력 가운데 하나가 승리하면 몰락할 수밖에 없다는 것이 트로츠키의 생각이었다. 트로츠키는 결국 소련 사회의 운명은 쿨라크와 네프맨에 반대하는 노동계급의 투쟁에 따라 결정될 것이고 관료들은 둘을 중재하는 부차적 구실만 할 것이라고 생각했다. 실제로는 모든 사회 세력이 서로 마비된 덕분에 스탈린의 관료들이 경제적·사회적 위기를 실용주의적으로 그럭저럭 헤쳐 나갈 수 있었다. 스탈린은 폭력을 사용해서 임시방편의 조치들을 잇따라 강요했는데, 전체로 보면 그 조치들은 난국을 타개하는 국가자본주의적 길이었다. 이렇게 관료들은 다른 사회집단 위에 군림할 수 있었고, 노동계급과 농민을 모두 희생시켜 자본을 축적하기 위해 가장 냉혹한 착취 체제를 구축했다. 관료들이 프롤레타리아의 전위 — 좌익반대파 — 를 궤멸한 것은 단지 쿨라크와 네프맨에게 굴복하기 위해서가 아니었다. 관료들은 일단 좌익반대파를 물리친 다음에는 쿨라크와 네프맨에게 총구를 돌렸다. 농민들은 비록 수는 많았지만 파편화하고 분산돼 있었기 때문에, 중앙집권적 국가 관료를 상대로 한 싸움에서 결

---

* 쿨라크는 소련의 부농을, 네프맨은 신경제정책NEP으로 득을 본 사업가를 말한다.

코 이길 수 없었다.

시간이 흐른 뒤에 사정을 파악하기는 쉽기 때문에, 당시 사건에 참여한 사람들보다는 후대의 우리가 그때 상황을 훨씬 분명히 알 수 있다. 당시의 매우 복잡한 소련 상황을 분석할 때 트로츠키가 참고할 만한 역사적 선례는 전혀 없었다. 그 전까지 유일한 노동자 국가는 파리코뮌이었는데, 파리코뮌은 겨우 한 도시에서 74일 동안 존속했을 뿐이다. 노동자 국가가 변질되는 현상은 전례 없는 것이었다. 트로츠키에게 그것은 마치 눈보라가 몰아치는 캄캄한 밤에 불빛도 없고 길도 없는 곳에서 구덩이가 가득한 땅 위를 걷는 것과 마찬가지였다.

5개년계획, 즉 스탈린이 집산화와 급속한 공업화로 전환한 것을 보며 좌익반대파는 정치적으로 무장해제됐다. 그래서 1928~1929년에 좌익반대파 수천 명이 투항했다(그중 다수는 제정 시절 감옥과 시베리아 유배지에서 몇 년씩 복역한 노련한 투사들이었다). 8000~1만 명의 좌익반대파 가운데 1929년 말에 스탈린에게 투항하지 않은 사람은 겨우 800명뿐인 듯하다. 감옥과 유배지, 수용소에 있던 트로츠키주의자들의 정신을 파괴한 것은 경찰 탄압이라기보다는 이데올로기적 위기였다. 노련한 볼셰비키 선임 당원이자 좌익반대파 지도자인 Kh 라콥스키, M 오쿠자바, V 코시오르는 다음과 같이 설명했다. "신노선[집산화와 공업화로 전환한 것 — 지은이]이 없었다면, [스탈린이] 억압만으로 그만한 성과를 거두지는 못했을 것이다."[3] 경찰 탄압 자체만으로는 좌익반대파 수천 명이 순식간에 투항한 이유를 설명할 수 없다. 어쨌든, 볼셰비키 선임 당원의 다수는 제정 시절 감옥과 시베리아 유배지에서 몇 년씩 복역하며 투쟁의 시험대를 통과한 사람들이었기 때문이다. 투항은 스탈린의 집산화·공업화 정책이 사회주의적 정책이고 그것 말고는 다른 대안이 없다는 믿음의 결과였다. 스탈린은 급속한 공업화를 강행하면서 노동자들을 희생시켰지만(실질임금이 반 토막

났다), 공업화를 프롤레타리아의 사회주의적 정책과 동일시했다. 그래서 좌익반대파는 역사적 정당성을 잃어버렸다.

자본의 대규모 시초 축적이 사회주의라면, 프롤레타리아는 역사 발전의 주체가 아니라 객체이자 원료이고 또 그래야 한다. 수많은 농민을 집단농장에 강제로 몰아넣는 잔혹한 짓이 사회주의와 같은 것이라면, 노동계급 민주주의의 정당성도 완전히 사라져 버린다.

노련한 볼셰비키 선임 당원들, 특히 좌익반대파 지도자 가운데 변하지 않은 사람은 극소수였다. 위대하고 명예로운 예외는 나이 많은 흐리스티안 라콥스키였는데, 그는 약 30년 동안 트로츠키의 전우였다. 그러나 라콥스키조차 마침내 무너졌다. 1934년 2월 23일 〈이즈베스티야〉(소식)는 라콥스키가 당 중앙위원회에 보낸 전보를 공개했다. 거기서 라콥스키는 다음과 같이 말했다. "궁극적으로 10월 혁명을 공격하는 국제적 반동의 득세 앞에서, 당과 저의 오래된 이견은 그 의미를 상실했습니다. 저는 당의 일반적 노선에 주저 없이 완전히 복종하는 것이 볼셰비키·공산주의자의 의무라고 생각합니다."

그 소식에 경악한 트로츠키는 다음과 같이 설명했다. "털끝만큼도 과장하지 않고, 히틀러의 도움 덕분에 스탈린이 라콥스키를 굴복시켰다고 말할 수 있다."[4]

트로츠키는 (1929년 2월) 터키로 망명한 뒤 소련 밖에서 좌익반대파를 건설하려고 열심히 노력했다.

당시는 자본주의 역사상 최악의 경제 불황기였고 나치가 진군하던 때였다. 트로츠키는 독일 상황을 다룬 가장 뛰어난 기사·논문·책을 썼다. 특히 인상적인 것은 지은이가 사건 현장에서 아주 멀리 떨어져 있었는데도 나날의 우여곡절을 추적해서 글을 썼다는 점이다. 1930~1933년에 트로츠키가 쓴 저작들을 읽어 보면, 얼마나 구체적인지 마치 지은이가 독일에서 아주 멀리 떨어진 터키의 프린키포섬이 아니라 독일 현지에 살고 있는 것 같은 느낌이 든다. 이 저작들은 역사유물론의 방법이 적용된 걸작일 뿐 아니라, 경제적·사회적·정치적·이데올로기적 변화 사이의 복잡한 관계를 설명하고, 독일의 다양한 사회집단(프롤레타리아·프티부르주아지·룸펜프롤레타리아)의 대중심리나 히틀러 같은 개인의 구실 등을 묘사하는 데서 타의 추종을 불허한다. 이 저작들은 카를 마르크스의 가장 뛰어난 역사 저작—《루이 보나파르트의 브뤼메르 18일》이나 《프랑스의 계급투쟁》—과 어깨를 나란히 한다. 트로츠키는 상황을 분석할 뿐 아니라 프롤레타리아의 행동 방침을 분명히 제시하기도 한다. 전략과 전술의 측면에서 그 저작들은 극히 귀중한 혁명적 지침서로, 코민테른 첫 4년 동안 레닌과 트로츠키가 만들어 낸 최상의 작품들과 견줄 만하다.

불행히도 사상은 수많은 사람들에게 받아들여질 때만 물질적 힘이 된다. 트로츠키의 저작들은 그러지 못했다. 그의 주장은 황야의 외침 같았다. 독일에서 트로츠키의 말을 경청한 사람, 심지어 들어보기라도 한 사람은 극소수였다. 독일의 트로츠키주의 조직은 작고 연약했으며 고립돼 있었고, 사회적 구성도 형편없었다(그 조직에 노동자는 거의 없었다). 그들은 트로츠키의 사상을 행동으로 옮길 수 없었다. 목적과 수단 사이의 엄청난 간극이라는 비극이 트로츠키를 정면으로 강타했다.

독일 트로츠키주의자들의 약점은 부분적으로는 독일 프롤레타리아가 정치적 미개척지가 아니라는 사실에서 비롯했다. 독일 프롤레타리아는 압도적으로 사민당SPD과 공산당KPD의 영향을 받고 있었다. 이런 노동계급 대중정당들 말고도 비교적 큰 반대파 정당이 셋이나 더 있었는데, 브란들러가 이끄는 우익반대파인 독일 공산당(반대파)KPO, 루트 피셔와 아르카디 마슬로프와 후고 우르반스의 레닌동맹, 그리고 사회주의노동자당SAP이 그것이었다. 역사적 과거가 트로츠키주의의 어린싹을 질식시켜 버렸다. 싹이 자랄 여지가 거의 없었던 것이다. 트로츠키는 국제 노동계급이 나치에게 끔찍한 패배를 겪는 것을 보면서도 사태에 영향을 미칠 수 없었다.

그는 독일의 재앙에 이어서 1936년 5~6월 프랑스의 혁명적 대사건을 목격했다. 아마 여기서 트로츠키의 비극은 훨씬 심대했을 것이다. 프랑스에 관한 그의 저작들은 독일에 관한 저작과 마찬가지로 영감을 주는 탁월한 작품이었지만, 프랑스에서도 그의 목소리는 사실상 들리지 않았다.

패배가 잇따랐다. 프랑스에서 혁명의 물결이 가라앉은 뒤에 스페인에서는 프랑코가 승리했다. 스페인 상황을 다룬 트로츠키의 저작들도 탁월했다. 그러나 1937년 5월에도 스페인 트로츠키주의 조직의 회원은 모두 합쳐 30명뿐이었다. 그들이 어떻게 사태에 영향을 미칠 수 있었겠는가?

같은 시기에 소련에서는 스탈린 체제의 참상이 점입가경이었다. 강제 집산화로 수많은 사람이 목숨을 잃었고, 살아남은 볼셰비키 지도자들은 모두 여론 조작용 재판에서 "히틀러나 미카도의* 첩자"로 몰려 처형되거나 오랜 기간 투옥됐다.

이렇게 스탈린 체제의 광기 어린 공포정치가 맹위를 떨치고 있을 때 트로츠키는《배반당한 혁명》이라는 걸작을 썼다. 스탈린 체제를 분석한 이 책은 철저하게 마르크스주의적이고 철저하게 유물론적이다. 분석의 출발점은 러시아 혁명이 처한 객관적(일국적이고 국제적인) 상황이었다. 소련에서 벌어진 일을 이해하는 열쇠는 스탈린의 변덕도 사상이라는 상부구조도 아니었다. 서로 싸우는 양대 계급(일국적·국제적 수준의 프롤레타리아와 부르주아지)이 소련의 역사를 이

---

* 미카도는 과거 일본 왕의 칭호다.

해하는 열쇠였다. 《배반당한 혁명》에서 트로츠키는 사회주의의 진정한 개념을 다시 서술하고 탁월하게 발전시킨다. 그리고 스탈린 체제가 위조한 사회주의 개념에 결코 양보하지 않는다. 그는 스탈린 체제를 매우 날카롭게 비판하면서도, 많은 사람들이 자본주의를 용인하게 만든 반反스탈린주의 히스테리에 휩쓸리지도 않는다. 그래서 《배반당한 혁명》은 트로츠키주의의 주요 특징 — 국제 혁명의 관점에서 스탈린주의와 자본주의를 모두 반대하는 것 — 을 재천명하는 데서 결정적으로 중요한 구실을 했다.

따라서 엄청난 비극에도 불구하고 트로츠키 생애의 마지막 10년은 결코 헛되지 않았다. 오히려 밤이 캄캄할수록 별은 더 밝게 빛나는 법이다. 트로츠키가 천재성을 발휘해 열정적으로 쓴 저작들은 더없이 귀중한 유산이다. 무엇보다 트로츠키는 혁명적 사회주의 전통이라는 횃불이 꺼지지 않게끔 했다. 그가 1935년 3월 25일 [자신의 망명일기에] 다음과 같이 쓴 것은 옳았다. "내가 지금 하고 있는 일은 비록 극히 불충분하고 파편적 성격의 일이지만 내 평생 가장 중요한 일이라고 생각한다. 1917년에 내가 한 일보다 더 중요하고, 내전 때나 그 밖의 어떤 시기에 내가 한 일보다도 중요하다."[5]

트로츠키의 모든 것, 그의 정신, 그의 의지, 그의 에너지는 모두 미래를 지향했다. 스물한 살 청년이었을 때 그는 다음과 같이 썼다.

> Dum spiro, spero!* 살아 숨 쉬는 한 나는 희망을 간직하리라. 살아 숨 쉬는 한 나는 미래를 위해 투쟁하리라. 그 빛나는 미래에서 강인하고 아름다운 인간은 자기 역사의 흐름을 지배하는 주인이 되고, 그 역사의 흐

* 라틴어로 '숨 쉬는 동안 나는 희망한다'는 뜻이고, '살아 있는 한 희망은 있다'는 의미로 널리 쓰이는 말이다.

름이 아름다움·기쁨·행복의 끝없는 지평선으로 향하게 할 것이다. … Dum spiro, spero![6]

암살당하기 얼마 전에 쓴 유언장에서도 트로츠키는 미래에 대한 낙관을 거듭 힘주어 말했다.

인류의 공산주의적 미래에 대한 내 신념은 조금도 식지 않았고, 오히려 오늘날 그것은 내 젊은 시절보다 더 확고해졌다. … 벽 아래로 연초록 잔디밭과 벽 위로 청명한 하늘, 모든 것을 비추는 햇살이 보인다. 인생은 아름다워라. 미래 세대가 모든 악과 억압과 폭력에서 벗어나 인생을 마음껏 즐기게 하자.[7]

1장

스탈린이 강제 집산화를 시작하다

소련 정부의 선전용 사진. 돈바스의 한 집단농장에서 아이들이 언 감자를 캐고 있다.

이 책의 1~2장에서 다루는 매우 복잡한 경제적·사회적·정치적 발전은 역사적으로 전례 없는 것이었다. 10월 혁명은 인간 해방으로 나아가는 첫걸음으로 여겨졌지만, 오히려 가장 끔찍한 폭정·억압·착취로 이어졌다.

대규모 공업화와 강제 집산화는 1928년에 시작됐다. 스탈린과 공산당은 그것을 "사회주의 건설"로 여겼다. 강제 공업화와 집산화의 결과가 무엇일지를 예상하는 것은 불가능했다. 우선, 새로운 국가자본주의 사회의 맹아는 분명한 형체가 없었고 그것이 자라서 나타나게 될 괴수도 아직 알아볼 수 없었다. 상황은 불합리했고 엉망이었다. 스탈린은 데미우르고스* 같은 역사의 창조자로 등장하지만 실제로는 완전히 경험주의적으로 행동했다. 그는 경제를 대대적으로 변형하는 길로 떠밀려 나아갔다. 마치 1923~1927년에 스탈린 자신의 정책들이 소련을 막다른 골목과 마비 상태로 몰아넣었듯이 말이다. 1928년에는 심지어 트로츠키도 전례 없는 규모로 매우 짧은 기간에 실행된 자본주의적 시초 축적의 참상을 예상할 수 없었다. 트로츠키와 그를 지지하는 사람들은 스탈린의 새로운 정책이 (네프맨과 쿨라크에게서 멀어지는) 좌선회라고 믿었다.

이 전례 없는 사태에 대한 트로츠키의 반응을 설명할 때는, 시간

---

* '만드는 자'라는 뜻으로, 플라톤 철학에서 물질세계를 창조한 신을 일컫는 말이다.

이 흐르고 사정이 분명해진 뒤에 파악할 수 있는 개념들을 당시 그가 알고 있었다고 생각해서는 안 된다. 트로츠키가 정말 대단한 사람이기는 하지만, 그는 자신의 사상이 초역사적이고 실제 과거 경험과 관계없다고 주장하려 하지는 않았다. 소련 트로츠키주의자들이 1928~1930년에 그토록 머뭇거린 이유, 그토록 많은 사람들이 사기저하를 겪은 이유 하나는 이론적 명확성이 부족했기 때문이다. 용기와 결단력은 앞날을 분명히 이해하는 데에 달려 있다. 앞으로 보게 되겠지만, 심지어 트로츠키조차 그의 천재성에도 불구하고 스탈린의 대규모 공업화와 강제 집산화 정책이 실제로 미친 영향을 분명히 파악하지 못했다. 시간이 흐른 뒤 사정이 분명해졌을 때 실상을 완벽하게 묘사하기는 쉬운 일이다. 그러나 당시 트로츠키와 그의 지지자들이 벌인 투쟁을 이해하려면, 모든 참가자들이 사태를 명확히 파악하지는 못했다는 사실을 감안해야 한다.

정치적 전기와 당대의 역사는 결코 분리될 수 없다. 비록 복잡한 경제적·사회적 변화들이 쉽게 들어맞지는 않더라도 말이다. 그런 변화들을 분석하지 않는다면 트로츠키를 공정하게 평가할 수 없다. 그러므로 당시 사건들에 대한 트로츠키의 반응과 트로츠키 지지자들이 선택한 길(그들의 대다수는 낙담해서 스탈린에게 투항했다)을 설명하려면 먼저 '공업과 농업의 대혁명'을 알아야 한다.

혼란스럽고 당혹스러운 당시 상황을 쉽게 이해한다는 것은 매우 어렵고 어쩌면 불가능한 일일 수 있다. 그러나 1~2장에서 나는 이 우여곡절 많은 사건들의 상호작용을 최대한 간단히 설명하고 분석해 보려 한다. 1~2장은 트로츠키와 그 지지자들에게 영향을 미친 어려움과 위기의 배경을 이해하는 데 도움이 될 것이다.

소련이 심각한 경제적·사회적 위기에 빠지다

트로츠키가 알마아타에 도착하자마자 오래전부터 그가 예측한 바, 즉 낙후한 공업 탓에 도시와 농촌의 연계가 위험해지고 노동자와 농민의 동맹(스미치카)이 약해질 것이라는 주장이 옳았음이 입증됐다.

이미 12차 당대회(1923년 4월)에서 트로츠키는 곡물 수확량이 많으면 위기가 심각해질 것이고, 그러면 자본주의적 요소들(쿨라크와 네프맨)은 유리해지고 도시와 농촌의 사회주의적 요소들은 불리해질 것이라고 예측했다. 당시 스탈린과 부하린은 이런 예측을 격렬하게 비판했다.

1927년 4월에도 스탈린은 풍작이 문제를 불러일으킬 수 있다는 생각을 비웃었다.[1] 부하린은 1926년 12월에 열린 코민테른 집행위원회 7차 확대회의에서 1년 전 좌익반대파가 '쿨라크의 곡물 파업'을 예측한 것을 비웃었다. 1926년 수확기의 곡물 수집이 전년보다 36퍼센트 증가했기 때문이다. 정말이지 "좌익반대파의 주요 경제 이론은 그 토대 전체가 붕괴했다"고 부하린은 주장했다.[2]

[그러나] 1927년 말에는 곡물 공급이 난관에 봉착했다는 사실이 분명해졌다. 11월에 트로츠키가 자신의 예측이 현실이 됐다고 주장한 것은 옳았다. 심각한 곡물 부족 현상이 나타난 것은 "농촌 지역에 대한 공산품 공급이 완전히 불충분했기" 때문이다.

> 곡물 시장의 어려움을 설명하는 데는 세 가지 사실만으로 충분하다. 상품 기근(공업의 후진성), 쿨라크의 여분 비축(농촌에서 일어난 분화), 현명하지 못한 화폐유통 정책(통화 과다 발행)이 그것이다. 이 점을 파악하지 못하면, 농촌은 경제 위기에 빠질 것이다.[3]

1927년 말에 곡물 수집 상황이 갑자기 나빠졌다. 9월에 수집량이 약간 감소하더니 그 뒤 석 달 내내 매우 낮은 수치를 기록했다. 10월 곡물 수집량은 전년 대비 3분의 2에 불과했다. 11월에는 절반이 채 안 됐고, 12월에도 비슷했다.[4]

[체코슬로바키아의 역사가] 미할 라이만은 《스탈린주의의 탄생》이라는 뛰어난 책에서 다음과 같이 밝혔다.

> 곡물 공출의 어려움은 건강하지 않은 소련 경제구조에 즉시 강력한 영향을 미쳤다. …
>
> 곡물 수출이 급감했고, 동시에 소련의 무역수지는 점차 수입초과 상태가 됐다. … 정부는 서둘러 수입을 축소했다. 그래서 생산에 시급히 필요한 많은 상품의 공급이 중단되자 원료 부족이 매우 심각해졌는데, 특히 경공업에서 그랬다. 1928년 2월 많은 공장이 문을 닫을 위기에 처했다. 야금업과 금속공업도 어려움을 겪었다. 도처에서 공업 기계와 설비 고갈의 영향이 나타나기 시작했다. 1927년 11월 공업 생산은 계획보다 18퍼센트 낮았고, 12월에는 21.4퍼센트 낮았다. …
>
> 시장에 공급되는 상품량은 재앙적 상태였다. 1927년 12월부터 1928년 1월까지 한 달 동안에만 상품 공급이 15.5퍼센트 감소했다. 모든 기본 필수품을 포함해 상품이 심각하게 부족해졌다. 많은 지방 도시에서 공급이 너무 부족한 탓에 겨우 며칠 동안만 주민의 필요를 충족시킬 수 있었다. 1928년 1월 말이 되자 배급제를 도입해야 한다는 것이 분명해졌다.[5]

곡물 수집이 어려워진 근본 원인은 공산품이 부족해 농민들이 곡물을 팔려고 하지 않았기 때문이다.

많은 공산품 소비재의 공급이 부족해서 농민들은 곡물을 현금으로 바꾸기를 꺼렸다(곡물을 비축하기는 쉬웠다). 현금을 주더라도 원하는 상품을 살 수 없었기 때문이다. 마지막으로, 농민들은 불리한 거래 조건에 저항할 수 있을 만큼 전보다 입지가 강해졌다. 그들의 현금 보유고는 많아졌고, 1927년 무렵 그들은 기본 소비재를 충분히 확보했으므로 자신들이 선호하는 다양한 상품이나 질 좋은 상품을 기다릴 태세가 돼 있었다.[6]

더욱이, 주요 곡물 공급자들은 매우 제한된 집단이었고 그들의 저항에 국가는 취약했다. "1927~1928년 소련의 유럽 지역에서는 전체 가구의 고작 10~11퍼센트가 곡물 순 매출 총액의 56퍼센트를 공급했다."[7]

라이만은 당과 국가 지도자들의 대응을 다음과 같이 묘사했다.

> 갑자기 발생한 심각한 경제 위기에 당 지도부는 완전히 허를 찔렸다. 궁지에서 벗어나려면 비상조치가 필요했지만 지도부는 그런 조치를 취할 준비가 돼 있지 않았다. …
>
> 상황은 매우 위협적이었고 … 시간은 부족했다. …
>
> 1927년 12월 21일(15차 당대회가 끝난 지 이틀 뒤)부터 1928년 1월 6일까지 스탈린은 중앙위원회 명의로 하급 당 조직에 세 차례 지령을 보냈다. 곡물 수집 캠페인에서 빨리 돌파구(페렐롬)를 열 것을 요구하는 지령들이었다. 세 번째 지령은 "그 어조와 요구 사항이 모두 완전히 예외적"이어서, 곡물을 필요한 만큼 가져오지 못하는 지방 관리들에게는 보복하겠다고 노골적으로 위협하기까지 했다. 그랬는데도 상황이 개선되는 속도는 느리기만 했다.
>
> 당의 최상층 지도자들을 포함해 고위 당 관리들이 특별권한으로 무장

한 채 지방으로 파견됐다. 그들은 직접 '돌파구'를 열어야 했다. 스탈린 자신이 시베리아로 갔다. … 시베리아 현지에 도착하자마자 스탈린은 지방 당 관리들이 일을 엉성하게 하고 쿨라크의 위험을 과소평가하고 '쿨라크나 자본가들'과 유착돼 있다며 그들을 압박했다. 그는 (러시아소비에트연방사회주의공화국RSFSR 형법) 107조를 사용하라고 권고했다. 그것은 부농한테서 잉여 곡물을 몰수하는 것을 허용하고, 지방 당국이 당과 정부 기구에서 '부패한 사람들'을 숙청할 것을 요구하는 조항이었다.
비상조치는 소련 전역에서 광범하게 사용됐다. 그래서 당 기구들과 게페우가 곡물 수집과 관련된 특별권한을 부여받았고, 특별한 '트로이카'들이 형성됐고, 행동 대원 수천 명이 농촌으로 파견됐다. 의무적 '농업 대출'이 도입되기 시작했고, 농촌 마을은 자체적으로 세금을 더 많이 걷어서 사회적·문화적 필요를 충족시키도록 강요받았고, 미납세 연체금과 신용 대출 상환금 징수가 강화되는 등등의 일이 벌어졌다. 이 모든 것의 목표는 농민들이 구할 수 있는 가처분可處分 화폐의 양을 급격히 줄여서, 농민들로 하여금 곡물을 더 많이 내다 팔게 하려는 것이었다. 그러나 그 때문에 폭력적·독단적 행동이 급증할 수 있는 토대가 마련되기도 했다.[8]

게페우에는 다음과 같은 특별권한이 부여됐다.

1928년 2월 정치국이 내린 결정은 농민에게 엄청난 압력을 가할 수 있는 토대가 됐다. 게페우가 곡물 조달 캠페인에 더 깊숙이 개입했고, 농촌 마을에 군부대를 투입할 태세가 갖춰졌다.[9]
이와 함께, 소련은 국내 생활 조건과 권력 구조의 근본적 변화를 향해 큰 걸음을 내딛었다. 경제활동과 당·정부의 업무 분위기 전체가 돌변했다. 게페우는 기존의 직위들을 지키는 데 성공했을 뿐 아니라 그것들을 확대했고, 경제적·사회적 영역에 훨씬 깊숙이 촉수를 뻗쳤다. 경제 위기 대책으로 실행된 비상조치들은 경제·사회 관계의 모습을 바꿔 놓기 시작했고, 널리 인정된 경제 전략의 토대 자체를 무겁게 짓눌렀다.[10]

곡물 공출이 급감하고 공업은 지지부진한 데다가 서구, 특히 영국과 관계가 갑자기 나빠지면서 스탈린은 농민들한테 곡물을 쥐어짜려고 강압적 수단에 의존했다. 이런 방편은 강제 농업 집산화와 급속한 강제 공업화로 거침없이 이어졌다. 그 결과 소련 사회와 정치는 근본적으로 탈바꿈했다.

중앙위원회는 2월 곡물 수집을 위한 비상조치에 이어서 5월 15일에는 농촌에서 '사회주의 건설' 노력을 강화하라는 호소문을 지방 당 조직들에 보냈다. 이것은 쿨라크 청산이라는 목표를 공개적으로 선언한 최초의 문서로서 주목할 만하다.[11]

이 정책의 결과로 농촌 주민이 가장 심하게 고통을 겪었다. 농촌의 폭력 사태는 엄청났다. … 상부의 사주를 받은 권력기관 — 게페우가 중요한 구실을 하고 있었다 — 은 부농뿐 아니라 중농과 흔히 빈농도 추적했다. 모든 가구에 곡물 공출량이 할당됐다. 중앙정부 요원들이 농장마다 돌아다니며 저장탑을 뒤져서 '잉여' 곡물을 몰수했다. 그들은 눈에 띄는 것은 무엇이든 가져가기 일쑤였으므로, 농민들은 기본적 필요조차 충족할 수 없는 상태가 됐다. 그들은 목표 달성을 위해 농민들을 위협하고 체포하고 투옥했다. 이미 할당량을 채운 일부 마을에서는 곡물을 다시 징발하기도 했다. 소련의 많은 곳에서 지역 시장이 폐쇄됐다. 농촌의 도로에는 내전 때와 마찬가지로 검문소와 바리케이드를 설치해, 농민들이 곡물을 마을 밖으로 빼돌리지 못하게 막았다.[12]

1928년 3월과 4월에 상황은 정말로 위태로워졌다.

상황이 나빠져서 주민들은 식량을 구하기 힘들어졌다. 특히 농촌 빈민의 사정이 어려워졌다. 그들은 봄에 곡물을 사야 했기 때문이다. 당시 여성 농민들이 도시의 상점 앞에 늘어선 모습은 흔한 광경이었다. 상당수의 농민들, 때로는 농촌 지역 전체가 근본적으로 간신히 아사를 면할 만큼의 배급량에 의존해 살아야 했다.
몇몇 지방에서는 농민들이 경작지 규모를 급격하게 줄이는 바람에 그해 수확이 위험해졌다. 대규모 소 도살이 시작됐다. 농민 소요가 발생했고, 일부 지역에서는 군대가 출동해 소요를 진압해야 했다. 1928년 여름에는 농민반란이 거의 150건이나 일어났다. 관리들이 살해되거나 구타당하는 경우도 빈번해졌다.[13]

도시라고 사정이 나은 것도 아니었다.

도시 대중은 식량 공급의 심각한 실패로 고통을 겪었다. 이미 1927년 말 국가와 협동조합 유통망에는 밀가루, 그로우츠,* 우유, 달걀, 버터, 석유가 심각하게 부족했다. 곧 빵, 고기, 차, 커피, 섬유 등 다른 많은 상품도 부족해졌다. 당시 사람들의 말을 들어 보면, 아침 일찍부터 수백 명씩 길게 늘어선 줄이 공공연한 불만의 온상이 됐다고 한다.[14]

산업 투쟁이 곳곳에서 분출했다.

모스크바 근처의 [도시] 미티시와 류베르치의 공장들, [레닌그라드의] 푸틸

* 그로우츠는 귀리·보리·밀 같은 곡식의 겉껍질을 벗기고 거칠게 빻은 것이다.

로프 공장, 돈바스의 예나키예보 야금 공장, 모스크바의 '낫과 망치' 금속가공 공장, 그 밖의 여러 지역 공장에서 파업이 벌어졌다.[15]

라이만은 여러 증거를 바탕으로 다음과 같이 결론짓는다. "[좌익]반대파의 영향력은 정치 생활에서 주목할 만한 요인이었고, 1928년 가을이나 1929년 봄까지도 상당히 강력했다."[16] 이 점은 나중에 더 자세히 살펴보겠다.

예기치 않은 곡물 위기에 직면한 스탈린은 무엇을 해야 할지 갈피를 잡지 못했다. 그는 경험주의적·실용주의적으로 대응했다. 그는 자신이 강제 집산화와 공업화라는 '대약진'을 향해 첫걸음을 내딛고 있다는 것, 농민 2500만 명의 토지를 한꺼번에 몰수하고 그들을 강제로 집단농장에 몰아넣게 되리라는 것을 알지 못했다. 스탈린은 비전 따위는 없는 인간이었으므로, 전례 없는 규모로 매우 짧은 기간에 실행되는 자본의 시초 축적이 어떤 참상을 낳을지 예견할 수 없었다. 그는 '대약진' 이후 경제·사회·정치 체제 전체가 근본적으로 어떻게 바뀌게 될지를 상상조차 못 했다.

1928년 상반기에 일어난 사건들로 말미암아 기존 사회·경제 질서의 토대가 흔들렸고, 관료들은 다른 사회집단 위에 군림할 수 있게 됐다. 그러나 스탈린도 다른 어느 지도자도 대안적 전략이 과연 무엇인지를 분명히 알지 못했다. 자신들이 추구하는 노선의 결과가 무엇일지도 분명히 알지 못했다. 스탈린은 1923~1928년 트로츠키와 논쟁할 때 주장한 견해에 여전히 사로잡혀 있었다. 또, 정부의 비상조치는 일시적 대책에 불과하다고 여전히 생각했다. 따라서 그는 1928년 2월 13일에 쓴 "[곡물] 조달 캠페인의 첫 결과와 당의 향후 과제"라는 글에서 다음과 같이 주장했다.

우리가 신경제정책NEP을 폐지하고 있다거나 잉여 징발제, 쿨라크 청산 정책 등을 도입하고 있다는 말은 반혁명적 잡담이다. 이에 맞서 우리는 아주 강력하게 투쟁해야 한다. 신경제정책은 우리 경제정책의 기초이고, 앞으로도 오랫동안 계속 그럴 것이다. 신경제정책은 곧 상업이고, 자본주의를 용인한다는 뜻이다. 단, 국가가 프롤레타리아 독재에 이롭게 상업을 규제할 권한과 가능성을 유지해야 한다는 조건은 달려 있다.[17]

또, 4월 13일 중앙위원회·중앙통제위원회 총회에서도 스탈린은 다음과 같이 말했다.

제가 하고 싶은 말은 비상사태 때문에 특정한 비상조치들이 취해졌다는 것입니다. 당연히 이 비상사태가 끝난다면 비상조치들도 소멸할 것입니다.

따라서, 신경제정책이 '폐지'되고 있다거나 우리가 잉여 징발제로 '회귀'하고 있다는 이야기 등등은 어리석은 소리입니다. 오직 소련 체제의 적들만이 지금 신경제정책 폐지를 생각할 것입니다.[18]

1928년 5월 28일에도 스탈린은 학생들에게 연설하면서, 농장을 농민이 경영하는 방식에 의존하는 전략을 거듭 강조했다.

탈출구는 개별적인 소농·중농 농장의 수확량을 체계적으로 늘리는 것입니다. 우리는 개별적인 대규모 부농 농장을 지지할 수도 없고 지지해서도 안 됩니다.[19]

1928년 6월 12일에 쓴 "중농과 동맹하는 문제와 레닌"이라는 글에서 스탈린은 쿨라크 청산 정책을 일탈이라고 비판하며 다음과 같이 주장했다.

> 현재의 조건에서 쿨라크 청산 정책은 어리석은 짓이고 잉여 징발제는 중농과 동맹하는 것이 아니라 중농에 맞서 싸우는 것을 뜻한다는 사실을 잊어버린 채, 쿨라크에 맞선 투쟁을 쿨라크 청산 정책으로, 곡물 조달을 잉여 징발로 변질시키려는 시도가 [벌어지는 경우도 — 지은이] 있다.[20]

당시 스탈린은 집단농장과 국영농장이 사적 농장을 보완한다고만 생각했다.

> 집단농장과 국영농장 건설을 확대하는 과제는 개별적인 소농·중농 농장을 개선하는 과제를 실천적으로 보완해야 한다.[21]

6월 15일에도 스탈린은 사적 농장과 집단·국영 농장을 혼합하는 정책이 필요하다는 말을 되풀이했다.

> 현 단계에서는 여전히 개별적인 소농·중농 농장의 수준을 끌어올리는 것을 주로 강조해야 한다. 그러나 … 이 과제만으로는 더는 충분하지 않다. … 이 과제를 새로운 두 과제(집단농장의 발전과 국영농장의 발전)로 실천적으로 보완해야 할 때가 왔다.[22]

1928년 7월 중앙위원회 총회

곡물 조달을 위한 비상조치 때문에 농민과 노동자의 불만이 널리 퍼진 데다 당과 국가의 최상층 지도부에서 분열 — 스탈린 지지자들과 부하린 지지자들로 — 이 일어나자 비상조치들은 잠시 중단되거나 심지어 후퇴할 수밖에 없었다. 1928년 7월 중앙위원회 총회에서 그런 일이 벌어졌다.

부하린과 당내 우파는 분개한 대중의 압력을 분명히 반영했다. 그래서 총회에서는 다음과 같은 대화가 오갔다.

> 부하린: 상황을 보면, [5월 1일 — 지은이] 여러 도시에서 빈농들이 시위를 벌였을 때 그것은 소비에트 권력을 지지하는 사람들의 시위가 아니었습니다. … [그리고 — 지은이] 나이 든 열혈 당원들의 발언이 있었습니다. 그 혁명가들은 소비에트 정권으로, 군사위원회로 와서 말했습니다. 빵을 구하려면 어떻게 해야 하느냐고. …
>
> 카가노비치: 그런 발언들이 있었습니다만, 그것들을 인용할 필요가 있습니까?
>
> 부하린: 블라디미르 일리치[레닌]라면 결코 사실들에 침묵하는 것을 용인하지 않았을 겁니다. 우리는 사실들을 예견해야 하고, 그런 것들에 신경을 써야 합니다.
>
> 보로실로프: 누가 그것을 부인합니까? 당신은 누구를 납득시키려는 겁니까?
>
> 부하린: 누가 그것을 부인하는지 저는 모릅니다만, 제가 게페우에서 이틀을 보내고 나서 … 어제야 겨우 이 모든 것을 알게 됐습니다.

그리고 부하린은 다음과 같은 말로 발언을 마무리했다.

> 저는 우리 경제를 생각하면 머리카락이 쭈뼛 섭니다. 말들은 곡물만을 먹고 있지만 어떤 곳에서는 사람들이 여물을 먹고 있고, 농민들은 빵을 이웃 도시에서 사야 하는 형편이고, 농업국이라는 나라가 곡물을 수입

하고 공산품을 수출하고 있습니다. 이 걱정스러운 경제 상태 때문에 위기와 논쟁이 벌어질 것입니다. 이 문제를 해결해야 합니다.[23]

모스크바 당 간사이자 부하린 지지자인 N A 우글라노프는 다음과 같이 말했다.

우리는 농민 문제를 노동계급과 분리해서 다룰 수 없습니다. 어쨌든 제 내면의 목소리는 소비자의 관점에 서 있고, 우리는 수백만 명에 달하는 모스크바 시 프롤레타리아를 대표하는 그런 소비자들입니다. 우리는 아주 많은 도시에 [배급] 카드나 카드 대용물, 또는 [소비를] 제한하고 조절하는 정책들이 있다는 것을 압니다. 바로 이 점이 중요합니다. 질문에 솔직하게 대답해 봅시다. 올해는 혁명 11주년인데 이런 상황이 지속된다면 노동계급 사이에서 의심과 불안이 자라나지 않겠습니까? 동지들, 솔직히 말씀드리겠습니다. 이 때문에 노동자 대중은 매우 불안해하고 있습니다. 모든 공장에서 이 점을 주의해야 합니다. 이런 상황([식량 — 지은이] 공급 중단, 식료품 부족, 우리의 [가격 — 지은이] 규제 대용 정책 등)이 지속되는 한 노동계급의 지지를 받을 수 없다는 것은 말할 필요도 없습니다. … 우리는 모두 러시아 프롤레타리아의 성격을 매우 잘 압니다. 그들은 대부분 농촌과 연결돼 있고, 농촌의 동요는 곧바로 노동계급에게 전달됩니다.[24]

스탈린은 압력에 굴복했다. 총회는 곡물 조달을 위한 비상조치를 폐지하고, 농촌의 마을 시장과 상업을 제한하는 정책을 취소하고, 곡물과 사료작물뿐 아니라 사료의 가격도 인상하고, 농촌에 공산품 공급을 늘릴 조치를 취하기로 결정했다.

그러나 실패는 계속되고 …

1928년 7월 정부는 정책을 전환했지만 농민들의 또 다른 저항, 즉 파종 지역 축소를 막지는 못했다. 1928년에 밀 파종 지역은 11.2퍼센트 감소했고 호밀 파종 지역은 9.1퍼센트 감소했다.[25] 1927~1928년에 1038만 2000톤이었던 곡물 수집량은 1928~1929년에는 830만 2000톤에 불과했다. 즉 20퍼센트 감소한 것이다. 밀과 호밀 수집량은 1927~1928년에는 820만 7000톤이었지만 1928~1929년에는 530만 톤에 불과했다. 즉 35.6퍼센트 감소한 것이다.[26]

> 1928/29년의 경제적 결과는 예상보다 훨씬 나빴다. … 부유한 농민들이 파종을 줄여 버리자, 당국은 다른 농민들의 파종 지역을 늘려서 손실을 메우려고 분투했다. 그러나 결과는 고무적이지 않았다. 설상가상으로, 가축의 수도 줄어들기 시작했다. 농민들이 식량과 사료 부족에 시달렸기 때문이다. 도시에서도 식량이 부족했다. 1929년 2월 배급 카드가 도입됐다. … 빵을 만들 곡물과 그 밖의 농산물 가격이 오르자 경제 전체에서 물가가 상승했다. 투기가 만연했다. 도시에서 사라진 빵은 특히 제빵용 곡물을 생산하지 않는 지역이나 정부가 [빵을] 공급하지 않는 지방 도시로 가는 경향이 있었다. 생활수준은 급격히 낮아졌고, 행정적 압력과 국가의 폭정은 갈수록 심해졌다. 곡물 조달은 매우 불충분한 반면에, 중간상인들은 지난해보다 더 많은 곡물을 농민한테서 사들이는 데 성공했다.[27]

라이만은 다음과 같이 썼다.

> 궁핍한 농촌 마을들은 운명에 맡겨졌다. 일부 지역의 농민은 의지할 데

가 전혀 없었다. 그들은 눈에 띄는 것이라면 무엇이든 먹어 치웠다. 소에게 먹일 것이 남아 있지 않았으므로 소가 도살됐다. 기근이 막 시작됐다는 소식이 들려오는 마을이 갈수록 늘어났다. 또다시 농촌 빈민들이 가장 큰 타격을 받았다. 봄철에는 러시아 북동부와 우크라이나 남부에서 농민들이 굶어 죽는다는 소문이 외국 언론에 실렸다. 비슷한 소문들은 볼가강 유역에 자리한 독일계 정착민의 부유한 농장들에서도 흘러나왔다. 기근으로 타격을 받은 다른 지역들의 상황이 어떤지는 알려지지 않았다. 외국인들이 그런 지역을 방문할 기회가 없었기 때문이다. 1932~1933년에 비극적 기근이 닥치기 오래전부터 러시아 무지크[농민], 우크라이나 농민, 독일계 정착민이 모두 스탈린의 정책 때문에 굶주리고 있었다는 것은 사실이다.[28]

1929년 중반, 즉 1928/29 농업 연도 말기가 되자 그런 상황은 지속될 수 없다는 것이 분명해졌다. 스탈린은 다음과 같은 결론을 내렸다. 개인 농장 2500만 곳에서 공급되는 곡물을 통제하는 것은 불가능하므로 곡물 공급을 보장하려면 농민들을 대규모 농장(콜호스, 즉 집단농장)에 몰아넣고 중앙 당국이 강력히 통제할 수밖에 없다는 것이었다. 스탈린은 콜호스의 "첫째 계명은 곡물 조달 계획을 이행하는 것"이라고 선언했다.[29] 바로 그런 절망적 상황에서 1929년의 마지막 몇 달 동안 운명적 결정이 내려졌다. 거의 준비도 없이 갑자기 농민을 강제로 집단농장에 몰아넣고 쿨라크라는 계급을 청산하기로 한 것이다.

1929년 4월 16차 당협의회에 제출된 5개년계획 초안을 보면 농업은 5년 뒤에도 사적 농장이 지배하는 것으로 돼 있었다. 그 초안에 제시된 목표는 1932/33년에 집단농장과 국영농장이 파종 지역의 13퍼센트, 농업 총생산고의 15퍼센트를 책임진다는 것이었다(반면에

1927/28년에는 2퍼센트였다).[30] 5개년계획 결의문은 "도시와 농촌에서 사적 자본주의 요소들이 더 성장할 수 있다"고도 인정했다.[31]

그런데 1930년 1월 5일 중앙위원회는 "집산화 속도에 관하여, 그리고 국가의 콜호스 건설 지원에 관하여"라는 결의문을 발표했다.

> 다음 사실은 분명하다. 5년 안에 우리는 5개년계획에서 제안된 파종 지역 20퍼센트의 집산화가 아니라, 압도 다수의 농민 가구를 집산화하는 과제를 해결할 수 있을 것이다. 볼가강 하류와 중류, 캅카스 북부 같은 주요 곡창지대의 집산화는 대체로 1930년 가을이나 늦어도 1931년 봄까지는 완수할 수 있을 것이다. 다른 곡창지대의 집산화는 대체로 1931년 가을이나 늦어도 1932년 봄까지는 완수할 수 있을 것이다.[32]

그렇게 1927년 말부터 1930년 초까지 스탈린은 강제 곡물 징발이라는 비상조치에서 농민의 강제 집산화라는 일반적 정책으로 더듬더듬 나아갔다.

그 후 집산화는 매우 빠르게 진행됐다.

〈표〉 집산화한 농민 가구 비율(단위: 퍼센트)[33]

1928년 6월 1일	1.7
1929년 6월 1일	3.9
1929년 10월 1일	7.5
1930년 1월 1일	18.1
1930년 2월 1일	31.7
1930년 3월 1일	57.2

집산화한 것으로 기록된 가구의 수는 1930년 1월 1일 약 500만에

서 2월 1일 810만, 3월 1일 1430만~1460만으로 증가하더니 3월 10일 1500만으로 절정에 달했다.[34]

도를 넘는 행위가 어찌나 심한지 도처에서 대중의 강력한 항의가 터져 나왔다.

> 1930년 2월 상반기에 농민들의 불만이 상당히 커졌다. 1929년 가을 이후 흔히 쿨라크가 벌인 대규모 농민 소요들이 보고됐는데, 처음에는 곡물 수집과 관련해 소요가 일어났다가 … 나중에는 집산화가 특히 많이 진척된 호표르 자치구 같은 지역들에서 소요가 터져 나왔다. … 1월 초에는 당시 집산화가 가장 진척된 볼가강 하류 지역에서 "콜호스 반대 선동이 전례 없이 광범한 규모로 벌어졌다"는 보고가 있었다.[35]

스탈린은 도를 넘는 집산화와 스스로 거리를 두면서 시간을 끌 수밖에 없었다. 3월 2일 〈프라우다〉(진리)에는 "아찔한 성공: 집단농장 운동의 문제점에 관하여"라는 스탈린의 글이 실렸다. [첫째,] 이 글은 자발성 원칙이 복원돼야 한다고 주장했다.

> 집단농장이 강압적으로 설립돼서는 안 된다. 그것은 어리석고 반동적인 짓이다. 집단농장 운동은 주요 농민 대중의 능동적 지지에 의존해야 한다.

그 결론은 곡물이 부족하고 후진적인 민족 지역들에서는 집산화가 더 느리게 진행돼야 한다는 것이었다. 그러나 북부의 많은 지역에서 "실제로 존재하지 않는 집단농장이 서류상으로" 설립됐고, "투르키스탄의 많은 지역에서는 군대의 위협을 통해, 그리고 아직 집단농장에 들어가기를 원하지 않는 농민들에게서 관개용수와 소비재를 박탈하겠다는 협박을 통해 소련의 발전된 지역을 따라잡고 앞지르려는 시도들이 이미 있었다."

부사관 프로시베예프* 같은 이 '정책'과, 자발성 원칙에 의존하고 집단농장의 발전에서 지역적 특수성을 고려하는 당의 정책 사이에 어떤 공통점이 있는가? 분명히 둘 사이에는 공통점이 없고 결코 있을 수도 없다.
이런 왜곡, 이 관료적 포고령에 따른 집단농장 운동, 농민에 대한 이 부당한 위협에서 득을 보는 자는 누구인가? 우리의 적들 말고는 아무도 없다! 이런 왜곡의 결과는 무엇인가? 우리의 적들을 강력하게 만들고, 집단농장 운동이라는 사상을 의심스럽게 만든다는 것이다.
이런 왜곡의 장본인들은 자신을 '좌파'라고 생각하지만 실제로는 우익 기회주의를 도와주는 짓을 하고 있다는 점이 분명하지 않은가?

둘째, 이 글은 농촌 공동체를 강요하고 모든 젖소와 가금을 사회화하는 경향을 비난하고, 또 교회 종鐘을 제거함으로써 집단농장을 조직하기 시작한 "이른바 혁명가들"까지 비난했다. 셋째, 이 글은 성공에 도취해 자만하는 사람들을 질책했다.

성공에는 이면이 있기 마련인데, 특히 비교적 '쉽게' — 말하자면 '예기치 않게' — 성공을 거두게 되면 더 그렇다. 그런 성공은 때때로 허영심과 자만심을 유발한다. "우리는 무엇이든 이룰 수 있다!" "우리가 할 수 없는 것은 하나도 없다!" 사람들은 가끔 그런 성공에 도취한다. 그들은 성공 때문에 아찔해져서 균형 감각과 현실 파악 능력을 완전히 상실한

* 체호프가 지은 단편소설 《부사관 프리시베예프》의 주인공 이름을 잘못 쓴 듯하다. 퇴역한 부사관 프리시베예프는 사람들이 무지해서 잘못을 저지르고 질서를 어지럽히기 때문에 옳고 그름을 판별할 줄 아는 자신이 그들을 끊임없이 감시하고 간섭하고 훈계해야 한다고 생각하는 인물이다.

다. 그래서 자신의 힘을 과대평가하고 적의 힘을 과소평가하는 경향을 드러낸다. 또, '한순간에' 사회주의 건설의 모든 문제를 해결하려는 모험주의적 시도를 하게 된다. 그러면 그동안 거둔 성공을 강화하고 그 성공을 체계적으로 이용해서 추가 발전을 도모하는 데 관심을 쏟을 여지가 없어진다. 현 상황에서도 '한순간에' 사회주의의 완전한 승리로 나아갈 수 있는데 그동안 거둔 성공을 강화하려고 노력할 이유가 있겠는가? "우리는 무엇이든 이룰 수 있다!" "우리가 할 수 없는 것은 하나도 없다!"[36]

스탈린의 글에 이어서 3월 14일 중앙위원회가 "집산화 운동 관련 당 노선의 왜곡에 반대하는 투쟁에 관하여"라는 결의문을 채택했다. "일부 군에서는 비非쿨라크화한 농민[즉, 재산을 빼앗긴 농민 — 지은이]이 15퍼센트, 참정권을 박탈당한 농민이 15~20퍼센트에 이른다." "약탈하고, 재산을 분할하고, 중농과 심지어 빈농도 체포하는 일들"[과] … "시장을 위해 생산하지 않는 주택, 작은 가축, 젖소 등을 강제로 집산화하는 터무니없는 사건들이 있었다."[37]

이제 농민들이 집단농장에서 빠르게 떠나기 시작했다. 집단농장의 농민 가구 비율은 1930년 3월 1일 57.2퍼센트에서 4월 1일 38.6퍼센트, 5월 1일 28퍼센트, 6월 1일 24.8퍼센트, 7월 1일 22.5퍼센트, 9월 1일 21.5퍼센트로 떨어졌다.[38]

그러나 이런 후퇴는 일시적이었을 뿐이다. 머잖아 농민들은 다시 집단농장으로 들어가라는 압력을 받았다. 집단농장의 농민 비율은 1930년 23.6퍼센트에서 1931년 52.7퍼센트, 1932년 61.5퍼센트로 올라갔다.[39]

강제로 집단농장에 들어가야 하는 농민들과 정부 사이의 끊임없는 투쟁은 1931~1932년에 훨씬 첨예해졌다. 굶주리고 분노한 농민들이 '사회주의적' 소유를 대거 약탈하는 일이 널리 퍼졌다. 이에 대응해 '사회주의적' 소유를 보호하기 위한 가혹한 법률이 만들어졌다.

1932년 8월 7일 제정된 '국영기업, 집단농장, 협동조합, 사회주의적 소유 기관의 재산 보호법'에 따라 국가·콜호스·협동조합 소유의 재산을 훔치거나 철도와 수로에서 절도를 저지른 사람은 전 재산이 몰수되고 총살당할 수 있었다. 정상참작 사유가 있다면, 형량은 전 재산 몰수와 10년 이하 징역으로 낮아졌다. 스탈린은 이 법을 "혁명적 합법성의 토대"라고 칭찬했다.[40]

농민들이 끊임없이 저항했다는 사실은 가축 도살이 널리 퍼진 것에서도 분명히 드러났다.

〈표〉 가축의 수(단위: 마리, 퍼센트)[41]

	말	소	돼지	양·염소
1928	33,537	70,541	25,989	146,699
1933	16,575	38,380	12,068	50,206
감소율	50.6	45.6	53.6	65.8

집산화는 생산량의 측면에서는 결코 성공적이지 않았지만 곡물 조달의 측면에서는 대성공이었다.

다음 쪽의 표를 보면, 1927/28년부터 1931/32년까지 곡물 생산량은 8퍼센트 감소한 반면 조달량은 173퍼센트* 증가했다. 그래서 정부가 가져간 곡물 생산량의 비율이 15.3퍼센트에서 34.5퍼센트로 높아졌다.

* 107.3퍼센트가 맞는 듯하지만 원문 그대로 뒀다.

〈표〉 곡물의 생산량과 정부 조달(단위: 백만 톤, 퍼센트)[42]

연도	생산량	조달량	생산량 대비 조달 비율
1927/28	71.7	11.0	15.3
1928/29	73.3	10.8	14.8
1929/30	71.7	16.1	22.4
1930/31	83.5	22.1	26.5
1931/32	66.0	22.8	34.5

집산화로 급속한 공업화가 가능해진 이유는 도시에 식량을 공급했기 때문만이 아니라 상당량의 곡물을 수출해서 기계류 수입 대금을 치를 수도 있었기 때문이다. 1928~1933년에 곡물 수출은 56배로 증가했다.[43]

농민들을 쥐어짜서 곡물을 '공급'한 이면에는 1932~1933년의 끔찍한 기근이 있었다. 이 기근으로 굶어 죽은 사람의 수를 계산한 자료들은 다양하다. 인구 전문가인 프랭크 로리머는 약 400만 명이 사망한 것으로 추산했다.[44]

당시 우크라이나의 기근을 연구한 어떤 역사가는 다음과 같이 썼다.

> 우리는 십중팔구 그 기근으로 죽은 사람의 수를 정확히 알지 못할 것이다. 그러나 M 마크수도프 같은 소련의 반체제 인사들을 포함해 대다수 전문가의 견해는 그 기근 동안 우크라이나에서 450만~600만 명이 죽었다는 것이다.[45]

강제 노동

집산화의 부산물 하나는 노예노동, 즉 굴라크(강제 노동 수용소)가 등장했다는 것이다. 1차 5개년계획 전까지 감옥 노동은 소련 경제에서 워낙 소규모여서 이렇다 할 실질적 의미가 전혀 없었다. 1928년에 수용소 재소자는 3만 명밖에 안 됐고, 당국은 그들에게 노동을 시키는 것에 반대했다. 1927년 감옥 행정을 맡은 관리는 다음과 같이 썼다. "감옥 노동 착취, 재소자들한테서 '황금의 땀'을 쥐어짜 내는 제도, 감금의 조직화가 아닌 생산의 조직화 등은 상업적 관점에서는 수익성이 있겠지만 근본적으로 교정의 의미는 없다. 이것들은 소련의 감금 시설에서는 결코 용납할 수 없다."[46] 당시 모든 재소자가 생산한 물품의 총가치는 그들을 먹여 살리는 데 드는 비용에 비하면 아주 작은 부분에 불과했다.

그러나 5개년계획의 시작과 함께 상황은 급변했다. "북부 지역 노동 수용소들을 담당한 게페우 관리 출신인 키셀료프그로모프 자신이 말하기를 1928년에는 수용소에 겨우 3만 명이 있었다고 한다. … 그는 모든 수용소의 재소자가 1930년에 총 66만 2257명이었다는 수치를 제시한다."[47] [멘셰비키 출신의 저술가] 다비트 달린은 구할 수 있는 증거를 바탕 삼아, 1931년쯤 강제 노동 수용소에 거의 200만 명이 있었는데 1933~1935년에는 그 수가 약 500만 명까지 늘어났다고 결론 짓는다.[48]

굴라크 재소자 수를 다르게 계산한 자료들도 있다. 나움 야스니는 1941년 굴라크의 총노동인구를 290만 명으로 추산한다.[49] N 흐루쇼프는 노동 수용소에 "수백만 명"이 있었다고 말했다(그러나 정확히 몇 백만 명인지는 알려주지 않았다).[50] 또 다른 당국자는 다음과 같이 말했다. "우리가 계산한 바로는 1929년부터 1939년까지 11년 동안 굴라크에 평균 510만 명의 재소자가 있었다."[51]

맺음말

1942년에 스탈린은 처칠과 대화하면서, 집산화 과정이 얼마나 끔찍했는지를 인정한 바 있다. 처칠이 전해 준 대화 내용은 다음과 같다.

> 내가 물었다. "그런데, 당신 개인적으로는 이 전쟁[제2차세계대전]의 스트레스가 집단농장 정책을 밀어붙일 때만큼 심합니까?"
> 이 화제가 즉각 [스탈린] 원수를 자극했다.
> "아, 그렇지 않습니다. 집단농장 정책은 끔찍한 투쟁이었습니다" 하고 그가 답했다.
> 내가 말했다. "[집산화 때는] 귀족이나 대지주 수만 명이 아니라 소농 수백만 명을 처리해야 했으니 당신이 심한 스트레스를 받았을 거라고 생각했습니다."
> 그가 두 손을 들어 올리며 말했다. "1000만 명입니다. 무시무시했죠. 투쟁은 4년이나 계속됐습니다."[52]

집산화는 스탈린이 원하는 대로 자본의 시초 축적을 촉진했다. 집산화로 공업을 위한 노동인구가 늘어났을 뿐 아니라 농업에 종사하던 사람들도 프롤레타리아로 변모했다. 오늘날 [소련] 농업인의 압도 다수는 이론적으로는 아니더라도 실제로는 생산수단을 소유하지 않은 사람들이다. 정말이지 현재의 소련 농업인을 생산수단 소유자라고 부르기보다는 19세기의 농노를 그렇게 부르는 것이 더 타당할 것이다.

집산화의 결과로, 공업 발전의 필요에 맞게 농산물이 자유화하고, 농민이 생산수단에서 '자유롭게 되고', 농민의 일부가 공업에 필요한 예비 노동력으로 탈바꿈하고, 나머지 농민은 콜호스의 부분적 노동자, 부분적 농민, 부분적 농노로 탈바꿈했다.

이와 비슷한 일반적 결과는, 16~17세기에 영국 부르주아지가 농민을 토지에서 쫓아내는 과정을 통해 달성한 바 있다(비록 몇몇 중요한 특징들은 다르지만 말이다). 마르크스는 이 과정을 두고 다음과 같이 썼다. "이 [수탈의] 역사는 인류의 연대기에 피와 불의 문자로 쓰여 있다."[53]

영국의 인클로저가* 300년 걸린 반면, 소련의 농민 수탈은 3년 만에 이뤄졌다.

---

* 공유지에 울타리를 쳐서 사유지로 만드는 것이었다.

2장

공업화의 강행군

공업화의 일환인 드네프로스트로이 댐 건설 장면.

1927~1929년에 위기를 맞은 것은 농업만이 아니었다. 공업도 위기를 겪고 있었다. 공업 발전이 더디면 도시와 농촌 사이에 균열이 일어날 것이라는 트로츠키의 판단이 옳았음이 드러났다. 이제 스탈린은 공업의 성장 속도를 급격하게 높이기로 작정했다. 공업화는 주로 중공업에 집중된 반면 소비재공업은 무시됐다. 이 때문에 공업은 농민들이 도시에 식량을 공급하도록 유도할 수 없었다. 그래서 농민들이 식량을 공급할 생각이 있든 없든 정부는 공업화 계획을 실행하기 위해 식량 공급을 보장해야 했다. 강제 집산화는 급속한 공업화에 따르는 필수적 과정이 됐다. 후진적 공업이 후진적 농업을 지탱하고 또 그 반대이기도 한 악순환을 국가의 폭력이 깨뜨렸다.

집산화는 또 다른 효과도 있었다. 농민의 반발을 분쇄해서 국가권력을 강화한 것이다. 인구의 5분의 4가 농촌에 사는 나라에서 농민들과 충돌해 전체주의 체제를 확립하는 과정은 다른 사회집단들에도 영향을 미칠 수밖에 없었다.

스탈린은 농민들을 공격할 때 사용한 것과 비슷한 야만적 비상조치를 노동자들을 공격하는 데도 사용했다. 라이만은 다음과 같이 썼다.

> 매우 심각한 경제적·사회적 위기로 말미암아 이미 광범한 계층이 믿을 수 없을 만큼 궁핍해진 상황에서, 그[스탈린]의 계획은 불가피하게 인간적 요인과 인간의 필요를 완전히 무시할 수밖에 없었다. 이 계획은 도덕

적·물질적·인간적 손실이 얼마나 크든 간에 그 손실을 서슴없이 받아들였다. 스탈린의 경제관과 사회관은 … 모든 착취 체제에 공통된 사고방식, 즉 대중의 저항으로 정부 정책이 교정되는 것을 결코 허용하지 않겠다는 생각으로 바뀌었다.[1]

5개년계획은 소련 경제에서 구할 수 있는 현실적 자원이 어느 정도인지를 평가해 수립된 것이 아니라, 소련의 중공업과 방위력을 급속히 구축하는 데 필요한 것을 바탕 삼아 수립됐다.

그런 계획의 함의는 분명했다. 5개년계획 실행은 공업 노동자들과 농촌 주민들의 생활·노동 조건을 인정사정없이 공격하는 것과 직결됐다. … 그것은 체계적으로 계획된 빈곤이자 기근이었다.[2]

스탈린이 다른 분야와 마찬가지로 이 분야에서도 자신이 어디로 가고 있는지 분명히 알고 있었다고 생각하면 안 된다. 그는 완전히 실용주의적으로 행동하면서, 경제와 사회의 전반적 위기를 해결할 대격변을 향해 표류하고 있었을 뿐이다. 앞서 봤듯이, 1929년 여름이 돼서야 농촌 전선에서 제법 일관된 정책이 형태를 갖출 수 있었다. 바로 그때쯤에 스탈린은 공업 전선에서도 분명한 결정을 내리게 됐다.

1926/27년에 스탈린은 공업의 '대약진'을 결코 생각해 보지 않았다. 공업 생산이 처음으로 전쟁 전의 수준을 회복한 때는 1927년이었다. 이런 회복 때문에 많은 공업이 낡았고 전면 교체돼야 한다는 점이 드러났다. 증기기관의 절반과 그 밖의 기계 동력원의 3분의 1은 정상적 사용 기간인 20~25년을 초과해 사용됐다. '신규' 설비와 10년 미만의 설비는 각각 전체의 4퍼센트와 9퍼센트에 불과했다.[3] 그래서 (1926년 10월 26일부터 11월 3일까지 열린) 15차 당협의회에서는 앞

으로 "공업 성장률이 전보다 많이 낮아질 것"이라는 결론을 내리게 됐다. 비록 이런 후퇴는 일시적일 뿐이고 곧 성장 속도가 상당히 빨라질 것이라고도 예상했지만 말이다. 스탈린이 중앙위원회 회의에서 트로츠키의 드네프로스트로이 댐[드네프르강 수력발전소] 건설 계획에 반대한 것은 1926년 4월이었다. 스탈린은 다음과 같이 말했다.

> 드네프로스트로이 댐을 지으려면 우리 자신의 자원으로 자금을 대야 하고 막대한 비용이 들 텐데, 어림잡더라도 몇억 루블이 쓰일 것입니다. 우리는 가욋돈이 약간 생긴 농민이 쟁기를 수리하거나 농장을 개선하는 데 돈을 쓰지 않고 축음기를 사다가 파산하는 것처럼 행동해서는 안 됩니다. 우리의 자원에 알맞게 계획을 세워야 한다고 명시한 14차 당대회의 결의문을 무시하는 것이 옳은 일입니까? 분명히 트로츠키 동지는 이런 결정 사항들을 고려하지 않았습니다.[4]

16차 당협의회(1929년 4월 23~29일)의 분위기는 완전히 달랐다. 거기서 발표된 1차 5개년계획에 따르면 공업 투자는 1927/28년 92억 루블에서 (251퍼센트 증가해서) 1932/33년에는 231억 루블, 같은 기간 공업 생산량은 183억 루블에서 (236퍼센트 증가한) 432억 루블이 될 터였다.[5] 이것은 역사적으로 전례 없는 속도였다. 그러나 이 환상적 목표조차 1929년 12월 1일의 포고령에는 못 미쳤다. 그 뒤 1929년 12월 5~10일 열린 '특별 작업단'[정량 이상의 작업을 수행하는 집단] 대회에서는 5개년계획을 4년 만에 달성하자는 호소문이 채택됐고 이것은 공식 정책이 됐다. 이런 계획대로 나아간다면 1928/29년 1조 8000억 루블이었던 공업의 자본 투자는 1929/30년 4조 8000억 루블로 증가하고, 공업의 기초 자본은 2년 동안 52퍼센트 증가하고 중공업만 보면 75퍼센트 증가할 터였다.[6] 이 목표가 달성된다면 1931년

에 공업의 자본 투자는 5조 5000억 루블에 이르게 된다.[7]

1차 5개년계획의 천문학적 공업 생산 목표도 스탈린에게는 불충분했다. 그의 야심은 끝이 없었다. (1930년 6월 26일부터 7월 13일까지 열린) 16차 당대회에서 발표된 자료를 보면, 1929/30 회계연도의 첫 8개월 동안, 즉 1929년 10월부터 1930년 5월까지 대규모 공업의 생산은 전년도 같은 기간보다 28.5퍼센트 더 높았는데, 전년도 수치 자체도 그 전해보다 상당히 많이 늘어난 것이었다. 이제 당대회는 1930년 여름에 추가 캠페인을 벌이면 생산량이 전년도보다 32.1퍼센트까지 증가할 수 있다는 점도 공표했다. 1931년의 계획에서는 연간 공업 생산 증가율을 45퍼센트로 늘리자고 제안했다.[8]

〈표〉 [1차 5개년계획의] 생산 목표(단위: 백만 톤)[9]

	1927/28	1932/33	1932
		16차 당협의회 목표	(수정된 목표)
석탄	35	75	95~105
석유	11.7	21.7	40~55
철광석	6.7	20.2	24~32
선철	3.2	10	15~16

정말 말도 안 되는 목표였다!

1차 5개년계획은 중공업을 강조했는데, 계획의 실행에서는 더더욱 그랬다. 그 계획 기간에 공업 총투자액의 7분의 6이 중공업으로 들어갔다.[10]

소비가 축적에 종속됐다는 사실은 생산수단 생산량보다 소비재 생산량이 상대적으로 감소한 것에서도 드러난다.

1932년에 다수의 생산재 생산량은 1913년보다 50~100퍼센트 정도 더 많았다. 예컨대, 강철 생산량은 40퍼센트 더 많았고 석탄 생산량은 121퍼센트 더 많았다. 물론 성장이 강조된 품목들은 훨씬 더 많이 늘었다. 그래서 금속 절삭공구 생산량은 13배로 늘었고, 전력 생산량은 7배로 늘었다. 섬유 생산량은 대략 1913년 수준에 머물렀고, 대공업에서 생산된 다른 소비재의 생산량은 약간 늘어나는 데 그쳤다.[11]

5개년계획 기간에 소비가 축적에 종속된 것은 1921~1928년 시기와 대조됐다. 왜냐하면 그때는 관료적 기형에도 불구하고 생산·축적·소비가 거의 균형 있게 성장했기 때문이다.[12]

서구 자본주의 세계와의 군사적·경제적 경쟁이 소련 공업화의 추진력이 됐다. 1929년 11월에 이미 스탈린은 '따라잡고 앞질러야 한다(도그나티 이 페레그나티)'라는 표어를 제시하면서, 급속한 공업화라는 긴박한 과제를 위해 힘쓸 것을 당과 인민에게 요구했다.[13]

스탈린은 1931년 2월 4일 열린 '1차 전국 공업 지도자 협의회'에서 연설할 때 다음과 같이 말했다.

속도를 늦추는 것은 뒤처진다는 것을 의미합니다. 그리고 뒤처진 사람들은 패배합니다. 안 됩니다, 우리는 결코 패배할 수 없습니다. 옛 러시아 역사의 특징 하나는 끊임없는 패배였습니다. 러시아는 후진성 때문에 패배했습니다. 몽골의 왕들에게 패배했습니다. 오스만튀르크의 총독들에게 패배했습니다. 스웨덴의 봉건영주들에게 패배했습니다. 폴란드와 리투아니아의 귀족들에게 패배했습니다. 영국과 프랑스의 자본가들에게 패배했습니다. 일본의 재벌들에게 패배했습니다. 이들은 모두 러시아에 패배를 안겨 줬습니다. 러시아의 후진성 때문이었습니다. 군사적 후진성, 문화적 후진성, 정치적 후진성, 공업의 후진성, 농업의 후진성 때문이었습니다. …

우리는 선진국들보다 50~100년 뒤처져 있습니다. 10년 안에 그들을 따라잡아야 합니다. 그러지 못하면 우리는 파멸할 것입니다.[14]

급속한 공업화가 추진되면서 공장에서는 관리자들의 손에 권한이 집중됐다. 1928년까지는 공장의 노동자위원회와 더불어 당세포가 공장 경영에 참여했다. 관리자는 이들과 함께, 이들의 통제를 받으며 일했다. 이 셋이 한데 뭉쳐 트로이카를 이루고 있었다. 1928년 2월 최고경제평의회는 "공업 기업 내 행정·기술·정비 직원들의 권리와 의무에 관한 기본 규정"이라는 문서를 발표했는데, 그 목표는 트로이카를 끝장내고 관리자의 완전하고 제한 없는 통제권을 확립하는 것이었다. 1929년 9월 당 중앙위원회는 노동자위원회가 "공장 운영에 직접 개입하거나 공장 행정을 대신하려고 해서는 안 되며, 1인 경영을 확립하고 생산을 증대하고 공장을 발전시킴으로써 노동계급의 물질적 조건을 개선하는 데 반드시 도움을 줘야 한다"고 결의했다. 관리자가 공장의 유일한 책임자로서 전권을 쥐게 됐다. 이제 관리자가 내리는 경제적 명령은 모두 "하급 행정 직원들과 전체 노동자에게 절대적 구속력이 있었다." 경제 분야의 분쟁 중재자로 유명한 L M 카가노비치는 다음과 같이 말했다. "작업장의 권위 있는 지도자는 현장감독이고, 공장의 권위 있는 지도자는 공장장이다. 이들에게는 그 지위에 따르는 권리와, 의무와 책임이 모두 부여된다." 그의 형제이자 중공업부의 고위 관리였던 M M 카가노비치는 다음과 같이 말했다. "공장장이 공장의 최고 책임자라는 기본 가정에서 더 나아갈 필요가 있다. 공장의 피고용인들은 모두 공장장에게 완전히 복종해야 한다. … 공장장이 공장에 들어오면 땅이 흔들릴 정도여야 한다."

1935년에 출판된 소련 경제법 교과서는 한술 더 떠서 "1인 경영은

사회주의 경제를 조직하는 데서 가장 중요한 원칙"이라고 주장했다.[15]

공업화가 추진되면서 노동자들의 생활수준은 급격히 낮아졌다. [영국의 역사가] 도널드 필처는 《소련 노동자와 스탈린 체제의 공업화》라는 책에 다음과 같이 썼다.

> [소련의] 생활수준 저하를 계산한 서구의 자료들은 조금씩 다르지만, 모두 1928년부터 1932년까지 [생활수준이] 재앙적으로 낮아졌음을 보여 준다. 솔로몬 슈바르츠와 나움 야스니가 계산한 것을 보면, 1932년의 실질 임금은 1928년 수준의 약 50퍼센트다. 유진 잘레스키는 그 수치를 더 낮게 잡아 43퍼센트로 본다.[16]

생산의 최저 기준량[할당된 노동량]이 늘어나고 공급 체계가 악화하는 데다 생활수준도 낮아지자 노동자들은 자주 직장을 옮기는 것으로 대응했다.

〈표〉 대공업 전체 이직률(종업원 100명당)

	1929	1930	1931	1932
취직자	122.4	176.4	151.2	121.1
퇴직자	115.2	152.4	136.8	135.3

〈표〉 석탄공업 이직률(종업원 100명당)

	1929	1930	1931	1932
취직자	201.6	307.2	232.8	185.4
퇴직자	192.0	295.2	205.2	187.9

이 중 가장 나쁜 사례를 보면, 석탄공업의 평균적 노동자는 1930년

에 거의 세 번이나 직장을 그만뒀다는 사실을 알 수 있다.[17]

정부는 노동자들의 이런 움직임을 억제하고자 새로운 조치를 취했다. 1차 5개년계획 때까지는 노동자가 자기 마음대로 직장을 자유롭게 바꿀 수 있었다. 노동자가 원하는 곳에서 일할 수 있는 권리는 사실 1922년의 노동법 37조에 보장돼 있었다. "피고용인을 한 기업에서 다른 기업으로 또는 한 곳에서 다른 곳으로 옮기는 것은 기업이나 기관이 이전할 때조차 해당 노동자나 종업원의 동의가 있어야만 가능하다." 노동자들은 소련의 이 지역에서 저 지역으로 아무 제약 없이 이주할 수도 있었다. 심지어 1930년까지 《소련 소小백과사전》에는 다음과 같이 나와 있었다. "제정 치하에서 만들어진 국내 통행증 제도는 근로 대중을 억압하고 감시하는 수단이었는데 10월 혁명으로 폐지됐다."

그러나 1931년에는 어떤 노동자도 특별 허가 없이는 레닌그라드를 떠날 수 없었다. 제정 시절보다 훨씬 억압적인 국내 통행증 제도가 도입돼서 1932년 12월 27일부터 소련 전역에 적용됐다. 이제는 아무도 허가 없이는 거주지를 옮길 수 없었다.

이미 1930년 12월 15일부터 모든 공업 기업은 허가 없이 직장을 떠난 사람을 고용하는 것이 금지됐고, 1922년의 노동법 37조는 1932년 7월 1일 폐지됐다. 1931년 2월 11일에는 공업·운수 노동자에게 노동 기록부가 도입됐다.[18]

정권은 노동계급의 저항을 분쇄하고 응집력을 약화하고 집단행동 능력을 파괴하고자 온갖 무기를 사용했다. 이를테면 탄압을 자행하고, 산업 투쟁과 연대의 전통이 전혀 없는 농촌 출신들을 새로 고용해서 노동계급의 구성을 바꿔 놓고, '사회주의적 경쟁'을 이용해 노동 동기를 원자화하고, 일부 노동자(당연히 소수)가 사회적 사다리를 기어올라 현장 주임이나 공장 관리자가 되도록 부추겼다. 도널드 필처는 다음과 같이 썼다.

> 1930년부터 1933년까지 약 60만 명의 '노동자 공산당원'이 행정기관과 교육기관으로 올라갔다. 1930년에 이렇게 위로 올라간 사람들은 공업 노동자의 10~15퍼센트나 됐다. 그래서 많은 노동자는 공업화의 물질적 어려움에서 벗어나는 길은 저항이 아니라 노동계급을 빠져나와 관료로 승진하고 지배 엘리트로 편입하는 것이라고 생각했다. 이런 식으로 '승진한 사람들'이 스탈린 체제 엘리트의 주요 지지 기반이 됐다. 실제로 그런 엘리트가 되지는 못했더라도 말이다.[19]

강제 집산화든 미친 듯이 밀어붙인 공업화든 대규모 테러가 없었다면 성공하지 못했을 것이다. 미할 라이만은 다음과 같이 썼다.

> 정치적 테러가 중요한 구실을 했지만, 스탈린 체제의 진정한 핵심은 … 사회적 테러였다. 즉, 스탈린 체제는 매우 광범한 계층의 주민들에게 잔인무도한 폭력을 휘둘렀고, 수많은 사람들을 상상할 수 없을 만큼 엄청나고 극심한 착취와 억압에 종속시켰다.
> 테러와 탄압의 사회적 기능을 보면 스탈린의 형벌 제도가 겉보기에 불합리하고 분별없고 동기가 모호했던 이유를 알 수 있다. 사회적 수단인 테러는 협소하게 특정 개인들을 겨냥할 수 없었다. 그것은 폭력적 변화의 수단이었고, 수많은 사람들의 생활·노동 조건에 영향을 미쳤고, [강제 노동 수용소] 재소자 수백만 명의 노예노동까지 포함한 최악의 사회적 억압 형태를 강요했다.[20]

트로츠키는 소련 사회의 운명은 결국 노동계급과 쿨라크·네프맨 사이의 투쟁으로 결정될 것이고 관료들은 부차적·중재적 구실만 할 것이라고 생각했다. 그러나 서로 싸우는 사회 세력들이 모두 마비된 덕분에 스탈린주의 관료들이 그럭저럭 위기를 헤쳐 나갈 수 있었다. 관료들은 폭력을 사용해 일련의 임시방편 조치들을 강요하다가 위기에서 벗어날 국가자본주의적 길을 발견했다. 그들은 노동계급과 농민을 모두 희생시킨 덕분에 스스로 사회 위에 군림해서 가장 냉혹한 착취 체제를 구축할 수 있었다.

스탈린은 1928/29년 이전에는 여러 계급 사이에서 줄타기하는 인간이었지만 이제는 완전히 다른 사람이 됐다. 새로운 지배계급, 즉 관료 집단의 대표자가 된 것이다. 라이만은 다음과 같이 썼다.

> 1929년의 스탈린은 1926년의 스탈린이 아니었다. 그의 정치적 견해, 무엇보다 사회적·경제적 관계에 대한 견해의 일반적 성격이 달라졌고, 그가 주장한 실천적 해결책의 유형도 달라졌다.[21]

몇 년 동안 트로츠키는 스탈린이 쿨라크와 네프맨의 영향에 휘둘린다고 비판했다. 트로츠키는 5개년계획의 도입과 함께 스탈린과 관료의 기능이 근본적으로 바뀐 것을 파악하지 못했지만, 그 점은 스탈린 자신도 마찬가지였다. 스탈린은 위기에 실용주의적으로 대처했고, 미지의 세계로 뛰어들었을 때 자신의 논리가 아니라 상황의 논리에 이끌렸다.

3장

5개년계획에 대한 트로츠키의 반응

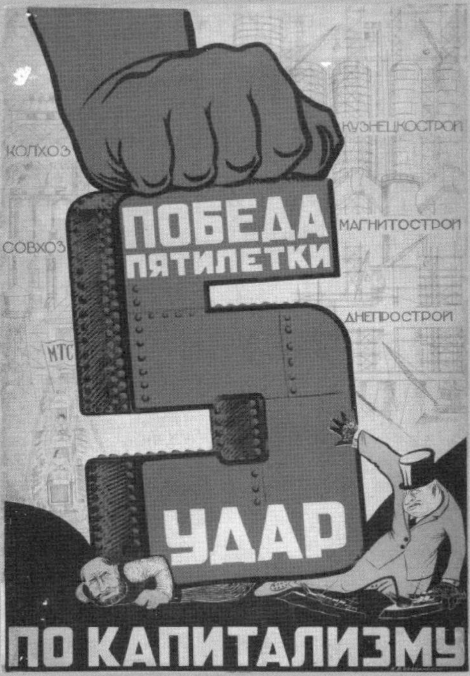

소련 정부의 선전용 포스터.
"5개년계획의 승리: 자본주의를 강타하다"

당내 좌파·중도파·우파의 세력 관계에 대한 트로츠키의 견해

1923년 이래로 소련 상황에 대한 트로츠키의 분석과 전망은 탁월했다. 사건들은 그의 예측이 완전히 옳았음을 보여 줬다. 트로츠키는 핵심 사회집단 셋(노동자·농민·관료)에 대한 계급 분석이 명확했기 때문에 그런 분석과 전망을 내놓을 수 있었다. 이미 1926년 가을에 트로츠키는 좌파가 분쇄되면 곧바로 스탈린 진영이 우파와 중도파로 분열할 것이라고 예견했다. 그는 심지어 각 분파에 가담할 사람들의 이름까지 구체적으로 거론하는데, 부하린·리코프·톰스키 등이 우파를 형성해서 몰로토프·카가노비치·미코얀·키로프 등이 속한 스탈린 분파와 투쟁할 것이라고 말했다(비록 우글라노프를 스탈린파에 포함한 것은 실수였지만 말이다).

트로츠키는 신경제정책이 경제적·사회적·정치적 난관에 부딪힐 것이고, 공업이 뒤처지고 쿨라크와 네프맨의 힘이 세지면 소련 정권의 생존이 위태로워질 것이라고 옳게 예측했다. 또, 그런 일이 벌어지면 지도부 내 우파와 중도파의 투쟁이 첨예해질 것이라고 예측한 것도 옳았다.

앞으로 보게 되겠지만, 1928년 이후에는 트로츠키의 예측이 거의 예외 없이 틀렸다. 나는 왜 그랬는지도 설명해 보려 한다.

트로츠키는 중도파(스탈린)와 우파(부하린)의 투쟁에서 스탈린이 패배할 것이라고 거듭거듭 주장했다.

예컨대, 1927년 12월 말에 쓴 "새로운 단계"라는 글에서는 스스로 스탈린의 '좌파적 책략'이라고 부른 것을 두고 다음과 같이 말했다.

> [1925년 12월 18~31일 열린] 14차 당대회는 당기관의 최고점인 동시에 스탈린의 정점이기도 했다. [1927년 12월 2~19일 열린] 15차 당대회는 이미 당내 세력들이 상당히 우경화했음을 보여 줬다. …
> 경제 사정이 더 나빠지면 우파가 채택한 노선이 승리할 가능성이 매우 농후하다(좌익반대파 강령은 우파의 노선을 꽤 정확히 예견했다).

그래서 좌파적 책략조차 스탈린을 구해 주지 못할 것이[라고 트로츠키는 주장했]다.

> 조세 정책, 공장 관리자의 권한, 신용 정책, 특히 농촌 등등의 문제에서 압력은 … 우파한테서 나올 것이다. 스탈린의 당기관은 곧 이런 압력에 부딪힐 것이고 그 앞에서 무기력할 것이다. …
> **좌파적 책략은 스탈린의 정책을 구하지 못할 것이다. 오히려 꼬리가 머리를 때릴 것이다.**[1]

1928년 5월 23일 우스티쿨롬에 유배돼 있던 알렉산드르 벨로보로도프에게 보낸 편지에서 트로츠키는 "새로운 단계"의 예측과 달리 우경화가 일어나지 않은 이유를 다음과 같이 설명했다.

> "새로운 단계"에서는 가중된 어려움이 낳은 압력 때문에 경제적 우경화가 상당히 임박했다고 했습니다. [그러나] 실제로 일어난 일은 좌경화였

습니다. 이것이 뜻하는 바는 우리가 강력한 쐐기를 잘 박았지만 우리 자신이 그 쐐기를 과소평가했다는 것입니다. 그렇습니다, 그들이 지금 이 순간 모순의 해결책을 우파 노선에서 찾을 수 없게 만든 것은 바로 우리의 쐐기였습니다. 그동안 우리가 쏟아부은 모든 노력 — 우리의 분석·예측·비판·폭로와 새로운 예측 — 이 없었다면, 곡물 수집의 위기라는 압력 때문에 급격한 우선회가 일어났을 것이라는 점은 의심의 여지가 없습니다(오직 돌대가리만이 지금 이 점을 의심할 것입니다).[2]

스탈린이 좌선회했으니 이제 좌익반대파는 필요 없게 됐다고 생각해서 스탈린에게 투항한 사람들이 늘어났다. 이렇게 투항한 사람들을 겨냥해 쓴 1928년 5월 26일 자 돌림편지에서 트로츠키는 그들의 불안감에 대해 다음과 같이 말했다.

> 지금 사실의 검증을 통과한 [좌익반대파의] 비판과 경고라는 노력이 선행되지 않았다면, 꼬리가 머리를 때리는 충격(곡물 수집 [위기] 등) 때문에 필연적으로 우선회가 일어났을 것입니다. 우리는 매우 큰 대가를 치르고 우선회를 피했습니다. 얼마나 오래? 그것은 완전히 불확실합니다. 앞으로 나라 안팎에서 많은 어려움이 닥칠 것입니다.
> 당은 여전히 우리가 필요할 것입니다. 그것도 매우 많이 필요할 것입니다. "우리가 없어도 만사형통일 것"이라고 생각하며 불안해하지 마십시오.[3]

트로츠키는 좌선회를 지지해야 한다면서, 좌선회 덕분에 당 개혁의 물꼬가 트일 것이라고 주장했다.

> 우리는 현재의 공식적 전환을 기꺼이 지지합니까? 우리의 힘과 자원을 최대한 동원해서 무조건 지지합니다. 우리는 이 전환 덕분에 대격변 없

이도 당을 개혁할 가능성이 커질 것이라고 생각합니까? 예, 그렇습니다. 우리는 바로 이 과정을 기꺼이 지원할 것입니까? 완전히, 있는 힘을 다해 지원할 것입니다.[4]

그러나 좌익반대파의 독립성은 계속 유지돼야 [한다고 트로츠키는 주장]했다.

좌익반대파는 우파에 맞서 좌선회하는 중도파의 조치를 모두 지지하면서도 그런 조치들이 턱없이 불충분하고 현재의 전환을 온전히 보장하지도 못한다는 점을 들어 비판해야 합니다(그리고 비판할 것입니다). 왜냐하면 그 전환은 상부의 명령을 바탕으로 계속 실행될 뿐 실제로는 당이 주도하는 것이 아니기 때문입니다. 반대파는 현재 노선의 비일관성과 이론적 성찰 부족과 정치적 모순에서 비롯하는 엄청난 위험을 당에 알리는 일을 비타협적으로 이어 나갈 것입니다. 현재의 노선은 여전히 좌파에 대항하는 중도파와 우파의 동맹에 바탕을 두고 있습니다.
[좌익반대파] **강령에 표현된 사상과 제안을 위해 계속 투쟁하는 것만이, 조금이라도 진보적인 중도파의 조치를 모두 지지하는 유일하게 올바르고 진지하고 정직한 길입니다.**[5]

이것이 좌익반대파의 승리를 낙관하는 원천이었다.

우파와 중도파의 정책들은 막다른 골목에 다다랐습니다. … 토양은 우리가 뿌린 씨앗을 점점 더 받아들이게 될 것입니다.
물론 이 과정은 여전히 부침을 겪을 것입니다. 그러나 하나는 분명합니다. 즉, 소수의 간부들이 전체 상황에 대한 분명한 이해로 무장하고 있다면, 자신들의 역사적 사명을 잘 알고 있다면, 그와 동시에 당원 대중과 노동계급 속에서 진보적 운동들과 발맞춰 행진하는 법을 알고 있거나 배울 수 있다면, (장차 위기 상황이 불가피하다는 점을 감안해 볼 때) 그런 소수의 간부들조차 결정적 구실을 할 수 있다는 것입니다.[6]

1928년 7월 중앙위원회 총회에서 스탈린이 부하린의 우파에게 양보하자, 트로츠키는 좌파의 승리가 임박했다고 더 강하게 낙관했다.

10월 19일 스탈린은 [공산당] 모스크바 위원회와 모스크바 통제위원회에서 "소련 공산당(볼셰비키) 내 우파의 위험"이라는 제목으로 연설했다.[7] 트로츠키는 이 연설을 두고 스탈린의 반反우파 캠페인은 성의 없는 사기극이라고 논평했다. 그 캠페인은 일관성이 없기 때문에 오히려 볼셰비키·레닌주의자들에게 많은 기회가 찾아올 것이[라고 트로츠키는 생각했]다. 스탈린이 우파를 분쇄해서 마침내 당내 모든 분파를 물리치고 자신의 독재권을 강화하기 겨우 몇 주 전인 1929년 2월 25일에도 트로츠키는 다음과 같이 썼다. "요컨대 스탈린의 성의 없는 정책들은 일련의 지그재그 속에서 발전했고, 그 결과 당의 두 분파인 좌파와 우파가 더 강해졌다. 반면 중도파는 약해졌다."[8]

1929년 4월 24일 트로츠키는 스탈린이 좌익반대파의 채찍 아래서 우파와 싸우고 있을 뿐 근본적으로는 우파를 분쇄할 수 없다고 말했다. 트로츠키는 자신이 우파(부하린)와 중도파(스탈린)라고 부른 세력과 관련해 근본적으로 상황을 오판한 것이다.

반대파의 채찍 아래서 스탈린파 [관료] 기구는 좌우로 흔들리고 있다. 그래서 당에 생각하고 비교해 볼 기회를 주고 있다. 지금처럼 반대파의 사상이 소련의 정책에서 중심을 차지한 적은 결코 없었다. 반대파 지도자들이 감옥이나 유배지에 있는데도 그렇다. … 스탈린은 반대파의 채찍 아래서 우파와 싸우고 있다. 그는 우파와 좌파의 분열 때문에 중도파로서 그렇게 투쟁할 수밖에 없고, 프롤레타리아 노선과 공공연한 기회주의 노선의 중간에서 자신의 입장을 확립하려 한다. 스탈린의 지그재그 투쟁은 결국 우파만 강화한다. 당이 충격과 분열을 피할 수 있는 길은 오직 혁명적 입장을 취하는 것뿐이다.[9]

8개월 뒤인 1930년 1월 4일 트로츠키는 스탈린이 부하린 일파의 위협을 물리치려면 좌익반대파가 필요할 것이므로 머잖아 좌익반대파가 승리할 것이라고 주장했다.

반대파는 위험한 순간에 가장 중요한 위치를 점하게 될 것이다. … [멘셰비키인] 체레텔리가 코르닐로프 [쿠데타]에 맞서 볼셰비키에게 도움을 요청했듯이, 스탈린은 어려운 순간이 닥치면 좌익반대파에게 도와 달라고 할 것이다.[10]

왜 트로츠키의 예측은 틀렸는가

그러나 마지막에 승리한 사람은 부하린이나 트로츠키가 아니라 스탈린이었다. 즉, 좌파나 우파의 압력에도 '중도파'는 붕괴하지 않았다. 역사는 프롤레타리아를 선택하지도 않았고 쿨라크와 네프맨을 선택하지도 않았다.

트로츠키는 우파나 좌파의 정치적 특징을 파악하는 데서는 실수를 하지 않았지만, 제3의 집단인 스탈린파 관료들에 대해서는 완전히 오판했다. 트로츠키는 자신이 잘 아는 (노동조합과 사회민주주의 정당) 관료의 경험을 바탕으로 소련의 스탈린파 관료들을 판단했다.

스탈린파 관료들은 서구의 노동조합 관료와 매우 달랐다. 후자는 지배계급, 즉 생산수단을 소유한 자들과 생산수단에서 '자유로운' 노동자들 사이에서 둘을 중재한다. 노동조합 관료가 대자적 계급이 될 수 없는 이유는 계급을 규정하는 바로 그것 — 생산수단과 맺는 관계 — 이 없기 때문이다. 그래서 그들은 지그재그로 '중도'의 길을 따라간다. 그러나 소련 관료들은 많은 생산수단을 직접 통제했고, 1928~1929년에 그들 가운데 일부는 독립적으로 행동할 태세가 돼 있었다. 노동자들뿐 아니라, (생산수단을 소유한) 쿨라크와 네프맨한테서도 독립적으로 행동할 태세가 돼 있었던 것이다. 프롤레타리아의 전위인 좌익반대파를 먼저 분쇄한 스탈린파 관료들은 승리의 열매를 쿨라크와 네프맨에게 넘겨주려 하지 않았다. 관료들은 자신의 경제적·사회적·정치적 권력을 포기하기를 거부한 채 노동계급과 농민을 혹독하게 탄압했다.

나는 다른 책에서 다음과 같이 썼다.

> 트로츠키가 관료들을 다룬 글을 쓸 때, 그가 참고할 만한 것은 노동조합과 사회민주주의 정당의 관료였다. 이 노동운동 관료들은 자본주의 사회의 양대 계급(사용자와 노동자) 사이에서 줄타기한다. 그들의 특징은 무엇보다 동요한다는 점이다. 즉, 때로는 노동계급의 압력을 받아 왼쪽으로 움직이고 때로는 자본가들의 압력을 받아 오른쪽으로 움직인다. 마찬가지로 트로츠키는 스탈린파 관료의 특징도 '중도주의', 즉 한편으로 성공을 갈망하는 부르주아 네프맨·쿨라크와 다른 한편으로 소련 노동계급의 압력 사이에서 동요한다는 점이라고 봤다. 그가 예상하고 두려워한 것은 스탈린이 우파에게 투항하는 것이었다. 그가 기대한 것은 노동계급과 좌파의 압력으로 그런 투항을 막는 것이었고 이를 위해 그는 모든 노력을 쏟아부었다. 그러나 트로츠키의 두려움도 기대도 실현되지 않았다. 오히려 스탈린파 관료들은 좌파(트로츠키, '통합반대파' 등)와

우파(부하린·리코프·톰스키 등)를 모두 잇따라 공격하는 쪽으로 나아갔다. 겨우 2년 사이에 관료들은 노동자와 쿨라크와 소농 전체를 완전히 분쇄하고 소련의 유일한 정치권력으로 등장했다. 그들의 꼭대기에는 스탈린이 개인적 독재자로 군림했다.

스탈린 분파가 그럴 수 있었던 것은 그들이 자본주의 사회의 노동조합 관료와 근본적으로 달랐기 때문이다. 국가가 이미 생산수단의 주요 창고가 됐고 부르주아지가 결정적으로 분쇄되고 수탈당한(1917~1918년의 러시아 부르주아지가 그랬다) 사회에서 노동계급의 통제를 전혀 받지 않는 국가 관료는(1923~1928년의 스탈린파 관료가 그랬다) 사실상 그 생산수단을 소유하고 통제해서 노동자의 사용자가 된다. 요컨대, 그들은 새로운 착취계급이 되는 것이다.[11]

5개년계획의 시작과 함께 스탈린파 관료들은 프롤레타리아와 농민을 중재하는 계층에서 독자적 지배계급으로 변모했다.[12]

트로츠키는 스탈린이 "신경제정책을 지옥으로 보낼"(쿨라크와 농민 일반을 청산할) 수 있을 뿐 아니라, 그와 동시에 프롤레타리아도 목 졸라 죽일 수 있다는 것을 예견하지 못했다. 트로츠키는 이 두 행동이 양립할 수 없다고 생각했다. 그는 스탈린 패거리가 테르미도르파 자코뱅의* 전철을 밟을 것이라고 거듭거듭 경고했지만, 그 자코뱅에게는 없던 무기를 스탈린파 관료들이 손에 쥐고 있다는 사실을 간과했다. 그들은 나라 경제 전체라는 무기를 손에 쥐고 있었던 것이다. 모든 핵심 생산수단의 주인인 관료들은 지배계급, 즉 사회의 주인이

* 프랑스 혁명력으로 테르미도르 9일, 즉 1794년 7월 27일에 로베스피에르파의 혁명정부를 무너뜨리는 쿠데타(이른바 테르미도르 반동)를 일으키고 프랑스 혁명 과정을 보수화한 자코뱅 내 온건파를 말한다.

되고 있었다. 스탈린과 관료들이 쿨라크에게 패배할 수 있다는("꼬리가 머리를 때릴 것"이라는) 트로츠키의 가정은 농민의 본성에 관한 트로츠키 자신의 오랜 지론과도 완전히 모순됐다. 1906년에 트로츠키는 다음과 같이 썼다. "역사적 경험을 보면 농민은 절대로 독립적인 정치적 구실을 할 수 없다는 것을 알 수 있다. … 자본주의의 역사는 농촌이 도시에 종속되는 역사다."[13] 낱낱의 원자처럼 분산된 농민들이 고도로 중앙집권적인 국가 관료들을 어떻게 이길 수 있겠는가? 둘이 싸우면 농민은 질 수밖에 없다.

트로츠키의 도식, 즉 '부하린=우파, 스탈린=중도파, 트로츠키=좌파'라는 도식은 1923~1928년에는 맞는 듯했지만 그 뒤에는 완전히 어그러졌다. 좌파라는 말이 노동계급의 필요와 염원에 더 가깝다는 것을 뜻한다면, 스탈린은 1920년대 중반에는 부하린보다 좌파적이었지만 1928년 이후에는 훨씬 더 우파적이었다. 부하린이 변한 것이 아니라 스탈린이 변한 것인데, 그의 새로운 사회적 위치 때문이었다. 이 점은 또 다른 우파인 톰스키와 [스탈린을] 대조해 봐도 잘 드러난다. 노동조합 지도자인 톰스키는 여전히 노조의 존재에 의존했다. 이와 달리, 스탈린은 노조를 국가에 완전히 통합해 버렸고, 1928/29년 이후에는 노조의 독립성을 파괴해 그 흔적조차 남기지 않았다. 부하린·톰스키의 우파가 노동자들을 대하는 태도는 서구의 노동당 관료가 노동자들을 대하는 태도와 매우 비슷했다. 5개년계획 이후 스탈린이 소련 노동자들을 다룬 방식은 히틀러가 독일 프롤레타리아를 다룬 방식과 더 비슷했다.

스탈린의 정책들은 질적 변화를 겪었다. 계급적 관점에서 보면 이 변화 때문에 그는 트로츠키나 부하린보다 훨씬 더 우파적 인물이 됐다. 트로츠키와 부하린은 모두 [사회적] 위치가 근본적으로 바뀌지 않았다.

좌익반대파는 볼셰비즘의 한 날개였고, 부하린파도 볼셰비즘의 한 날개 — 가장 보수적인 날개 — 였다. 그러나 스탈린은 볼셰비즘의 무덤을 파는 자였다. 그의 위치는 심지어 가장 유명한 '우파'인 부하린의 위치와도 대조됐다. 도니 글룩스타인이 썼듯이, 부하린은 반혁명까지 나아가지는 않았다.

> 혁명의 가장 훌륭한 전통을 탁월하게 대변했던 부하린은 혁명이 왜곡되고 있을 때도 대변인 구실을 했는데, 이번에는 혁명의 변질을 대변했다. 그는 혁명이 변질되는 과정을 합리화하고 촉진하는 데서 능동적 요인이었다. 소련 국내뿐 아니라 코민테른에서도 그랬다. 그러나 스탈린과 달리 부하린은 혁명을 배반하고 파괴하는 마지막 단계까지는 가지 않았고, 이 때문에 최후의 대가를 치러야 했다.[14]

집산화·공업화 드라이브에 대한 트로츠키의 태도

5개년계획에 따른 집산화와 공업화를 트로츠키가 오판한 이유는, 스탈린파 관료들이 프롤레타리아와 농민한테서 얼마나 독립적인지를 과소평가했기 때문이다.

트로츠키는 [스탈린이] 집산화와 공업화로 전환하는 데서 좌익반대파가 결정적 구실을 했다고 주장했다. 그래서 《소련 발전의 문제들》(1931년 4월 4일)이라는 소책자에서는 다음과 같이 주장했다.

> 레닌 사후 시기 전체의 경험을 보면, 좌익반대파가 소련의 발전 노선에 이론의 여지 없는 영향을 미쳤음을 분명히 알 수 있다. 공식 노선에서 창조적인 것은 모두 좌익반대파가 주장한 사상과 구호의 뒤늦은 메아리였다. …

비록 좌파의 수는 적지만, 이런 비판의 힘은 대체로 마르크스주의의 분석·예측 능력에서 나온다. …
따라서 볼셰비키·레닌주의 분파는 지금도 여전히 소련의 사회주의 건설과 국제 프롤레타리아 혁명의 이론과 실천을 발전시키는 데서 가장 중요한 요인들 가운데 하나다.[15]

1932년 1월에도 트로츠키는 5개년계획에 대해 매우 열정적으로 다음과 같이 썼다.

소련의 생산력 발전은 현대사에서 가장 놀라운 현상이다. 계획된 지도의 엄청난 장점은 감히 그 무엇도 반박할 수 없을 만큼 강력하게 입증됐다.[16]

트로츠키는 1932년 2월 15일 〈뉴욕 타임스〉와 인터뷰할 때, 소련의 경제가 크게 발전한 덕분에 관료의 기반이 약해졌다고 주장했다.

경제적 성공으로 소련이 매우 강해졌다는 것은 두말할 필요도 없습니다. 그와 동시에, 경제적 성공으로 스탈린의 공식 기구는 입지가 매우 약해졌습니다. … 소련 관료가 약해진 중요한 원인은, 경제적 성공으로 소련 노동자의 수가 크게 늘었을 뿐 아니라, 노동자의 문화적 수준, 자기 힘에 대한 자신감, 독립심도 크게 고양됐기 때문입니다. 이 모든 특성은 관료의 후견인 구실과 조화를 이루기 어렵습니다.[17]

1932년 2월 26일 에이피AP 통신과 인터뷰할 때는 다음과 같이 말했다.

많은 신문 기사의 온갖 이야기에도 불구하고, 스탈린과 그 주변 집단의 개인적 지위는 위태롭게 비틀거리고 있습니다. 소련의 경제적·문화적 성공으로 노동계급의 자신감은 상당히 고조됐고, 그와 동시에 스탈린이 대표하는 관료 체제에 대한 노동계급의 비판도 상당히 거세졌습니다.[18]

이런 글이 실렸을 때 소련의 노동계급은 탄압 때문에, 그리고 투쟁 전통이 없는 농촌 출신 노동자들의 대규모 유입 때문에 매우 허약해지고, '사회주의적 경쟁'으로 말미암아 원자화한 상태였다!

트로츠키는 스탈린이 집산화와 공업화를 추진하는 방식은 강력하게 비판했지만, 집산화와 공업화 드라이브 자체는 매우 칭찬했다. 트로츠키의 주장인즉, 스탈린의 정책을 마음껏 비판할 수 있고 비판해야 하지만 자본주의 사회보다 스탈린 치하에서 노동자와 농민이 훨씬 나아지고 있다는 사실만큼은 분명하다는 것이었다. 1928년 1월 28일 자 편지에 트로츠키는 다음과 같이 썼다.

소련 국가는 비록 그 지도부는 기회주의적이지만, 생산력 발전 수준이 똑같은 부르주아 국가가 제공할 수 있는 것보다 월등히 많은 것을 노동자와 농민에게 제공하고 있다.[19]

트로츠키는 1928년 3월 5일 [좌익반대파 지도부의 일원인] 레프 소스놉스키에게 보낸 편지에서도 이런 말을 되풀이했다.

소련 정부가 노동계급을 위해 하고 있는 것은, 국부國富의 전반적 수준이 동일한 다른 부르주아 정부가 할 수 있거나 하려는 것보다 헤아릴 수 없을 만큼 많습니다. …

소련이 (생산력 발전 수준이 똑같은) 부르주아 국가였다면 소련 노동자들은 결코 지금처럼 높은 생활수준을 누리지 못했을 것입니다. 온갖 실수와 계산 착오, 올바른 노선에서의 일탈에도 불구하고 그 점은 사실입니다.[20]

1930년 4월 25일에 쓴 "자본주의로 나아가는가 아니면 사회주의로 나아가는가?"라는 글에서도 트로츠키는 다음과 같이 주장했다.

> 나라의 선두에서 [소련] 정부는 온갖 결함에도 불구하고 어떻게든 농민들의 물질적·문화적 수준을 높이려고 애쓰고 있다. 혁명적 사회의 구조가 어떻게 변했든 간에 여전히 이 나라 지배계급인 노동계급의 이해관계도 방향은 같다.[21]

트로츠키가 이 글을 썼을 때 소련의 실질임금은 반 토막 났다!

같은 시기에 트로츠키는 스탈린이 앞으로 쿨라크의 성장을 부추길 것이라고 주장하고 있었다. 집산화는 쿨라크를 제거하기는커녕 그들에게 새로운 사회적 토대를 제공하리라는 것이었다. 그래서 "소련 경제의 신노선"(1930년 2월 13일)이라는 글에서 트로츠키는 다음과 같이 썼다.

> 쿨라크라는 하나의 계급을 공식적으로 청산한 바로 다음 날, 즉 '쿨라크로 지명된 사람들'의 재산을 몰수하고 그들을 강제 추방한 바로 다음 날, 스탈린파 관료들은 집단농장 내의 쿨라크는 진보적이라거나 "문명화한 협력자들"이라고 선언할 것이다. … 그렇다면 집단농장은 쿨라크를 숨겨 주는 새로운 사회적·정치적 위장 형태에 불과할 수 있다.[22]

2년 뒤에도 트로츠키는 쿨라크가 부활하고 있다는 똑같은 주장을 되풀이했다.

> 신문에서는 쿨라크라는 하나의 계급이 청산됐다고 계속 허풍을 치지만, 경제정책의 실제 조치들은 쿨라크를 계급으로 부활시킬 조건들을 준비할 수밖에 없다.[23]
> 이제 농촌의 쿨라크뿐 아니라 도시의 네프맨도 자본을 축적할 것이고, 새로운 사회적 분화 과정이 시작될 것이다.[24]

스탈린의 경제 운영을 날카롭게 비판하는 트로츠키

그러나 이런 오류와 착각에도 불구하고 트로츠키는 소련 관료들이 경제를 잘못 운영한다고 날카롭게 비판하는 일을 결코 멈추지 않았다. 그는 계획이라는 기예에 필요한 것은 무엇보다 모든 경제 요소의 조화로운 발전이라고 강조했다. 계획에는 노동자 민주주의가 결정적으로 중요하다. 스탈린파 관료들이 멋대로 경제를 운영하는 바람에 상호 의존적인 다양한 경제 분야, 다양한 기업 사이에 엄청난 불균형이 생겨났다. "위험에 빠진 소련 경제"(1932년 10월 22일)라는 글에서 트로츠키는 다음과 같이 주장했다.

> 중앙집권적 [경제] 운영에는 큰 장점도 있지만 실수를 집중시킬 위험도 있다. 즉, 실수를 지나치게 높은 수준까지 끌어올릴 위험도 있는 것이다. 계획을 실행하는 과정에서 끊임없이 조정하고 부분이나 전체를 재구성하는 것만이 그 계획의 경제적 효과를 보장할 수 있다. …
> 사회주의 계획의 기예는 하늘에서 뚝 떨어지는 것도 아니고 권력 장악과 함께 완벽한 형태로 손에 굴러 들어오는 것도 아니다. 그 기예는 오직

투쟁을 통해 하나씩 하나씩 숙달될 수 있고, 소수가 아니라 수많은 사람이 새로운 경제와 문화의 구성 부분으로서 통달할 수 있는 것이다.[25]

민주주의는 진정한 경제계획에 추가되는 덤이 아니라, 그것의 알파요 오메가[처음과 끝]다.

국가 경제와 사적 경제, 집단적 경제와 개별적 경제 등에 참여하는 살아 있는 수많은 사람들의 필요와 상대적 강점은, 통계를 근거로 계획위원회가 내린 결정을 통해서뿐 아니라 수요와 공급의 직접적 압력을 통해서도 드러날 것이다. 계획은 시장을 통해 점검되고 (상당한 정도로) 실현된다. 시장의 조절 자체는 시장 메커니즘에서 생겨나는 경향들에 의존해야 한다. 각 부처들이 그리는 청사진은 상업적 계산을 통해 그 경제적 효과를 입증해야 한다.
살아 있는 이해관계 사이의 투쟁은 계획의 근본적 요인으로, 우리를 정치의 영역으로 안내한다. 정치는 집중된 경제이기 때문이다. 소련의 사회집단들이 사용하는 수단은 소비에트, 노동조합, 협동조합, 무엇보다 집권당이(어야 한)다. 이 세 요소, 즉 국가 계획, 시장, 소비에트 민주주의의 상호작용을 통해서만 이행기 경제의 올바른 방향을 설정할 수 있다.[26]

또, 트로츠키는 일국적 자급자족 경제정책, 즉 아우타르키도 반대하면서, 그것은 사회주의보다는 히틀러 체제에 훨씬 잘 맞는다고 주장했다. 사실 스탈린 치하 소련의 경제는 점점 아우타르키 체제가 돼 갔다. 이 점은 다음 표를 보면 분명히 알 수 있다.

〈표〉 소련 국민소득에서 수출이 차지하는 비중(1913~1937년)[27]

연도	퍼센트
1913	10.4
1929	3.1
1930	3.5
1931	3.0
1932	2.6
1933	2.3
1934	1.8
1935	1.3
1936	0.8
1937	0.5

트로츠키는 노동계급이 경제계획의 객체가 아니라 주체여야 한다는 사실을 모든 저작에서 분명히 밝혔다. 노동자들의 생활수준 향상과 경제·사회·국가에서 노동자들이 하는 구실이야말로 진보의 기준이었다. 《소련 발전의 문제들》(1931년 4월 4일)에서 트로츠키는 다음과 같이 주장했다. "노동자들의 생활수준과 그들이 국가에서 하는 구실이 사회주의의 성공을 가늠하는 최고 기준이다."

> 프롤레타리아의 정치적 독립성과 모든 분야에서 프롤레타리아의 주도력을 고양하는 문제가 모든 정책의 맨 앞에 놓여야 한다. 이 목표를 제대로 달성하려면, 개별 집단과 계층의 지나친 특권에 맞서 투쟁해야 하고, 생활 조건의 극단적 불평등에 맞서 투쟁해야 하고, 무엇보다 통제받지 않는 관료의 엄청난 특혜와 우월적 지위에 맞서 투쟁해야만 한다.[28]

따라서 트로츠키의 사회주의 계획 개념과, 계획이라는 미명 아래

실시된 스탈린의 관료적 명령 경제 사이에는 비슷한 점이 전혀 없다.

샤흐티 재판, '산업당' 재판, '멘셰비키 중앙' 재판

1928년 5월 샤흐티 시의 광산 기술자 몇 명이 떠들썩한 재판을 받았다. 그들은 산업을 사보타주한 혐의로 기소됐다. 라이만은 그 배경을 다음과 같이 설명한다.

> 탄광 내 설비는 매우 노후해서 못 쓸 정도였고 새로운 설비의 유입은 완전히 불충분했다. 도네츠강 유역의 분지인 돈바스는 산업재해(사망 포함) 비율이 소련에서 가장 높은 지역 가운데 하나였다. 생산조직은 엄청나게 부적절했다. 돈바스의 노동자 이직률은 극도로 높았고, 따라서 광산에서 일하는 사람들의 기술 수준은 낮았다. 알코올의존증, 주먹다짐, 칼부림은 흔한 일이었다. 숙달된 인력이 부족했기 때문에 기사들과 기술자들은 과중한 부담에 시달렸다.
> 1927년 말 돈바스는 심각한 소요가 거의 끊이지 않는 상태였다. 노동쟁의와 비공인 파업이 거듭거듭 벌어졌다.[29]

스탈린은 노동자들의 불만이 당과 국가 지도부가 아니라 기술자들이라는 희생양을 향하도록 만들고 싶었다.

> 그[스탈린]는 '파괴 활동'과 관련된 중요한 재판이 벌어지면 경제 위기 극복을 위한 비상조치와 무력 사용을 지지하는 분위기가 강해질 것임을 분명히 알고 있었다.[30]
> 거의 모든 공장과 사무실, 작업장에서 사람들은 대중 집회를 열어 분노

를 표출했다. 그것은 대부분 진정한 분노였고, 노동자들과 전문가들 사이의 껄끄러운 관계를 반영했다. …
과학기술 지식인들에게 집단적으로 린치를 가하는 분위기가 형성됐다. 공장에서 기사들과 기술자들은 '샤흐틴치'나 '돈바솝치'(샤흐티파나 돈바스 유형)라고 불렸다. 그들의 처지는 위험한 정도까지는 아니더라도 극도로 힘들어졌다. 사회적 문제들을 억압으로 해결하는 수법이 새로운 근거를 얻었다. 이제 스탈린은 오래된 전문가들의 '파괴' 행위가 단지 지역적 문제가 아니라 온 나라에 영향을 미치는 중대한 문제라고 넌지시 말했다. 그리고 이 문제를 해결해야 경제적 곤경의 근본적 해법을 찾을 수 있다고 주장했다.[31]

[샤흐티] 재판은 1928년 5월 18일 모스크바 노동조합 회관의 둥근기둥 홀에서 열렸고, 7월 초까지 약 6주 동안 계속됐다. 러시아소비에트연방사회주의공화국 최고재판소의 특별 법정 주심 판사는 멘셰비키 출신으로 국립 모스크바대학교 총장이었던 안드레이 비신스키였다. 훗날 1930년대에 볼셰비키 선임 당원들에 대한 날조된 재판을 주재하게 되는 바로 그 안드레이 비신스키 말이다.

피고인은 53명이었다. 법원은 11명에게 사형을 선고했고, 그중 6명은 '잠정적'이었는데 나중에 중앙집행위원회는 이들의 형을 감형했다. 나머지 5명은 사형선고를 받자마자 즉시 처형됐다. 라이만은 다음과 같이 논평했다.

소련의 경제적·사회적 위기가 그 열매를 맺었다. 사회적 문제를 해결하기 위한 무력 사용과 행정 조치, 즉 1928년 초부터 빠르게 등장한 방법들에 이어서, 새로운 요소가 소련 역사에 등장했다. 그것은 여론 조작용 재판이었다. … 노동계급의 광범한 계층이 나라의 일반적 상황에 품은 불만은 이제 하층 관리자들을 겨냥하게 됐다. 정치권력의 핵심부는 사회 위에, 그리고 자신들의 기구 위에 군림하게 됐다. 그래서 운신의 폭도 더 넓어졌고 자의적·억압적 지배의 가능성도 더 커졌다.[32]

샤흐티 재판에 이어서 1930년 11~12월에는 '산업당' 재판이, 1931년 3월에는 '멘셰비키 중앙[본부]' 재판이 벌어졌다. 이 셋은 모두 유형이 똑같았다. 즉, 피고인들이 스스로 극악무도한 범죄를 저질렀다고 '자백'한 조작 재판이었다.

'산업당' 재판의 피고인 8명은 모두 1920년대에 소련의 경제계획 기관에서 요직을 맡고 있었다. 그들의 혐의는 '기술자 조직 연합 평의회'를 구성했다는 것이었다. 공소장을 보면, 그들은 "다양한 산업 분야에서 갖가지 파괴 행위를 자행하는 조직들을 하나의 조직으로 통합하고, 옛 러시아와 외국 자본가의 국제조직들이 내리는 명령에 따라서 행동했다. 또, 소련 정권을 무력으로 전복하기 위한 무력 개입을 준비하던 프랑스 지배층·참모본부와도 접촉해 그들의 직접 명령에 따라 행동하기도 했다." 또, 영국군 참모본부와 내통한 혐의도 있었다. 그 피고인들은 공소장에 적힌 혐의를 모두 인정하고 자백했다. 즉, 주요 산업 분야에서 벌인 사보타주, 적군赤軍 내 반역 행위, 간첩 활동 등을 모두 자백했다. 자백 말고는 어떤 증거도 없었다. 피고인 5명에게는 사형이 선고됐고, 나머지 3명에게는 징역 10년이 선고됐다. 사형은 나중에 징역형으로 감형됐다.

'멘셰비키 중앙' 재판의 피고인은 14명이었는데, 그중에는 N N 수하노프와 V 그로만도 있었다. 그들의 혐의는 경제적 사보타주를 획책하고, 외국으로 망명한 [멘셰비키] 동료들과 음모를 꾸몄다는 것이었다. 그 기소도 자백에 근거한 것이었다. 검사는 피고인들이 멘셰비키 망명자의 지도자인 R 아브라모비치의 명령을 받았고, 아브라모비치는 음모 조직을 점검하고자 몰래 러시아에 들어왔다고 주장했다. 그러나 아브라모비치는 자신이 러시아를 돌아다니고 있었다고 검사가 주장한 바로 그 시간에 [벨기에] 브뤼셀에서 열린 제2인터내셔널 집행위원회 회의에 참석해 레옹 블룸이나* 반더벨드** 같은 사회민주주의 지도자들과 함께 공개 연단에서 발언했다는 사실을 입증했다. 국가계획위원회 전 고문인 그로만은 자신이 1차 5개년계획을 뒤엎으려 했다고 자백했다.

스탈린파 관료들의 힘과 그들이 다른 모든 사회집단(부르주아 기술자들도 포함한)에서 독립적이라는 점을 과소평가한 트로츠키는 이 세 재판이 모두 정당하다고 옹호했다. 그는 1928년 5월 23일 알렉산드르 벨로보로도프에게 보낸 편지에서 "샤흐티 사건을 조직했거나 알아차리지 못한 관료들"을 비판했다.[33] 1928년 11월에는 "우파·중도파 연합의 위기"라는 글에서 다음과 같이 썼다.

> 샤흐티 사건은 지도부의 무능과 관료적 정신뿐 아니라, 샤흐티 노동자들의 취약한 문화적·기술적 수준과 사회주의에 대한 관심 부족도 뚜렷이 보여 준다. 샤흐티에서 '사회주의를 건설하는 데' 드는 비용이 얼마일지를 계산한 사람이 과연 있었을까? … 샤흐티 사건은 예외적인 것이 아니다. 그것은 위로는 관료의 무책임, 아래로는 물질적·문화적 후진성과 수동성을 가장 분명히 드러냈을 뿐이다.[34]

'산업당' 재판은 어떤가? 트로츠키는 다음과 같이 썼다.

---

* 프랑스 사회당 지도자.

** 벨기에 노동자당 지도자.

공소장 자체에서 의심의 여지 없이 입증되는 것은, 경제가 둔화하는 시기(1928년까지)뿐 아니라, 경제적 모험주의의 시기(1928년 하반기에 시작된)에도 스탈린파 경제 지도자들은 사보타주 세력의 핵심, 즉 국제 자본을 대리하는 패거리가 시키는 대로 행동했다는 점이다.[35]

트로츠키는 멘셰비키 재판에 대해서도 똑같은 태도를 취했다. 그래서 다음과 같이 썼다.

[산업당 재판의 피고인인] 람진이나 오삿치 같은 사람들과 멘셰비키 당원들은 자백했다. 이 자백이 얼마나 진실한 것인가 하는 문제에 우리는 별로 관심이 없다. 그러나 명백한 사실은, 다음번 재판에서 사보타주 세력의 과도한 행위는 완전한 집산화 과정과 행정적으로 쿨라크를 청산하는 과정을 지나치게 가속한 범죄임이 드러날 것이라는 점이다. 멘셰비키 경제학자들은 1923~1928년에는 당연히 공업화의 지연에서 소비에트 체제의 부르주아적 변질을 봤다면, 1928년 이후에는 그들의 다수가 진정한 초공업화론자가 돼서 경제적 모험주의로 프롤레타리아 독재의 정치적 몰락을 꾀했다는 사실도 재판에서 드러날 것이다.[36]

8개월 뒤에도 트로츠키가 그 재판들에서 끌어낸 결론은 똑같았다.

사보타주한 자들은 지난 몇 년 동안 … 경제기구의 지도부에서 요직을 차지하고 있었다. 그들의 사보타주는 본질적으로 사회주의 건설과 프롤레타리아 독재를 거스르는 계획들을 공공연하게 — 정치국의 승인을 받아서 — 밀어붙이는 것이었다. … 공업화와 집산화의 속도를 인위적으로 높이는 것은 그 속도를 인위적으로 낮추는 것과 마찬가지로 사보타주 행위라 할 수 있다. 그 징후들은 명확히 드러난다.[37]

멘셰비키 재판이 끝나고 5년이 지나서야 트로츠키는 자신의 태도가 잘못됐음을 인정했다. 그래서 이제는 다음과 같이 썼다.

> 〈뷸레텐 오포지치〉(반대파 회보)의 편집자들은 멘셰비키 재판 당시 스탈린파의 '정의'가 얼마나 파렴치한 것인지를 과소평가한 반면에 옛 멘셰비키 당원들의 자백을 너무 진지하게 받아들였다는 사실을 인정해야 한다.[38]

모순에 빠지다

앞서 봤듯이, 트로츠키는 좌익반대파가 프롤레타리아의 이해관계를 대변하고 우파가 쿨라크와 네프맨을 대변한다고 생각했다. 중도파(스탈린)는 공중에 붕 떠 있을 뿐이고 중도파가 언뜻 강력해 보이는 것은 착각이라고 생각했다. 중도파는 두 기본 계급 사이에서 동요할 수밖에 없는 운명이었다. 트로츠키는 중도파가 오락가락 동요하면서도 대체로는 오른쪽으로 갈 가능성이 훨씬 크다고 봤다. 즉, 왼쪽으로 한 걸음 간 다음에 오른쪽으로 두 걸음 가는 식이라는 것이었다. 또, 장기적으로는 중도파 관료들이 프롤레타리아에게 분쇄되거나 아니면 쿨라크와 네프맨에게 분쇄될 것이라고 봤다.

이런 예측은 실제 상황과 맞지 않았다. 일단 기본적 분석이 잘못됐으니 실제 상황에 대한 설명도 점점 더 모순에 부딪히게 된 것이다. 이것은 마치 지구가 우주의 중심이라고 생각한 프톨레마이오스 학파 천문학자들이 행성 운동을 새롭게 발견할 때마다 더욱더 복잡한 설명을 내놓을 수밖에 없었던 것과 비슷하다. 그런데 지구가 중심이라는 생각을 버리면 문제는 훨씬 간단해진다. 지금부터 9쪽에 걸쳐서 보게 되겠지만, 1920년대 말과 1930년대 초 소련의 상황을 분석한 트로츠키의 이론은 매우 혼란스러운 데다 모순된 점도 많다. 그 이론을 이해하는 것은 매우 어려운 일이다. 이제부터 독자는 참을성 있게 너그러운 마음으로 책을 읽어 나가야 할 것이다.

1928년 이후 스탈린주의 반동에 대한 트로츠키의 분석을 이해하는 것은 고통스럽지만 필요한 일이다. 그것은 아무리 위대한 천재라도 기본 가정이 틀리면 모순에 빠지게 된다는 것을 보여 준다.

트로츠키는 오랫동안 소련 국가를 노동자 국가로 규정했다. 관료들은 근본적으로 취약했고 진정한 독립적 기반이 없기 때문에, 프롤레타리아는 혁명이 아니라 개혁을 통해 스탈린파 관료의 손에서 권력을 빼앗아 올 수 있다고 봤다. 그래서 1928년 11월 11일 '민주적 집중주의' 그룹의 회원이었고 튜멘에 유배돼 있던 V G 보로다이에게 보낸 편지에서 트로츠키는 다음과 같이 밝혔다.

> 지금 같은 상황에서 부르주아지는 오직 반혁명적 격변을 통해서만 권력을 장악할 수 있습니다. 프롤레타리아로 말하면, 당과 소비에트의 개혁을 통해서 권력을 완전히 되찾고 관료를 통제할 수 있습니다. 이것이 현재 상황의 근본적 특징입니다. …
> 당의 프롤레타리아 중핵이 노동계급의 도움을 받아, 국가기구와 융합하고 있는 당 기구의 독재에 맞서 승리할 수 있을까요? 결코 그럴 수 없다고 예단하는 사람은 누구나 새로운 토대 위에서 새로운 당을 건설해야 한다고 말하는 것일 뿐 아니라, 제2의 새로운 프롤레타리아 혁명도 필요하다고 말하는 셈입니다.[39]

프롤레타리아가 개혁을 통해 관료한테서 권력을 빼앗아 올 수 없다면, 그것이 뜻하는 바는 혁명이 청산됐다는 것, 테르미도르 반동의 승리가 완료됐으므로 이제 새로운 프롤레타리아 혁명이 필요하다는 것이었다.

> 당이 시체가 됐다면, 새로운 곳에서 새로운 당을 건설해야 하고 이 사실을 노동계급에게 공개적으로 알려야 합니다. 테르미도르 반동이 완료됐다면, 그래서 프롤레타리아 독재가 청산됐다면, 제2의 프롤레타리아 혁명이라는 깃발을 올려야 합니다. 우리가 옹호하는 개혁의 길이 가망 없는 것으로 판명된다면, 우리는 바로 그런 행동에 나서야 합니다.

그리고 트로츠키는 테르미도르 반동을 부르주아지의 부활로 규정했다. 그래서 1929년 8월 24일 다음과 같이 썼다. "테르미도르 반동이 '완료'됐다면, 이것은 소련이 분명히 자본주의의 길로 나아가고 있다는 뜻이다."[40]

1929년 9월 7일 트로츠키는 테르미도르 반동의 본질에 관한 견해를 더 자세히 설명했다.

> 테르미도르 반동은 반혁명이 승리한 첫 단계를 의미한다. 즉, 권력이 한 계급의 손에서 다른 계급의 손으로 곧장 넘어간 것인데, 원래는 내전을 동반할 수밖에 없는 이런 권력 이전이 (어제까지 단결해 있던) 당내 분파들 간의 투쟁 때문에 정치적으로 가려져 있을 뿐이다. … 테르미도르 반동은 … 권력이 다른 계급의 손으로 곧장 넘어간 것을 뜻하므로, 이후에는 혁명적 계급이 무장봉기 말고는 권력을 되찾을 방법이 없다는 것을 뜻한다.[41]

소련에서는 아직 테르미도르 반동이 승리하지 않았[다고 트로츠키는 생각했]다.

테르미도르 반동은 권력이 프롤레타리아의 손에서 부르주아지의 손으로 넘어가는 것을 뜻한다. 그것의 의미는 결코 다른 것일 수 없다. 만약 테르미도르 반동이 완료됐다면, 그것은 소련이 부르주아 국가라는 뜻이다.[42]

테르미도르 반동이 승리하지 않았고 국가기구가 여전히 프롤레타리아에게 의존하고 있다는 믿음은 트로츠키가 소련을 노동자 국가로 정의하는 데서 결정적으로 중요했다.

모든 것에도 불구하고 [소련의] 프롤레타리아는 여전히 압력을 가할 힘이 있고 … 국가기구는 여전히 프롤레타리아에게 의존하고 있다. 좌익 반대파의 정책은 바로 이 가장 중요한 사실에 바탕을 둬야 한다. 따라서 그것은 혁명의 정책이 아니라 개혁의 정책이다.[43]

트로츠키는 보로다이에게 보낸 편지에서 했던 말을 《소련 발전의 문제들》(1931년 4월 4일)에서도 되풀이했다.

현재의 소련 국가를 노동자 국가로 인정한다는 것은 부르주아지가 무장봉기를 통해서만 권력을 장악할 수 있다는 것을 뜻할 뿐 아니라, 소련 프롤레타리아가 (새로운 혁명이 아니라 개혁이라는 방법과 진로를 통해서) 관료를 복종시킬 가능성, 당을 부활시킬 가능성, [프롤레타리아] 독재 체제를 재건할 가능성을 아직 빼앗기지 않았다는 것도 뜻한다.[44]

독일에서 히틀러가 승리한 것에 대한 스탈린 체제 지도부의 반응을 보면서 트로츠키는 점진적 개혁으로는 그들을 처리할 수 없다는 것을 깨달았다. 이제 그는 소련 정권과 그에 맞선 투쟁을 새로운 시각에서 보게 됐다. "소련 국가의 계급적 성격"(1933년 10월 1일)이라는 글에서는 다음과 같이 썼다.

> 지난 몇 년의 경험을 보면, 스탈린파 관료들을 당대회나 소비에트 대회를 통해 제거할 수 있다는 생각은 유치한 것임을 알게 된다. 사실 볼셰비키의 마지막 당대회는 1923년 초에 열린 12차 당대회였다. 그 뒤의 당대회는 모두 관료들의 열병식이나 마찬가지였다. 지금은 그런 당대회조차 열리지 않는다. 이제 보통의 '합헌적' 방식으로는 지배 파벌을 제거할 수 없다. 오직 무력을 통해서만 관료들이 프롤레타리아의 전위에게 권력을 넘겨주도록 강제할 수 있다.

관료들[이 저항하면 이들]에게 무력을 사용해야 할 것이다. 그러나 내전이라는 조치가 아니라 "경찰의 무력 조치"를 사용하면 될 것이다.[45]

비록 트로츠키가 여전히 관료들의 저항을 과소평가하고 — 그래서 관료들을 제거하는 데 필요한 조치를 제한하고 — 있지만, 이제 소련 정권을 개혁할 수 있다는 생각을 버렸다는 것은 분명하다.

그래서 트로츠키는 (1) 프롤레타리아가 국가기구와 당 지도부에 압력을 가할 수 있는지, (2) 정권을 개혁할 수 있는지, (3) 테르미도르 반동이 일어났는지의 문제에서 태도가 바뀌었다. 그러나 스탈린 체제의 국가가 노동자 국가라는 결론은 여전히 고수했으므로 테르미도르 반동과 보나파르티즘의 정의를 바꿀 수밖에 없었다. "노동자 국가, 테르미도르 반동, 보나파르티즘"(1935년 2월 1일)이라는 글에서 트로츠키는 테르미도르 반동이 이미 소련에서 일어났지만, 프롤레타리아계급의 손에서 부르주아계급의 손으로 권력이 넘어간 것이 아니라 프롤레타리아의 한 부분에서 다른 부분으로 권력이 넘어간 것뿐이라고 주장했다.

소련·국제 좌익반대파의 내부 논쟁에서 우리는 노동자 국가의 사회적 토대를 침해하는 것이 목적인 부르주아 반혁명의 첫 단계가 테르미도르 반동이라고 조건부로 이해했다.

그런데 이제 이 정의를 수정해야 한다고 트로츠키는 주장했다.

> [프랑스 혁명 당시] 테르미도르 9일의 전복은 부르주아 혁명의 근본적 성과를 청산하지는 않았지만, 더 온건하고 보수적인 자코뱅파, 즉 부르주아 사회의 더 부유한 집단의 손에 권력을 넘겨줬다. 오늘날 소련의 혁명에서도 테르미도르 반동과 아주 비슷한 우경화가 오래전에 일어났다는 사실을 못 본 체하는 것은 불가능하다. 물론 그 속도는 훨씬 느리고 형태는 더 은밀하다. …
>
> 좌익반대파를 분쇄한 것은 가장 직접적이고 즉각적인 의미에서, 혁명적 전위가 쥐고 있던 권력이 관료와 노동계급 상층부의 더 보수적인 집단에게 넘어갔다는 것을 의미했다. 1924년, 바로 그 해에 소련에서 테르미도르 반동이 시작됐다. …
>
> 러시아 대혁명의 테르미도르 반동은 우리 앞에 있는 것이 아니라 이미 오래전에 있었다. 테르미도르파는 그들의 승리 10주년을 기념할 수 있을 것이다.

테르미도르 반동과 보나파르티즘이 소련에서 승리했지만, 여전히 지배계급은 노동계급이라고 트로츠키는 주장했다.

> 나폴레옹은 테르미도르 반동의 정책들을 더 철저히 실행하면서 봉건적 세계에 맞서 싸웠을 뿐 아니라, '서민들'이나 프티부르주아지와 중간 부르주아지의 민주적 서클들에 맞서 투쟁하기도 했다. 이런 식으로 그는

혁명으로 생겨난 체제의 열매를 새로운 부르주아 귀족의 손에 집중시켰다. 스탈린은 10월 혁명의 성과를 방어하면서 봉건적·부르주아적 반혁명에 대항할 뿐 아니라, 힘들게 일하는 사람들의 요구와 조바심과 불만에 대항하기도 한다. 그는 특권 없는 노동 대중의 역사적·진보적 경향들을 표현하는 좌파를 분쇄한다. 그는 임금·특권·서열 등을 극단적으로 차별화해서 새로운 귀족을 만들어 낸다. 또, 새로운 사회적 위계질서의 최하층에 맞서 최상층의 지지를 얻으려고 하면서 — 때로는 그 반대로 하면서 — 자신의 손에 권력을 완전히 집중시켰다. 소련판 보나파르티즘이 아니라면 이 체제를 일컫는 다른 말이 있겠는가?
보나파르티즘은 본질적으로 오래 유지될 수 없다. 피라미드 꼭대기에 놓인 공은 반드시 이쪽이나 저쪽으로 굴러떨어지기 마련이다.[46]

[그러나] 스탈린 정권, 즉 "피라미드 꼭대기에 놓인 공"은 반세기 넘게 유지됐다!*

트로츠키는 스탈린파 관료들이 프롤레타리아와 쿨라크·네프맨 사이에서 줄타기하는 중도주의자들이라고 봤다. 그러나 한쪽은 무장해제당한 채 억눌리고 있었고 반대쪽은 청산됐으니, 사회 세력들 사이에서 줄타기하는 중도주의자 관료 집단이라는 개념 자체가 산산조각 났다.

트로츠키는 스탈린 체제를 논할 때 흔히 테르미도르 반동이라는 개념을 사용했지만, 여기에는 문제가 있다. 1933년 이후 트로츠키가 사용한 비유는 러시아 혁명에 적용했을 때는 노동자 국가의 기준을

* "노동자 국가, 테르미도르 반동, 보나파르티즘"이라는 글은 트로츠키의 책《배반당한 혁명》(1936년)에 나오는 주장들의 정수를 담고 있다.《배반당한 혁명》은 13장에서 더 자세히 다룰 것이다 — 지은이.

어지럽힌다는 점에서 어찌 보면 일보 후퇴지만, 프랑스 혁명에는 잘 들어맞는다. 1793년 이후는 [프랑스 혁명의] 반동기였지만, 테르미도르파든 총재정부든 나폴레옹이든 구체제를 부활시키는 완전한 반혁명은 실행하지 못했다. 물론 반혁명 없이도 민중 세력의 목을 치는 것은 가능했다. 그러나 부르주아 혁명과 프롤레타리아 혁명 사이에는 차이가 있다. 부르주아 혁명에서 혁명 과정을 전진시키는 것은 엄밀한 의미의 부르주아지가 아니라 혁명적 프티부르주아지다. 이 때문에 부르주아 혁명 안에서, 또 그 토대 위에서 부르주아적 반동이 가능해(지고 십중팔구 불가피해)진다. 사회주의 혁명에서는 프롤레타리아 자체가 혁명을 일으킨다. 그러므로 어떤 반동이든, 특히 자본주의에 포위당한 상황에서 일어나는 반동은 자본주의를 부활시키는 방향으로 나아갈 수밖에 없다. 따라서 프롤레타리아 혁명에서는 테르미도르 반동이 결코 똑같이 되풀이될 수 없다.

테르미도르 반동 개념을 둘러싼 문제들과 마찬가지로 트로츠키의 보나파르티즘 개념도 문제가 있다. 마르크스가 보나파르티즘 개념을 발전시킨 것은 루이 보나파르트 정권을 서로 싸우는 두 주요 계급(프롤레타리아와 부르주아지) 사이에서 줄타기하는 세력으로, 언뜻 보면 둘 다에서 독립적인 듯하지만 본질적으로는 부르주아지의 이익을 옹호하는 세력으로 묘사하기 위해서였다. 그 뒤 마르크스와 엥겔스는 독일의 비스마르크 정권 등 다양한 정권의 성격을 보나파르티즘으로 규정했다. 이처럼 보나파르티즘이라는 것은 국가기구가 경제적 지배계급한테서 매우 독립적인 구실을 하면서도 그 계급을 옹호하고 지지하는 체제를 말한다. 그런데 똑같은 개념을 소련 체제에 적용하면 많은 물음이 제기될 수밖에 없다. 스탈린파 관료들은 어느 계급들 위에 군림하는가? 그들은 프롤레타리아인가 프티부르주아지인가? 그들은 누구의 이익을 위해 행동하는가? 트로츠키의 보나파르티즘 개념 사용은 극심한 이론적 혼란을 자아냈다.

이런 혼란은 부르주아 국가에 대한 분석에서 빌려 온 용어들을 트로츠키가 자신의 노동자 국가 이론 안에 욱여넣으려 한 데서 비롯했다.

부르주아지는 흔히 생산수단을 사유재산으로 소유하고, 따라서 지배계급의 지위를 잃지 않고도 정치권력이라는 수단을 잃거나 넘겨줄 수 있다. 이런 일이 일어난 사례는 많은데, 가장 유명한 것은 나치 독일이다.

이와 달리, 노동계급은 자신들의 국가를 통해 생산수단을 집단적으로만 소유할 수 있다. 따라서 정치권력을 잃어버리면 곧바로 생산수단 통제권과 지배계급의 지위도 잃어버릴 위험이 있다.

소련판 보나파르티즘이 실현되려면, 스탈린파 관료들은 당·정부·군대·경찰·법원 등을 통제하는 반면 노동계급은 국가의 경제계획과 더불어 공장·광산·교통 등을 통제해야 했을 것이다. [그러나] 이것은 명백히 사실이 아니었다.

그래서 보통은 사회·정치 세력을 분석하는 능력이 매우 뛰어난 트로츠키가 5개년계획 기간 내내 방향감각을 상실한 채 실수를 거듭했다. 그렇다고 해서 그의 [분석] 능력이 쇠퇴한 것은 아니었다. 이 점은 트로츠키가 바로 이 시기에 《러시아 혁명사》라는 걸작과 독일 파시즘의 성장을 분석한 인상적 저작들을 남긴 사실로도 입증된다. 오히려 트로츠키의 결함은 근본적으로 이론적 틀이 잘못됐다는 점에 있었다. 즉, 그가 스탈린 체제의 국가자본주의적 성격을 파악하지 못하고 소련을 노동자 국가로 보는 견해를 고집했다는 것이 문제였다.

그렇지만 하나 더 중요하게 지적해야 하는 사실은, 당시의 실수에도 불구하고 트로츠키는 스탈린주의에 반대하는 노력을 약화시키거나 희석시키지 않고 오히려 심화하고 강화했다는 점이다. 이 점은

1933년에 그가 [소련 체제] 개혁이라는 전망에서 혁명이라는 전망으로 옮겨 갔다는 사실에서도 드러난다. 모든 혼동에도 불구하고 트로츠키는 혁명적 마르크스주의와 노동계급에 계속 충실했던 것이다.

4장

소련의 트로츠키주의자들

트로츠키와 좌익반대파 지도자들.
앞줄 두 번째: 라데크, 앞줄 가운데: 트로츠키, 앞줄 다섯 번째: 프레오브라젠스키.
뒷줄 첫 번째: 라콥스키, 뒷줄 세 번째: 벨로보로도프.

노동자들 사이에서 적극적으로 활동한 트로츠키주의자들

1927년의 경제·정치 위기로 말미암아 좌익반대파의 영향력이 증대했다. 라이만은 다음과 같이 썼다.

> 홍수로 불어난 강물처럼 좌익반대파의 활동이 확산되고 있었다. 좌익반대파는 이바노보보즈네센스크·레닌그라드·모스크바에서 산업 노동자들의 대중 집회를 조직했다. 모스크바의 한 화학 공장에서는 "스탈린 독재를 타도하자! 정치국을 타도하자!"고 외치는 소리가 들렸다.
> 우랄과 돈바스, 모스크바 주위의 섬유산업 지대, 모스크바 시 자체에서 좌익반대파가 참여하는 파업위원회들이 비밀리에 건설됐다는 소문이 돌았다. 파업 노동자들을 위한 모금이 진행 중이라는 소문도 있었다. 게페우는 좌익반대파 당원들을 체포할 수 있는 권한이 주어지지 않으면 '질서'를 보장할 수 없고 '노동자들의 사기 저하'를 막을 수도 없을 것이라고 수뇌부에 보고했다.

1927년의 마지막 두 달 동안,

> 좌익반대파의 활동이 강화하고 있다는 보고가 다양한 도시와 모든 지

방에서 잇따라 들어왔다. 레닌그라드·우크라이나·남캅카스·시베리아·우랄 지방에서 그랬고, 더 많은 좌익반대파 정치 지도자들이 활동하고 있는 모스크바에서도 물론 그랬다. 산업 노동자들과 청년들이 참가하는 불법 집회와 반半합법 집회가 꾸준히 늘어나고 있었다.[1]

이미 설명했듯이,[2] 레닌그라드에서 열린 10월 혁명 10주년 기념식 때 트로츠키와 지노비예프를 비롯한 반대파 인사들은 공식 행진에 참가한 군중 10만 명에게 애정 어린 인사와 환호를 받았다.

1929년에 식량 부족, 물가 인상, 노동강도 강화, 공장의 3교대 근무제 등으로 노동자들의 조건이 악화하자 트로츠키주의의 영향력은 더욱 커졌다. 이자벨 롱게는 트로츠키 문서 보관소를 샅샅이 뒤져서 작성한 "소련: 1928~1929년 좌익반대파의 위기"라는 논문에서 당시 트로츠키주의자들의 활동을 아주 흥미롭게 묘사한다.[3]

여기서는 당시 알마아타에 있던 트로츠키가 반대파 사람들에게 보낸 편지에서 이야기한 사례를 몇 가지 인용하겠다. 1928년 6월 크레멘추크라는 도시에서 사륜마차 제조 공장의 노동자들이 공산당원이든 아니든 함께 총회를 열어서 다수결로 임금 개혁을 거부하기로 결정했다.[4] 드네프로페트롭스크에서는 전차선로 보수 노동자들이 가족에게 제공되던 무임승차권을 폐지하겠다는 상부의 결정을 뒤집기 위해 파업을 벌이겠다고 위협했다. 노동자들이 상기시켰듯이, 그 무임승차권은 1905년에 쟁취한 것이었다. 노동자들은 다음과 같이 지적했다. "제정 시절에도 당국은 감히 이 권리를 빼앗으려 하지 않았는데, 혁명이 일어나고 11년이 지난 지금 소비에트 관료들이 감히 그런 짓을 하고 있다."[5]

다른 증언도 있다. 모스크바에서는 실업자들이 폭동을 일으키고 식료품 가게를 약탈했다가 무장한 민간인들에게 진압됐다.[6] 전국의 주요 중심지에서 노동자들이 오랜 침묵을 깨고 자기 목소리를 내며 토론하기 시작했다는 이야기도 들려왔다. 하버드대학교의 트로츠키 문서 보관소에 있는 많은 자료에는 [좌익반대파의] 개입 사례들과 노동자의 발언 내용들이 나온다. 어떤 공장 총회에서는 노동자들이 당 지도부가 내놓은 결의안을 거부했다. 하리코프에 있는 베크 공장, 카잔에 있는 스파르타크 공장 같은 곳에서 바로 그런 일이 벌어졌다.[7]

이바노보보즈네센스크의 섬유 노동자들이 주최한 격렬한 집회에서 한 여성은 자기 딸이 비판적 견해를 표명한 것 때문에 해고됐다고 말했다. "보고자 동지, 자기비판은 좋은 것입니다. 그러나 때때로 사람들은 그것 때문에 해고당할 수 있습니다." 그런 개입은 한 모스크바 노동자의 사례처럼 때로는 쓰라린 결과를 가져왔다. "비판한 노동자들은 강제 추방됐다."[8]

도처에서 파업이 분출했다. 모스크바의 코노멘스키 공장에서는 9월 초에 파업이 벌어졌고,[9] 노동자 5000명이 일하는 할투린스카야 방직공장에서는 하루 파업이 진행됐다. 또, 모스크바에서는 노동자들이 진짜 선거와 임금 인상 등을 요구하기 시작했다.[10] 노동자 투쟁에 트로츠키주의자들이 개입한 사례를 알려 주는 보고서도 수두룩했다. 1928년 5월과 6월에 트로츠키주의자들이 발행한 리플릿들은 곡물 징발, 자기비판 캠페인, 당내 민주주의 문제 등을 다루면서 볼셰비키·레닌주의자들에 대한 탄압 중단과 그들의 복당을 요구했다. 그 리플릿들은 다음과 같이 호소했다. "공산주의 노동자 여러분, … 스스로 문제를 해결하시오. … 괜찮은 생활 조건을 위해 투쟁하시오. … 집회에 개입하시오. … 모스크바 프롤레타리아 여러분, 우리는 항상 혁명적 투쟁의 선두에 섰습니다. 이제 더는 기다려서는 안 됩니다."[11]

모스크바의 좌익반대파 그룹이 주기적으로 트로츠키에게 보낸 보고서에는, 노동자들이 다음과 같은 말을 많이 했다고 나온다. "부농에게 세금을 부과해야 한다고 주장한 좌익반대파가 옳지 않았습니까?" "수많은 헌신적 동지들을 당에서 쫓아낸 것이 정당했습니까? 지금 우리는 그들이 대부분 옳았다는 것을 보고 있지 않습니까?"

당 지도부는 좌익반대파가 별개의 당을 만들려 한다며 비난을 퍼부었지만, 일부 노동자들은 다음과 같이 말했다. "그들이 조직하게 놔둡시다. 그러면 어느 당이 정말로 노동계급 편인지를 알게 될 것입니다. 왜냐하면 기존 당이 추진하기 시작한 정책은 우리 것이 아니기 때문입니다." 크라스나야프레스니야 구에서도 많은 노동자들이 좌익반대파의 비판이 옳았다고 말했다.[12]

7월 중앙위원회 총회 뒤에 좌익반대파의 활동은 더 활발해졌다. 그들의 활동은 다양한 형태로 나타났는데, 여러 공장의 공개 집회에서 연설하는 등 공개적 개입이 두드러졌다. 어느 미완성 보고서를 보면, 좌익반대파는 8월과 9월 모스크바 소비에트의 활동 보고 기간에 모스크바의 12개 공장에서 연설했다(특히 '낫과 망치' 공장, 모르제 공장, 크라스니캅추크 공장에서 돋보였다). 그들은 반대파 탄압에 반대하는 운동을 전개하면서, 추방된 사람들의 복귀를 요구하는 결의안을 제출했다. 모스크바의 자모르스코제 지역 당 집회에서 좌익반대파가 제출한 동의안은 찬성 170표, 반대 270표를 얻었다.[13]

좌익반대파는 자기비판 캠페인에도 개입해서, 그 캠페인이 "노동자들의 주의를 핵심 문제들에서 다른 데로 돌리려는 연막"이라고 맹비난하며 진정한 비판을 제안했다. 또, 보드카 생산을 늘리고 노동계급 지역 내 보드카 판매를 허가한 정부 결정을 철회하라고 요구하는 등 구체적 제안들도 내놨다. 좌익반대파는 공장위원회를 다시 선출하고 단체교섭을 다시 도입하자는 운동에도 적극 참여했다. 모스크바 소비에트가 크라스나야오브로나 공장에서 보고할 때, 당에서 제명된 좌익반대파인 네펠이 다음과 같이 개입했다. "여러 어려움의 근원은 지도부의 무능입니다. 유능한 사람들은 추방됐습니다." 그는 모스크바 소비에트의 활동이 만족스럽지 못하고 그 정책이 "반反노동계급적"이라고 비판하는 결의안을 제출했다. 이 결의안은 참석자 256명 가운데 72명의 지지를 받았다.[14]

일부 집회에서 노동자들은 좌익반대파의 발언 시간을 연장해 줄 것을 요구하고 그들을 당에서 제명하는 데에 반대표를 던졌다. 관료들은 더는 1927년에 그랬던 것처럼 좌익반대파의 발언을 체계적으로 막을 수 없었다. 당국이 폐쇄하기로 결정한 페르비마이 차茶 제조공장에서는 노동자들이 좌익반대파가 이끄는 위원회를 선출해서 상황을 검토하게끔 했다. 800명이 고용된 이 공장의 노동자들은 경영이 부실했다고 생각했고, 당 간부들은 노동자들의 질문에 답변할 수 없었다. 틸멘스크 공장에서는 주간 근무조가 좌익반대파 두 명을 노조 간부로 선출했다. 보고로드 피혁 공장에서는 볼셰비키·레닌주의자가 공장위원으로 선출되자 경영진이 재빨리 그의 직무를 덜어 줬다. 예카테리노슬라프의* 레닌 공장에서는 좌익반대파 한 명이 노동자 1000명이 고용된 작업장의 노조 간부로 선출됐다.[15]

공개 집회에서 좌익반대파는 — 이미 당에서 제명됐든 제명되지 않았든 — 이런 공공연한 개입 활동뿐 아니라 '은밀한' 활동도 벌이기 시작했다. 몰래 '소식지'를 발행해 배포한 것이다. 하버드대학교의 트로츠키 문서 보관소에는 좌익반대파가 [1928년] 6월부터 10월까지 발행한 '소식지'가 셋 있는데, 간행의 물질적 어려움에도 불구하고 모두 여러 장짜리다. 당원들을 위한 돌림편지와 노동계급 전체를 겨냥한 리플릿이 널리 배포됐다. 이 리플릿들은 타자기로 치거나 등사판으로 찍어 낸 것이었다. 게페우는 하리코프에서 좌익반대파가 인쇄

* 드네프로페트롭스크의 전 이름이다.

소로 사용한 집에 들어가 약 3.6킬로그램 분량의 문서와 약 1.4킬로그램 분량의 인쇄물을 압수했다. 문서를 배포하는 방식은 매우 다양했다. 예컨대 어떤 좌익반대파 회원이 일러 주기를, 문화 공원에서 12만 명이 참가하는 공식 시위가 열린 그날 밤, 많은 사람이 모여 있던 무대 근처에서 갑자기 불이 나가더니 리플릿이 뿌려지기 시작했다. 그 리플릿은 '전 연방 공산당VKP 볼셰비키·레닌주의자 반대파' 명의로 돼 있었고, 추방된 동지들의 석방과 복귀를 모든 당원과 노동자와 청년에게 호소했다. 그러나 리플릿들은 그 자리에서 빼앗겼다. 9월 9일에는 좌익반대파가 트로츠키의 와병 소식을 전하면서 그의 모스크바 복귀를 요구하는 리플릿을 만들었다. 이 리플릿 때문에 큰 소동이 일어났다. 리플릿은 모스크바의 여러 작업장, 거리, 영화관, 직장 구내식당에서 배포됐다. 노동자 숙소의 벽에도 붙여졌고, 심지어 당이 주최한 지역 집회들에서도 뿌려졌다. 크라스나야프레스냐 공장에서 리플릿 배포를 조직한 사람은 바로 노동자들이었는데(그중에는 당원도 있고 비당원도 있었다), 그들은 뿌릴 리플릿을 많이 달라고 요구했다. 노동자들은 너도나도 리플릿을 받아 가 매우 열심히 읽었다. 게다가 삼삼오오 모여 리플릿을 놓고 토론하면서 좌익반대파 사람들에게 더 자세히 말해 달라고 요구했고, 당원들이 리플릿을 찢어 버리면 바로 항의하기도 했다. 그러자 당황한 공산당 간부들은 리플릿을 압수하고 좌익반대파를 쫓아냈다. AMO 공장, 아르마투라 공장, 카우추크 공장에서도 리플릿을 손수 건네주거나 벽에 붙이며 배포한 사람은 좌익반대파가 아니라 노동자들이었다. 제6빵공장에서는 당 지부가 리플릿을 나눠 주던 한 노동자에게 그것을 모두 내놓으라고 요구했다. 게페우가 그의 집을 샅샅이 뒤졌지만 헛수고였다. 다른 노동자들은 "리플릿을 다 읽고 나서 돌려주겠다"고 대꾸했다.[16]

좌익반대파는 충분히 잘 조직돼 있어서 재빨리 움직일 수 있었다.

예컨대, 10월 20일 키예프에서는 [좌익반대파 사람이] 체포된 지 겨우 몇 시간 만에 체포에 항의하는 리플릿이 배포됐다. 나중에 리플릿이 두 종 더 발행됐는데, 하나는 체포 소식이 알려지자 노동자들이 시위를 벌인 사실을 전하는 것이었다. 다른 하나는 투옥된 사람들의 연설을 인용하면서, 그들이 단식투쟁에 돌입하겠다고 위협한 사실을 알리는 것이었다. 또 다른 사례는 모스크바의 아뱌히마 제1공장에서 좌익반대파가 노동자들에게 노비코프라는 동료 노동자의 해고 사실을 알린 일이었다. 노비코프는 '콜차크에* 대항하는 당원들의 투쟁을 조직한 사람 가운데 한 명'이었고, 그 공장 노동자들에게 매우 존경받는 볼셰비키·레닌주의자였다.

또 다른 리플릿은 특히 중요했는데, 좌익반대파가 10월 혁명 기념일에 즈음해서 펴낸 것이었기 때문이다. 1만 부가 발행된 이 리플릿에는 "볼셰비키·레닌주의자 인쇄공들이 제작·인쇄함"이라고 적혀 있었다. 이 리플릿은 11월 7일에 그 시위대가 지나가는 길과 붉은광장의 공식 연단 근처에서 배포됐다. 공장들 벽에도 붙여졌다.[17]

좌익반대파가 트로츠키에게 보낸 보고서를 보면, 1928년 10월 당시 트로츠키 지지 세력의 분포 상태를 어렴풋이 알 수 있다. 우크라이나는 하리코프·키예프·예카테리노슬라프·자포로지예·오데사·니콜라예프·크레멘추크에 트로츠키를 지지하는 그룹이 있었다. 좌익반대파는 크라스노야르스크의 공장 세 곳에 모두 연결 고리가 있었다. 또, 대규모 공업화 지역인 돈바스에서도 뿌리를 내리기 시작했는데, 돈바스는 15차 당대회(1927년 12월) 전에는 좌익반대파가 아무도 없던 곳이었다. 예카테리노슬라프의 좌익반대파는 100명에서 220명으

---

* 알렉산드르 콜차크(1874~1920) 제정러시아의 제독이었고 내전 때 백군에 합류했다. 나중에 적군에게 체포돼 총살당했다.

로 늘었다. 좌익반대파의 99퍼센트는 노동자였고, 대부분 대공장에서 일하고 있었다.[18]

좌익반대파는 드네프로페트롭스크와 사라토프뿐 아니라 러시아 중부의 산업 지대(툴라와 이바노보보즈네센스크)에서도 돌파구를 마련했다.

캅카스에서도 좌익반대파 그룹들이 다시 출현했다. 예컨대, 트빌리시의 좌익반대파 그룹은 다른 좌익반대파들과 계속 연락을 주고받았고, 심지어 6월에 새로운 검거 선풍이 불어서 그 그룹의 볼셰비키 선임 당원들과 연락 책임자가 모두 체포된 뒤에도 그랬다. 바쿠의 상황도 비슷했다. 레닌그라드에도 중요한 좌익반대파 그룹이 있었는데, 특히 트로츠키의 첫 아내인 알렉산드라 리보브나 소콜롭스카야가 그 그룹에서 활동하고 있었다.[19]

좌익반대파의 심각한 위기

1929년에 좌익반대파가 심각한 위기에 빠진 데는 여러 요인이 있었다. 무엇보다 노동계급의 투지와 의식이 쇠퇴했다. 앞서 말했듯이, 1차 5개년계획의 대규모 공업화 기간에 노동계급의 구성이 급격히 바뀌었다. 도널드 필처는 다음과 같이 설명했다.

> 나이 든 전통적 프롤레타리아, 러시아의 자본주의 시대에 형성되고 스탈린 체제의 공업화 초기까지도 고스란히 남아 있던 진정한 노동계급은 수많은 새로운 노동자들에게 압도당했다. 새로운 노동자들은 주로 농민 출신이었고, 산업 노동자로 생활한 전통도 거의 없고 노동계급이라는 자의식이나 경험도 전혀 없는 사람들이었다.[20]

1930년대에 노동자들은 가끔 파업·시위·태업 같은 집단행동으로 자신을 방어했다. 그러나 이런 집단행동에 노동자 대중이 대거 참여하거나 정권이 심각한 정치적 위협을 느낀 적은 한 번도 없었다. 정권은 아래로부터의 도전에 항상 날카롭게 대응했다. 그래서 노동자 대중에게 열린 길은 오직 개인적 대응뿐이었다. 즉, 높은 이직률, 잦은 결근, 반항 행위, 알코올의존증, 기계 손상, 하급 관리자와 특별 작업단에 대한 물리적 공격, 불량품 생산, 자기 일에 무관심한 태도 등이었다.[21]

좌익반대파의 힘을 약화시킨 객관적인 경제적·사회적 요인들 외에 훨씬 즉각적이고 직접적인 요인도 있었다. 그것은 (집산화와 대규모 공업화를 향한) 스탈린의 '좌선회' 때문에 생겨난 심각한 이데올로기적 위기였다. 이제 이 문제를 살펴보자.

감옥과 격리소의 트로츠키주의자들

1927년 12월 15차 당대회 때 트로츠키가 당에서 제명되고 알마아타로 추방되자 그를 지지하는 많은 사람들도 투옥되고 추방됐다. 트로츠키는 당시 투옥되고 추방된 사람이 1만 1000명이라고 추산했다.[22] [트로츠키의 두 번째 아내] 나탈리야 세도바는 다음과 같이 다른 수치를 제시했다.

당 중앙통제위원회가 발표한 수치와 우리가 스스로 조사한 수치를 바탕으로 헤아려 보면, 1928년에 체포되거나 투옥되거나 추방된 좌익반대파 지지자들의 수는 적어도 8000명이라고 말할 수 있다.[23]

유배 중인 좌익반대파 지도자들은 매우 집중적으로 이데올로기 투쟁을 전개했다. 1938년 2월 20일 트로츠키는 아들을 추모하는 글 "아들이자 친구이자 투사였던 레온(료바) 세도프"를 썼는데, 거기서 10년 전 감옥과 유배지에서 좌익반대파가 어떤 이데올로기 투쟁을 벌였는지를 다음과 같이 묘사했다.

> 당시 좌익반대파의 이데올로기 투쟁은 가마솥처럼 끓어올랐다. 그해에 공산주의인터내셔널의 6차 세계 대회가 열렸다. 모스크바에서 보내온 소포에는 편지와 신문 기사, 논문이 많이 들어 있었다. 그것을 보낸 동지들 중에는 아는 사람도 있고 모르는 사람도 있었다. 게페우의 행태가 급변하기 전 처음 몇 달 동안에는 다른 유배지에서 온 많은 편지도 공식 우편제도를 통해 받아 봤다. …
>
> 4월부터 10월까지 우리는 대략 1000통의 정치적 편지와 문서, 약 700통의 전보를 받았다. 같은 기간에 우리는 550통의 전보와 적어도 800통의 정치적 편지를 보냈는데, 그중에는 "공산주의인터내셔널 강령 초안 비판" 같은 사실상의 책자도 여럿 포함돼 있었다.[24]

이 역동적인 정치 생활에 스탈린의 노선 전환이라는 충격이 닥쳤다. 그것은 좌익반대파 대열을 불안에 빠뜨렸다. 처음에 좌익반대파는 그 변화를 기뻐했다. 자신들의 정책이 옳았음이 입증됐다고 생각했기 때문이다. 그러나 그와 동시에 일부 좌익반대파는 자신들의 견해와 구호를 빼앗겼고 좌익반대파의 정치적 존재 이유도 사라졌다고 느꼈다. 처음에 스탈린의 노선 전환이 좌익반대파에게 미친 영향은 제한적이었다. 그들은 트로츠키를 따라서, 스탈린의 정책 변화가 '일시적 책략'일 뿐이라고 믿었다. 그리고 1928년 7월의 중앙위원회 총회에서 스탈린이 압력에 밀려 후퇴했던 사례처럼 그가 계속 머뭇거리는 한, 좌익반대파는 이런 견해를 고수할 수 있었다. 따라서 스탈린에게 투항한 좌익반대파의 수는 매우 적었다. 이런 사정은 1929년 4월 이후 바뀌었다. 이제 스탈린의 정책 변화가 단기적인 것도 아니고 책략에 불과한 것도 아니라는 점이 분명해졌기 때문이다.

1928년 2월 15일 중앙위원회가 쿨라크를 겨냥하는 비상조치를 도입한 직후에 한 무리의 좌익반대파 지도자들이 처음으로 투항했다. 그들은 G L 퍄타코프, V A 안토노프옵세옌코, N N 크레스틴스키 등이었다.

다른 좌익반대파들은 대체로 이들의 전향을 경멸했지만, 의심의 씨앗은 이미 뿌려지고 있었다.

3월이 되자 우랄에 유배돼 있던 E A 프레오브라젠스키가 스탈린에게 타협하는 성명을 발표했다. 그것은 꽤 신중했다. 프레오브라젠스키는 1928년 4월 23일 발표한 "농촌의 좌선회와 그 전망"이라는 문서에서도 2월 15일의 비상조치는 "쿨라크가 시작한 공세와 유럽의 계급투쟁 고양에 대한 대응"이었다고 말했다. 그는 이 단계에서는 두 가지 대안이 있다고 주장했다. 하나는 우파적 정책이 다시 수립될 가능성이었다. 즉 "좌파 경향을 재빨리 쓰러뜨리"고 "곡물 파업을 벌이는 자들" 앞에서 퇴각하는 것인데, 그러면 곡물 가격이 올라 노동자들의 생활 조건이 나빠질 터였다. 그러나 이 가능성은 아주 희박했다. 이미 취해진 조치들, 즉 이미 쿨라크를 공포에 떨게 만든 조치들 때문에 그런 일은 일어날 듯하지 않았다. "인정사정없이 우선회하지" 않는다면 쿨라크의 신뢰를 되찾기는 매우 어려울 것이고 심지어 불가능할 것이다. "우파들 중에서 가장 우파적인 사람조차 … 스스로 [그런 우선회를] 결심할 수는 없을 것이다." 다른 가능한 대안, 가장 그럴듯한 대안은 비상조치와 함께 시작된 좌파 노선의 심화였다. 그 비상조치는 "레닌의 농업정책으로 복귀하는" 첫걸음이었고, "자본주의 요소들에 대항하는 빈농과 중농의 급증"에 의지하려는 것이었다.

프레오브라젠스키는 다음과 같이 주장했다. 둘째 [대안의] 경우, "당내 다수파가 비록 어리석고 모욕적인 짓을 많이 했더라도 좌익반대파는 집단적으로 그 다수파의 선두에 서야 할 것이다." 좌익반대파는 뛰어난 통찰력을 보여 줬다. 그들의 생각은 "스탈린의 새로운 정책에 뒤틀린 모습으로나마 반영됐다." 당이 더 일찍 좌익반대파의 충고를 따랐다면 위기가 지금처럼 심각하지는 않았을 것이다. 좌익반대파는 공업화 촉진을 계속 옹호해야 하고, 프롤레타리아 민주주의를 늘 일관되게 요구해야 한다. 그러나 비록 좌익반대파가 시대의 요구를 올바르게 해석했더라도 그 요구를 실현할 수는 없었다. 실천의 과업을 떠맡은 것은 스탈린과 그 지지자들이었다. 그들이 역사적 필연성의 행위자였다. 그동안 좌익반대파는 스탈린파 관료들이 쿨라크와 공모할 위험을 과장했다. 따라서 좌익반대파는 이제 태도를 바꿔서 스탈린 분파와 화해하는 데 힘써야 한다.

프레오브라젠스키는 좌익반대파가 이런 취지의 성명서를 작성해야 한다고 말했다. 또, 이 성명서는 "볼셰비키·레닌주의자들의 복당을 요구해서도 안 되고" 탄압을 언급해서도 안 될 것이었다. [좌익반대파가] 총회를 열어 성명서를 최종 승인하려면 당 중앙위원회가 총회를 허가해야 했으므로, 프레오브라젠스키는 라콥스키나 트로츠키가 총회 허가 요청을 하는 것이 좋겠다고 제안했다.[25]

또 다른 좌익반대파인 알렉산드르 G 이셴코도 비슷하게 생각했다. 그는 1928년 4월 트로츠키에게 보낸 편지에서 스탈린의 좌선회로 말미암아 좌익반대파가 결정적 구실을 할 수 있는 문이 열렸다고 썼다. "이제 복당을 위한 구체적 행동이 가능한 상황이 됐고, 복당을 무한정 미루기는 힘들어졌습니다. 좌익반대파가 당 밖에 계속 머무른다면 프롤레타리아 독재가 위험해질 것입니다."[26]

좌익반대파의 모든 사람이 이런 주장에 동의한 것은 아니었다. 오히려 압도 다수는 프레오브라젠스키의 견해를 거부했다. 예컨대, I T 스밀가는 4월 4일 트로츠키에게 보낸 편지에 다음과 같이 썼다. "현재의 전환을 일관된 좌선회로 볼 수는 없습니다. 지도부가 좌익반대파에게 가한 테러 때문에, 당의 노선을 바로잡을 해결책을 진지하게 모색하는 것은 불가능합니다."[27]

프레오브라젠스키를 투항하게 만든 압력, 더 정확히 말하면 유인책은 5월 15일에 새로운 힘을 얻었다. 중앙위원회가 지방 당 조직에 호소문을 내려보내, 쿨라크 청산을 목표로 농촌에서 '사회주의 건설' 노력을 강화하라고 지시한 것이다.[28] 이에 자극받은 프레오브라젠스키는 스탈린에게 더 가까이 다가갔다. 5월 말 프레오브라젠스키는 트로츠키에게 보낸 편지에서 좌익반대파가 스탈린의 정책 퇴행을 과대평가했다고 썼다.

> 1927년에 우리의 전술은 최악의 상황을 가정한 것이었습니다. 즉, 우리는 비관론에 내기를 걸었습니다. 이제 우리는 전술을 바꿔야 합니다. 즉, 낙관론에 내기를 걸어야 합니다. 테르미도르 반동이 아직 일어나지 않았다면 우리는 그것을 기뻐해야 하고, 당과 화해하려고 노력해야 합니다. 그러지 않으면 좌익반대파는 '진정한 레닌주의자들'의 작은 '종파'로 전락하고 말 것입니다.[29]

며칠 뒤 프레오브라젠스키는 [스탈린이] 좌선회하도록 만든 것은 좌익반대파의 활동이었다는 트로츠키의 주장은 틀렸다고 단언했다. 모든 증거를 보면, 좌선회는 쿨라크가 개시한 행동의 결과라는 것이었다. 프레오브라젠스키의 핵심 생각은 다음과 같은 그의 믿음에 잘 나타나 있다. "지도부 다수파가 레닌주의 정치로 복귀하는 길을 찾을 수 있다는 것은, 쿨라크에 대항하는 그들의 투쟁으로 사실상 입증됐다."[30]

5월에 유배지의 트로츠키주의자들은 프레오브라젠스키가 "농촌의 좌선회와 그 전망"이라는 글에서 구체화한 제안을 토론 끝에 압도적으로 거부했다. 대다수의 분위기는 매우 비타협적이었고, '좌선회'에 회의적이었다. 그들은 스탈린이 쿨라크를 옹호한다고 봤고, '좌선회'가 단기적 사건이라는 트로츠키의 주장에 동의했다. 스탈린은 우파에게 문을 열어 줄 것이 확실했다.

1928년 5월 16일 코마로 추방돼 있던 V B 옐친은 트로츠키에게 보낸 편지에 "중도파가 좌파 정치를 갖고 장난칠 때는 갑절로 위험합니다" 하고 썼다.[31] 6월에 쓴 돌림편지에서 옐친은 프레오브라젠스키와 라데크를 날카롭게 비판했다(라데크는 점차 프레오브라젠스키의 영향을 받고 있었다). 옐친은 그들이 "고위 관리" 본성 때문에 오로지 "상층의 투쟁"만을 보고 있으며, "당의 변질과 우경화"의 토대인 노동 대중의 활동 퇴조를 망각하고 있다고 비난했다. 오직 국제 노동자 운동의 강력한 분출과 러시아 노동자들의 활동·방어력 증대만이 프롤레타리아의 정치와 러시아 당에 새로운 생명을 불어넣을 수 있다고 옐친은 주장했다.

옐친은 프레오브라젠스키처럼 "경제적 조치와 더 일반적인 조건을 분리"하고 "객관적 결과가 아니라 〈프라우다〉 보도를 기준으로 판단"하는 것은 잘못이라고 주장했다. 옐친은 "오해만 낳을 수 있는 상층의 타협과 연합"을 거부했다. 그는 다음과 같이 결론지었다. "우리의 과제는 오늘 우파의 위험에 맞서 싸우고 중도파의 정체를 폭로하는 것입니다. 그러면 내일 각성한 노동 대중이 우리를 지지할 것입니다."[32]

옐친과 마찬가지로 라콥스키도 프레오브라젠스키와 절교했다. 라콥스키는 좌익반대파가 "[스탈린의] 지그재그를 진정한 좌파 정책으로 바꾸려면, 좌측으로의 지그재그와 노동자들의 활동에 기대야" 한다고 주장했다. 그러나 지도부와 동맹해서는 그렇게 할 수 없고 오직 "기층 대중과 협력"해야만 그럴 수 있을 터였다. 그는 프레오브라젠스키의 실천적 제안들을 비판하면서 다음과 같이 쏴붙였다. "오늘의 복당은 투항이라는 대가를 치러야만 이뤄질 수 있다." [프레오브라젠스키가] 요구한 선언문은 지도부가 아니라 노동자들에게 보내져야 했다.[33]

트로츠키는 스탈린의 '좌선회'에 대한 자신의 견해를 분명히 밝힐 필요가 있음을 깨달았다. 1928년 5월 9일 자 돌림편지에 그는 다음과 같이 썼다.

> 국내 문제(쿨라크 등)에 관한 결정들과 최근 코민테른 집행위원회의 결정들은 일관되지 않고 모순된 발걸음입니다. 그러나 그것들이 우리 쪽을 향한, 즉 올바른 길을 향한 발걸음이라는 것은 명백합니다. 우리는 이 점을 분명하고 뚜렷하게 말해야 합니다. 그러나 첫째로, 이 발걸음의 크기를 과장해서는 안 됩니다. 그동안 우리가 몸소 겪은 일에 비춰 보면, 우리는 전환이 찾아올 때 가장 신중해야 하고, 그런 전환을 미리 불필요하게 신뢰하지는 말아야 합니다. 둘째로, 우리는 이런 전환의 이면에 있는 원인과 동역학, 이데올로기를 간단히 설명해야 합니다.
>
> 그 전환의 근본적 원인이라는 문제로 말하자면,
>
> 누가 그것을 만들어 냈습니까? 분명히 우리가 그랬습니다. "무의식적 과정의 유일한 의식적 표현"인 우리가 해냈습니다.

트로츠키는 쿨라크 문제가 공업화, 올바른 코민테른 지도부, 간부 훈련을 통해서가 아니라 농촌에서만 해결될 수 있다고 생각하는 경향을 경계했다.[34] 그의 실천적 결론은 분명했다.

> 우리는 현재의 공식적 전환을 기꺼이 지지합니까? 우리의 힘과 자원을 최대한 동원해서 무조건 지지합니다. 우리는 이 전환 덕분에 대격변 없이도 당을 개혁할 가능성이 커질 것이라고 생각합니까? 예, 그렇습니다. 우리는 바로 이 과정을 기꺼이 지원할 것입니까? 완전히, 있는 힘을 다해 지원할 것입니다.
> 우리는 코민테른에 보낸 편지에서 우리의 복당을 요구했습니까? 물론 우리는 그랬습니다. 우리는 규율을 지키고 분파를 형성하지 않겠다고 약속했습니까? 그랬습니다. 이제 공식적 정책이 바람직하게 전환되도록 우리가 도와줬으니, 우리의 약속을 지킬 가능성과 기회가 반년 전이나 1년 전보다 훨씬 늘어날 것입니다.[35]

추방된 알렉산드르 벨로보로도프와 라파일 유딘에게 보낸 편지(각각 5월 23일과 5월 25일 자)에서 트로츠키는 소련 상황에 대한 좌익반대파의 전망이 완전히 옳았다는 말을 되풀이했다. 스탈린이 좌익반대파의 옷을 훔쳐 입고 있다는 사실은 좌익반대파의 명예를 더럽히는 일이 아니라, 오히려 희망을 북돋는 일이었다. 스탈린은 우파에 맞서 일관된 정책을 실행할 수 없을 것이기 때문이었다. 따라서

> 당은 여전히 우리가 필요할 것입니다. 그것도 매우 많이 필요할 것입니다. "우리가 없어도 만사형통일 것"이라고 생각하며 불안해하지 마십시오. 여러분끼리 그리고 다른 사람들과 헛되이 싸우지 마십시오. 탐구하고, 기다리고, 예의 주시하십시오. 또, 중상모략꾼들과 사기꾼들에 대한 개인적 짜증 때문에 여러분의 정치 노선이 녹슬게 놔두지 마십시오.[36]

1928년 7월에는 옛 전망의 올바름이 입증된 것처럼 보였다. 중도파(스탈린)가 우파(부하린)에게 투항했다. 스탈린의 지배력은 일시적인 것에 불과한 듯했다. 근본적 투쟁은 트로츠키파와 부하린파 사이에서 벌어질 터였다. 그래서 7월 22일 트로츠키는 "7월 총회와 우파의 위험"이라는 글에서 다음과 같이 썼다.

> 7월 중앙위원회 총회의 특징은 리코프가 처음으로 스탈린에게 승리했다는 점인데, 그 승리는 분명히 스탈린 자신이 도와준 것이었다. 리코프의 보고에 담긴 핵심 생각은 2월의 좌선회가 비상 상황에서 비롯한 일회성 사건일 뿐이고 이 사건은 묻히고 잊혀야 한다는 것이다. …
> 곡물 가격을 올리는 정책은 … 심각한 우선회, 어쩌면 결정적 우선회의 시작이고 그럴 수밖에 없다. 우파 노선을 가로막는 법률적 장벽들, 예컨대 토지 임대를 제한하거나 농장의 노동자 고용을 금지하는 조치 등은 관료들이 펜을 한번 놀리기만 해도 해외무역 독점과 함께 폐지될 것이다. 우파가 프롤레타리아 전위의 저항이라는 철벽에 부딪히지 않는다면 말이다. …
> 우파는 10월 혁명에 도전했다. 그 점을 알아야 한다. 우리는 그런 도전에 응해야 한다. 우리는 즉시 온 힘을 다해서 우파에게 선공을 가해야 한다.
> 이제 우리의 주된 과제는 우파의 승리를 막는 것이다. …
> 우리는 우리 당과 공산주의인터내셔널에 다음과 같이 말해야 한다. '리코프는 적대계급들에게 10월 혁명을 공공연히 넘겨주기 시작했다. 스탈린은 때로는 오른발로 서고 때로는 왼발로 선다. 그는 리코프 앞에서 퇴각하면서 좌파에게 총을 쏘고 있다. … 당은 좌익반대파를 대열 안으로 복귀시켜야 한다.'[37]

좌익반대파는 스탈린이 1928년에 한 구실과 1923~1927년에 한 구실의 질적 차이를 의식하지 못했기 때문에, 국가와 당 관료들이 프롤레타리아뿐 아니라 쿨라크와 네프맨한테서도 독립적이라는 사실을 과소평가할 수밖에 없었다.

트로츠키는 여전히 스탈린 분파가 [위기에서] 빠져나올 수 없을 것이고 좌익반대파에게 구해 달라고 간청할 수밖에 없을 것이라고 확신했다. '민주적 집중주의' 그룹의 회원이고 이제는 사마르칸트로 추방된 S A 아시케나지에게 보낸 1928년 8월 30일 자 편지에서 트로츠키는 다음과 같이 말했다.

> 7월 총회로 중도파와 우파의 관계가 끝장났다고 … 생각하는 … 이 동지들은 틀렸습니다. 아닙니다, 중요한 분쟁들은 아직 남아 있고, 틀림없이 표면화할 것입니다. 오른쪽으로 갔다가 왼쪽으로 가는 지그재그 법칙은 여전히 작용하고 있지만, 이 지그재그의 속도는 느려지기보다는 빨라질 가능성이 더 큽니다. … 당이 알아야 하는 것은, 전과 마찬가지로 우리는 프롤레타리아 노선을 지향하는 모든 조치들, 심지어 우물쭈물하고 성의 없는 조치들까지 지지할 태세가 돼 있다는 것입니다. 물론 우리는 관료 기구의 사기극은 말할 것도 없고 무기력하고 성의 없는 조치에 대해서는 완전한 이데올로기적 독립성을 유지한 채 가차 없이 비판할 것입니다.[38]

프레오브라젠스키는 6월 2일 트로츠키에게 보낸 편지에서, 좌익반대파가 다가오는 코민테른 6차 대회에 호소할 때 당내 다수파와의 많은 차이가 좌선회 때문에 극복됐음을 설명해야 한다고 말했다. 그리고 이 호소는 다음과 같은 말로 끝맺어야 한다고 주장했다. "우리는 새로운 노선을 바탕으로 당의 다수파와 화해하고 싶습니다. 우리가 분파 활동 없이 의무를 충실하게 이행할 수 있도록 우리를 복당시켜 줄 것을 대회에 요청합니다."[39]

이제 눈을 돌려 라데크를 살펴보자. 그는 곧 프레오브라젠스키 편에 서서 투항의 길로 나아가지만, 처음에는 강경한 반대자였다. 1928년 5월 10일 라데크는 토볼스크에서 프레오브라젠스키에게 다음과 같이 썼다. "저는 도스토옙스키풍의 병적인 냄새를 거부하듯이 지노비예프 노선과 퍄타코프 노선도 거부합니다. 그들은 자신들의 의식을 망가뜨리면서까지 [견해를] 철회했습니다. 거짓말로 노동계급을 도와줄 수는 없습니다. 남아 있는 사람들은 진실을 말해야 합니다." 6월 24일 라데크는 트로츠키에게 보낸 편지에 다음과 같이 썼다. "우리에게 우리 견해를 부인하라고 제안할 수 있는 사람은 아무도 없습니다. 역사의 진보가 우리 견해의 올바름을 탁월하게 입증해 주고 있는 때에 우리가 스스로 우리 견해를 부인한다는 것은 웃기는 일입니다."

7월 3일 라데크는 스탈린에게 투항한 바르딘에게 보낸 편지에 다음과 같이 썼다. "세상에, 지노비예프와 카메네프는 당을 돕기 위해 [견해를] 철회했다지만, 그들이 감히 할 수 있는 일은 오직 좌익반대파를 비판하는 글을 쓰는 것뿐입니다. 이것은 그들의 처지에서 비롯한 논리입니다. 마치 회개하는 사람이 자신의 뉘우침을 입증해야 하듯 말입니다."

코민테른 6차 대회 때 라데크와 스밀가는 자신들의 테제를 자세히 설명한 글에서 다음과 같이 말했다. "퍄타코프처럼 배반을 통해 자신의 과거를 묻어 버리는 길로 서둘러 나아가는 사람들은 중대한 실수를 저지르는 것이다."

9월 16일에도 라데크는 콜파셰프에 있는 유배자들에게 보낸 편지에 다음과 같이 썼다. "스탈린이 우리의 '잘못'을 인정하고 자신의 잘못을 잊으라고 우리에게 요구한다면, 이것은 독특한 경향인 우리의 투항을 요구하고 우리가 중도파에게 굴복할 것을 요구하는 공식입니다. 그런 조건이라면 그는 기꺼이 우리를 용서할 것입니다. [그러나] 우리는 그런 조건을 받아들일 수 없습니다."[40]

그러나 1928년 10월 갑자기 라데크는 코민테른 대회에 호소문을 보내자고 제안하면서, 소련의 스탈린파 지도부와 좌익반대파 사이에는 사실상 아주 작은 차이만 남아 있다고 주장했다. 좌익반대파는 "항상 당에는 잘못을 바로잡을 수 있는 프롤레타리아 세력이 충분하다고 말했고, 당을 개혁하고자 투쟁한다." 좌익반대파는 테르미도르 반동의 위험이 과장됐다고 믿는다. 자기비판 캠페인이 그 증거다. 그러므로 "당이 시작한 운동을 좌익반대파가 지지해야" 하고, 그러려면 좌익반대파가 복당해야 한다고 라데크는 생각했다. 복당하면 좌익반대파는 당의 규율에 복종할 것이라고도 했다.

> 어제 우리와 치열하게 싸웠던 일부 당 지도자들이 그들 자신이 옹호한 관점보다 더 낫다는 것을 역사가 보여 준다면, 이 점을 우리보다 더 만족스러워할 사람은 아무도 없을 것이다.[41]

라데크는 트로츠키와 거리를 두고자 같은 시기에 쓴 "'프롤레타리아 독재' 구호의 발전과 중요성"이라는 글에서 트로츠키의 연속혁명론을 집중적으로 비판했다. 특히, 연속혁명론이 중국과 인도에 맞지 않다고 비판했다(트로츠키가 나중에 《연속혁명》이라는 제목으로 출판할 소책자를 쓰기 시작한 것은 바로 이 라데크의 글을 반박하기 위해서였다).[42]

트로츠키는 6월 24일 자 돌림편지에서 프레오브라젠스키의 투항 움직임을 격렬하게 비판했다. 소스놉스키와 라콥스키를 인용하면서 트로츠키는 다음과 같이 썼다.

소스놉스키는 이 모든 문제를 당 체제의 관점에서 접근합니다. 라콥스키는 이 점을 끊임없이 강조합니다. 그리고 바로 지금 유일하게 올바르고 믿을 만한 기준은 이것뿐인데, 당 체제가 다른 모든 현상과 과정의 독립적 근원이기 때문이 아닙니다. 결코 그렇지 않습니다. 대체로 당 체제는 파생적 요인입니다. 그러나 그와 동시에 당 체제는 엄청난(그리고 특정 순간에는 결정적인) **독립적** 중요성이 있습니다. 다른 곳과 마찬가지로 여기에도 변증법이 있습니다. … 당은 우리가 사회적 과정에 의식적으로 영향을 미칠 수 있는 **유일한 수단**이기 때문에, 전환이 얼마나 진지하고 심층적인지를 판단하는 우리의 기준은 무엇보다 당내에서 이 전환이 얼마나 굴절되는가 하는 점입니다.[43]

프레오브라젠스키와 라데크의 투항 움직임은 7월 총회로 즉시 중단됐다. 우파인 부하린이 승리한 것처럼 보였기 때문이다. 앞에서 트로츠키가 7월 총회에 대해 논평한 말을 인용했는데, 여기서 다시 한 번 되풀이하겠다.

4~5개월간의 '좌파' 정치 이후 우파는 중도파와 처음 벌인 대결에서 완전히 승리했다. 7월 중앙위원회 총회의 특징은 리코프가 처음으로 스탈린에게 승리했다는 점인데, 그 승리는 분명히 스탈린 자신이 도와준 것이었다.

"2월의 좌선회는 비상 상황에서 비롯한 일회성 사건일 뿐"이고 이제 이 일회성 사건은 "묻혀 버렸다."[44] "참패한 스탈린"의 "발언은 무기력했다!"

다른 좌익반대파 지도자들도 비슷한 주장을 했다. 그래서 소스놉스키는 트로츠키에게 보낸 편지에서 좌선회가 끝났다고 말했다. "반反

쿨라크 노선은 불쾌한 폭발이었고, 그들은 이제 그것을 잊어버리려고 합니다."[45] 그리고 F N 딘겔시테트는 8월 8일에 다음과 같이 썼다. "좌파 노선에 대한 착각은 없어진 지 오래입니다. 180도 전환이 일어났습니다."[46]

흥미로운 에피소드

1928년 7월 11일 부하린은 은밀히 카메네프를 만났다. 부하린은 매우 불안해했는데, 스탈린을 무서워한 것이었다. 그는 소콜니코프와 함께 몰래 카메네프의 집을 찾아갔다. 카메네프는 다음과 같은 말을 들려준다.

> [부하린의 — 지은이] 표정은 극히 근심스럽고 고통스러웠다. 그는 매우 흥분해서 1시간 동안 내가 끼어들 틈도 주지 않고 떠들었는데, 이야기인즉슨 다음과 같았다(이것은 될 수 있는 대로 정확하게 기록한 것이다).
>
> 부하린은 다음과 같이 이야기했다.
>
> 우리와 당신의 모든 차이보다 우리와 스탈린의 차이가 몇 배나 더 크고 깊습니다. … 지난 몇 주 동안 저는 스탈린과 대화하지 않았습니다. 그는 모든 것을 자신의 권력 유지에 종속시키는, 원칙 없는 음모꾼입니다. 그는 누구를 제거하고 싶은지에 따라서 수시로 이론을 바꿉니다. … 그는 우리의 목을 칠 것입니다.

부하린은 서로 만난 사실을 아무한테도 이야기하지 말아 달라고 카메네프에게 간청했다.

우리가 만난 사실을 남들이 알아야 할 이유는 전혀 없다고 봅니다. 제 전화는 도청당하니까 전화로 저에게 연락하지 마십시오. 게페우가 저를 미행하고 당신도 감시하고 있습니다. 저는 계속 당신과 연락하고 싶습니다. 단, 비서나 매개자를 통해서는 연락할 수 없습니다.

카메네프는 대체로 다음과 같은 인상을 받았다.

그[부하린 — 지은이]는 엄청 속상해했다. 불안 때문에 때때로 입술을 씰룩거렸다. 가끔은 자신이 끝장났다는 것을 아는 사람 같았다. …
일반적 인상은 무엇보다 파멸의 느낌이었다. 다음은 그가 한 말이다. "우리의 '불평'이 모두 자위에 불과한 것은 아닌지 모르겠습니다. 가끔 저는 예핌[부하린의 비서인 체이틀린 — 지은이]에게 말합니다. 우리는 가망이 없는 것 아닐까? 첫째, 농촌이 망하면 우리도 망해. 둘째, 농촌이 살아나면 스탈린이 재빨리 태도를 180도 바꿀 테니, 그래도 우리는 망할 거야. 무엇을 해야 할까? 문화 수준이 낮은 중앙위원회에 칭기즈칸 같은 적이 버티고 있을 때 무엇을 할 수 있을까?"[47]

트로츠키는 부하린의 호소에 우호적으로 응답했다. 그는 9월 12일에 쓴 "선의의 당원과 나눈 허심탄회한 이야기"라는 글에서('선의의 당원'은 트로츠키에게 편지를 보낸 한 부하린 지지자를 가리킨다), 비록 정책의 주요 쟁점들에서는 좌익반대파와 부하린파의 차이가 그 어느 때보다 크지만 당내 민주주의의 복원을 위해서라면 좌익반대파는 우파와 협력할 준비가 돼 있다고 말했다.

16차 당대회 준비는 15차·14차·13차 당대회 때와는 다른 방식으로 조직돼야 한다. 즉, 16차 당대회는 분파 기구의 대회가 아니라 당 전체의 대회가 돼야 한다. 당대회 전에 당은 지난 몇 년간의 [당] 체제 때문에 분열한 모든 분파의 주장을 들어 봐야 한다. … 당의 진정한 자유를 달성할 때까지 갈 길이 아직 멀기 때문에 16차 당대회 개막을 앞두고 실시되는 모든 선거에 비밀투표제를 도입할 필요가 있다.

이것들은 순전히 실천적 제안이다. 이런 제안들을 바탕으로 우리는 심지어 우파와도 기꺼이 협상할 것이다. 왜냐하면 당 원칙의 이런 초보적 전제 조건들이 실현되면 프롤레타리아의 중핵은 우파뿐 아니라 (당내에서 기회주의를 주로 지탱하고 보호해 주는) 중도파에게도 정말로 책임을 물을 기회를 얻을 것이기 때문이다.[48]

트로츠키가 이렇게 말하자 트로츠키주의자들은 깜짝 놀랐다. 왜냐하면 오랫동안 그들은 스탈린이 이끄는 중도파와는 '특정한 조건에서' 연합할 수 있지만 부하린이 이끄는 우파와는 '결코' 연합할 수 없다고 주장했기 때문이다. 지지자들의 불안감을 누그러뜨리기 위해 트로츠키는 또 다른 글 "당면 현안에 관하여"(1928년 12월)를 썼다. 그는 여전히 스탈린의 중도파보다는 부하린의 우파가 정치적으로 더 주된 적이라는 말을 되풀이했다. 그는 정책의 쟁점들을 두고 부하린과 연합하자고 제안한 것이 결코 아니었다. "결투에 나선 사람들이 스스로 지킬 규칙을 정하려고 입회자를 통해 협상하듯이 부하린과 협상할" 태세가 돼 있을 뿐이었다.

우리는 어느 곳에서든 어떤 문제에 관해서든 심지어 당규의 부분적 복원을 위해서 당내 어느 분파와도 '협정'을 맺을 준비가 돼 있다. 정치적 분파인 우파나 중도파와 관련해서 이것이 뜻하는 바는, 비타협적 투쟁

을 위한 조건을 놓고 그들과 협정을 맺을 준비가 돼 있다는 것이다. 그 것뿐이다.[49]

당내 민주주의 회복을 위해 트로츠키파와 부하린파가 협력한다는 구상이 실제로 얻은 결과는 아무것도 없었다.*

비록 트로츠키파와 부하린파의 공동 행동이라는 구상에서 나온 결과가 아무것도 없었지만, 이 에피소드 자체는 스탈린의 중도주의에 대한 트로츠키의 분석을 여실히 보여 준다. 이미 설명했듯이, 스탈린이 중도주의자라는 생각은 1923~1927년에는 잘 들어맞았지만, 그 뒤에는 결코 맞지 않았다. 이제 스탈린은 부하린보다 훨씬 강경한 우파가 됐다. 부하린은 볼셰비키 우파였지만, 스탈린은 볼셰비즘을 절멸시킨 자였다.

급속히 확산하는 투항

앞서 말했듯이, 1928년 말과 1929년 초에 스탈린은 집산화와 공업화를 다시 추진했고, 16차 당협의회(1929년 4월)에서 5개년계획의 시작을 공식화했다. 그러자 좌익반대파의 투항 속도가 빨라졌다.

4월에 알렉산드르 G 이셴코는 다른 좌익반대파 37명과 함께 당협의회로 보낸 편지에서, 지도부가 취한 조치들을 보면 그들이 여전히

* 좌익반대파는 부하린과 카메네프의 대화가 실린 리플릿을 모스크바에서 배포했다.[50] 중앙통제위원회는 즉시 부하린과 카메네프를 소환했고, 두 사람은 오르조니키제 앞으로 출두했다. 이윽고 좌익반대파를 겨냥해 새롭고 강력한 탄압 조치가 뒤따랐다. 이것은 강력한 타격이었다 — 지은이.

레닌주의자들이라는 사실과 지도부가 우경화하리라던 좌익반대파의 예측이 빗나갔음을 알 수 있다고 말했다. 테르미도르 반동은 일어나지 않았고, 좌익반대파는 틀렸다는 것이다. 이셴코는 볼셰비키·레닌주의자들이 "막다른 골목에서 빠져나올 수 있는 길은 스스로 당에 호소하고 당으로 복귀해서 당이 사회주의를 건설하도록 돕는 것"이라고 생각했다.[51] 이 38명의 좌익반대파에 이어서 다른 좌익반대파도 잇따라 투항했다. 그래서 〈프라우다〉는 4월에 추가로 투항한 사람 약 60명을 열거했다.

1929년 4월 5일 프레오브라젠스키는 "모든 좌익반대파 동지에게"라는 성명서를 발표했다. 그 글에서 프레오브라젠스키는 전에 좌익반대파가 [스탈린] 정권이 두 방향으로 진화할 수 있다고 예측했고 1927년에는 그중 더 나쁜 쪽에 내기를 걸었다고 상기시켰다. 그러나 그 전망은 틀렸다. 현재 당과 정부 지도부의 공업화·집산화 정책은 좌익반대파가 주장한 것과 똑같다. 프레오브라젠스키가 보기에, 경제의 결정적 영역에서 단행된 이 조치들은 당과 그 지도부가 사회주의의 길로 나아갈 진정한 좌선회의 전조였다. 따라서 중도파와 좌익반대파 사이에는 사실상 차이가 없다. 다른 쟁점들, 이를테면 관료화, 민주주의 부재, 노동자들에 대한 압력, 볼셰비키·레닌주의자 탄압 등은 모두 이제부터 부차적이다. 안타깝게도 좌익반대파 동지들은 여전히 [스탈린의] 우경화에 대한 자신들의 예측이 실현됐다는 듯이 행동한다고 프레오브라젠스키는 불평했다. 좌익반대파는 또, 소련 정권이 직면한 위협도 깨닫지 못했다. 즉, 소련 정권을 바람 앞의 등불처럼 위태롭게 만든 [1921년] 크론시타트 봉기 당시의 긴장처럼 1929년 봄의 긴장도 심각하다는 것이었다.

프레오브라젠스키는 좌익반대파의 복당이 사실상 굴복이 아니라는 환상을 품지는 않았다. 그는 다음과 같이 결론지었다.

당 대열에서 10년, 20년 넘게 투쟁해 온 우리가 당으로 돌아갈 때 느끼는 감정은 당에 처음 가입했을 때와 매우 다를 것이다. 우리는 상심한 사람들처럼 예전의 열정 없이 당으로 돌아갈 것이다. 심지어 우리가 어떤 조건을 제안하더라도 중앙위원회가 우리의 복당에 동의한다는 보장도 없을 것이다. … 비록 우리가 복당하더라도, 그동안 우리가 경고해 온 문제들의 책임을 떠맡아야 할 것이고 우리가 인정하지 않으려 한 방법에 굴복해야 할 것이다. … 우리가 지금 이대로 모두 복당한다면, 우리는 당원증을 무거운 십자가처럼 지고 다녀야 할 것이다.[52]

5월에 프레오브라젠스키는 모스크바로 여행하는 것이 허용됐고, 그곳에서 당 지도부와 화해하려는 노력을 기울일 수 있었다. 처음에 그는 좌익반대파 전체에게 유리한 조건을 얻어 내려 했다. 즉, [좌익반대파] 박해 중지와 추방 중단, 반혁명 활동 혐의로 희생된 당원들의 복권, (마지막이지만 역시 중요한 조건인) 트로츠키 추방 철회 등을 요구했다. 6월에 라데크와 스밀가도 모스크바로 돌아와 논의에 참가해도 좋다는 허가를 받았다.

라데크는 긴 여행 도중 기차가 이신 역에 멈췄을 때, 우연히 만난 좌익반대파 두 명에게 자신이 스탈린과 얼마나 가까워졌는지를 밝혔다.

라데크는 상황을 종말론적 어조로 묘사했다.

지금 우리 나라는 제2의 1919년을 경과하고 있습니다. 중앙위원회의 상황은 재앙적입니다. 우파와 중도파는 서로 체포할 준비를 하고 있습니다. 중도파·우파 연합은 깨졌고, 우파에 반대하는 투쟁이 맹렬하게 벌어지고 있습니다. 우파의 16표는 두 배, 세 배로 늘어날 수 있습니다. … 모스크바에는 빵이 없습니다. 대중의 불만은 커지고 있고, 곧 소비에트 권력에 대항하는 봉기로 비화할 수 있습니다. 농민은 무장봉기하기 직전입니다. 상황이 이렇기 때문에 우리는 무슨 일이 있어도 당에 복귀해야 합니다! 우리는 당의 전반적 상태와 좌익반대파의 분열을 평가한 내용에 기초해 결정을 내릴 것입니다. 좌익반대파의 목표는 당에 재가입하는 것입니다.

라데크는 트로츠키에 대한 태도를 묻는 질문에, 트로츠키와 관계를 모두 끊었으며 트로츠키를 "정적政敵"으로 여긴다고 대답했다.

또, (소련 국가에 대항하는 반혁명 활동에 종사한 사람을 처벌하는) 형법 "58조의 폐지를 요구할 겁니까?"라는 질문에는 다음과 같이 대답했다.

결코 그러지 않을 것입니다. 우리와 함께 전진할 사람들에게 그 조항은 사실상 없어지게 될 법입니다. 그러나 당내에서 파괴적 활동을 감행하고 대중 봉기를 조직하는 자들 때문에 우리는 그 조항을 폐지하지 않을 것입니다. 우리는 제 발로 수감되고 유배됐습니다. 지금 좌익반대파에 가담한 청년들은 당이나 볼셰비즘과 공통점이 없습니다. 그들은 소비에트에 반대하는 청년일 뿐입니다. 우리는 모든 수단을 사용해서 이들과 싸워야 합니다. [좌익반대파] 회원의 3분의 1은 우리와 함께할 것이고, 그러지 않을 사람들은 볼셰비즘과 공통점이 없는 것입니다.

라데크는 자신이 1927년의 [좌익반대파] 강령을 부정하는 것도 생각해 볼 수 있다고 한 데에 깜짝 놀란 사람들의 항의를 한마디로 일축하며 다음과 같이 말했다.

우리의 강령은 멋지게 시험을 통과했고, 투쟁 문서에서 당 강령으로 바뀌었습니다. 칼리닌의 테제에 반대해서 무슨 말을 하실 겁니까? 5개년계획에 반대하시겠습니까?[53]

이미 1929년 5월에 트로츠키는 투항과 동요의 새로운 물결이 시작됐다는 것을 깨달았다. 그는 5월 22일 "세 번째 투항 물결"이라는 제목으로 편지를 썼다(첫 번째 투항 물결은 1927년 말 지노비예프와 카메네프 등의 투항이었고, 두 번째는 퍄타코프·안토노프옵세옌코·크레스틴스키 등의 투항이었다).

혁명은 사람들을 집어삼키는 강력한 괴물 같습니다. 나이 든 세대 중에 외로운 영혼은 집권당 다수파 사이에 엄청나게 많습니다. 좌익반대파 사이에도 적지 않습니다. 당과 코민테른 내에서 반동이 한창 진행 중이고, 이것은 세계 규모의 전반적 계급 세력 변화를 반영합니다. 그런 상황에서 철수와 투항이 규범이 되는 것은 피할 수 없습니다. 볼셰비즘도 1907년부터 1910년까지, 또 1914년부터 1917년까지 그런 일탈, 분열, 집단적·개인적 투항을 잇따라 겪었습니다. 오직 그런 자기 청소와 자기 정화를 통해서만 볼셰비즘은 성장하고 강해져서 10월의 승리를 쟁취할 수 있었습니다. 동지들이, 심지어 가장 '명성 높은' 동지들이 철수해도 우리는 결코 겁먹지 않습니다. 우리는 그들의 동요를 예로 들며 청년들에게 확고한 태도를 가르칠 것입니다.[54]

트로츠키는 6월 14일에 쓴 "끈기! 끈기! 끈기!"라는 글에서도 이른바 '좌선회'는 좌익반대파의 압력에 밀려 스탈린이 얄팍한 술수를 쓴 것이라는 주장을 되풀이했다.

지금의 우파 탄압은 비록 형식은 날카롭지만 내용은 피상적인데, 결국은 좌익반대파가 요구한 정책의 부산물일 뿐이다. 스탈린은 단 한 글자도 생각해 내지 못했고 다만 좌익반대파의 강령을 단편적으로 이용했을 뿐이라고 비난한 부하린의 말은 완전히 옳다. 관료 기구가 좌선회하도록 만든 것은 무엇인가? 우리의 비판, 우리의 비타협성, 우리의 영향력 증대, 우리 간부들의 용기였다. 만약 15차 당대회에서 우리가 지노비예프와 함께 할복했다면, 스탈린이 자기 과거를 부정하고 좌익반대파한테서 뽑은 털로 자신을 치장할 이유가 전혀 없었을 것이다.

트로츠키는 그 글을 다음과 같은 말로 끝맺었다. "끈기! 끈기! 끈기! 이것이 현 시기의 구호다. 죽은 자들의 장례는 죽은 자들에게 맡겨 두라."[55]

안타깝게도 트로츠키의 용기와 끈기는 대규모 투항 물결을 막지 못했다. 스탈린의 집산화·공업화 노선이 일시적 조치가 아니라는 점이 분명해지자, 좌익반대파의 사상에 대한 신뢰는 손상됐다. 7월 14일 〈프라우다〉는 라데크·프레오브라젠스키·스밀가의 투항 성명을 공개했다.

> 아래 서명한 우리는 당의 일반적 정치 노선에 동의하고 좌익반대파와 관계를 단절한다고 선언한다. …
> 우리는 5개년계획의 구체적 수치들로 옮겨진 국가 공업화 정책이 사회주의를 건설하고 프롤레타리아의 계급 지위를 강화하는 계획이라고 믿는다.
> 5개년계획이 완수되면 현 시기 혁명의 근본 문제들이 해결될 것이다. 바로 그 때문에 우리는 5개년계획을 실행하기 위한 투쟁에 적극 참가하는 것이 우리 볼셰비키의 의무라고 믿는다.
> 우리는 쿨라크에 대항하는 투쟁을 지지한다. 왜냐하면 쿨라크는 지난 몇 년 동안 프롤레타리아 독재의 경제적 지위를 집요하게 공격했기 때

문이다. 우리는 국영농장과 집단농장을 대대적으로 건설하는 정책에 경의를 표한다. 국영농장과 집단농장은 농업의 경제적 변혁을 위한 지렛대다. …

우리는 우파에 대항하는 투쟁을 지지한다. 우파는 당의 공세적 사회주의 정책에 반대하는 전국의 자본가와 프티부르주아 집단의 불만을 객관적으로 반영한다. …

우리는 레닌주의가 공산주의의 이데올로기적 토대라고 믿는다. 우리는 L D 트로츠키의 연속혁명론과 공통점이 전혀 없다. 러시아 혁명과 중국혁명의 발전은 연속혁명론이 적합하지도 않고 정확하지도 않다는 점을 보여 줬다. 연속혁명론을 옹호하는 것은 레닌주의를 수정하는 것일 뿐이다. 연속혁명론을 실천에 적용했다가는 프롤레타리아가 동맹 계급들한테 고립돼서 결국 패배하고 말 것이다.[56]

프레오브라젠스키는 자신의 충성심을 입증하기 위해 〈프라우다〉에 실은 첫 글에서 집산화를 열정적으로 옹호했다.

농촌의 노동 대중은 수백 년 동안 착취당했다. 중세의 농민 봉기와 함께 시작된 그들의 강력한 운동은 일련의 잔혹한 패배 끝에 이제 인류 역사상 처음으로 승리의 기회를 잡았다. …

집단농장으로 결속된 이 새로운 농촌을 보면서 나는 다음과 같이 혼잣말했다. '그들은 집단농장을 떠나지 않을 것이다. 새로운 제도를 바탕으로 경제적 성공이 1~2년 동안 이어지고 이것과 기존의 농촌 경제가 결합되면, 집단농장의 농민들은 전 세계의 모든 제국주의 세력에 맞서 기관총을 들고 사자처럼 싸울 수밖에 없을 것이다.'[57]

프레오브라젠스키는 더 나아가 17차 당대회(1934년 1~2월)에서는 스탈린 앞에 납작 엎드리기까지 했다.

제가 집산화를 예상했습니까? 그러지 못했습니다. … 농민의 집산화는 우리의 가장 큰 성과입니다. … 여러분도 아시다시피 마르크스와 엥겔스는 농촌에서 사회주의를 건설하는 문제에 관해 많은 글을 썼지만, 그런 변혁이 어떻게 일어날지에 대해서는 이렇다 할 분명한 생각이 없었습니다. 또 아시다시피 엥겔스는 이것이 매우 긴 진화 과정이 될 것이라고 생각했습니다. 이 문제에서 필요했던 것은 스탈린 동지의 더 위대한 선견지명, 새로운 과제들을 정식화할 위대한 용기, 그 과제들을 실행하는 가장 냉철한 태도, 시대와 계급 세력 관계에 대한 가장 깊은 이해였습니다. … 이것은 역사상 가장 위대한 뒤집기(페레보로토프)였습니다.[58]

라데크·프레오브라젠스키·스밀가의 투항이 다른 좌익반대파에게 미친 영향은 사실 매우 심각했다. E B 솔른체프는 라콥스키에게 보낸 편지에 다음과 같이 썼다.

제가 한 달 전 당신에게 보낸 편지에 가능한 전망이라고 썼던 것이 오늘 현실이 됐습니다. 재앙이 닥쳤습니다. 공황과 혼란이 만연해 있습니다. 사람들은 이런 상황에서 벗어날 개인적 해결책을 모색하고 있습니다. 이미 전에도 결코 좋지 않았던 내부 보고들은 이제 어디서나 정말 참을 수 없게 돼 버렸습니다. … 완전한 이데올로기적·도덕적 퇴보입니다. 아무도 다른 사람을 신뢰하지 않고, 아무도 다른 사람의 말을 믿지 않습니다. 서로 의심하는 분위기가 형성되는 바람에 … 서로 관여하지 않고 고립돼 있습니다. 모든 사람이 배신당할까 봐 두려워합니다. … 그래서 저마다 남몰래 슬며시 당으로 들어가려 합니다. 댐이 뚫렸습니다.

라데크·프레오브라젠스키·스밀가와 함께 투항한 좌익반대파 400명에 이어서 또 다른 612명이 개인적으로 또는 삼삼오오 무리 지어 좌익반대파를 떠났다.[59]

좌익반대파의 출혈을 막기 위해 1929년 8월 22일 Kh 라콥스키, V 코시오르, M 오쿠자바는 중앙위원회와 중앙통제위원회에 보내는 "선언문"을 발표했다. 이 선언문은 어떤 면에서 스탈린의 5개년계획과 공업화·집산화를 대하는 좌익반대파의 진정한 딜레마를 보여 줬다. 다시 말해 스탈린에게 투항하는 데는 반대했지만, 선언문에 사용된 주장들은 스탈린의 정책과 일치했던 것이다.

> 우리는 5개년계획을 실행하기 위한 투쟁이 내전 이후 벌어진 가장 심각한 충돌이라고 생각한다. … 그 계획의 목표들이 달성되면, 안팎의 적대적 환경에 맞서 싸우는 프롤레타리아의 입지는 매우 강력해질 것이다.

그 선언문은 5개년계획 실행은 비판하면서도 정책의 주된 요점은 기본적으로 지지했다.

> 프롤레타리아와 광범한 노동 대중은 그들의 물질적 처지가 끊임없이 개선될 때만 공업화를 위한 5개년계획에 진정으로 참여할 수 있다.
> 당과 함께 우리는 노동규율을 강화하는 투쟁과 노동자들 사이의 부문주의적·지역주의적·내향적 분위기에 반대하는 투쟁의 필요성을 인정한다. …
> 당내 다수파와 함께 우리는 집단농장과 국영농장의 발전이 농업의 자본주의를 극복하고 농업에 사회주의 생산 형태를 도입하는 효과적 수단이라는 점을 인정한다.

그러나 집단농장이 자동으로 쿨라크의 힘을 약화시키지는 못할 것이다. 오히려,

> 우리는 부농을 집단농장에 받아들이는 것은 집단농장에 파괴적 요소를 끌어들이는 것이고, 쿨라크가 사회주의로 '성장·전화'한다는 잘못된 이론을 적용하려는 시도라고 생각한다.
> 부농은 내전 당시 실패한 것 — 프롤레타리아 독재를 무너뜨리는 것 —을 다시 시도하고 있다. 이번에 그들은 훨씬 더 유리한 조건에서 그렇게 하고 있다. …
> 우리는 16차 당협의회에서 결정된 과제, 즉 부농의 지배에 맞서는 투쟁은 지역에서 빈농 연합을 조직함으로써만 실현될 수 있다고 생각한다.

당내 민주주의가 결정적이었다.

> 자본주의에 포위당한 상태에서 프롤레타리아 독재는 노동조합의 도움을 받는 공산당을 통해 실행된다. 앞으로 오랫동안 권력의 상당 부분은 반드시 당과 그 지도부 손에 집중돼 있어야 할 것이다. 당은 선출된 권력이어야 하고, 그 권력을 휘두르는 관리들은 교체될 수 있으며 당 전체의 빈틈없는 통제와 자유로운 비판을 받아야 한다.

또, '일국사회주의'는 혁명적 정책의 일관된 실행과 양립할 수 없다는 점이 강조됐다.

> 우리는 … 사회주의 생산의 완전한 조직화는 오직 국제적 규모에서만 가능하다고 생각한다.

마지막으로, 선언문은 다음과 같이 주장했다.

> 이 선언문에서 우리는 좌익반대파의 견해와 당내 다수파의 견해가 일치하는 중요한 문제들을 모두 제시하면서도 그와 동시에 여전히 남아 있는 이견을 다수파와 그 지도부에게 숨기지 않았다. 모든 볼셰비키·레닌주의자들의 직접적 의무는, 사회주의 건설 계획을 실행하는 데서 당과 중앙위원회를 무조건 완전히 지지해 사회주의 건설에 몸소 참여하고 그 과정에서 어려운 장애물을 극복하도록 당기관들을 도와주는 것이다. …
> 이제 상황이 바뀌었으니 레닌주의자 반대파와 당 지도부의 관계에서 생겨난 억울함은 완화돼야 한다. 이런 억울함이 생긴 이유는 새로운 사회주의 건설 정책이 아직 만들어지고 있을 때 우리 자신이 한 행동과 지도부가 좌익반대파를 탄압한 조치 때문이었다.
> 이 억울함을 특히 강화한 요인은 L D 트로츠키를 소련에서 추방한 조치였다. 우리는 이 조치가 당 지도부의 가장 큰 정치적 실수라고 생각한다. 우리는 나름대로 당 지도부와의 관계에서 억울함을 없애려고 애쓸 것이다. 그리고 우리가 쉽게 복당할 수 있도록 볼셰비키·레닌주의자들을 석방하고, 추방된 사람들에게 [형법] 58조를 적용하지 말고, L D 트로츠키를 유배지에서 돌아오게 해 달라고 중앙위원회, 중앙통제위원회, 당 전체에 호소할 것이다. …
> 우리는 공산주의자들 사이에 여러 분파가 존재하는 것은, 그 분파들이 당내에 있든 당의 법률적 경계 밖에 있든 항상 해롭다고 생각한다. 당을 분열시킬 위험이 있고, 노동 대중이 보는 앞에서 당의 권위를 손상하고, 프롤레타리아 독재의 토대를 약화시키기 때문이다. … 우리는 분파적 투쟁 방식을 완전히 거부하고 당헌과 당규에 철저히 복종할 준비가 돼 있다고 선언한다. 당헌과 당규는 모든 당원에게 자신의 공산주의적 견해를 방어할 권리를 보장한다.[60]

〈뷸레텐 오포지치〉 편집자들은 이 선언문을 공개하며 덧붙인 주석에서, 9월 중순까지 (75곳의 유배지와 특별 감옥에 흩어져 있던) 좌익반대파 약 500명이 선언문을 지지했다고 말했다.[61]

1929년 9월 22일 그 선언문을 받아 본 트로츠키는 그것을 지지하면서도 여전히 우려하는 논평을 달았다.* 그가 선언문에 서명한 이유는 그것이 비록 "온건"했지만 "결코 모호하지는 않았기" 때문이다.

> 절대로 분명한 사실은 … 단결한 당이라는 틀 안에서 우리의 주장을 유지하는 것이 가능할 뿐 아니라 그것이 우리의 의무라고 생각한다는 것 … 그리고 우리는 레닌의 당과 10월 혁명을 여전히 확고하게 지지한다는 것이다.

트로츠키는 또, 선언문에 서명하기를 거부하는 것은 다음과 같은 사실을 인정하는 잘못된 태도라고 주장했다.

> 테르미도르 반동이 기정사실이라는 것, 당이 시체가 됐다는 것, 프롤레타리아 독재로 나아가려면 새로운 혁명을 거쳐야 한다는 것. [당 지도부는] 이것이 우리의 견해라고 수없이 떠들어 댔지만, 우리는 그런 견해와 공통점이 전혀 없다. 바로 그 때문에 8월 22일의 선언 자체가 좌익반대파의 정치 노선에서 자연스러운 단계인 것이다.

트로츠키는 '좌선회'와 함께 새로운 상황이 조성됐다고 인정했다.

---

* 트로츠키가 선언문을 우려했다는 것은, 선언문이 실린 그 호 〈뷸레텐 오포지치〉에 트로츠키가 게재한 편지의 익명 필자가 라콥스키는 스탈린에게 투항한 사람들과 영합했다고 비판한 사실에서도 드러난다 — 지은이.

우파와 중도파가 공식적으로 단절하고, 공식 지도부가 좌선회하고, 우파에 대항하는 투쟁에서 우리 강령의 주장과 구호가 널리 사용되는 것은 (순수하게 이론적으로 말하자면) 레닌주의를 바탕으로 당의 단결을 재구성하는 과정을 엄청나게 촉진해야 한다.

그러나 스탈린이 좌익반대파의 정책을 채택한 것은 우연이었다. 즉, 순전히 전술적인 것이었다.

우리 강령의 많은 구호·주장·공식이 이제 정식으로 당의 자산이 됐다는 사실에도 불구하고 바로 그 강령의 저자들과 옹호자들은 여전히 감옥과 유배지에 있다. …
지도부가 탄압을 계속하고 심지어 강화하는 이유는, 현재의 정책에서 지도부가 취한 극히 중요한 많은 **실천적** 조치들이 우리 강령의 구호나 공식과 일치하지만 그래도 당장의 문제들을 검토할 때 출발점으로 삼는 **이론적 원칙들**에서 지도부와 좌익반대파가 서로 엄연히 다르기 때문이다. 다시 말해, 지도부는 심지어 공식적으로 우리의 전술적 결론들을 상당히 많이 받아들인 뒤에도 어제의 우파·중도파 전술의 출발점이었던 **전략적** 원칙을 여전히 고수하고 있다.

스탈린은 '일국사회주의'라는 틀 안에서 5개년계획을 실행하고 있지만, 좌익반대파는 사회주의 건설을 국제 혁명의 맥락 속에서 바라봤다. 트로츠키는 소련 내 좌익반대파 지도자들에게 보낸 편지에 다음과 같이 썼다.

사회주의 건설 5개년계획이 10월 혁명의 발전에서 매우 중요한 단계가 될 수 있다는 여러분의 지적은 완전히 옳습니다. 여러분은 5개년계획에 필요하지만 아직 존재하지 않는 조건들을 신중하지만 모호하지 않은 표현으로 지적했습니다. 또 여러분은 일국사회주의론을 거부하고 이와 똑같은 맥락 속에서, (국내에 필수적 조건들이 존재하고 5개년계획이 실제로 실현된다고 하더라도) 10월 혁명의 근본적 문제 — **부르주아 사회가 사회주의 사회로 변혁되는 것** — 는 어쨌든 국제 혁명이 나란히 발전하지 않으면 그리고 선진 자본주의 나라들에서 혁명이 승리하지 않으면 완전히 해결될 수 없다고 말했습니다.[62]

9월 25일 트로츠키는 선언문에 대한 또 다른 논평을 작성하면서 다시 한 번 우려를 나타냈다.

확실히 선언문의 텍스트와 관련해서 비판적 논평을 많이 할 수 있다. 나는 공개서한에서 그런 비판적 논평 몇 가지를 **긍정적·건설적으로** 제시한 바 있다. 명심해야 하는 사실은, 그 문서가 유배지와 감옥에 있는 사람들 사이의 연락을 통해 작성됐다는 것, 그리고 이런 경우에는 늘 그렇듯이 그 문서는 다양한 견해가 타협을 이룬 결과라는 것이다. 좌파와 우파 모두 그 문서가 불만스러울 것이다. …
이 선언문이 매우 신중한 어조로 쓰인 것은 그 목적에 부합한다. 그 목적은 마지막 두 줄에 매우 분명히 나와 있는데, 서명자들은 당연히 직접적인 실천적 결과들을 바라지 않고 "**압도 다수의 당 대열과 노동계급에게 공감과 지지를 받기를**" 원한다고 썼다. 여기에는 각국의 공식 공산당에 대한 공동전선 정책의 사용도 포함된다. 선언문에 서명한 사람들 가운데 일부는 여전히 오른쪽으로 넘어갈 수 있다. 즉, 투항할 수 있다. 그들이 스탈린파에게 답변을 받으면 그럴 수 있는데, 그런 투항의 본질은 이미 분명히 드러났다. 그러나 마찬가지로 예상할 수 있는 일은, 선언문의 존재 자체에 대해 당세포들 내에서 광범한 토론이 벌어질 것이고, 혁명적 정신을 지닌 많은 노동자가 그 선언문에 주목할 것이고, 따라서 당대열 안에서 좌익반대파의 영향력과 연락망이 확대될 것이라는 점이다. 일부 초좌파들은 아마 그 선언문을 투항의 움직임으로 볼 것이다. 그러나 우리가 그런 초좌파들에게 굴복한다면 우리는 종파로 전락할 수밖에 없을 것이다.[63]

트로츠키뿐 아니라 라콥스키·코시오르·오쿠자바도 여전히 1923~1927년의 추론, 즉 스탈린 분파는 우파와 좌파 사이에서 줄타기하는 중도파이고 결국은 우파의 힘을 키워 줄 것이라는 생각을 고수했다. 그래서 라데크·프레오브라젠스키·스밀가가 굴복한 뒤에 라콥스키·오쿠자바·코시오르는 "투항과 투항자들에 관하여"라는 글에서 다음과 같이 주장했다. "새로운 곡물 파업 사태가 벌어지면 중도파가 180도 전환하지 않으리라고 아무도 장담할 수 없다. 오히려 십중팔구 그들은 형법 107조를 이용해 쿨라크를 억압하던 것에서 갑자기 새로운 신경제정책으로 돌아설 것이다."[64]

같은 저자들은 다른 글에서 다음과 같이 말했다.

중도파의 좌선회(공업화와 집산화)는 그들에게 강요된 것이었다. 즉, 한편으로는 쿨라크의 곡물 파업에 힘입어서 중도파를 제거하고 싶어 한 우파의 압력이, 다른 한편으로는 노동계급의 압력이(곡물 파업 분쇄는 노동계급의 이익에 부합하는 것이었다), 마지막으로는 레닌주의자 반대파의 압력이 중도파에게 가해진 결과였다. 마지막 두 요인의 영향이 제거되면, 곧바로 중도파가 우파 지도자들과 동맹을 맺거나 아니면 우파 지도자들이 현 지도부를 제거해서 중도파가 새롭게 우선회할 수 있는 상황이 조성될 것이다.[65]

또 말하지만 집산화는 쿨라크의 힘을 약화시키지 못했고 앞으로도 그럴 터였다. "결론적으로, 농업 자본주의에 맞선 투쟁 어쩌고저쩌고하는 말에도 불구하고 번창한 농촌 주민이 경제 전체에서 차지하는 상대적 비중은 훨씬 커질 것이다."[66]

라콥스키·코시오르·오쿠자바 어느 누구도 스탈린이 2년 안에 쿨라크를 포함한 사적 농민 2500만 명의 소규모 농지를 완전히 없애버릴 것이라고는 상상조차 하지 못했다!

추방된 사람들은 8월 22일 선언문을 어떻게 받아들였는가? 이자벨 롱게는 다음과 같이 썼다.

> 좌익반대파 중에서 좌파는 그 선언문이 공공연하게 타협적 성격을 드러냈고, 국제 정책에 관해 모호했고, 분파 활동 문제에서 양보했다고 강력하게 비판했다. 카멘 유배지의 대변인 스톨롭스키는 특유의 성격대로 다음과 같이 썼다. "지도부의 이른바 좌파적 정책은 최악의 관료적 모험이다. 이 조치들은 하나같이 왼쪽으로든 오른쪽으로든 재앙을 낳을 것이다." 일부는 8월 22일 선언문을 지지하기를 거부했는데, 룹촙스크 유배지의 좌익반대파가 그랬다. 그들은 자신들의 이견을 설명하는 공개서한을 라콥스키에게 보냈다. 그들의 주장인즉, 일부 좌익반대파가 선언문의 공공연하게 타협적인 측면을 이용해서 투항할 것이기 때문에 선언문은 기대와 달리 당을 단결시키는 효과를 내지 못하리라는 것이었다(룹촙스크의 볼셰비키·레닌주의자 두 명이 이미 투항했다). 중도파에 대한 적대감이 희미해지고 있는 사람들을 계속 붙잡아 두려 하다가는 좌익반대파 전체가 미끄러질 위험이 있었다. … 그들은 선언문의 내용이 투항자들을 충분히 비판하지 않고 좌선회를 과대평가한다고 비판했다. 그들이 보기에 경제적 조치들이 실행되는 방식은 그 조치들 자체만큼이나 결정적이었다. 이견은 민주주의 문제와 '중도파'에 대한 평가 문제에

서 가장 뚜렷했다. 그들은 "중도파한테서 기대할 것은 아무것도 없다"고 썼다. 당내 민주주의와 노동계급 민주주의를 실현하는 것은 대중 자신들(당원과 비당원)에게 달려 있었다. 중도파는 민주주의를 허용해서 "스스로 목숨을 끊으려 하지" 않을 것이다. 룹촙스크의 좌익반대파는 당에 호소하는 동시에 노동계급 전체에게도 호소할 것을 제안했다. 그러면서 "당 지도부가 바뀌지 않는 한" 복당 요구는 거론하지 않을 것이라고 말했다.[67]

스탈린은 좌익반대파 해체를 촉진하고자 자신이 통제하는 우편제도를 활용했다. 라콥스키·오쿠자바·코시오르가 설명했듯이, 탄압은 "공공연한 무력 사용"으로만 나타나지 않았다. "게페우는 반대파한테서는 통신 기본권을 박탈하고, 투항자들에게는 유례없는 '기술적 지원'을 제공했다."

적어도 몇몇 곳에서는 관료 기구 자체가 투항자들의 문서를 퍼뜨리기까지 했다. 일부 투항자들은 좌익반대파에 남아 있으면서 관료 기구의 지시에 따라 행동하거나(이셴코) 사전 협약에 따라 행동했다(야로슬랍스키·오르조니키제와 프레오브라젠스키는 협상 끝에 좌익반대파를 중도파와 투항자들이 양쪽에서 '폭격'하기로 합의했다). 좌익반대파는 양쪽에서 날아오는 총알을 맞게 됐다. 유명한 '통신의 자유'는 축소돼 사실상 투항자들에게만 진정한 자유가 보장됐고, 레닌주의자 반대파는 그 '자유'를 전부 빼앗겼다. 그러나 여기서도 독특하고 차별적인 우편 정책이 적용됐다는 사실을 지적해야 한다. 투항자들의 문서를 단호하게 퇴짜 놓을 것이 뻔한 동지들은 그 문서를 볼 수 없었다. 투항자들의 문서에 대한 답장은 결코 전달되지 않았다.[68]

트로츠키는 소련에서 추방되기 전에도 지지자들과 연락하는 것이 차단돼 있었다. 이미 말했듯이, 1928년 10월부터 트로츠키는 친구들과 지지자들의 편지를 못 받게 됐다. 그가 받은 편지들은 오직 좌익반대파를 기꺼이 떠나려는 사람들이 보낸 것뿐이었다. 트로츠키 자신의 편지도 목적지에 도착하지 못했다.

그리고 투항의 흐름은 멈추지 않았다. 1929년 10월 27일, 콜차크를 물리친 바 있고 트로츠키의 가장 가까운 협력자 가운데 한 명이었던 이반 N 스미르노프와 베테랑 볼셰비키 당원인 M S 보구슬랍스키가 투항했다.[69] 빅토르 세르주는 다음과 같이 썼다.

> 이반 니키티치 스미르노프는 내 친구에게 다음과 같이 말했다. "저는 무기력하게 아무 일도 못하는 것을 참을 수 없습니다. 저는 건설하고 싶습니다! 중앙위원회는 야만적이고 때로는 어리석지만, 미래를 위해 건설하고 있습니다. 위대하고 새로운 공업을 건설하는 과업 앞에서 우리의 이데올로기 차이는 별로 중요하지 않습니다."[70]

스미르노프가 투항한 직후에, 내전 시기부터 전설적 인물이던 S V 므라치콥스키, 볼셰비키 선임 당원이자 러시아소비에트연방사회주의공화국의 내무 인민위원을 지낸 A G 벨로보로도프, 볼셰비키 선임 이론가인 V A 테르바가냔 등 추방된 사람 수백 명이 투항했다.

1929년 10월 16일 좌익반대파 야샤 A 키예프레스코는 세도프에게 보낸 편지에 다음과 같이 썼다.

> 역사적 지도부가 거의 모두 전투 현장을 떠났고, 그들과 함께 좋은 동지들도 많이 떠났습니다. 그리고 남아 있는 우리는 전혀 단결돼 있지 않습니다. 첫째로 우리의 수를 헤아리기가 매우 힘듭니다. 왜냐하면 동지들

이 떼 지어 떠나고 있기 때문입니다. 오늘은 '기회주의자들'을 비타협적으로 비난하던 그들이 내일은 3인방[라데크·프레오브라젠스키·스밀가 — 지은이]에게 합류하겠다는 전보를 서둘러 보냅니다.[71]

1929년 11월 12일 좌익반대파 B N 뱌즈니코베츠는 세도프에게 보낸 편지에 다음과 같이 썼다.

우리는 가장 단호했던 좌익반대파 회원들이 우유부단해졌다는 사실을 깨달아야 합니다. 수많은 사람이 탈퇴할 것이라고 예상할 수 있습니다. I N [스미르노프 — 지은이]은 자신이 500명쯤 데리고 나갈 것이라고 믿는데, 십중팔구 그럴 수 있습니다. Kh G [라콥스키 — 지은이]의 편에는 300~500명이 있습니다. …
상황은 극도로 긴박합니다. 제 생각에, 그런 상황을 벗어나려면 L D [트로츠키 — 지은이]가 중앙위원회에 대화를 제안해야 합니다. 그러지 않으면 그는 지지자들을 모두 잃을 것입니다. 어쩌면 그는 자존심을 포기해야 할지도 모릅니다. …
저 자신이 비관적이라고 생각하지는 않지만, 우리는 진실을 직시하고 우리의 상황이 매우 나쁘다는 사실을 깨달아야 합니다. 우리 간부들은 [I N 스미르노프의 — 지은이] 10월 16일 선언 주위로 집결했습니다. 크고 작은 공장에서 모든 활동이 완전히 중단됐습니다.
왜 이런 일이 벌어졌습니까? 개인적 이해관계나 피로 때문이 아닙니다. 그 이유는 중도파가 우파와 맺은 동맹을 깨고, 우리가 제시한 노선을 따를 수밖에 없었기 때문입니다.[72]

1930년 1월 14일 야샤 A 키예프레스코는 세도프에게 보낸 편지에 다음과 같이 썼다.

이 유배지[페트로파블롭스크 — 지은이]에는 동지가 7명 있습니다. 그들의 사기는 매우 낮습니다. G는 다음과 같이 썼습니다. "우리의 상황을 생각할수록, 좌익반대파의 중요한 일부가 취한 조치들은 불가피했다는 결론에 이르게 된다." 그리고 프리드는 다음과 같이 덧붙였습니다. "당의 경제 정책은 전반적으로 옳았다. 우리는 분파 활동을 중단하기로 결정했다."[73]

라콥스키에 따르면, 1929년 말 유배지와 감옥에 있는 볼셰비키·레닌주의자의 수는 약 800명이었다.[74] 앞서 말했듯이, 2년 전쯤에는 그 수가 8000명에서 1만 1000명이었다. 1930년 10월 31일 트로츠키는 미국 트로츠키주의자 맥스 샤트먼에게 보낸 편지에 좌익반대파는 더는 조직으로서 존재하지 않는다고 썼다.[75*]

[그러나] 트로츠키는 굽히지 않았다. 그의 도덕적 용기는 결코 꺾이지 않았다. 1929년 11월 26일 소련에 있는 친구들에게 보낸 편지에서는 다음과 같이 말했다.

> 우리 깃발에 충실한 사람들이 유배지에 350명이 아니라 35명, 심지어 3명만 남아 있다고 해도 우리 깃발은 여전히 휘날릴 것이고 전략적 노선도 변함없을 것이고 미래도 그대로 있을 것입니다.[78]

---

* 한동안 트로츠키 자신은 유배지와 감옥의 좌익반대파 가운데 여전히 변하지 않은 사람들의 수가 매우 많다고 생각했다. 그래서 1931년 10~11월에 미국의 지도적 트로츠키주의자인 앨버트 글로처와 토론할 때 다음과 같이 말했다. "오늘날 유배지에는 3000~5000명의 좌익반대파 청년들이 있고, 볼셰비키 선임 당원들도 몇천 명 있습니다."[76]
사실 트로츠키는 1931년 이후 소련 내 지지자들과 이렇다 할 연계가 거의 없었다고 나중에 듀이위원회에서 진술했다[77] — 지은이.

노련한 볼셰비키 선임 당원들, 특히 트로츠키주의 운동의 지도적 인물 가운데 변하지 않은 사람은 극소수였다. 나이 많은 흐리스티안 라콥스키가 그런 위대하고 명예로운 예외였다. 그러나 라콥스키조차 마침내 굴복했다. 1934년 2월, 당시 프랑스에 있던 트로츠키에게 라콥스키가 투항했다는 소식이 들려왔다. 1934년 2월 23일 〈이즈베스티야〉는 라콥스키가 중앙위원회에 보낸 전보를 공개했다. 거기서 라콥스키는 다음과 같이 말했다.

> 궁극적으로 10월 혁명을 공격하는 국제적 반동의 득세 앞에서, 당과 저의 오래된 이견은 그 의미를 상실했습니다. 저는 당의 일반적 노선에 주저 없이 완전히 복종하는 것이 볼셰비키·공산주의자의 의무라고 생각합니다.

며칠 뒤에는 소스놉스키가 투항했다는 소식도 들려왔다.[79]

라콥스키가 투항했다는 소식에 트로츠키는 틀림없이 엄청난 충격을 받았을 것이다. 트로츠키에게 라콥스키는 다른 어떤 협력자보다 더 가까운 "친구·투사·사상가"였다. 많은 나이(당시 61세)에도 불구하고 라콥스키는 좌익반대파의 다른 지도자들이 거의 모두 굴복한 뒤에도 스탈린에게 대항한 두드러진 인물이었다. 유배지와 감옥에서 라콥스키보다 도덕적 권위가 높은 사람은 오직 트로츠키뿐이었다. 트로츠키는 〈뷸레텐 오포지치〉에 라콥스키가 쓴 글이나 그에 관한 글을 거의 매번 실었다. 좌익반대파가 패배할 때마다, 그리고 투항자가 나올 때마다 늘 트로츠키는 라콥스키를 훌륭한 본보기로 들었다. 1935년 3월 25일 자 일기에 트로츠키는 라콥스키와 결별한 것이 개인적으로 어떤 의미가 있는지를 다음과 같이 썼다.

나와 연락을 주고받은 나이 든 혁명가 세대 가운데 라콥스키는 사실상 마지막 사람이었다. 그가 투항한 뒤에는 아무도 남아 있지 않았다. 비록 내가 추방되면서 나와 라콥스키의 연락은 검열로 중단됐지만, 그래도 라콥스키는 여전히 내 오래된 전우들과의 연결 고리를 상징했다. 이제는 아무도 없다. 오랫동안 나는 다른 이와 생각을 교환하고 문제를 논의하고픈 욕구를 채울 수 없었다.[80]

그러나 트로츠키의 도덕적 용기와 비타협성은 끝이 없었다. 그래서 그는 공개적으로 라콥스키와 개인적·정치적 관계를 모두 단절했다. 라콥스키 투항 소식을 듣자마자 그는 다음과 같은 성명을 발표했다.

우리는 나이 든 전사의 순전히 형식적인 선언을 기록한다. 그 전사는 평생 동안 혁명적 대의에 확고히 헌신했다. 슬프지만 우리는 그것을 기록해서 시대의 풍조로 남겨 둔다.[81]

3주 뒤 "라콥스키의 굴복이 의미하는 것"이라는 글에서 트로츠키는 다음과 같이 밝혔다.

우리는 친구를 잃어버렸다고 오랫동안 울고 있을 시간이 없다. 그 친구가 30년간 함께 투쟁한 동지라고 해도 말이다. 모든 볼셰비키가 스스로 다음과 같이 말하게 하라. "경험 많고 명성이 자자한 60세의 투사가 우리 대열을 떠났다. 그를 대신할 20세의 전사 3명을 얻어야 한다. 새로운 라콥스키를 많이 발굴하면, 그들이 우리와 함께 또는 우리 뒤를 따라서 우리의 과업을 이어 나갈 것이다."[82]

라콥스키는 항복 선언에서 자신의 과거 견해를 철회하지 않았다. 그는 자신이 반스탈린 투쟁을 포기하고 규율에 복종하게 된 것은 바로 국제적 반동의 위협, 즉 파시즘의 성장 때문이라고 분명히 밝혔다. 트로츠키의 말을 되풀이하면, "털끝만큼도 과장하지 않고, 히틀러의 도움 덕분에 스탈린이 라콥스키를 굴복시켰다고 말할 수 있다."[83]

1935년에 라콥스키를 찾아가서 받은 인상을 기록한 루이스 피셔도 그런 결론을 내렸다.

> 나는 1935년 모스크바에 있는 그의 아파트를 두 번 방문했는데, 사라토프에서 그랬듯이 라콥스키 부인이 나에게 차를 대접했다. 보건부에 있는 그의 사무실도 서너 차례 방문했는데, 그는 보건부 산하 과학 연구기관들을 총괄하는 책임자였다(그의 직업이 내과 의사였다). 나는 모스크바에서 그의 말을 듣고 내가 마드리드에서 쓴 것이 옳았음을 확인했다. 유배는 그를 무너뜨리지 못했던 것이다. 그러나 라콥스키는 바르나울에서* 유럽을 봤고 어떤 혁명도 발견하지 못했다. … [오히려] 파시즘이 여러 나라로 슬금슬금 확산되고 있었다. 인간적 고통이 강렬할수록 정치적 반동은 흉포해지기만 했다. … 라콥스키가 스탈린에게 돌아간 것은 히틀러 때문이었다.[84]

경찰 탄압 자체로는 좌익반대파 수천 명의 투항을 설명할 수 없었다. 어쨌든 볼셰비키 선임 당원의 다수는 제정 시절 감옥과 시베리아에서 몇 년씩 복역하면서도 결코 굴복하지 않고 투쟁의 시험대를 통과한 사람들이었다. 40년간 투쟁해 온 라콥스키 같은 사람들이 단지 탄압에 굴복하지는 않았을 것이다. 투항은 오히려 확신의 결과였다.

---

* 시베리아 알타이 지방의 중심 도시.

즉, 스탈린의 집산화와 급속한 공업화 정책이 사회주의적 정책이고 그것 말고는 다른 현실적 대안이 없다는 확신 때문이었다.

좌익반대파를 무장해제시키고 스탈린에게 굴복하도록 부추긴 것은 바로 트로츠키주의 운동의 이데올로기적 위기였다. 경찰 탄압이 아니라 이 이데올로기적 위기가 감옥의 재소자들과 추방된 유배자들의 정신을 파괴한 것이다. 라콥스키·오쿠자바·코시오르가 설명했듯이, "잔혹한 탄압이 없었다면 좌파 노선은 좌익반대파 대열로 새로운 지지자들이 몰려들게 만들었을 것이다. 왜냐하면 좌파 노선은 스탈린파의 정책이 파산했음을 보여 줬기 때문이다. 그러나 [스탈린이] 신노선 없이 탄압만으로 그만한 성과를 거두지는 못했을 것이라는 말도 진실이다."[85]

감옥과 유배지에 남아 있던 좌익반대파는 이제 더는 응집력 있는 집단이 아니었다. 그들은 전국의 노동계급과 격리된, 소수 분파들의 느슨한 무리가 돼 버렸다.

트로츠키와 연락조차 되지 않았으니 좌익반대파 대열 안에는 분열과 절망이 만연했다.

나중에 스탈린은 트로츠키주의자들을 다루듯 수많은 사람을 투옥하고 유배했고, 그중 다수는 (정권에 반대하는 사람들이었으므로) 당시 트로츠키의 정책을 자세히 알지 못하면서도 트로츠키를 충실히 지지했다.

트로츠키주의의 새 물결을 보여 주는 인상적 증거 하나는 보르쿠타의 모든 수용소에서 벌어진 단식투쟁과 작업 중단이었다. 이 투쟁은 1936년 10월 27일 시작돼서 132일 동안 계속됐는데, 알렉산드르 솔제니친은 《수용소 군도》에서 이것을 "영웅적" 투쟁으로 묘사했다.[86]

보르쿠타의 트로츠키주의자들과 견해는 달랐지만 그들의 용기에 감동할 수밖에 없었던 한 멘셰비키 재소자가 남긴 또 다른 기록을 보면, 페초라 지역 주변에 트로츠키주의자 수천 명이 있었다고 한다.

> 이 진정한 트로츠키주의자들 외에도 보르쿠타 등지의 여러 수용소에는 재소자가 10만 명 넘게 있었는데, 그 당원들과 청년들은 트로츠키주의 좌익반대파를 지지하다가 나중에는 다양한 시기에 다양한 이유로(그중에 주된 것은 분명히 탄압·실업·박해·퇴학 등이었다) "자신의 오류를 철회"하고 좌익반대파에서 탈퇴할 수밖에 없었다. … 트로츠키주의자들은 정치수 가운데 스탈린파의 '일반적 노선'을 공공연히 비판하고 교도관들에게 조직적으로 저항한 유일한 집단이었다.[87]

정치수들이 얼마나 혹독한 조건에서 생활했는지는 마리야 이오페의 극적 묘사를 보면 어느 정도 알 수 있다. 트로츠키의 오랜 전우였고 1927년 11월 10일 자살한 아돌프 이오페의[88] 부인인 마리야 이오페는 1929년부터 1957년까지 28년간 감옥과 강제 노동 수용소에 갇혀 지냈다. 그녀는 엄청나게 용감한 여성이었다. 그녀가 묘사한 굴라크의 생활 조건은 나치의 강제수용소만큼이나 끔찍했다. 여기서는 그녀가 며칠 밤낮을 갇혀 지낸 징벌방을 묘사하는 대목 하나만 소개하겠다.

> 작은 변소는 폭이 1미터도 안 됐고 길이는 2미터가 채 안 됐다. … 그곳의 악취는 너무 심해서 마치 내 얼굴을 강타하는 듯했고, 숨이 턱 막혀서 저절로 온몸이 뒤로 움찔했다. 그러나 나는 방 안으로 떠밀려 들어갔고 뒤에서 문이 잠겼다.
>
> 커다란 똥통은 뚜껑도 없었고 … 내가 들어가기 전부터 넘치다시피 했으며, 똥통 위와 사방 벽에는 쥐며느리가 줄지어 기어 다녔다. 바닥을 뒤덮은 인간의 배설물에서는 … 하얀 구더기들이 기어 나왔고 … [신선한]

공기는 전혀 없었으며 … 참을 수 없는 악취 때문에 질식할 듯했다. 나는 숨이 막혀 … 죽을 것만 같았다! 갑자기 불이 꺼지고 완전히 깜깜해졌다. … 완전히 깜깜한 방에서 분명히 쥐며느리들이 온통 내 몸 위로 기어 다닐 것이고, 뚱뚱하고 하얀 구더기들은 … 마치 시체를 파먹듯이 나를 파먹으려 들 것이다. 나는 고함을 치고 비명을 지르고 싶었지만, 내 목에서는 약간 쉰 듯한 가래 끓는 소리만 나왔다. 나는 시체처럼 파먹힐 것이고, … 공기도 없고 … 빛도 없고 … 벌레만 들끓는 곳에서 … 무섭고 끔찍하게 죽어 갈 것이다. … 벌레들이 다가와서 … 내 위로 기어오르는 것을 느꼈고, … 그 혐오스러운 구더기와 쥐며느리가 내 눈과 … 입과 … 코로 들어오지 못하도록 손을 들어 가렸다. …

한 인간이 변소에 갇혔다. 몇 날 며칠 동안 참을 수 없는 악취에 시달렸고 잠도 못 잤으며 낮인지 밤인지 분간도 할 수 없었다. 그저 끊임없이 꿈틀거리는 구더기와 길게 줄지어 기어 다니는 쥐며느리가 들끓는 오줌 웅덩이와 똥 더미를 밟고 다녀야 했다.[89]

트로츠키주의 진영의 이데올로기적 분열

5개년계획의 충격으로 트로츠키주의 운동이 위기에 빠지자, 유배지와 감옥에 남아 있던 사람들 사이에서 근본적 분열이 일어났다.

유고슬라비아 공산당 지도자 안테 칠리가는 이 분열을 목격한 최상의 증인 가운데 한 명이다. 그는 소련에서 10년을 살았는데(1926~1935년), 마지막 6년은 감옥과 유배지에서 지냈다. 칠리가는 다음과 같이 썼다.

1930년 5월 21일부터 (폴란드 쪽 국경을 넘은 날인) 1935년 12월 3일까지 나는 자유를 박탈당했다. 3년 이상을 레닌그라드, 첼랴빈스크, 베르호네우랄스크, 다시 첼랴빈스크, 마지막으로 이르쿠츠크와 크라스노야르스크의 소련 감옥에서 보냈다. 마지막 2년은 시베리아의 유배지, 즉 처음에는 크라스노야르스크, 나중에는 예니세이스크에서 보냈다.[90]

그는 베르흐네우랄스크 수용소에 대해 다음과 같이 썼다.

내가 격리소에 도착한 1930년 11월에는 지난 18개월 동안 좌익반대파의 사기를 떨어뜨리고 조직을 무너뜨린 투항의 시기가 끝나 가고 있었다. 그러나 전에 좌익반대파의 5분의 4를 쓸어 가 버린 폭풍의 메아리를 아직도 들을 수 있었다. …

공산당원 재소자의 압도 다수가, 즉 140명 중 120명이 트로츠키주의자였다.[91]

베르흐네우랄스크 격리소에는 트로츠키주의 집단의 가장 능동적인 사람들이 거의 모두 모여 있었다.

트로츠키주의 재소자들의 조직은 '베르흐네우랄스크 레닌주의자·볼셰비키 공동체'를 자처했다. 그 조직은 좌파·중도파·우파로 나뉘어 있었다. 이 분열은 내가 그곳에 머물던 3년 동안 계속 유지됐다. 비록 집단의 구성과 심지어 그 이데올로기에도 약간의 변동은 있었지만 말이다. 베르흐네우랄스크에 도착하자마자 나는 트로츠키주의자들 사이에 세 가지 강령과 두 종의 신문이 있다는 것을 알게 됐다.

(1) "3인의 강령"은 붉은 교수 3명, 즉 E 솔른체프, G 야코빈, G 스토팔로프가 작성했다. 그것은 당시 가장 강력했던 우파의 견해를 표명했다.

(2) "2인의 강령"은 트로츠키의 [둘째] 사위인 만 네벨손과 아론 파페르마이스터가 작성했고, 소규모 중도파의 신조였다.

(3) "투쟁하는 볼셰비키의 테제"는 푸차스, 카메네츠키, 크바차제, 비엘

렌키 등 좌파가 작성한 것이었다.[92]

세 집단은 매우 헌신적이었다.

우파와 중도파는 자기들끼리 힘을 모아 신문 〈감옥의 진실〉을 발행했고, 좌파는 〈투쟁하는 볼셰비키〉를 발행했다. 이 신문들은 한 달에 한 번이나 두 달에 한 번 발행됐다. 매호에는 10~12개의 기사가 별개의 습자책 형태로 실렸다. 신문 한 '부', 즉 10~12개의 습자책 꾸러미는 수용소의 이 동에서 저 동으로 돌아다녔고 재소자들은 그 책자를 차례차례 읽었다. 신문들은 세 부씩 발행돼서, 수용소 내 각 분파에게 한 부씩 돌아갔다.[93]

강제 집산화로 말미암은 기근의 참상과 강제 공업화에 따른 고통이 너무나 분명해진 1932년에 세 트로츠키주의 집단 사이의 논쟁은 훨씬 날카로워졌다. 논쟁의 핵심 쟁점은 스탈린 체제의 계급적 성격 문제였다.

결국 서로 다른 세 가지 결의안이 표결에 부쳐졌다. 첫째 결의안은, 많은 "관료적 일탈"에도 불구하고 소련의 계급적 성격이 노동자 국가임을 인정했다. 왜냐하면 사유재산 국유화와 부르주아지 억압 같은 "프롤레타리아 독재의 흔적들"이 여전히 남아 있기 때문이라는 것이었다. 여기서 나오는 결론은, 체제를 개혁해서 진정한 프롤레타리아 독재를 재건하는 것이 가능하다는 것이었다.
소련에 프롤레타리아 독재가 존재한다는 것을 부정하는 사람들은 자기들끼리 견해가 갈려서, 서로 다른 두 가지 결의안을 제출했다. 하나는 … 소련에 더는 프롤레타리아 독재가 존재하지 않지만 "10월 혁명의 경제적 토대는 존속한다"고 여겼다. 그래서 "철저한 경제개혁"으로 뒷받침되는 "정치혁명"이 필요하다고 주장했다. …
나를 비롯한 다른 "[프롤레타리아 독재] 부정론자들"은 정치 질서뿐 아니라 사회·경제 질서도 프롤레타리아에게 낯설고 적대적인 것이 돼 버렸다고 생각했다. 그러므로 우리는 정치혁명뿐 아니라 사회혁명도 일어나야 사회주의 발전으로 나아가는 길이 열릴 것이라고 예상했다. 우리의 주장인즉, 관료 집단은 실질적 계급, 즉 프롤레타리아에게 적대적인 계급이라는 것이었다.[94]

혁명의 깃발 휘날리기

비록 1930년대 초에 트로츠키주의는 더는 조직적 운동으로서 소련에 존재하지 않았지만, 여전히 트로츠키에게 공감하는 사람들 수만 명, 어쩌면 수십만 명이 여기저기 흩어져 있었다. 이것을 보면, 스탈린 체제에 맞선 저항의 상징이자 깃발로서 트로츠키가 영웅적 구실을 했음을 알 수 있다. 수많은 사람의 육체와 정신을 파괴한 끔찍한 상황 속에서 스탈린 숭배가 요란스럽게 발전했고, 많은 볼셰비키 선임 당원들도 여기에 굴복했다. 정신이 파괴되지 않은 사람들은 은밀히 제거됐다. 인간을 파멸시키는 이 모든 사태의 한복판에 트로츠키는 저항의 거인으로 우뚝 서 있었다.

5장

나치에 반대하는 투쟁

독일 공산당 본부 건물. 파시즘에 반대한다는 문구가 걸려 있지만,
스탈린의 '사회파시즘' 이론을 고수하며 사민당과의 공동전선을 거부했다.

1929년 2월 소련에서 추방된 트로츠키는 국제 좌익반대파를 건설해야 할 과제에 직면했다. 10월 혁명과 적군赤軍과 국제 공산주의 운동의 조직자로서 수백만 명을 지도하던 그가 이제는 "비자visa 없는 지구"에서 박해받는 망명객이 돼 소규모 지지자 그룹의 지도자로 전락한 것이다. 그러나 그는 이 과제가 더 극적이고 웅대했던 과거의 과제들보다 덜 중요하다고는 생각하지 않았다. 트로츠키는 이 과업, 즉 혁명적 마르크스주의의 전통을 지키는 일이 자기 생애에서 가장 중요한 과제라고 믿었다. 그는 1935년 3월 25일 자 망명 일기에 다음과 같이 썼다.

> 내가 지금 하고 있는 일은 비록 극히 불충분하고 파편적 성격의 일이지만 내 평생 가장 중요한 일이라고 생각한다. 1917년에 내가 한 일보다 더 중요하고, 내전 때나 그 밖의 어떤 시기에 내가 한 일보다도 중요하다. … 1917년에 내가 페테르부르크에 없었어도 10월 혁명은 일어났을 것이다. 단, 레닌이 페테르부르크에서 [볼셰비키를] 지도하고 있었다면 말이다. 만약 레닌과 내가 모두 페테르부르크에 없었다면 10월 혁명은 일어나지 않았을 것이다. 볼셰비키 지도부가 10월 혁명이 일어나지 못하도록 방해했을 것이기 때문이다. 이 점을 나는 추호도 의심하지 않는다! 만약 레닌이 페테르부르크에 없었다면 내가 볼셰비키 지도자들의 저항을 극복할 수 있었을지 의심스럽다. … 거듭 말하지만, 레닌이 있었다면 어쨌든 10월

혁명은 성공했을 것이다. …
따라서 내가 한 일이 '필수 불가결했다'고 말할 수는 없다. 심지어 1917~1921년에 내가 한 일도 그렇다. 그러나 지금 내가 하는 일은 말 그대로 '필수 불가결하다.' … 제2·제3인터내셔널의 지도자들은 결코 이해할 수 없는 혁명적 방법으로 새 세대를 무장시키는 임무를 수행할 사람은 지금 나 말고는 아무도 없다.[1]

독일은 당시 세계에서 가장 중요한 노동계급 운동이 있는 나라였다. 독일에서는 심각한 불황과 사회적 위기가 시작되고 있었고, 이것을 배경으로 나치 운동이 급성장하고 있었다. 이런 상황에 직면해서 트로츠키는 자신의 에너지와 지식을 모두 쏟아부었다. 이 시기에 그는 독일 상황을 분석한 얇은 책과 소책자와 글을 수도 없이 썼다. 그것들은 그가 집필한 가장 뛰어난 저작에 속한다. 정세에 관한 그런 통찰은 다른 어디서도 찾아볼 수 없다. 그는 나치의 발흥에 따른 재앙이 독일 노동계급뿐 아니라 국제 노동계급도 위협하고 있다고 경고했다. 나치를 저지하기 위한 행동에 나서자는 그의 호소, 즉 모든 노동운동 조직들의 공동전선을 구축하자는 호소는 점점 더 다급해졌다. 비극이게도 그의 예언적 경고와 다급한 호소는 무시당했다. 그의 목소리는 황야의 외침이었다. 독일 공산당도 사민당도 트로츠키의 말에 전혀 주의를 기울이지 않았다. 만약 트로츠키의 분석과 행동 제안이 받아들여졌다면 그 후의 20세기 역사는 완전히 달라졌을 것이다. 독일 상황에 대한 트로츠키의 분석이 특히 인상적인 이유는 지은이가 사건 현장에서 멀리 떨어져 있었는데도 일상의 우여곡절을 추적해 냈다는 점 때문이다. 1930~1933년에 트로츠키가 쓴 글들을 읽어 보면, 어찌나 구체적인지 마치 지은이가 독일에서 멀리 떨어진 터키의 프린키포섬이 아니라 독일 현지에 살고 있는 것 같은 분명한 인상을 받게 된다.

'제3기'에 관한 트로츠키의 견해

1923~1927년, 즉 [스탈린이] 소련에서는 쿨라크를, 중국에서는 국민당을, 영국에서는 노동조합 지도자들을 달래던 시기에 독일에서는 사민당을 달래고 있었다. 스탈린은 1928년에 쿨라크를 공격하는 쪽으로 급격하게 노선을 바꾸면서 코민테른의 정치도 전환했다. 여기서 분명히 해 둘 사실은, 마르크스주의 운동에서 보통 이야기하는 초좌파주의와 스탈린의 초좌파주의는 질적으로 다르다는 것이다. 전자는 새롭게 급진화하는 참을성 없는 노동자들이 혁명적 전략과 전술을 훈련받지 못했을 때 드러내는 초좌파주의인 반면, 스탈린주의 초좌파 노선은 지도부가 당과 노동자들을 조종하는 것이었고, 지도부가 일반적으로 우경화하는 도중에 갑자기 좌선회할 필요가 있다고 느낄 때마다 거듭거듭 추진된 것이었다.

이제 완전히 스탈린의 통제를 받게 된 코민테른은 1928년에 이른바 '제3기'와 '사회파시즘'이라는 초좌파적이고 독단적인 견해를 공표하고, 나중에 히틀러가 집권할 때까지 이 정책을 추진했다. 이 '이론'에 따르면, 제1차세계대전 후의 정치적 역사는 뚜렷이 구분되는 세 시기로 나뉜다. 제1기는 자본주의가 위기에 빠지고 혁명이 분출하는 시기(1917~1923년)다. 자본주의가 안정을 되찾은 제2기에는 국민당 같은 부르주아 민족주의자들과 (1925~1927년의 영·소 위원회를 통해 그랬듯이) 사회민주주의자들에게 지지를 얻으려고 노력해야 했다. 이 시기는 1928년에 끝났다. 이제 제3기가 시작됐고, 이 시기에는 자본주의가 죽음의 고통을 겪을 터였다.

이런 시기 구분을 바탕으로 [코민테른은] 각국 공산당에 사회민주주의 정당과의 공동전선을 철저히 거부하라고 지시했다. 또, 독자적 노동조합을 발전시키고(즉, 기존 노조에서 떨어져 나와 따로 노조를 조직하고), 이제는 '사회파시스트'라고 낙인찍은 사회민주주의 정당을 주적으로 여겨 집중 공격하라고 지시했다.

사회파시즘 이론의 시조는 조야한 관료적 실천과 급진적 데마고기의 극단적 대표자인 지노비예프였다. 그는 1924년 1월에 다음과 같이 썼다.

> 피우수트스키* 등은 누구인가? 파시스트 사회민주주의자들이다. 그들은 10년 전부터 그랬는가? 아니다. 물론 당시 그들은 잠재적 파시스트였지만, 그들이 파시스트가 된 것은 바로 혁명기 때였다. 이탈리아 사회민주주의는 무엇인가? 그것은 파시즘의 한 날개다. 투라티는** 파시스트 사회민주주의자다. 우리가 5년 전에도 그렇게 말할 수 있었을까? … 10년 전에 그들은 기회주의자였지만, 당시 우리가 그들을 파시스트 사회민주주의자라고 말할 수 있었을까? 아니다. 당시 그렇게 말했다면 터무니없었을 것이다. 그러나 이제 그들은 파시스트다. … 국제 사회민주주의는 이제 파시즘의 한 날개가 됐다.[2]

1924년 7월 코민테른 5차 대회는 지노비예프를 따라서 다음과 같이 선언했다.

> 부르주아 사회가 쇠퇴하면서 모든 부르주아 정당, 특히 사회민주주의 정

---

* 유제프 피우수트스키(1867~1935) 폴란드 사회당PPS의 지도자였다.

** 필리포 투라티(1857~1932) 이탈리아 사회당PSI의 지도자였다.

당들은 대체로 파시스트의 성격을 띠게 된다. … 파시즘과 사회민주주의는 대자본가 독재가 사용하는 똑같은 도구의 두 측면이다.[3]

1924년 9월 스탈린은 지노비예프의 말을 다음과 같이 바꿔 표현했다.

사회민주주의는 객관적으로 파시즘의 온건한 날개다. 부르주아지의 투쟁 조직이 사회민주주의의 적극적 지지 없이도 전투에서 결정적으로 승리하거나 국가를 통치할 수 있다고 생각할 근거는 전혀 없다. 마찬가지로 사회민주주의가 부르주아 투쟁 조직의 적극적 지지 없이도 전투에서 결정적으로 승리하거나 국가를 통치할 수 있다고 생각할 근거도 거의 없다. 이 조직들은 서로 상대방을 부정하지 않고 오히려 보완한다. 그들은 대립물이 아니라 쌍둥이다.[4]

1929년 7월 코민테른 집행위원회 10차 총회는 "강력한 사회민주주의 정당이 있는 나라들에서 파시즘은 사회파시즘이라는 독특한 형태를 띤다"고 선언했다.[5]

1930년에 독일 공산당 사무총장 에른스트 텔만은 다음과 같이 주장했다. "다른 모든 나라의 부르주아지와 마찬가지로 독일 부르주아지도 두 가지 방법, 즉 사회파시즘이라는 방법과 파시즘이라는 방법을 사용하려 한다." 그리고 최근의 독일 상황을 보면 "민족파시즘과 함께 사회파시즘도 점차 성장하고 있음을 알 수 있다."[6]

스탈린주의자들은 나치가 일대 약진을 한 뒤에도 똑같은 노선을 고수했다. 1930년 9월 14일 실시된 선거에서 나치가 650만 표를 얻었다(1928년에는 겨우 80만 표를 얻는 데 그쳤다). 제국의회에서 가장 작은 정당이었던 나치가 이제 둘째로 큰 정당이 된 것이다. 이 불길

한 사태에 공산당은 어떻게 대응했는가?

공산당은 그것을 결코 중요한 상황 변화로 여기지 않고 "부르주아 계급 세력들의 재편"에 불과하다고 봤다. [역사가] 율리우스 브라운탈은 다음과 같이 설명한다.

> 그들에게 중요한 것은 공산당이 125만 표를 더 얻는 데 성공한 반면 사민당은 50만 표 이상을 잃었다는 사실뿐이었다. 그래서 공산당을 지배한 3인방 중 한 명인 헤르만 레멜레는 선거 결과에서 "9월 선거의 유일한 승자는 공산당"이라는 약간 놀라운 결론을 끌어냈다.[7]

선거 하루 뒤인 9월 15일 공산당 기관지 〈로테 파네〉(붉은 깃발)는 다음과 같이 주장했다.

> 히틀러가 선거에서 거둔 성과에는 훗날 패배의 씨앗이 들어 있다. 9월 14일은 독일 국가사회주의 운동의 절정이었다. 앞으로는 오직 패배와 쇠퇴만이 있을 것이다. … 어젯밤이 히틀러 씨에게는 최고의 순간이었고, 그들의 이른바 선거 승리는 종말의 시작이다.[8]

스탈린주의자들은 독일의 모든 정부가 파시즘이라고 판단했다. 따라서 텔만은 1930년 2월 11일 제국의회에서 연설할 때, 사민당 소속의 헤르만 뮐러가 이끄는 정부를 "사회파시스트 패거리"로 묘사하며 "파시즘의 지배는 이미 독일에서 확립됐습니다" 하고 말했다.[9]

나치즘의 성장에 대한 공산당 지도자들의 자기만족은 놀라울 정도였다. 1931년 10월 14일 공산당의 최고 지도자 3인 중 한 명인 레멜레는 제국의회에서 다음과 같이 단언했다.

브뤼닝 씨[당시 독일 총리]가 매우 분명하게 말했듯이, 일단 그들(파시스트들)이 집권하면 프롤레타리아의 공동전선이 수립될 것이고 그 공동전선은 모든 것을 말끔히 정리할 것입니다.(공산주의자들의 폭풍 같은 박수) … 미래의 승자는 우리입니다. 그리고 문제는 누가 누구를 완파할 것인지가 더는 아닙니다. 이 문제는 이미 해결됐습니다.(공산주의자들의 박수) 이제 문제는 '우리가 어느 순간에 부르주아지를 전복해야 하는가?' 하는 것뿐입니다. … 우리는 파시스트 신사 양반들을 두려워하지 않습니다. 그들은 다른 어떤 정부보다 더 빨리 힘이 바닥날 것입니다.(공산주의자들이 "옳소!" 하고 외침)

공산당은 이 발언을 인쇄해 당원들에게 내려보내며 독일 전역에 배포하고 부착하라고 지시했다.[10]

1931년 11월 사민당 의원단 지도자인 루돌프 브라이트샤이트는 나치에 저항하기 위한 사민당과 공산당의 공동전선이 필요하다고 말했다. 그러나 텔만은 그 제안을 경멸하며 거부했다. 히틀러와 괴벨스의 정부보다는 브라운과 제버링의 정부가 더 낫다고 주장하는 사람들에게 텔만은 다음과 같이 말했다.

거짓말하는 사민당의 기만적 이데올로기가 혁명적 노동자들에게 미치는 이 영향력, 우리 대열 안에 남아 있는 사회민주주의 사상의 이런 유물이야말로 공산당이 직면한 가장 심각한 위험이라는 것은 단언컨대 [코민테른 집행위원회] 11차 총회의 결정 사항과 완전히 일치합니다. 이 위험이 얼마나 큰지는 무엇보다 사회파시즘의 최근 책략에서 분명히 드러났습니다. … 그래서 그들은 새로운 데마고기 책략을 꾀하고 있습니다. 공산당과 공동전선을 형성하겠다고 '위협하고' 있는 것입니다.[11]

트로츠키가 브라이트샤이트의 공동전선 주장을 지지하자 독일 공산당 언론은 그것을 "공산당과 사민당이 연합하라는 트로츠키의 파시스트적 제안"으로 묘사하며 "범죄적 발상"이라고 비난했다.

'제3기' [이론]의 논리는 또, 노동자들에게 사민당이 통제하는 노동조합을 탈퇴하고 혁명적 노동조합을 건설하도록 촉구하는 것이었다. 그 때문에 공산주의자들은 노동조합원 대중에게 영향을 미치지 못하게 돼 버렸다. 노동조합을 분열시키는 이 전술은 스탈린이 1928년 12월 19일 연설에서 주장한 내용과 잘 맞았는데, 스탈린의 주장인즉 공산주의자들은 개혁주의라는 세균에 감염되지 않은 미조직노동자들에게 역량을 집중해야 한다는 것이었다.[12] 1930년 말 [사민당이 주도한] 독일노총ADGB의 조합원 수는 거의 500만 명이었던 반면, 공산당이 주도한 혁명적노동조합반대파RGO는 15만 명도 채 안 됐다.

트로츠키와 '제3기'

트로츠키는 "코민테른의 오류 '제3기'"라는 글에서 독일을 직접 다루지는 않으면서도 제3기 문제를 다루며 공격의 포문을 열었다. 그 글은 〈뷸레텐 오포지치〉 1930년 1월 호 전체를 차지했다. 트로츠키는 '자본주의의 최후 종말'이라는 가설을 받아들이지 않았다. 그는 [자본주의] 체제의 쇠퇴가 직선적 과정이라는 생각, 경제 붕괴가 단일하고 끊임없는 과정이라는 생각, 혁명적 상황이 한없이 계속될 수 있다는 생각을 거부했다.

> 프롤레타리아의 정치적 분위기는 똑같이 한쪽을 향해 자동으로 바뀌지 않는다. 계급투쟁이 고양된 뒤에는 하강하고, 밀물 다음에는 썰물이 있

기 마련이다. 이런 부침은 물질적 조건과 이데올로기적 조건, 일국적 상황과 국제적 상황이 복잡하게 맞물리는 데 달려 있다. 대중[투쟁]의 분출은 제때 사용되지 않거나 잘못 사용되면 정반대로 바뀌어 결국 퇴조기가 찾아오고, 여기서 대중이 빠르게 또는 느리게 회복되려면 새로운 객관적 자극의 영향이 필요하다. 우리 시대의 특징은 유난히 급격한 주기적 변동, 유별나게 갑작스러운 상황 변화다. 따라서 지도부는 올바른 방향을 제시해야 할 남다른 의무가 있다.[13]

트로츠키가 보기에, 대중이 급진화했다거나 혁명의 물결이 고조되고 있다는 증거는 전혀 없었다. 당시의 파업 통계 수치는 스탈린과 몰로토프가 묘사한 혁명 물결의 고조와 거리가 멀었다. 즉, 독일의 파업 일수는 다음과 같았다.[14]

연도	파업 일수
1924	36,360,134
1925	17,113,886
1926	1,325,309
1927	6,043,698
1928	20,288,211
1929	4,489,870
1930	3,935,977
1931	2,001,976
1932	1,137,890

트로츠키는 "혁명의 물결이 끊임없이 고조되고 있다"는 예측, 거의 모든 파업에서 "내전의 요소들"이 나타나고 운동이 수세적 행동에서 공세적 행동과 무장봉기로 나아가고 있다는 주장이 노동계급을 잘

못 이끌어서 패배를 자초했다고 주장했다.

심각한 경제 불황 때문에 프롤레타리아는 급진화할 수밖에 없다고 결론짓는다면 그것은 중대한 오류일 것이[라고 트로츠키는 주장했]다.

> 문제는 착취 증대가 항상 프롤레타리아의 투쟁 정신을 고양시키지는 않는다는 점이다. 실업 증가와 함께 찾아온 쇠퇴 국면에서(특히 [투쟁이] 패배한 후에) 착취가 증대하면 대중은 급진화하는 것이 아니라 오히려 사기 저하되고 원자화하고 분열한다. 예컨대, 1926년 영국 총파업 직후의 탄광 상황이 바로 그랬다. 그런 일은 러시아에서도 1905년 혁명 패배와 1907년 경제 위기가 맞물리면서 훨씬 큰 규모로 일어났다.[15]

전쟁과 마찬가지로 계급투쟁에서도 공격과 방어는 완전히 분리될 수 없다. 가장 효과적인 공격은 흔히 성공적 방어에서 나온다. 불황기에 노동자들은 파시즘의 성장과 생활수준에 대한 공격에 맞서 자신을 방어해야 한다. 그런 노동자들에게 이제 방어할 시간은 지났고 공격에 나서야 한다고 말한다면 오히려 수동성과 패배를 낳을 수 있다.

> 대중을 혁명적 투쟁의 길로 나아가게 할 미래의 위기를 바탕으로 오늘 전면적 정치 파업이라는 구호를 내놓는 것은 오늘의 굶주림을 내일의 진수성찬으로 달래려는 것과 마찬가지다.[16]

코민테른 지도부가 사회민주주의 정당과 공동전선을 구축할 필요를 거부한 것은 범죄였다.

> 개혁주의자들이, 예컨대 파업을 이끌고 있다면 어떻게 그들과 실천적 동맹을 맺는 것을 거부할 수 있겠는가? 지금 그런 경우가 매우 적다면 그

이유는 파업 운동 자체가 아직 매우 취약해서 개혁주의자들이 무시하고 방해할 수 있기 때문이다. 그러나 대중이 투쟁에 참여하면 양측 모두 동맹을 피할 수 없게 될 것이다. 마찬가지로 파시즘에 반대하는 투쟁에서도 개혁주의자들, 즉 사회민주주의를 지지하는 대중뿐 아니라, 많은 경우에는 사회민주주의 지도자들이나 더 가능성 높게는 그 지도자들의 일부와 실천적 동맹을 맺는 것을 막을 수 없게 될 것이다.[17]

스탈린주의의 제3기 [이론]에 대한 트로츠키의 비판은 히틀러가 득세하던 기간 내내 계속되면서 점차 강도가 높아졌다.

1930년 3월 사민당 소속 총리 헤르만 뮐러는 물러날 수밖에 없었다. 사민당과 함께 연립정부를 구성하고 있던 정당들이 정부가 실업급여를 삭감해야 하는지 또는 얼마나 삭감해야 하는지를 두고 합의에 이르지 못했기 때문이다. 등록된 실업자만 얼추 600만 명이었고, 실제 실업자 수는 거의 800만 명이었다.[18] 육군 원수 출신의 공화국 대통령 힌덴부르크가 의회를 해산하고 하인리히 브뤼닝을 총리로 임명했다. 브뤼닝은 [의회에서 지지를 받지 못해 대통령의] 긴급명령권으로 통치하면서, 실업급여를 삭감하고 공무원을 해고하고 임금과 봉급을 깎았을 뿐 아니라 세금을 올려 소규모 자영업자들을 짓밟았다. 그 덕분에 (앞서 말했듯이) 1930년 9월 14일 선거에서 나치가 650만 표나 얻으며 대성공을 거둘 수 있었다.

이 중대한 선거가 실시되기 6개월 전인 1930년 3월에 이미 트로츠키는 소련 공산당에 공개서한을 보내 유럽 전체, 특히 독일에서 파시즘의 위협이 심각하다고 경고했다. 그러면서 파시즘에 맞서 싸우기 위한 공산당과 사회민주주의 정당의 공동전선이 필요하다고 강조했다.[19]

9월 선거 결과가 알려지자마자 트로츠키는 《공산주의인터내셔널의 [전술] 전환과 독일 상황》(1930년 9월 26일)이라는 특별 소책자를 썼다. 그는 '제3기' [노선]을 "후퇴의 시기에 쿠데타를 감행하는 정책"으로 묘사하면서, "계급투쟁의 실제 상태에 바탕을 둔 혁명적 정책이 아니라 불장난 정책"이라고 비판했다.

> 코민테른의 공식 언론은 지금 독일 선거 결과를 공산주의의 엄청난 승리로 묘사하고 있고, 따라서 소비에트 독일이라는 구호가 일정에 올랐다고 주장한다.
>
> [그러나] 유감스럽게도,
>
> 관료적 낙관론자들은 선거 통계에서 드러난 세력 관계의 의미를 고찰하려 하지 않는다.[20]
> 진정한 혁명적 정당의 첫째 특징은 현실을 직시할 수 있다는 점이다.[21]

코민테른이 확인했다고 주장한 이른바 '대중의 급진화'는 혁명의 동원이 아니라 반혁명의 동원이었다. 나치즘의 거대한 분출은, 엄청난 사회적 위기가 프티부르주아지를 강타했지만 정작 프롤레타리아는 그들을 끌어당기지 못한 탓이었다. 나치즘은 프티부르주아지의 반혁명적 절망이 표현된 것이었다.

> 국가사회주의의 엄청난 성장은 두 요인이 표현된 것이다. 하나는 심각한 사회적 위기가 프티부르주아 대중을 휘청거리게 만들었다는 것이고, 다른 하나는 오늘날 대중이 공인된 혁명적 지도자로 여길 만한 혁명적 정당이 없다는 것이다. 공산당이 **혁명적 희망의 정당**이라면, 하나의 대중운동으로서 파시즘은 **반혁명적 절망의 정당**이다. 혁명적 희망이 프롤레타

리아 대중 전체를 사로잡을 때, 필연적으로 프롤레타리아는 프티부르주아지를 점점 더 많이 이끌고 혁명의 길로 나아간다. 그런데 이번 선거는 정반대 모습을 보여 줬다. 반혁명적 절망이 프티부르주아 대중을 강력하게 사로잡았고, 오히려 이들이 프롤레타리아의 많은 부분을 이끌었다.[22] **독일에서 파시즘은 진정한 위험이 됐다.** 그것은 부르주아 체제의 무기력한 처지, 이 체제에서 사회민주당이 하는 보수적 구실, 이 체제를 폐지하지 못하면서 누적된 공산당의 무능력을 날카롭게 보여 준다. 이 사실을 부인하는 사람은 누구든지 장님 아니면 허풍쟁이다.[23]

나치를 제거하기 위해 가장 필요한 것은 공산당과 사민당의 공동전선 정책이었다.

문제를 이렇게 제기해 보자. 당면한 시기에 독일 공산당의 전술은 **방어** 노선을 따라야 하는가 **공격** 노선을 따라야 하는가? 우리의 대답은 방어 노선이다. …
방어 태세를 갖춘다는 것은 곧 독일 노동계급 다수와 더 굳게 단결하고 파시즘의 위협에 맞서 사민당 노동자들이나 무당파 노동자들과 공동전선을 형성하는 정책을 추진한다는 것이다. …
공산당은 노동계급이 독일 국가에서 쟁취한 물질적·도덕적 진지들을 방어할 것을 촉구해야 한다. 이것은 노동자들의 정치조직, 노동조합, 신문, 인쇄소, 클럽, 도서관 등의 운명과 직결된다. 공산주의 노동자들은 사회민주주의 노동자들에게 다음과 같이 말해야 한다. "공산당과 사민당의 정책은 화해할 수 없이 대립한다. 그러나 파시스트들이 오늘 밤 여러분의 조직 본부를 파괴하려고 쳐들어온다면 우리는 손에 무기를 들고 달려가서 여러분을 도와줄 것이다. 우리 조직이 위협받는다면 여러분도 우리를 도와주러 달려오겠다고 약속할 텐가?" 이것이 현 시기 우리

정책의 핵심이다. 모든 선동은 이 핵심을 겨냥해야 한다.[24]

'붉은 주민투표'

나치는 브뤼닝을 총리직에서 제거할 수 없게 되자 사민당의 오토 브라운과 카를 제버링이 이끄는 프로이센주 연립정부에 눈독을 들였다. 프로이센 주의회 선거가 새로 실시되면 주정부와 경찰력을 접수할 수 있을 거라고 생각한 나치는 우파 민족주의자들을 규합하고 바이마르헌법 조항을 이용해서 연립정부 축출을 위한 주민투표 운동을 시작했다. 사민당은 1920년부터 1932년까지 거의 줄곧 프로이센 주정부를 운영했는데, 베를린도 포함된 프로이센주에는 당시 독일 인구의 3분의 2가 살고 있었다.

처음에 공산당은 이 '사기극'에 참여하기를 거부했다. 오히려 "파시즘을 분명하게 공격하는 태세"를 취하고 나치의 장난에 놀아나지 않으려 했다.[25] [1931년] 7월 중순까지도 독일 공산당 중앙위원회의 다수는 공산당이 나치와 함께 주민투표 운동에 참여해서 사민당을 공격해야 한다는 주장을 거부했다. 그러나 코민테른 집행위원회와 스탈린에게 직접 압력을 받은 독일 공산당은 7월 22일 반反사민당 전선에 가담했다. 그러면서 이제 나치의 주민투표 운동이 '붉은 주민투표'로 바뀔 것이라고 큰소리쳤다.[26]

코민테른 간사인 O A 퍄트니츠키는 다음과 같이 설명했다.

> 여러분도 아시다시피 … [독일 공산]당 지도부는 프로이센 주의회 해산을 요구하는 주민투표 운동에 동참하는 것을 반대했습니다. 당 신문들은 주민투표 참여에 반대하는 사설을 실었습니다. 그러나 독일 공산당 중

앙위원회가 코민테른과 의논한 끝에 주민투표 운동에 적극 참여할 필요가 있다는 결론을 내리게 되자, 독일 동지들은 단 며칠 만에 당 전체를 일깨웠습니다. 소련 공산당을 제외하면, 어떤 정당도 결코 그런 일을 해낼 수 없었을 것입니다.[27]

코민테른의 노선 전환 뒤에 〈로테 파네〉는 독일 공산당의 모든 모임에서 주민투표 운동 참여 방침이 '만장일치로' 채택됐다고 보도했다.

주민투표 결과(총유권자 2640만 명 가운데 주의회 해산에 찬성한 사람은 980만 명이었다)를 두고 공산당은 자신들의 승리라고 주장했다. 비록 [찬성자들이] 잘못된 구호에 이끌렸다 해도 '찬성표'를 던진 그 사람들 덕분에 공산당의 혁명적 전선이 객관적으로 강력해졌다는 것이었다. 〈프라우다〉는 "투표 결과는 … 노동계급이 사민당에 사상 최대의 타격을 가했다는 것을 보여 준다"고 주장했다.[28]

그러나 노동자들의 본능은 스탈린주의 지도부의 본능보다 더 나았다.

공산당 평당원들은 당이 막판에 [주민투표를 — 지은이] 지지하기로 결정하자 혼란을 느껴서 운동에 적극 참가하지 않았다. 베를린에서 공산당이 투표소로 데려온 지지자들은 그 전의 제국의회 선거 때 동원한 수에 못 미쳤다.[29]

트로츠키는 공산당의 '붉은 주민투표' 정책을 가차 없이 비판했다.

스탈린주의 관료 집단은 사민당에 반대해서 국가사회주의자들과 공동전선을 구축하는 데 혁명적 노동자들을 끌어들였다.[30]

주민투표 문제에 관한 독일 공산당 지도부의 정책은 특별히 범죄적 성격을 띠고 있다. 아무리 미쳐 날뛰는 적이라도, 사민당 노동자들이 공산당에 반대하도록 부추기고 혁명적 공동전선 정책의 발전을 가로막는 방법을 [공산당 지도부보다] 확실히 생각해 낼 수는 없었을 것이다.[31]

3년 동안 트로츠키는 독일 공산당원들과 노동자들에게 그들이 직면한 파시즘의 끔찍한 위험을 경고하고 파시즘을 막을 수 있는 방법을 알려 주고자 모든 열정과 지적 능력을 쏟아부으며 분투했다.

1931년 11월 26일 트로츠키는 《독일, 국제 정세의 열쇠》라는 소책자를 썼는데, 거기서 다음과 같이 주장했다.

> 앞으로 몇 년 동안 독일 자체의 운명뿐 아니라(그것만으로도 이미 중대 사안이지만) 유럽의 운명과 전 세계의 운명도, 지금 독일에서 발전하고 있는 위기가 어느 방향[혁명적 상황 또는 반혁명적 상황]으로 해결되는지에 달려 있다. …
>
> 국가사회주의자들이 집권하면 무엇보다 독일 프롤레타리아의 꽃은 뿌리째 뽑힐 것이고 그 조직들은 파괴될 것이고 프롤레타리아 자신의 힘과 미래에 대한 믿음도 끝장날 것이다. 독일의 사회적 모순이 [이탈리아보다] 훨씬 더 심각하고 첨예하다는 점을 감안할 때, 독일 국가사회주의자들이 저지를 끔찍한 짓과 비교하면 이탈리아 파시즘의 흉악한 소행조차 십중팔구 빛이 바랠 것이고 거의 인도주의적인 실험처럼 보일 것이다. … 누가 독일의 주인이 될 것인가 하는 문제가 곧 해결되려고 하는 바로 이 순간에 파시즘 앞에서 후퇴하는 것은, 10차례의 노동자 봉기가 잇따라 패배하는 것보다 더 독일 노동계급을 허약하고 무기력하게 만들 것이다. …
>
> 세계정세의 열쇠는 독일에 있다.[32]

트로츠키는 상황이 결코 절망적이지는 않다고 곧바로 덧붙였다. 나치를 여전히 저지할 수 있다는 것이었다.

> 파시즘의 주된 강점은 그들의 머릿수다. 그렇다, 그들은 많은 표를 얻었다. 그러나 사회적 투쟁에서 득표수는 결정적 요인이 아니다. 파시즘의 주요 부대는 여전히 프티부르주아지와 신중간계급으로 이뤄져 있다. 즉 도시의 소규모 수공업자와 상점 주인, 하급 관리, 종업원, 기술자, 지식인, 가난한 농민 등이다. 선거 통계라는 저울에서는 파시스트들의 1000표와 공산당원들의 1000표는 무게가 똑같다. 그러나 혁명적 투쟁의 저울에서는 한 대공장의 노동자 1000명이 하급 관리, 점원, 그들의 부인과 장모 등을 합친 1000명보다 100배나 더 큰 힘을 발휘한다. 파시스트들의 대다수는 인간 먼지다. …
> 지금 국가사회주의자들의 힘은 그들 자신의 부대에서 나오는 것이 아니라 그들의 철천지원수인 [노동계급] 부대의 내부 분열에서 나온다.[33]

공산당은 혼자 힘으로 나치를 물리칠 수 없었다. 공산당 지지자 수가 나치 지지자 수의 절반에 불과한 탓도 있었지만 공장 내의 공산당 기반이 실로 매우 취약한 탓도 있었다. 1931년 말에 독일 공산당원의 78퍼센트는 실업자였고 1932년 4월에 그 비율은 85퍼센트까지 올라갔다.[34] 사민당이 공장 프롤레타리아를 지배했다. 1930년에 공장위원(영국의 현장위원shop steward과 얼추 비슷하다)의 89.9퍼센트는 사민당원이었다.[35] 트로츠키가 다음과 같이 말한 것은 절대로 옳았다.

> 당연히 실업자들은 강력한 혁명적 요인이고, 특히 독일에서는 더 그렇습니다. 그러나 독립적 프롤레타리아 군대가 아니라 그런 군대의 왼쪽 날

개를 형성한다는 점에서 그렇습니다. 노동자들의 중핵은 항상 공장에 있습니다.[36]

트로츠키는 《독일, 국제 정세의 열쇠》를 쓴 지 사흘 뒤에 "반파시즘 노동자 공동전선을 위하여"를 써서 독일 노동자들에게 다시 한번 강력한 호소와 경고를 보냈다.

지금 독일은 중대한 역사적 순간을 통과하고 있다. 이 순간이 앞으로 수십 년간 독일 국민의 운명, 유럽의 운명, 그리고 상당한 정도로 인류 전체의 운명을 좌우할 것이다. 피라미드 꼭대기에 놓인 공은 조금만 충격을 받아도 왼쪽이나 오른쪽으로 굴러떨어질 수 있다. 오늘날 독일의 상황이 시시각각 그와 비슷해지고 있다. 공이 오른쪽으로 굴러떨어져서 노동계급의 등뼈를 부러뜨리기를 바라는 세력들이 있다. 공이 계속 꼭대기에 남아 있기를 바라는 세력들도 있다. 그러나 이것은 망상이다. 공이 피라미드 꼭대기에 계속 남아 있을 수는 없기 때문이다. 공산주의자들은 공이 왼쪽으로 굴러떨어지면서 자본주의의 등뼈를 부러뜨리기를 바란다. 그러나 단지 바라는 것만으로는 충분하지 않다. 어떻게 해야 그럴 수 있는지 그 방법도 알아야 한다. 파시스트들은 매우 빠르게 성장하고 있다. 공산주의자들도 성장하고 있지만 속도가 훨씬 느리다. 양극단의 성장이 보여 주는 바는 공이 피라미드 꼭대기에 그대로 남아 있을 수는 없다는 것이다. 파시스트들의 급성장은 공이 오른쪽으로 굴러떨어질 수 있는 위험을 나타낸다. 바로 여기에 엄청난 위험이 놓여 있다.[37]
파시즘에 반대하는 현실적 투쟁이라는 목적에 따라 … 지체 없이 실천적 조치들을 체계적으로 다듬어야 한다. 공장 방어 조직의 문제와 공장평의회의 자유로운 활동이라는 문제, 노동자 조직과 기구의 불가침성, 파시스트들이 장악할 법한 무기고의 문제, 비상사태 때 취할 조치, 즉 투쟁에서 공산당과 사민당의 행동을 조정하는 문제 등등을 이 강령에서 다뤄야 한다.

파시즘에 반대하는 투쟁에서 공장 평의회는 엄청나게 중요하다. 특히 여기서는 정확한 행동 강령이 필요하다. 모든 공장은 자체의 지휘관과 부대를 갖춘 반파시즘 요새가 돼야 한다. 모든 도시와 모든 지구에는 파시스트 막사와 진지 등의 위치가 표시된 지도가 있어야 한다. 파시스트들은 혁명 세력의 진지를 포위하려 한다. [그러나] 포위하려는 자들이 포위당해야 한다.[38]

'사회파시즘' 이론을 채택한 스탈린주의자들은 반파시즘 공동전선을 방해하려고 뭐든지 다 했다. 그와 동시에 사민당 지도부가 당 지지자들에 대한 영향력을 강화할 수 있게 도와주기도 했다.

코민테른은 자본의 민주적 하인들과 자본의 파시스트 경호원들을 동일시하는 바람에, 사회민주주의 정당에 가장 크게 기여한 셈이 됐다. 파시즘이 힘을 과시하고 있는 나라들에서, 즉 처음에는 이탈리아, 그다음에는 오스트리아와 독일에서 사회민주주의 정당은 자신과 파시즘이 서로 다를 뿐 아니라 적대적이기도 하다는 것을 대중에게 보여 주는 데 거의 어려움이 없었다. 마찬가지로, 사회민주주의 정당은 자신이 자본의 민주적 하인이 아니라는 점을 입증할 책임도 교묘하게 회피하고 있다. 그래서 모든 정치적 투쟁이 거짓된 차원으로 바뀌어 사회민주주의 정당에 막대한 혜택을 주고 있다.[39]

그리고 트로츠키는 다음과 같이 다급한 호소로 글을 끝맺었다.

공산주의 노동자 여러분, 여러분은 수십만, 수백만 명이나 됩니다. 여러분이 떠날 곳은 없습니다. 여러분이 모두 받을 수 있을 만큼 여권은 충분하지 않습니다. 파시스트들이 집권하면 무시무시한 탱크처럼 여러분의 머리뼈와 등뼈를 짓이길 것입니다. 가차 없는 투쟁만이 여러분의 살길입니다. 그리고 사민당 노동자들과 단결해서 투쟁할 때만 여러분은 승리할 수 있습니다. 서둘러야 합니다, 공산주의 노동자 여러분. 시간이 별로 없습니다.[40]

사민당과의 공동전선은 지도자들 간의 외교적 게임이 돼서는 안 된다. 공산주의자들은 사민당의 본질이 개혁주의적이라는 점을, 따라서 파시즘에 맞선 사민당의 저항은 성의가 없을 것이라는 사실을 결코 잊어서는 안 된다. 공산당과 사민당의 근본적 차이가 결코 흐려져서는 안 된다.

공산당은 비록 잘못 이끌리고 있지만 프롤레타리아의 정당이고 반反부르주아 정당이다. 반면에 사민당은 비록 노동자들로 구성돼 있지만 완전히 부르주아 정당이다. 그래서 '정상적 상황'에서는 부르주아지의 목표라는 관점에 따라 매우 능숙하게 운영되지만, 사회적 위기 상황에서는 아무짝에도 쓸모없게 된다.[41]

사민당 지도자들은 나치에 맞서 진짜로 투쟁하기를 원하지 않는다는 사실을 결코 잊어서는 안 된다. 그들이 투쟁에 나서도록 강제해야만 한다.

사민당 지도자들은 투쟁하기를 원하지 않는다. 그들은 힌덴부르크가 자신들을 히틀러한테서 구해 줄 것이라는 희망을 품고 있었다. 이제 그들은 뭔가 다른 기적이 일어나기를 기다리고 있다. 그들은 투쟁하기를 원하지 않는다. 그들은 투쟁하는 습관을 오래전에 잃어버렸다. 그들은 투쟁을 겁낸다. …
사민당 언론을 아무리 뒤져 봐도 투쟁을 위해 진짜로 준비하고 있음을 보여 주는 글은 한 줄도 찾을 수 없다. 단 하나도 없다. 그나마 있는 것이라고는 일반적 문구, 미래로 무한정 미루기, 모호한 위안뿐이다. "나치가 문제를 일으키기만 해 봐라. 그러면 … " 그리고 나치는 실제로 문제를 일으켰다. 그들은 한 걸음씩 전진했고, 진지를 하나씩 조용히 점령했다.[42]

공산당은 공동전선에 참여하더라도 정치적 독립성을 결코 포기해서는 안 되고 사민당에 대한 비판을 멈춰서도 안 된다. 공산당은 양날의 정책을 실행해야 한다. 첫째, 나치에 맞선 투쟁에서 성공을 거둬야 하고 둘째, 노동자들을 사민당에서 떼어 내야 한다. 사민당은 나치에 맞서 일관되게 투쟁할 수 없기 때문이다. 공산당은 사민당과 따로따로 행진하되 함께 공격해야 한다.

[공산당은] 사민당이나 독일 노동조합 지도자들과 공통 강령, 공통 출판물·깃발·현수막을 만들어서는 결코 안 된다! 행진은 따로 하되 공격은 함께 하라! 어떻게 공격할 것인지, 누구를 공격할 것인지, 언제 공격할 것인지만 합의하라! 그런 협정은 심지어 악마 자신이나 악마의 할머니와도 맺을 수 있고, 노스케나* 그르체진스키[사민당 소속 베를린 경찰서장 — 지은이]와도 맺을 수 있다. 단, 조건이 하나 있다. 우리의 손발을 묶지 않아야 한다는 것이다.[43]

---

* 구스타프 노스케(1868~1946) 독일 사민당 정치인이자 1919~1920년에는 바이마르공화국의 국방부 장관이었다. 1919년 1월 봉기를 잔인하게 진압한 것으로 유명하다.

공산당은 일시적 동맹 상대인 사민당에 결코 틈을 보여서는 안 된다.

> 심지어 독일에서도 우리는 공동전선 물신주의에 빠지는 것을 조금도 옹호하지 않는다. 협정은 협정이다. 그것은 협정을 체결한 실천적 목적에 기여하는 한에서 유효하다. 공산주의자들은 항상 다음과 같이 스스로 물어야 한다. 이제 협정을 파기하고 대중을 우리 깃발 아래로 더 끌어당겨야 하는 때가 아닐까?[44]

독일 공산당 지도부는 "먼저 사회파시즘을 이기지 못하면 파시즘을 격파할 수 없다"는 주장을 되풀이했다. 트로츠키는 역사 발전의 사슬에서 연결 고리의 순서는 그와 정반대라고 거듭거듭 주장했다. 공산주의가 사회민주주의에 승리한 다음에 파시즘에 승리하는 것이 아니라 그 반대라는 것이었다. 공산주의자들은 파시즘에 맞서 투쟁하는 과정에서 사회민주주의자들보다 영향력이 커질 터였다. 프롤레타리아 혁명은 나치즘에 맞선 저항이 성공하는 과정에서만 발전할 수 있었다.

> 파시즘이 성장하게 만든 주된 정치적 책임은 물론 사민당에 있다. 제국주의 전쟁 이래로 사민당의 노력은 프롤레타리아의 의식에서 독자적 정책이라는 사상을 뿌리 뽑고, 노동계급 안에 '자본주의는 영원하다'는 믿음을 심어 주고, 쇠퇴하는 부르주아지 앞에 프롤레타리아가 계속 무릎을 꿇도록 강요하는 것뿐이었다. 프티부르주아지는 노동자들을 보며 새로운 주인답다고 여길 때만 노동자들을 따를 수 있다. 그러나 사민당은 노동자들에게 하인이 되라고 가르친다. 프티부르주아지는 하인을 따르지 않을 것이다. 개혁주의 정책은 프롤레타리아가 서민적 프티부르주아

대중을 이끌 가능성을 빼앗아 버림으로써, 그 프티부르주아 대중을 파시즘의 총알받이로 만들어 버린다.[45]

나치즘의 위협에 직면하자 사민당은 독일 국가와 경찰에 의지해서 민주주의를 방어하려 했다.

실제 위험이 닥치면 사민당은 … 프로이센주 경찰에 의지한다. 그들은 오판하고 있다! 경찰의 다수가 원래 사민당을 지지하던 노동자들 사이에서 모집됐다는 사실은 완전히 무의미하다. 이 경우에도 의식을 결정하는 것은 환경이다. 자본주의 국가에 봉사하는 경찰이 된 노동자는 노동자가 아니라 부르주아 경찰관이다. 요즘 이 경찰관들은 나치 학생들보다 혁명적 노동자들과 훨씬 많이 싸워야 했다. 그런 훈련은 반드시 그 영향을 남기기 마련이다. 그리고 무엇보다도 모든 경찰은 정부가 바뀌어도 경찰은 그대로 남게 된다는 사실을 알고 있다.

사민당 지도자들은 다음과 같이 주장했다.

히틀러는 … 경찰과 군대에 맞서서는 결코 집권할 수 없다. 그런데 헌법에 따르면, 군대는 공화국 대통령의 지휘를 받게 돼 있다. 여기서 나오는 결론은 그러므로 헌법에 충실한 대통령이 정부 수반으로 남아 있는 한 파시즘은 위험하지 않다는 것이다. 대통령 선거 때까지는 브뤼닝 정권을 지지해야 한다. 그러면 의회 내 부르주아지와의 동맹을 통해 헌법에 충실한 대통령이 선출될 수 있고, 히틀러의 집권은 향후 7년 동안 봉쇄될 것이다. … 토대 자체가 흔들리고 있는 현재의 독일에서 어느 계급이 집권할 것인가 하는 문제는 독일 프롤레타리아의 투쟁 능력에 달려 있지 않고, 파시즘의 돌격대한테 달려 있지도 않으며, 심지어 군부에 달려 있지도 않고, 바이마르헌법의 순수한 정신이 (장뇌와 나프탈렌의 필요량과 함께) 대통령궁에 자리 잡을 수 있는지에 달려 있다는 것이 수백만 대중을 (사회주의로!) 이끌고 있다는 대중정당의 주장이다.[46]

트로츠키는 사민당 지도자들의 배신적이고 비겁한 성격에도 불구하고 파시즘에 맞서 싸우려면 공산당과 사민당의 공동전선이 필요하다는 점을 알고 있었다. 이것이 필요하고 가능한 이유는 사민당의 존재가 나치의 집권과 양립할 수 없기 때문이었다.

파시즘은 그저 보복, 인정사정없는 폭력, 경찰 테러의 체제가 아니다. 파시즘은 부르주아 사회 안의 프롤레타리아 민주주의 요소들을 모조리 뿌리 뽑은 바탕 위에 수립되는 독특한 지배 체제다. [파시즘의 임무는 공산주의의 전위를 파괴하는 것만이 아니다. 노동계급 전체를 강제로 원자화시키는 것도 있다.] 이 목적을 이루려면 … 파시즘은 … 독립적이고 자발적인 조직을 모두 분쇄해야 하고, 프롤레타리아의 방어 요새를 모두 파괴해야 하며, 사민당과 노동조합들이 지난 75년 동안 이룩한 성과를 모두 뿌리 뽑아야 한다.[47]

노동자 대중조직들이 없는 사민당은 아무 영향력도 없다. 파시즘은 노동자 조직들을 전멸시키지 않으면 자기 권력을 확고하게 만들 수 없다. 의회는 사민당의 주요 활동 무대다. 파시즘 체제는 의회가 무너진 바탕 위에 수립된다. 독점 부르주아지에게 의회 체제와 파시즘 체제는 다른 지배 수단일 뿐이다. 그들은 역사적 상황에 따라 둘 중 하나에 의지한다. 그러나 사민당과 파시스트들에게는 어느 수단을 선택할지가 그 자체로 중요하다. 아니 그 이상이다. 왜냐하면 그들에게 그것은 정치적 삶과 죽음의 문제이기 때문이다.[48]

서로 생사가 걸린 사민당과 파시스트들의 갈등 때문에, 공산당이 사민당에 반反나치 공동 행동을 촉구하는 것은 가능하고 또 필요했다. 사민당을 최대한 압박해서 행동에 나서게 하는 것이 공산당의 의무였다.

공산당과 사민당의 공동전선이 필요하다는 것은 두 당이 가깝기 때문도 아니고 사민당의 반파시즘 투쟁이 믿을 만하고 일관되기 때문도 아니었다.

여기서 트로츠키는 볼셰비키의 공동전선 경험을 인용한다. 1917년 8월 볼셰비키는 자신의 적인 멘셰비키, 사회혁명당, 케렌스키와 손잡고 공통의 적인 코르닐로프 장군의 쿠데타를 물리쳤다. 그때 볼셰비키는 나중에 히틀러의 위협에 직면한 독일 공산당 지도자들처럼 행동하는 것은 꿈도 꾸지 않았다. 볼셰비키도 [당시에는]

> 다음과 같이 말할 권리가 있었다. "코르닐로프 일당을 물리치려면 … 먼저 케렌스키 일당부터 물리쳐야 한다." 그들은 몇 번이고 이렇게 말했다. 왜냐하면 그 뒤의 모든 선전에 [이용할 수 있는] 올바르고 필요한 말이었기 때문이다. 그러나 이 말은 8월 26일 이후 코르닐로프에 맞서 저항할 때는 그리고 코르닐로프가 페트로그라드 노동자들을 도살하지 못하게 막는 데는 완전히 부적절했다. 볼셰비키가 노동자들과 병사들에게 타협주의자들과 결별하고 볼셰비키의 붉은 공동전선을 지지하라는 일반적 호소를 하는 데 만족하지 않은 것은 바로 그 때문이었다. 오히려 볼셰비키는 멘셰비키와 사회혁명당에 공동전선 투쟁을 제안했고 그들과 함께 공동 투쟁 조직을 만들었다. 이것은 옳았는가 틀렸는가? 텔만은 대답하라. 당시 상황이 얼마나 공동전선과 부합했는지를 훨씬 더 생생하게 보여 주고자 다음 사건을 인용하겠다. 그때 나는 노동조합들이 보석금을 대신 내준 덕분에 석방되자마자 곧장 국방위원회로 갔다. 거기서, 나를

감옥에 가둔 케렌스키의 동맹자들인 멘셰비키의 단과 사회혁명당의 고츠와 함께 코르닐로프 반대 투쟁을 논의하고 필요한 결정들을 내렸다. 이것은 옳았는가 틀렸는가?[49]

트로츠키는 다음과 같은 이야기로 끝맺었다.

어느 소 장수가 황소 몇 마리를 도살장으로 끌고 갔다. 도살업자가 날카로운 칼을 들고 다가오자 황소 한 마리가 "우리 모두 똘똘 뭉쳐 이 망나니를 뿔로 받아 버리자" 하고 제안했다.
그러자 마누일스키의 대학[코민테른]에서 정치교육을 받은 황소들이 다음과 같이 대꾸했다. "세상에, 곤봉을 들고 우리를 여기까지 끌고 온 소 장수보다 도살업자가 도대체 어떤 면에서 더 나쁘다는 거지?"
[처음에 제안했던 황소는] "소 장수는 우리가 나중에도 처치할 수 있을 거야" 하고 말했다.
그러나 원칙이 확고한 황소들은 조언한 황소에게 이렇게 대답했다. "어림없는 소리. 너는 우리의 적들을 왼쪽에서 방어하려 하고 있어. 너야말로 사회 도살업자야."
결국 황소들은 똘똘 뭉치기를 거부했다.
— 이솝 우화에서[50]

국가사회주의란 무엇인가?

트로츠키의 국가사회주의 분석은 탁월하고 독창적이었다. 아이작 도이처의 표현을 빌리면, "대체로 나치즘에 관한 트로츠키의 견해는 신선하고 독창적이었다. 그것은 마르크스주의 문헌에서 발견할 수 있는 국가사회주의(나 파시즘 전체)에 대한 분석 가운데 유일하게 일관되고 현실적인 분석으로 여전히 남아 있다."[51]

그의 견해를 요약해 보자.

트로츠키의 견해에서 핵심은 국가사회주의를 "반혁명적 절망의 정당"으로 묘사한 것이다. 국가사회주의는 포퓰리즘적 반혁명 운동이다. 전통적 반동은 위에서, 즉 사회적 피라미드의 꼭대기에서 아래로 작용하는 반면, 국가사회주의는 아래로부터의 반혁명이었다.

> 자본주의는 파시즘이라는 대리인을 통해, 미쳐 날뛰는 프티부르주아 대중과 탈계급화하고 사기 저하한 룸펜프롤레타리아 무리가 활개 치도록 만든다. 그들은 모두 금융자본 때문에 절망과 광란에 빠진 무수한 인간 군상이다.[52]
>
> 파시즘은, 프롤레타리아의 바로 위에 있으면서 프롤레타리아 대열로 전락할까 봐 늘 두려워하는 계급들이 들고일어나게 만든다.[53]
>
> 전쟁, 패배, 배상금, 인플레이션, [프랑스의] 루르 점령, 경제 위기, 궁핍, 절망으로 뜨겁게 달아오른 분위기에서 프티부르주아지는 자신들을 속이고 혼란에 빠뜨린 낡은 정당들 전체에 맞서 들고일어났다. 소小소유자들은 항상 파산 위험에 시달렸고, 그들의 대학생 아들은 일자리와 고객이 없었고, 그들의 딸은 지참금도 구혼자도 없었다. 이들의 날카로운 불만은 질서와 압제를 요구했다.[54]

몰락한 프티부르주아지는 자신이 극심한 고통을 겪는 것은 사민당이 오랫동안 이끌어 온 바이마르공화국 탓이라고 생각했다. 미쳐 날뛰는 프티부르주아지를 단결시킨 것은 프롤레타리아에 대한 증오심이었다. 히틀러의 정치적 기예는 프롤레타리아에 대한 공통의 적대감으로 프티부르주아지를 하나로 단결시키는 데 있었다. 상황을 개선하려면 무엇을 해야 하는가? 먼저, 아랫것들을 목 졸라 죽여라. 대자본 앞에서 무력한 프티부르주아지는 노동자들을 파멸시켜서 미래에 자신의 사회적 존엄성을 되찾기를 바란다.[55]

나치 운동을 창조하고 형성하는 데서 히틀러의 개성은 어떤 구실을 했는가? 그는 광란에 빠진 프티부르주아지의 화신이었다.

히틀러의 개성을 둘러싼 논란은 그의 성공 비결을 그 자신에게서 찾으려 할수록 더 첨예해진다. 한편, 다른 정치적 인물이 히틀러만큼 무명無名의 역사적 세력들에게 초점이 된 경우도 찾기 어려울 것이다. 분노한 프티부르주아지가 모두 히틀러가 될 수 있는 것은 아니지만, 히틀러라는 입자는 모든 분노한 프티부르주아지 안에 있다.[56]

고립돼 있고 무력한 프티부르주아지는 자신들의 사회적 처지를 분하게 여겼다. 그들은 대부르주아지를 올려다보며 부러워하면서도 증오했고, 프롤레타리아를 내려다보며 증오하면서도 부러워했다. 프롤레타리아는 정치조직과 노동조합을 만들 능력이라도 있었다. 이 미쳐 날뛰는 프티부르주아지의 눈에는 대기업과 유대인 금융자본, 의회민주주의, 사민당 정부, 공산주의, 마르크스주의 등이 모두 합쳐져서 하나의 적으로 보였다. 소기업인은 대기업을 보면서는 분노의 표시로 주먹을 흔들고 사회주의자를 자처했다. 그리고 노동자들 앞에서는 계급투쟁에 반대한다고, 마르크스주의의 국제주의를 혐오한다고, 국수주의를 지지한다고 고함쳤다.

모든 진보가 프티부르주아지의 기반을 약화시켰다. 따라서 진보는 타도돼야 했다.

> 프티부르주아지는 발전이라는 사상에 적대적이다. 왜냐하면 발전은 항상 프티부르주아지에게 불리하기 때문이다. 진보가 그에게 가져다준 것은 상환 불능의 부채뿐이었다. 국가사회주의는 마르크스주의뿐 아니라 다윈주의도 거부한다. 나치가 유물론을 저주하는 이유는 자연에 대한 기술의 승리가 곧 소자본에 대한 대자본의 승리를 뜻하기 때문이다. …
> 프티부르주아지에게 필요한 것은, 물질과 역사를 초월하고 경쟁·인플레·위기·경매에서 벗어나게 해 줄 더 높은 권위다. … [나치는] 민족을 초역사적 존재로 만들기 위해 인종으로 민족을 뒷받침한다. 역사는 인종의 소산으로 여겨진다. 인종의 특성은 사회 조건의 변화와 무관하게 이해된다. 국가사회주의는 '경제사상'이 토대가 아니라고 거부하면서 한 단계 아래로 내려간다. 즉, 경제적 유물론에서 더 내려가 동물학적 유물론에 호소하는 것이다. …
> 몰락한 귀족이 고상한 혈통에서 위안을 찾으려 했듯이, 빈곤해진 프티부르주아지는 자기 인종이 특별히 우월하다는 동화에 스스로 도취한다. …
> 절망은 그들을 일으켜 세웠고, 파시즘은 그들에게 깃발을 제공했다. 사회가 정상적으로 발전하는 과정에서는 문화적 배설물의 형태로 민족 유기체에서 제거됐어야 할 모든 것이 [경제 위기가 극심한] 오늘날에는 목구멍으로 마구 넘어오고 있다. 자본주의 사회가 야만을 소화하지 못한 채 입으로 토해 내고 있는 것이다. 그것이 바로 국가사회주의의 생리학이다.[57]

독일 사민당 지도부는 자신들이 온건한 정책을 실행하면 그리고 현재 상황에 순응하면 프티부르주아지를 끌어당길 수 있을 것이라고 헛되이 믿었다. 그러나 이것이야말로 현재 상황에 절망해서 미쳐 날뛰는 프티부르주아지를 끌어당길 수 없는 방법이었다. 사민당은 계속 온건한 노선을 역설했지만, 고통에 신음하는 프티부르주아지 수백만 명은 당연히 현재 상황을 참을 수 없었다. 따라서 사민당의 온건 노선은 나치에게 유리한 상황을 만들어 줄 뿐이었다.

프티부르주아지는 역사적으로 독립적 구실을 할 수 없다. 그들은 프롤레타리아를 따르거나 아니면 부르주아지를 따른다. 어느 쪽을 따를 것인지는 프롤레타리아의 힘과 단호함에 달려 있다.

> 자본주의가 성장하는 시기, 즉 싹이 나고 꽃이 피는 시기에 프티부르주아지는 갑자기 불만을 터뜨리기도 했지만 대체로는 자본가들이 시키는 대로 고분고분 따랐다. 달리 어쩔 도리가 없었다. 그러나 자본주의가 붕괴하고 경제가 파국에 이른 상황에서 프티부르주아지는 사회의 옛 주인들과 지배자들의 족쇄에서 벗어나려고 몸부림친다. 프티부르주아지가 자신의 운명을 프롤레타리아의 운명과 결부할 가능성은 꽤 있다. 그러려면 오직 한 가지가 필요하다. 그것은 프롤레타리아가 사회를 새로운 길로 이끌 능력이 있음을 프티부르주아지가 믿을 수 있어야 한다는 것이다. 프롤레타리아가 이런 믿음을 줄 수 있는 방법은 자신의 힘을 보여주고, 단호하게 행동하고, 능숙하게 적을 공격하고, 혁명적 정책으로 성공을 거두는 것뿐이다.
> 그러나 대단히 안타깝게도 혁명적 정당이 상황을 따라잡지 못한다면 어찌 될 것인가?[58]

폭풍 전의 고요

앞서 말했듯이, 1930년 3월 헤르만 뮐러의 사민당 정부는 물러날 수밖에 없었고 하인리히 브뤼닝이 새 총리가 됐다. 브뤼닝은 의회에서 다수의 지지를 받지 못했으므로 [대통령의] 긴급명령권으로 통치했다. 브뤼닝 정부는 26개월 동안 존속했다. 그 뒤를 이은 프란츠 폰 파펜 정부는 의회에서 지지를 훨씬 더 적게 받았다. 파펜 정부도 긴급명령권으로 통치했고, 5개월 보름 동안 존속했다. 그 뒤를 이은 정부 역시 의회에서 훨씬 더 적은 지지를 받았는데, 슐라이허 장군이 이끈 그 정부는 57일간 존속했다. 그 뒤에 마침내 히틀러가 정부 수반이 됐다.

트로츠키는 브뤼닝 정권이 파시즘은 아니라고 주장했다. 노동자 조직들이 파괴되지 않았기 때문이다. 그러나 의회 민주주의 체제도 아니었다. 브뤼닝이 긴급명령권으로 통치했기 때문이다. 트로츠키는 브뤼닝 정권이 의회 민주주의와 파시즘 사이의 과도 체제라고 규정했다. 그는 그것을 보나파르트 체제라고 불렀다. 보나파르트 체제는 가장 극단적인 계급 적대감이 표현된 것이지만, 그 적대감이 아직 공공연한 투쟁으로 이어지지는 않은 그런 체제였다. [의회] 민주주의와 파시즘이 양립할 수 없다고 해서 둘이 잠깐 결합하는 것마저 불가능하지는 않았다.

브뤼닝 치하에서 나치는 선거를 치를 때마다 승리를 거듭했다. 1930년 9월 14일 브뤼닝 집권기에 처음 실시된 제국의회 선거 때 나치는 640만 9600표를 얻었다. 1932년 3월 13일 공화국 대통령 선거에서는 히틀러가 1133만 9400표를 얻었고, 한 달 뒤(4월 10일) [결선 투표에서는] 나치의 득표가 1341만 8500표로 늘어났다. 1928년에 겨우 2.6퍼센트였던 나치의 득표율은 1930년 9월 18.3퍼센트, 1932년 3월 30.1퍼센트, 1932년 4월 36.8퍼센트로 늘었다.

1932년 4월 대통령 선거에서 나치가 엄청나게 득표하자 브뤼닝은 나치의 고삐를 죄기로 결심했다. 그와 군부는 나치와 노동계급 정당들을 서로 싸우게 해서 득을 보려 하면서도 나치가 너무 강해지는 것은 원하지 않았다. 브뤼닝은 힌덴부르크로 하여금 나치의 무장 조직인 돌격대SA와 친위대SS를 금지하는 법령에 서명하게 했다. 이 법령은 1932년 4월 14일 발효됐다. 그러나 트로츠키가 예언했듯이, 양극단이 강해질수록 보나파르트 체제는 불안정해졌다. 이른바 '사회적 장군'인 쿠르트 폰 슐라이허가 군사령부 내에서 일련의 음모를 꾸민 뒤에 힌덴부르크는 브뤼닝을 해임하고 1932년 5월 31일 프란츠 폰 파펜을 새 총리로 임명했다. 파펜은 융커[지주 귀족]들의 내각을 이끌었다.

6월 4일 파펜은 제국의회를 해산하고 7월 마지막 날을 새 선거일로 지정했다. 6월 14일에는 돌격대·친위대 금지령을 해제했고, 7월 20일에는 (헌법을 어겨 가면서까지) 프로이센주 사민당 정부를 해산시키고 제국 관리[주지사]를 임명·파견했으며 베를린과 브란덴부르크에 비상사태를 선포했다. 이런 식으로 파펜은 나치를 달래는 동시에, '마르크스주의'에 맞서는 싸움에서 나치보다 선수를 치고 싶어 했다.

헌법을 수호하겠다고 거듭거듭 약속하던 사민당은 이제 시험대에 올랐다. 전에도 그들은 모든 쿠데타에 맞서 공화국을 방어하겠다고 맹세했다.

> 1920년에 총파업으로 카프 쿠데타를 물리친 적 있는 노동조합들과 사민당은 그런 파업에 다시 나설 수 있는지를 논의했지만 결국 파업을 거부했다. … 독일 최대의 노동계급 조직 둘(사민당과 노조)이 파펜의 쿠데타에 직면해서 상징적 저항조차 하지 않았다는 사실은, 히틀러가 만약 집권하게 되면 어떤 반발에 부딪힐 수 있는지를(또는 반발이 아예 없을 수도 있음을) 보여 주는 중요한 신호였다.[59]

독일 공산당은 총파업을 요구했지만, 바로 그 프로이센 주정부에 반대하는 '붉은 주민투표' 운동을 공산당이 벌였다는 사실을 모든 사람이 기억하고 있었고, 결국 총파업은 완전히 실패했다.

파펜이 총리로 있을 때 트로츠키의 공동전선 호소, 즉 나치를 저지하기 위한 공동 행동이 필요하다는 호소는 훨씬 다급해졌고 더 애원하는 듯했다. 그러나 그것은 황야의 외침이었다.

1933년 1월 30일 이후

히틀러가 총리가 되자 사민당 지도자들은 어떤 반응을 보였는가? 역사가 율리우스 브라운탈은 다음과 같이 썼다.

> 1월 30일 밤에 사민당 지도자들이 토론할 때, 즉시 투쟁에 나서야 한다는 의견보다 신중해야 한다는 주장과 머뭇거리는 태도가 압도적이었다. 당 지도자들은 히틀러가 총리에 임명된 것을 권력 장악으로 여기지 않았다. 새 내각은 국가사회주의자들로만 이뤄진 것이 아니라, 독일 국가인민당DNVP과 국가사회주의당NSDAP의 연립정부였다. 정부 각료 12명 가운데 3명만이 나치였고 나머지 9명은 기존 보수 정당 인사들이었다. 더욱이, 히틀러는 대통령에게 바이마르헌법을 유지하겠다는 선서를 했고, 나치 내무부 장관인 빌헬름 프리크는 내각이 공산당 금지를 거부했고 언론 자유에 간섭할 생각도 없다고 선언했다. 루돌프 브라이트샤이트는 사민당의 전술을 지지하면서, 히틀러가 "헌법의 길"을 고수하는 한 그는 "합법적 정부를 이끌고 있는 것"이고 그것은 "우리가 반대해야 하고 반대할 수 있는" 정부이지만 "여전히 합법적·합헌적 정부"라고 말했다. …

브라이트샤이트의 충고에 따라 사민당 지도자들은 파시스트의 위협에 맞서 적극적 저항을 조직하는 일을, 분명한 헌법 위반 사태가 벌어졌다는 만장일치 결정이 날 때까지 연기했다. 그들은 그런 때가 오지 않기를 바랐다. …

며칠 후 정부는 나치가 국가권력 기구들을 이용해 테러를 자행할 수 있게 해 줬다. 사민당과 공산당 신문들은 며칠이나 몇 달 동안 금지되거나 완전히 폐간됐다. 노동운동 지도자들은 발언을 금지당했고, 노동자 집회는 시작하자마자 정부 관리들에게 저지되거나 아니면 경찰의 방조·묵인 아래 나치 돌격대의 습격을 받고 무산됐다. 공화국을 지지하는 경찰들은 통째로 해고돼 나치로 교체됐다. 2월 17일 나치의 테러 활동은 프로이센주 내무부 장관이자 나치인 헤르만 괴링의 법령에 따라 공식 승인됐다. 그 법령은 경찰에게 총기를 재량껏 사용할 수 있는 권한을 부여했다. 테러 폭력으로 사회주의 운동을 파괴하는 과정이 시작된 것이다.

심지어 이때조차 사민당 지도자들은 헌법상의 권리들을 침해하는 이런 조치가 명백한 위헌은 아니므로 내전이라는 대학살의 위험을 무릅쓸 필요는 없다고 주장했다. 어쨌든, 사회주의 신문들은 여전히 발행될 수 있고 노동자 집회도 어떻게든 열릴 수 있다는 것이었다. 특히, 의회 제도도 그대로 남아 있고 2월 1일 해산된 제국의회는 선거 날짜가 3월 5일로 잡힌 상태였다.[60]

사민당 지도자들의 비겁한 태도는 조금도 변함없었다. 1933년 3월 23일 히틀러에게 무제한의 권력을 부여하는 전권위임법이* 제국의회에 제출됐을 때 사민당 지도자인 오토 벨스는 그것에 반대하는 연설

---

* 수권법이라고도 하며 행정부에 입법권을 위임하는 법률을 말한다.

을 했지만, 합법적 야당으로 활동하는 사민당은 비폭력적·합법적 방식으로만 정권에 반대할 것이라고 분명히 밝혔다. 그는 다음과 같이 말했다.

> 3월 5일 선거로 집권당들은 다수파가 됐고, 따라서 그들은 헌법 조항과 정신에 따라 통치할 기회를 얻었습니다. … 우리는 그들의 현재 통치를 사실로 받아들입니다. 그러나 국민의 정의감도 정치적 힘이고, 우리는 이 정의감에 호소하기를 멈추지 않을 것입니다.

사민당 지도자들은 당이 존속할 수 있는 법률적 권리를 유지하기 위해 어떻게든 새로운 상황에 적응하려 했다.

> 1933년 3월 말 당 의장 오토 벨스는 노동자·사회주의인터내셔널LSI* 사무국에서 탈퇴했다. 그 인터내셔널이 제3제국[나치 치하 독일]에 끊임없이 적대적 태도를 취한 것에 독일 사민당이 책임을 지지 않아도 되게끔 하기 위해서였다. 당 지도부는 이미 불법 활동을 시작한 베를린 사회주의 청년단원들을 제명했다. 또, 유명한 집행위원들(브라이트샤이트, 크리슈피엔, 힐퍼딩, 디트만, 슈탐퍼 등)이 외국에서 히틀러 독재에 맞선 투쟁을 조직하고자 프라하에서 결성한 조파데SoPaDe(조치알데모크라티셰 파르타이 도이칠란트[독일 사회민주당이라는 뜻]의 줄임말)도 인정하지 않았다. 5월 17일 제국의회에 참석한 사민당 국회의원 65명 가운데 58명은 — 상원에서 프리크는 이들을 살해하겠다고 위협했다 — 히틀러와 함께 평화 선언에 무조건 찬성하는 표를 던졌다. 1933년 6월 22일 사민당은 … 금지됐다. 사민당의 재산은 몰수됐고 사민당 국회의원들은 자격을

* 1923~1940년에 존속한 사회민주주의 정당들의 국제조직. 코민테른과 대적하려 했다.

박탈당했다.[61]

노동조합 지도자들이라고 해서 덜 비굴하지는 않았다. 에벌린 앤더슨은* 다음과 같이 썼다.

> 정권에 자발적으로 '적응'하려는 가장 수치스러운 노력은 노조 지도자들이 보여 줬다. 그들은 이른바 '정치적 중립성'을 계속 고수하면 노조 조직들을 구할 수 있으리라고 여전히 기대했다. 심지어 나치가 5월 1일, 즉 전통 있는 국제 노동계급 연대의 날을 '전국 근로자의 날'로 바꿔 버리는 것조차 전폭 지지했다. 독일노총ADGB의 공식 기관지 〈게베르크샤프츠 차이퉁〉(노동조합 신문) 5월 1일 자에 실린 발터 팔의 기사에는 다음과 같은 단락이 있었다.
>
> "국가사회주의의 승리는 우리가 한때 사회주의 사상의 구현(담당자)으로 여겼던 당(즉 사회민주당)에 맞서 쟁취한 것이다. 그러나 그것이 우리의 승리이기도 하다는 점을 인정하기 위해 굳이 우리가 항복할 필요는 없다는 것은 확실하다. 왜냐하면 이제 사회주의의 과제가 전 국민에게 제시됐기 때문이다."
>
> 이 선언에 노조 현장조합원들과 사민당 평당원들은 많이 분노했지만 나치는 감명을 받지 않았다. 5월 2일, 즉 이렇게 도덕적으로 굴복한 바로 다음 날 모든 노조 건물이 나치 돌격대와 친위대에게 점령됐다. 가장 유명한 노조 지도자들, 즉 라이파르트, 그라스만, 비셀은 체포됐다. 5월 13일 노조의 재산은 모두 몰수됐다. 독일 노동계급은 자신들의 산업 조

---

* 에벌린 앤더슨(1909~1977) 독일 프랑크푸르트에서 학교를 다니던 1927년 공산당에 가입했다가 2년 뒤 공산당의 종파주의에 반대해 탈당했다. 히틀러 집권 후 영국으로 넘어와 기자 생활을 했다.

직을 잃어버린 것이다.[62]

5월 17일 히틀러는 제국의회에서 처음으로 외교정책에 관한 유명한 연설을 했다. 그것은 사민당이 참석한 마지막 의회 회기였다. 비록 의원단의 절반 정도만이 참가했지만 말이다. … 사민당 의원들은 "당을 구하려는" 최후의 가련한 시도로 국가사회주의당이 제출한 외교정책 동의안에 '찬성'한다고 말했고 그래서 그 동의안은 만장일치로 채택됐다. 이것은 무조건 항복이었다. 당 지도자들은 그러면서 당은 구할 수 없더라도 자신들의 목숨만은 구할 수 있기를 바란 듯하다. 나치는 당연히 자신을 달래려는 내국인들을 경멸했을 뿐이(고 관용은 거의 보여 주지 않았)다.

6월 23일* 사민당은 공식 금지됐다. 유화정책의 지도자인 파울 뢰베는 다른 많은 사람들과 함께 체포됐다. 나치 정권은 뢰베의 타협 노선이 자신들의 목적에 유용하다고 생각하는 한 참고 봐줬다. 즉, 노동운동가들 사이에 혼란과 사기 저하가 만연해서 자신감의 마지막 불꽃이 꺼질 때까지만 용인한 것이다.[63]

독일 공산당 지도부는 큰 패배를 겪었다는 사실조차 부정한 채 현실을 회피하기에 급급했다. 1933년 1월 30일 공산당은 총파업을 선언했지만, 파업에 나서는 노동자는 아무도 없었다. 에벌린 앤더슨은 다음과 같이 썼다.

공산당은 행동에 나서지 못한 것 때문에 결코 동요하지 않았다. 공산당이 그 뒤 내린 결정을 보면, 저항이 없었던 것은 별로 중요하지 않았다. 왜냐하면 "공산당의 힘은 결정적 순간에 당이 여전히 동질적이었다는 사실에서 분명히 드러났기" 때문이다. 결정적인 몇 주 동안 독일 공산당

---

* 원문 그대로인데, 22일의 오타인 듯하다.

안에서는 어떤 "논쟁"도 벌어지지 않았다는 것이다.[64]

최악의 패배를 겪은 순간에 모든 사람이 궁금해하고 있었다. '도대체 어떻게 이런 일이 일어날 수 있지? 원인이 뭘까? 이제 우리는 무엇을 해야 하지?' [그러나] 공산당은 … 다음과 같이 계속 자신을 속이고 있었을 뿐이다.

"모든 징후가 보여 주는 것은 단 하나다. 즉, 매우 가까운 미래에 폭력적 계급투쟁은 반드시 벌어지리라는 것이다. … 당(공산당)이 **현재의 혁명적 대중운동**을 충분히 지도할 수 있을까?"

공산당은 계속해서 "대중의 혁명적 활동이 증대하고 있다"는 등 유쾌한 이야기나 늘어놨다. 동시에 사민당을 주요 공격 목표로 삼았다. … "사회파시스트들(사회민주당)이 국가기구에서 완전히 제거되고 그 조직과 언론이 혹독하게 탄압받는다고 해서 그들이 전과 마찬가지로 지금도 자본의 독재를 지탱하는 주된 사회적 버팀목이라는 사실이 바뀌는 것은 아니다."[65]

1933년 11월 총선에서 나치가 92.2퍼센트를 득표했을 때 — 실제로는 테러와 탄압 덕분에 그럴 수 있었다 — 330만 명이 투표용지를 훼손하고 210만 명이 용감하게 기권하기는 했지만,

프라하로 망명한 독일 사민당원들은 이 선거 결과를 두고 거의 승리한 듯이 자축했다. " … 이 수백만 명은 보통 의미의 '반대파'가 아니다. 그들은 체제에 적대적인 군대, 다가오는 사회주의 혁명의 핵심 부대다."

공산당은 한술 더 떴다.

"선거 결과는 … 텔만의 당이 거둔 위대한 승리다. … 용감한 반파시스트 수백만 명으로 이뤄진 이 군대는 독일 공산당 중앙위원회가 이미 10월에 발표한 성명, 즉 독일에서 새로운 혁명적 분출이 시작됐다는 주

장의 올바름을 확인시켜 준다."[66]

히틀러가 선거에서 승리한 뒤 코민테른 지도부는 독일 공산당의 정책이 무조건 옳았다고 주장했다. 1933년 4월 1일 독일 공산당을 대표하는 프리츠 헤케르트의 보고를 들은 코민테른 상임간부회는 다음과 같이 선언했다.

텔만 동지가 이끄는 독일 공산당 중앙위원회의 정치 노선과 조직 방침은 히틀러의 쿠데타 이전과 당시에 완전히 옳았다. … 독일에서는 파시스트들의 테러에도 불구하고 혁명적 분출이 필연적으로 성장할 것이다. 파시즘에 맞선 대중의 저항이 확실히 증대할 것이다. 공공연한 파시즘 독재의 수립은 대중의 민주적 환상을 모두 파괴하고 대중을 사민당의 영향력에서 해방시켜 독일이 프롤레타리아 혁명을 향해 더 빠르게 발전하도록 만들고 있다. … 이제 필요한 것은 [공산]당과 모든 프롤레타리아 대중조직을 강화하는 것, 결정적인 혁명적 투쟁에 나서도록, 즉 무장 반란으로 파시즘 독재를 전복하도록 대중을 준비시키는 것이다.[67]

히틀러가 승리한 후의 트로츠키

노동자들을 달래서 수동성에 빠뜨린 독일 공산당 지도부의 자기만족과 달리 트로츠키는 심지어 히틀러가 집권한 뒤에도 나치의 지배가 공고해지는 것을 막기에 아직 늦지 않았다고 주장했다.

히틀러의 집권은 의심할 여지 없이 노동계급에게 엄청난 타격이다. 그러나 결정적 패배나 돌이킬 수 없는 패배는 아니다. 적이 한창 기어오르고 있을 때 물리칠 수도 있었지만 지금은 적이 여러 고지를 모두 점령한 것과 비슷하다. 그래서 적이 크게 유리해졌지만, 지금까지 전투는 전혀 없었다. 유리한 진지를 점령한 것 자체는 아무것도 결정하지 못한다. 살아 움직이는 세력들이 결정하는 법이다. …

2년 반 전에 좌익반대파는 [독일] 공산당의 중앙집행위원회부터 가장 작은 지방 단위까지 모든 기구와 조직이 즉시 동급의 사민당 조직에 구체적 제안을 내놔야 한다고, 즉 프롤레타리아 민주주의에 대한 탄압이 임박했으니 이에 맞선 공동 행동을 제안해야 한다고 끈질기게 주장했다. 이런 바탕 위에서 반나치 투쟁이 건설됐다면 오늘날 히틀러는 총리가 되지 못했을 것이고 [공산당은] 노동계급 안에서 지도적 위치를 차지했을 것이다. 그러나 과거로 되돌아가는 것은 불가능하다. 그동안 저지른 실수들의 결과가 지금은 정치적 현실이 됐고 객관적 배경의 일부를 이루고 있다. 상황을 있는 그대로 받아들여야 한다. 상황이 꼭 지금처럼 나빠질 필요는 없었지만, 희망이 없는 것도 아니다. 정치적 전환 — 그러나 실질적이고 대담하고 공공연한 전환, 빈틈없고 신중한 전환 — 은 패배를 완전히 만회하고 승리로 나아가는 길을 열어 줄 수 있다.[68]

분명히 1933년 1월 30일 이후에도 나치에 맞서 효과적으로 투쟁하는 것은 여전히 가능했다. 한 달 뒤에도, 즉 제국의회 건물 방화 사건으로 공산당이 금지되고 나치의 테러가 난무하는 와중에 치러진 3월 5일 총선에서도 사민당과 공산당은 합쳐서 1200만 표를 얻었다. 나치는 부정선거에도 불구하고 1700만 표를 얻는 데 그쳤다.

사민당이든 공산당이든 히틀러의 권력 강화를 저지하려고 투쟁할 태세가 돼 있지 않다는 것이 분명해지자, 트로츠키의 저작들은 패배의 심각성에 대한 온갖 착각에 맞서 싸우고 이 끔찍한 경험의 값비싼 교훈을 명확히 이해시키는 것을 목표로 삼게 됐다. 트로츠키가 보기에 가장 중요한 교훈은 혁명적 정당으로서 독일 공산당이 파산했다는 것과 새로운 당을 건설할 필요가 있다는 것이었다. 1933년 3월 14일에 쓴 "독일 프롤레타리아의 비극: 독일 노동자들은 다시 일어서겠지만 스탈린주의는 결코 그러지 못할 것이다!"라는 글에서 트로츠키는 다음과 같이 주장했다.

> 생산에서 차지하는 위치, 사회적 비중, 조직력 등으로 볼 때 유럽에서 가장 강력한 프롤레타리아가 히틀러 집권 이후, 또 그가 처음으로 노동자 조직들을 폭력적으로 공격한 이후 어떤 저항도 보여 주지 못했다. 바로 이 사실에서 그다음의 전략적 계획은 출발해야 한다.[69]

재앙의 책임은 사민당과 공산당 지도자들에게 있었다. 트로츠키는 독일 공산당의 구실이나 미래에 대해 다음과 같이 결론지었다.

> [독일 공산당이 — 지은이] 프롤레타리아에게 가져다준 것은 혼란과 우왕좌왕, 패배, 재앙뿐이었다.
>
> 그렇다, 여전히 공산주의자 500만 명이 투표소에 나오는 데 성공했다. 그러나 공장과 거리에 공산주의자는 아무도 없다. 그들은 당황하고 흩어졌으며 사기 저하돼 있다. 그들은 [당] 기구라는 굴레에 매여 독립성을 잃어버렸다. 스탈린주의의 관료적 테러는 파시스트 일당이 테러를 자행할 차례가 오기도 전에 그 공산주의자들의 의지력을 마비시켜 버렸다.
>
> 분명하고 솔직하게 공개적으로 다음과 같이 말해야 한다. 독일에서 스탈린주의자들은 그들 나름의 8월 4일을 갖게 됐다[1914년 8월 4일은 독일 사민당이 제국주의 전쟁을 위한 공채 발행에 찬성표를 던진 날이다 — 지은이]. 이제부터 선진 노동자들은 스탈린주의 관료들이 지배하는 시기를 극도로 수치스러운 느낌으로만, 증오와 저주의 말로만 이야기할 것이다. 공식적

독일 공산당은 끝장났다. 이제부터 공산당은 분해되고 붕괴되고 용해돼서 허공으로 사라질 것이다. 독일의 공산주의는 오직 새로운 토대 위에서 새로운 지도부와 함께 다시 태어날 수 있다. …* 볼셰비키·레닌주의자들은 이 과업에 온 힘을 쏟아부어야 한다.[70]

1933년 5월 28일 "독일의 재앙: 지도부의 책임"이라는 글에서 트로츠키는 다음과 같이 썼다.

독일 프롤레타리아의 유례없는 패배는 러시아 프롤레타리아의 권력 장악 이후 가장 중요한 사건이다.[71]

그리고 1933년 6월 2일에는 다음과 같이 결론지었다. "독일의 현재 재앙은 의심할 여지 없이 노동계급이 겪은 역사상 가장 큰 패배다."[72]

* "적에게 강타를 얻어맞은 독일의 선진 노동자들은 이제 새로운 정당을 건설해야 할 것이다."

6장

독일의 트로츠키주의 운동

PERMANENTE
REVOLUTION

Wochenschrift der Linken Opposition der KPD

Trotzki verteidigt die Oktoberrevolution

Vollständige Rede des Genossen Trotzki in Kopenhagen

Einleitung

Aus dem Inhalt:

Wie kämpfen wir gegen Lohnabbau und Teuerung

Zwischenbemerkung

Objektive und subjektive Faktoren der Revolution

독일 트로츠키주의자들의 저널이었던
《페르마넨테 레볼루치온》(연속혁명).

앞서 봤듯이, 독일 상황을 다룬 트로츠키의 저작들은 탁월했다. 분석은 명쾌했고, 반파시즘 투쟁을 위해 그가 제시한 전략과 전술은 훌륭했다. 그러나 과연 누가 독일에서 트로츠키의 사상을 전파했는가? 이것이 6장의 주제다. 앞으로 보게 되겠지만, 트로츠키의 원대한 사상과 그 사상을 실행에 옮길 현실적 수단, 즉 인간들 사이에 심연이 가로놓여 있었다는 것은 비극이었다. 물론 이렇게 목적과 수단을 갈라놓은 깊은 틈이 있었다고 해서 둘의 간극을 메우려고 애쓴 트로츠키의 노력이 중요하지 않았다거나 하찮았다는 말은 결코 아니다. 사슬에 묶인 프로메테우스는 그 사슬을 끊으려고 힘쓰다가 실패했지만 그래도 그의 노력은 분명히 영웅적이었다.

터키로 추방당한 이후 트로츠키가 직면한 가장 긴급한 과제는 독일에 볼셰비키·레닌주의자 반대파 조직을 건설하는 것이었다. 독일이 국제 정세의 열쇠였기 때문이다. 그러나 그는 매우 불리한 처지에서 일을 시작해야 했다. 프랑스와 스페인에는 트로츠키를 지지하는 반대파 그룹이 오래전부터 존재했다. 프랑스에는 알프레드 로스메와 보리스 수바린 등이, 스페인에는 안드레스 닌 등이 있었다. 그러나 독일에는 트로츠키 지지자들이 오랫동안 전혀 없었다. 오히려 소련 바깥 세계에서 가장 크고 가장 유력한 공산당이 독일에 버티고 있었다.

더욱이 독일에는 옛 공산당 지도자 출신의 매우 유명한 사람들이 이끄는 상당히 중요한 반대파 조직이 둘이나 있었는데, 그 조직들은 회원 수도 비교적 많았고 일부 노동계급 사이에 영향력도 있었다. 하나는 부하린의 우익반대파를 지지하는 하인리히 브란들러와 아우구스트 탈하이머가 이끄는 독일 공산당(반대파)KPO였고, 다른 하나는 지노비에프 지지자인 루트 피셔와 아르카디 마슬로프가 이끄는 좌파[레닌동맹]였다. 이 반대파 조직들은 둘 다 그 기원이 1923년 10월의 실패한 혁명에 있었다. 게다가 1931년에는 독일 사회주의노동자당SAP이라는 꽤 큰 [반대파] 정당이 새로 생겨나서, 경기장에 더 많은 선수들이 북적거리게 됐다. 트로츠키주의자들이 비집고 들어갈 틈이 거의 없었던 것이다.

우익반대파: KPO

스탈린이 소련 공산당 지도부에서 부하린을 제거한 뒤 독일 공산당에서도 부하린 지지자들을 제거하는 조치가 취해졌다. 1921년부터 1923년까지 독일 공산당을 이끌었던 하인리히 브란들러와 그를 지지하는 당원 6000명이 1928년 말과 1929년 초에 제명됐다.[1]

제명된 사람들은 새로운 조직, 즉 독일 공산당(반대파)KPO를 만들었다. 1929년 10월에 KPO는 당원 수가 5100명이라고 주장했다. 3년 후인 1932년에 브란들러는 당원 수가 3500명이라고 보고했다.[2]

KPO는 창립 첫해에 60~70개의 지역 지부가 있었다. 게다가 그 뒤 몇 년 동안 개인 당원들이 많은 지역에서 새 지부들을 건설했다. 1930~1931년에 KPO는 20~25개의 공장 지부도 추가로 조직했다.[3]

KPO의 영향력은 상당했다(물론 독일 공산당에 비하면 매우 작았다). 1930년 지방선거 때 KPO는 작센주의 37개 지방자치단체에 후보를 내서 총 14.1퍼센트를 득표했는데, 이것은 공산당의 득표율과 맞

먹는 수준이었다.[4]

KPO는 프롤레타리아 사이에 기반이 매우 튼튼했다. 또, 다양한 노조 지부 위원회에서 다수파를 통제했다. 예컨대 튀링겐주의 금속 노조에서 그랬다. 슈투트가르트의 금속 노조 위원회도 통제했다. 베를린 금속 노조 대의원대회에 참가한 KPO 대의원은 8명이었지만 공산당은 한 명도 없었다.[5]

KPO는 꽤 많은 신문을 발행했다. 전국적 정치·이론 기관지 〈게겐 덴 슈트롬〉(시류를 거슬러) 외에도 8종이나 더 발행했는데, 주로 주간지였다. 1930년 1월 1일부터는 일간지 〈아르바이터폴리티크〉(노동자 정치)도 발행했다. 이 신문은 서로 다른 세 판으로 나왔는데, 베를린 지역판, 작센·튀링겐판, 나머지 독일 지역판이 있었다.

KPO의 청년 조직인 독일 공산주의청년단(반대파)는 단원이 약 1000명이었고 월간지도 약 2000부씩 발행했다.[6]

부하린을 지지하는 KPO와 트로츠키주의자들 사이에는 당연히 정치적 심연이 있었다. 국제 문제에서 브란들러는 트로츠키와 거리가 매우 멀었다. 브란들러는 코민테른과 소련 공산당의 정책 가운데 독일 외의 문제에서는 스탈린·부하린과 연대하겠다고 선언했다. 브란들러는 최근 코민테른의 초좌파적 지그재그만을 비판한 반면, 트로츠키는 레닌 사후 코민테른의 궤적 전체를 비판했다. 브란들러는 독일 공산당의 정책들을 비판했지만, 소련 지도부를 반박하는 것은 삼갔다. 소련 국내의 투쟁에서는 스탈린을 편들면서 '일국사회주의'를 인정하고, 소련의 일국적 상황에 순응하는 관료 체제의 책임을 면제해 주고, 트로츠키주의를 자주 비난했다.

1936년 브란들러 지도부는 지노비예프 재판을 "반혁명 음모에 대항하는 정당한 방어 행위"라며 옹호했다. 1937년 2월에는 라데크와 퍄타코프 재판의 평결도 옹호했다. 비록 머뭇거리기는 했지만 그 재판의 운영 방식은 약간 비판하기도 했다. 한 개략적 성명에서도 모스크바 재판들을 "소련 체제의 강점을 보여 주는 상징"이라며 옹호했다. "국가기구의 거의 모든 부분에서 주요 관리들이 사보타주, 간첩 행위, 부패 등의 범죄 혐의로 기소됐는데도 프롤레타리아 독재가 붕괴하지 않는" 소련 체제는 강력하다는 것이었다.[7]

그러나 부하린이 재판을 받게 되자 브란들러의 태도는 바뀌었다. 이 재판은 "스탈린 정권의 부패 심화"를 보여 주는 "반혁명적 공포정치"의 "광란의 연극"이라는 것이었다. 1년 전에 "소련 체제의 강점"을 보여 주는 것이라며 냉소적으로 옹호하던 태도와는 완전히 달랐다.[8]

약 18년 후인 1956년에 브란들러는 소련 군대가 헝가리 노동자 혁명을 진압한 것도 옹호했다. 소련이 개입하지 않았다면 헝가리는 소련 진영을 이탈했을 것이라며 말이다.[9]

레닌동맹

앞서 살펴봤듯이 1923년 10월 독일에서 혁명이 실패하자, 지노비예프는 [독일 공산당 지도자] 브란들러와 탈하이머를 루트 피셔와 아르카디 마슬로프로 교체했다.

국제적 지노비예프 분파의 가장 극단적 인물들인 피셔와 마슬로프는 당내에서 트로츠키주의를 지지하는 가장 작은 움직임조차 철저히 색출했다. 1925년 중반에 지노비예프가 스탈린과 결별하고[10] 트로츠키와 연합하는 쪽으로 움직이자 피셔와 마슬로프의 상황은 복잡해졌다. 이제 지노비예프는 피셔·마슬로프·우르반스·숄렘 같은 지지자들과 거리를 두면서 음모를 꾸몄다. 지노비예프를 코민테른 지도부에서 몰아낸 스탈린은 더 나아가서 피셔와 마슬로프의 과거를 들먹이며 그들을 비난했다. 그들은 결국 지노비예프의 대리인이라는 비난을 받으며 독일 공산당 지도부에서 제거됐다(1925년 11월).

1926년 8월 19일 독일 공산당 중앙위원회는 피셔와 마슬로프를 아예 당에서 제명했다. 2주 뒤에 두 사람은 레닌그라드 반대파(트로츠키와 동맹해서 통합반대파를 결성한 지노비예프 지지자들)를 지지하는 선언문의 초안을 작성했다. 그 글은 지노비예프·카메네프·크룹스카야를 언급하면서도 트로츠키를 두고는 단지 "지노비예프와 단결했다"고만 말했다. "레닌으로 돌아가자, 날조되지 않은 진정한 실제 레닌주의로 돌아가자"는 구호를 내건 이 선언문에 많은 사람이 지지 서명을 했다. 9월 11일 공개된 그 선언문에 서명한 700명 중 50명은 공산당의 유명한 지도자들이었다. 몇 명은 중앙위원, 5명은 국회의원, 8명은 프로이센 주의회 의원이었으며, 그 밖에도 여러 당 간부가 서명했다.[11]

중앙위원회는 그 700명에게 징계를 내리면서, 각자 충성 서약서를 제출하라고 요구했다. 대다수는 충성 서약서에 서명하기를 거부해서 11월 5일 제명됐다.[12]

1928년 4월 8~9일 피셔와 마슬로프의 지지자들은 베를린에서 레닌동맹 창립 대회를 열었다. 창립자들 중에는 독일 공산당 중앙위원을 지낸 사람이 6명, 국회의원이 11명 있었다. 겉으로 보면 레닌동맹은 프롤레타리아 사이에 기반이 매우 튼튼하고 꽤나 강력한 조직인 듯했다. 레닌동맹의 주요 근거지는 베를린(모든 구에 회원이 있었다), 도르트문트 지역, 특히 만하임·브루흐잘·카를스루에, 쾰른, 튀링겐주의 줄, [작센안할트주의] 할레, 마그데부르크 등이었다. 창립 대회에서는 레닌동맹의 영향을 받는 공산주의 노동자가 당 안팎에 8만~10만 명쯤 있다고 보고됐다.[13] 이 수치는 분명히 과장된 것이지만, 레닌동맹이 일간지 〈줄 폴크스빌레〉를* 발행했다는 사실은 회원 수보다 몇 배나 큰 영향력이 있었다는 것을 보여 준다. 그러나 레닌동맹은 사상누각이었다. 앞서 봤듯이, 레닌동맹은 1923년의 우파적 브란들러 지도부에 맞서는 좌익반대파로서 형성됐다. 그런데 1928년에 스탈린이 이른바 '제3기' 정책을 추진하면서 사민당을 사회파시즘이라고 비난하자 레닌동맹 회원들은 완전히 방향감각을 잃어버렸다. 어쨌든 사회파시즘 이론의 창시자는 (피셔와 마슬로프의 원래 후원자였던) 지노비예프였기 때문이다. 결국 레닌동맹의 모든 그룹들이 공산당으로 되돌아갔다.[14] 레닌동맹은 빠르게 와해됐다. 특히 1928년 제국의회 선거에 후보를 출마시키기로 결정한 후에 그랬다. 레닌동맹의 가장 중요한 지역구인 줄[의 회원들]이 떨어져 나가서 사민당에 가입했다. 1927년에 약 1만 1000명이던 레닌동맹 회원 수가 1000명으로 급감했다.[15] 회원 수는 계속 줄어들어서, 히틀러의 승리 직전인 1932년에 레닌동맹 회원은 약 500명이었다.[16]

트로츠키는 처음 독일 상황에 개입했을 때 레닌동맹의 지지를 어느 정도 받을 수 있기를 기대했지만, 실제로는 거의 받지 못했다. 레닌동맹의 창립 문서에 서명한 700명 중 9명만이 나중에 트로츠키주의자가 됐다는 사실은 흥미롭다.[17] 이와 같이 독일에서 지노비예프의 친구들은 [트로츠키가] 거의 신뢰할 수 없는 동맹 세력이었다.

한때 프롤레타리아 사이에 기반이 튼튼하고 진정한 '노동자 좌파 노선'을 대변하는 꽤 큰 경향이었던 레닌동맹은 국제 좌익반대파의 앞길에 만만찮은 장애물이 됐다. 지노비예프를 지지하는 경향은 기본적으로 물렁하고 중간주의적이었는데, 트로츠키주의 경향과 비슷하기도 하고 다르기도 했다. 트로츠키주의 경향의 경쟁 상대이자 장

---

* 폴크스빌레는 민의民意라는 뜻이다.

애물이었던 것이다.

트로츠키주의를 가로막은 셋째 장애물: SAP

1931년 말 사민당에서 분열해 나온 사회주의노동자당SAP은 또 다른 장애물이었다. SAP는 혼란스럽고 중간주의적이고 반쯤 사회민주주의적인 조직이었다. SAP의 창립 강령은 평화주의에 크게 양보한 것이었는데, 국제연맹과 국제중재재판소 등을 옹호했다.[18] 소련과 관련해서는 오토 바우어를 따라서, 경제 상황이 나아지면 공포정치는 자연스럽게 소멸할 것이고 민주화가 진척될 것이라고 주장했다.[19] SAP는 당규에서 느슨한 연방제를 목표로 삼았다.[20] 기존 인터내셔널들과의 관계에 대해서 SAP 지도자인 에른스트 에크슈타인은 무슨 일이 있어도 코민테른에 가입하지는 않을 것이라고 선언하며, SAP의 임무는 제2인터내셔널의 좌파를 강화하는 것이라고 주장했다.[21] 1932년 3월 SAP는 파울 프뢸리히와 야코프 발허가 이끄는 KPO 당원 1000명을 추가로 가입시키는 중요한 성과를 거뒀다.[22]

SAP는 꽤 큰 조직이었다. SAP 지도부는 1932년 2월에 당원 수가 5만 7000명이라고 주장했다(실제로 당비를 내는 당원은 기껏해야 2만 5000명이었다).[23] 더욱이 SAP는 청년 조직도 있었다. 1932년 말 SAP 청년 조직의 회원 수는 8000~1만 명이었다.[24]

SAP는 제법 많은 신문을 발행했다. 전국 일간지인 〈조치알리스티셰 아르바이터 차이퉁〉(사회주의 노동자 신문) 외에도 많은 전국 주간지를 발행했는데, 〈파켈〉(횃불), 〈클라센캄프〉(계급투쟁), 〈조치알리스티셰 보헨차이퉁〉(사회주의 주간신문), 〈캄프지그날〉(투쟁 신호), 〈폴크스레히트〉(민권) 등이 있었다. 또 많은 지역 주간지도 있었는데,

〈바디슈-펠치셰 아르바이터 트리뷔네〉(바덴·팔츠 지방 노동자 연단), 〈쿠리어 퓌어 포크트란트 운트 에르츠게비르게〉(포크트란트와 에르츠게비르게 지역 신문), 〈미텔도이체스 캄프지그날〉(중부 독일 투쟁 신호), 〈노르트도이체스 캄프지그날〉(북부 독일 투쟁 신호), 〈라인-루르 파켈〉(라인·루르 지역 횃불), 〈자르 파켈〉(자르 지역 횃불), 〈쥐트베스트도이체 아르바이터 트리뷔네〉(남서 독일 노동자 연단), 〈베저-엠스 파켈〉(베저·엠스 지방 횃불) 등이었다.[25]

SAP는 매우 이질적인 조직이었다. 막스 자이데비츠와 쿠르트 로젠펠트가 이끄는 다수파는 조직을 사민당 쪽으로 이끌고 싶어 했고, '급진적 개혁주의'를 주장했다.[26] 파울 프뢸리히, 야코프 발허, 프리츠 슈테른베르크가 이끄는 소수파는 트로츠키의 영향을 받았다. 지도자들 사이의 또 다른 그룹은 스탈린에게 관대했다. 1932년 내내 SAP는 내부 분파 투쟁으로 완전히 마비됐다.[27]

SAP의 분파주의와 사기 저하는 선거에서 패배한 탓도 있었다. 사민당에서 갈라져 나왔을 때 SAP는 프로이센 주의회에서 3석을 물려받았다. [그러나] 1932년 4월 24일 프로이센 주의회 선거에서 이 3석을 모두 잃었다. 나치의 위협이 커질수록, 히틀러가 권력에 더 가까이 다가갈수록, 노동자들은 소규모 조직을 지지하는 것이 어리석은 일이라고 생각하게 됐다. 그래서 SAP의 득표는 다음과 같이 계속 감소했다.[28]

	주의회 선거	제국의회 선거	제국의회 선거
	1932년 4월 24일	1932년 7월 31일	1932년 11월 6일
브레슬라우	14,355	7,718	5,852
베스트팔렌 남부	7,717	3,176	1,648
헤센·나사우	7,532	2,925	1,779
바이에른	13,437	4,400	1,955
함부르크	2,302	959	715

헤센 주의회 선거 결과는 특히 흥미로운 사실을 보여 준다. 1931년 11월 15일 선거에서 SAP는 2만 3108표를 얻었다. 1932년 6월 19일에는 득표수가 1만 1689표로 떨어졌다. 1932년 7월 31일 제국의회 선거에서는 3008표로 급감했고, 11월 6일에는 1813표까지 떨어졌다.[29] 따라서 1년 만에 SAP는 지지자의 90퍼센트 이상을 잃은 것이다. 사민당이나 공산당을 지지하는 노동자들이 보기에, 단결을 촉구하던 SAP가 단지 분열파의 당은 아니라고 확신하기는 힘들었다.

KPO, 레닌동맹, SAP는 사민당과 공산당에 비하면 소규모 조직이었다. 1932년 초에 사민당과 공산당의 당원 수는 각각 100만 8953명과 28만 7180명이었다.[30] 두 당의 청년 조직도 상당히 컸다. 사민당은 [청년] 당원이 5만 465명이었고, 공산당은 6만 명이었다.[31] 그렇지만 독일 트로츠키주의자들과 직접 경쟁하는 좌파였던 KPO, 레닌동맹, SAP는 트로츠키주의자들이 극복하기 힘든 커다란 장애물이었다.

앞으로 보게 되겠지만, 독일의 트로츠키주의 조직은 결코 600명을 넘은 적이 없었다. KPO, 레닌동맹, SAP 세 조직은 모두 일간지를 발행했다. 트로츠키주의자들은 무엇을 갖고 있었는가? 1930년 4월부터 한동안 그들은 〈코무니스트〉(공산주의자)라는 작은 격주간지를 발행했다. 그러나 쿠르트 란다우와 결별한 뒤에는(나중에 설명하겠다) 공개 저널 발행을 모두 중단해야 했다. 그 대신 〈인포르마치온 불레틴〉(소식지) 복사본을 이용해서 조직원 간 연락을 유지했다. 1931년 7월에는 새로운 잡지 《페르마넨테 레볼루치온》(연속혁명)을 발행하기 시작했다. 이 잡지는 1931년 말까지는 매달 발행되다가 1932년 1월부터는 격주간지로, 마침내 1932년 7월 말부터는 신문 판형 주간지(겨우 4면)로 발행됐다. 《페르마넨테 레볼루치온》은 1931년 7월부터 1933년 2월까지 모두 합쳐 47호가 발행됐다. 발행 부수는 첫 호가 나온 이후 갑절로 늘어나서 1932년 8월에는 5000부가 됐다.[32]

이 보잘것없는 간행물과 공산당의 선전물을 비교해 보라. 1927년에 공산당은 일간지만 36종이 있었고,[33] 사민당은 일간지가 188종 있었으며, 정기 구독자는 둘 다 합쳐서 118만 8401명이나 됐다.[34]

작은 톱니바퀴가 큰 톱니바퀴를 돌릴 수 있지만, 둘의 차이가 너무 크면 그럴 수 없다. 500그램짜리 톱니바퀴가 1톤짜리 톱니바퀴를 돌릴 수는 없는 법이다. 그러려고 했다가는 작은 톱니바퀴의 이빨만 부러지고 말 것이다.

앞서 말한 세 조직 KPO, 레닌동맹, SAP는 모두 트로츠키주의자들과 마찬가지로 나치에 대항하는 공산당과 사민당의 공동전선 건설을 주장했다. 독일 노동자들이 직면한 이 결정적 문제와 관련해 세 조직의 주장과 트로츠키주의자들의 주장이 비슷했기 때문에 실제로 트로츠키주의자들이 노동자들을 끌어당기기는 매우 힘들었다. 서로 다른 사람들이 비슷한 노래를 부르면 목소리가 가장 큰 사람의 노랫소리가 잘 들릴 것이다.

브란들러파가 독일 공산당의 정책을 소련 공산당의 정책에서 파생된 것으로 보지 않았다는 사실과, 그들이 스탈린의 국내 정책만 지지한 것이 아니라 중국 혁명(1925~1927년)과 1926년 영국 [총파업]에 대한 스탈린의 외교정책도 지지했다는 사실 때문에 장기적으로 브란들러 노선은 아무 유산도 남기지 못하고 파산했다. 또, 단기적으로 브란들러가 트로츠키 쪽으로 조금이라도 이동하는 일이 독일에서 일어날 수도 없었다. 그리고 시간이 별로 없었다. … 히틀러가 문을 두드리고 있었다.

레닌동맹도 기본적으로 지노비예프파라는 그 성격 때문에 불안정하고 우유부단했다. 그래서 빠르게 와해됐지만, 그러는 동안 트로츠키주의의 길을 가로막는 장애물 구실은 할 수 있었다. 그리고 … 시간이 얼마 없었다.

SAP가 개혁과 혁명 사이에서 동요하는 중간주의 조직이었다는 사실 때문에 많은 당원들은 다시 사민당으로 돌아가거나 공산당으로 흘러들어 갔고, 당 자체는 1930년대 중반 민중전선에 합류했다. 역시 이것이 뜻하는 바는, 사건들의 역사적 규모에서 보면 SAP는 파산해 무익했음이 입증됐지만 독일에서 강력하고 효과적인 트로츠키주의 조직의 건설을 가로막는 또 다른 장애물 구실을 할 수 있었다는 것이다.

그러나 가장 큰 장애물은 트로츠키주의의 영향력에 대항한 독일 공산당 자체였다.

트로츠키주의의 영향을 받지 않은 독일 공산당

트로츠키는 독일 트로츠키주의 조직을 지렛대 삼아서 공산당을 움직이고 공산당 평당원들에게 영향을 미치고 싶어 했다. 그러나 트로츠키를 방해한 것은 두 조직 사이의 엄청난 격차만이 아니었다. 공산당의 질적 특징도 트로츠키주의가 아무 영향을 미치지 못하게 만들었다.

먼저 독일 공산당의 사회적 구성부터 살펴보자. 앞서 지적했듯이 많은 공산당원이 실업자였다. 1931년 말에 공산당원 가운데 실업자의 비율은 78퍼센트나 됐는데 1932년 4월에는 85퍼센트까지 올라갔다.[35] 공산당의 사회적 구성은 사민당과 매우 달랐다. 1930년에 사민당의 사회적 구성은 노동자가 59.5퍼센트, 교사와 봉급생활자와 공무원이 14.8퍼센트, 자유직이 0.6퍼센트, 주부가 17.1퍼센트, 연금생활자가 4.6퍼센트였다.[36]

공산당원의 압도 다수가 실업자였으므로 그들은 공장이나 철도 등에 고용된 사민당 노동자들과 대체로 거리가 멀었다. 이 때문에 공산당 지도부가 두 당의 공동전선을 방해하기가 용이했다.

실업이라는 조건 때문에 공산당원들은 초좌파주의나 '사회파시즘' 같은 '제3기' 정책들을 받아들이게 됐다. 또, 대중행동과 경제적 압력 행사에 의존하는 정책이 성공하기도 힘들어졌다. 그 대안은 점점 더 개인적 폭력에 의지하는 것이었다.

공산당원들은 안정적 실업자 운동을 유지할 수도 없었다. 역사가 이브 로즈내프트는 다음과 같이 지적했다.

> 실업자 운동의 불확실하고 불규칙한 발전에서 실업자들의 모호한 심리적 태도가 드러난다. 실업자들은 처지가 불안정해서 그들의 충성, 심지어 그들의 변덕도 신뢰하기 힘들었다. 상황에 따라 달랐지만, 장기간의 실직 상태는 조급성과 반란을 불러일으킬 수도 있었고 수동성과 체념을 낳을 수도 있었다.[37]

독일 공산당은 작은 무리가 소규모 거리 전투와 공격을 감행하는 전술에 몰두했다. 이 전술(때때로 '분대 투쟁'이라고 불렸다)은 실업자들의 쓰라린 심정, 조급성, 사회적 고립과 잘 맞았다.

1920년대 말에 무장 단체들이 많이 생겨났다. 그중 가장 중요한 것은 우익 민족주의자들의 철모단, 나치의 돌격대SA, 사민당의 흑적금黑赤金국기단, 공산당의 붉은전선투사단RFB이었다. RFB는 나치에 대항하는 무기 구실을 하며 돌격대에 맞서 자기방어 행동을 조직했다. 그러나 실업자들에게 기반을 두고 있었으므로 매우 불안정했다. 1930년 12월에 RFB 단원 수는 약 9만 5000명이었다.

그러나 1931년 하반기에 그 운동은 정체하기 시작했고, 단원 수는

1932년 내내 감소했다. 때로는 등록된 단원 중에 회비를 내는 사람이 5분의 1도 안 됐다. 베를린·브란덴부르크의 상황은 특히 불만족스러웠는데, 투사단에 등록된 단원 수가 1931년 5월에는 1만 명에서 1만 2000명 사이였다가 1932년 6월에는 5000명으로 감소했다. 베를린의 한 [공산당] 지부는 당원 수가 모두 5000명이었지만 파견대는 겨우 35개뿐이었다.

또 투사단은 높은 실업률, 불충분한 공장 기반, 급등락하는 회원 수 같은 낯익은 복잡한 문제에 공산당보다 더 심하게 시달렸다. 1931년 12월 베를린·브란덴부르크에는 고작 4개의 공장 파견대만이 남아 있었다.[38]

공산당은 산업 부문에서 대중행동을 조직하지 못하고 독자적으로 대중 파업을 벌일 수도 없었으므로 자연히 개인적 테러를 손쉬운 탈출구로 여기게 됐다. 이것은 절망에서 비롯한 것이었다.

지도부의 관점에서 보면 개인적 테러는 손쉬운 탈출구였다. 그것은 불충분한 [투쟁] 방식에 대한 실망이 아니라, 성공 가능성에 대한 절망에서 비롯했다. 따라서 그것은 형식뿐 아니라 성격과 기원에서도 이상과 거리가 멀었다. 흔한 원칙적 주장처럼, 둘은 절대로 양립할 수 없었다. 이 점은 계획된 대중행동을 개인적 테러리스트들이 의도적으로 방해했던 사례들에서 매우 잘 나타난다. 1932년 "슈테틴 역 근처에서" 일어난 사건을 보고한 헤르베르트 베너에 따르면, 공산당과 사민당이 모두 참여해서 항의 행동을 신중하게 조직했지만 한 무리의 RFB 단원들이 문제의 돌격대 술집을 기습하는 바람에 무산되고 말았다.[39]

공산당은 대중행동 분야, 특히 산업 투쟁이 취약하다 보니 '분대 투쟁' 전술에 의지하게 됐다. 그 결과 당의 대중행동 실행 능력이 더 취약해지는 악순환이 거듭됐다.

공산당의 무장 단체는 돌격대 술집을 물리적으로 공격하는 일에 몰두했다(그런 술집을 장악하는 것이 매우 중요했던 이유는 그곳을 중심으로 인근 지역이 조직되고 통제됐기 때문이다).

> 돌격대 술집, 즉 흔히 돌격대 막사(카제르네)로 알려진 곳을 공격하는 활동은 대체로 1931년 4월에 시작됐다. 4월 23일 자 〈로테 파네〉는 돌격대 막사로 알려진 술집 목록을 주소·전화번호와 함께 공개하면서 다음과 같이 끝맺었다. "자기방어는 공격당한 모든 사람의 권리다." … 그러나 8월 말이 돼서야 당은 [돌격대] 술집을 공격하는 활동을 직접 요구하기 시작했다.

오랫동안 계속된 그 활동은 결국 공산당의 패배로 끝났다. 나치는 술집 소유자들을 매수할 돈이 있었다.

> 이 몇 달 동안 돌격대가 술집 주인들에게 직접 접근해서 돈을 벌게 해주겠다고 약속하는 방식으로 술집들을 '정복'했다는 사실은 노동운동 안에서 상식이었다. 프리드리히스하인과 노이쾰른 지역의 사람들은 [나치가] 맥주를 한 달에 약 4800리터씩 팔아 주기로 약속했다고 이야기했다. 그런 나치의 활동은 공산당 평당원들의 절망적 처지를 두드러지게 했다. 나치는 그 지도자들이 먹이고 입혀 줬을 뿐 아니라, 노동자들의 시설이나 기관도 사들일 수 있었다.[40]
>
> 돌격대 술집을 공격하는 활동은 일련의 고립된 습격이 돼 버렸고, 이것은 공산당이 해 볼 만한 일이라기보다는 당의 골칫거리로 여겨지게 됐다.[41]
>
> 거리 투쟁의 더 폭넓은 결과들에 대해 확실한 결론을 내리기는 어렵다. 그러나 우리가 아는 것은 거리 투쟁이 1933년 이전에 일부 평당원들에

게 분노와 환멸을 자아내며 끝났다는 것과 노동계급의 더 광범한 집단이 거리 전투에서는 [나치를] 이길 수 없다는 교훈을 끌어냈다는 것이다. … 돌격대의 테러는 … 투사들의 투쟁 에너지를 노동계급 행동의 전통적 중심들에서 프롤레타리아가 가장 취약한 분야로 옮겨 가게 하는 구실을 했다고 말할 수 있다.[42]

공산당은 딜레마에 부딪혔다.

대불황기 베를린의 정치 활동 상황, 그리고 당 자체와 당을 보조하는 기구들의 성격 때문에 대중행동이 힘들어졌고, 공포 분위기 조성 음모가 부추겨졌다. … 1931년 11월 말에 파울 양케[노이쾰른 지역 공산당 간사이자 정치적 지도자 — 지은이]는 동료들에게 다음과 같이 말했다. "제가 보기에 대규모 테러는 전혀 불가능합니다. … 지금 파시즘을 억제할 수 있는 것은 테러뿐인데, 만약 그것이 실패하면 장기적으로 [우리는] 모든 것을 잃을 것입니다."[43]

이런 '분대 투쟁'은 공산당원들이 트로츠키주의자들의 주장을 무시하게 만들었고, '사회파시즘' 이론을 강화해 줬다.

거리 전투에서 파시스트들을 보호해 주던 경찰은, 독일 인구의 3분의 2가 살고 있는 프로이센에서 그랬듯이 흔히 사민당 정부의 지원을 받았다. 따라서 나치와 경찰·중앙정부와 사민당이 단일한 파시즘 전선을 형성하고 있다는 생각이 맞는 것처럼 보였다.

공산당 당원 구성의 또 다른 특징은 탈퇴 비율이 극히 높았다는 것이다. 1930년 말에 당비를 내는 공산당원 18만 명 가운데 겨우 20.5퍼센트만이 1년 이상 된 당원이었다. 그해에 14만 3000명이 당에 가입했지만 9만 5000명이 탈퇴했다.[44]

1932년 루르 광산지대의 작업장 세포들로 구성된 공산당 대의원 협의회를 살펴보는 것은 매우 유익하다. 공산당에 가입한 지 몇 달밖에 안 됐거나 겨우 1년이 조금 넘은 대의원이 전체의 약 4분의 3이나 됐다.[45] 공산당원들의 불안정성과 사민당원들의 안정성은 아주 대조적이다. 1930년에 사민당을 조사한 결과를 보면, 당원의 21퍼센트는 당에 가입한 지 15년이 넘었다. 27퍼센트는 10년이 넘었고, 53퍼센트는 5년이 넘었다. 따라서 1930년에 사민당원의 4분의 1은 바이마르공화국 기간 내내 당비를 내던 사람들이었고, 5분의 1은 제1차세계대전 전부터 내던 사람들이었다. 고작 8퍼센트만이 가입한 지 1년쯤 된 당원들이었다.[46]

공산당원들은 이론적 수준도 매우 낮았다. 스탈린주의 지도부에게 잘못 교육받았고 당에 속한 기간도 매우 짧았으므로 공산당원들은 사상적으로 매우 취약할 수밖에 없었다. 당원들이 이론에 관심이 없었음을 분명히 보여 주는 사례 하나는 공산당 월간 이론지 《인터나치오날레》(인터내셔널)의 판매 부수가 너무 적었다는 것이다. 1929년에 겨우 1200부만이 당내에서 판매됐다. 당시 당원이 13만 5160명이었는데도 그랬다. 심지어 일간지 〈로테 파네〉의 판매 부수도 아주 적었다(약 2만 5000부).[47]

독일 공산당원들의 특징, 즉 실업자가 많고 정치적 경험은 별로 없고 가입 기간도 짧았다는 점은 당 지도부가 사회파시즘 이론을 전파하는 데 도움이 됐을 뿐 아니라, 만만찮은 반대파를 모두 고립시키고 물리치는 데도 도움이 됐다. '제3기'의 초좌파주의 정책은 이 참을성 없는 청년 실업자들의 심리적 욕구에 잘 맞았다. 스탈린주의 지도부가 불안정한 당원 대중을 조종하기는 매우 쉬웠을 것이다. 만약 당원들이 경험 많은 취업 노동자들이었다면, 오랫동안 작업장에서 노동조합 조직의 실천을 통해 훈련되고 당에서 교육받은 그런 노동자들이었다면, 스탈린주의 지도부가 그들을 조종하기는 힘들었을 것이다.

상시적 위기에 시달린 독일 트로츠키주의 조직

[프랑스의 역사가이자 트로츠키주의자인] 피에르 브루에는 하버드대학교의 트로츠키 문서 보관소를 조사한 끝에 다음과 같은 결론에 이르렀다. "당시[1927년경 — 지은이] 독일의 진정한 트로츠키주의자들은 외교적 망명 상태에 있던 소련 동지들뿐이었다."[48] 옳은 말이다. 레닌동맹이 트로츠키에게 비우호적인 것은 아니었다. 1927년부터 1929년까지 레닌동맹의 언론에는 트로츠키의 글과 편지가 매주 실렸다. 레닌동맹의 신문 〈파네 데스 코무니스무스〉(공산주의의 깃발)는 당시 트로츠키에게 견해 표명의 기회를 준 유일한 저널이었다. 레닌동맹은 트로츠키의 글과 소책자, 러시아 좌익반대파의 글과 소책자 상당수를 배포하기도 했다. 또, 레닌동맹은 다른 소규모 단체(베딩[베를린의 한 지역] 반대파)와 함께 독일에서 트로츠키의 알마아타 추방과 이후 터키 망명에 항의하는 운동을 전개한 유일한 조직이었다.

트로츠키가 터키로 망명한 후 레닌동맹은 엑스라샤펠[아헨]에서 '금지된 볼셰비키 방어 대회'를 열었다. 그 대회에는 독일·프랑스·벨기에·네덜란드의 반대파 그룹들이 참가했다. 대회는 트로츠키와 그의 동지들을 지원할 위원회를 만들기로 결정했다. 그 위원회의 의장은 후고 우르반스였다. 그러나 우르반스와 트로츠키 사이에는 처음부터 이견이 있었는데, 소련의 계급적 성격 문제나 독일 공산당과 갈라져 새로운 공산당을 건설하는 문제 등 여러 쟁점에서 둘의 견해는 달랐다. 나중에 이를 두고 트로츠키와 우르반스가 논쟁할 때 레닌동맹의 지도자 두 명, 즉 안톤 그릴레비치와 요코(요제프 콘)가 트로츠키 편으로 넘어왔다.

트로츠키는 오스트리아 트로츠키주의자인 쿠르트 란다우에게 베를린으로 가서, 말하자면 "현장을 느껴 보라"고, 즉 레닌동맹에 개입해 독일에서 트로츠키주의의 영향력을 확대해 보라고 요청했다.

쿠르트 란다우는 열여덟 살 때부터 오스트리아 공산당에서 적극적으로 활동했고, 매우 빠르게 당 지도부의 일원이 됐으며, 선동과 선전을 책임지는 중앙위원과 중앙 기관지 〈로테 파네〉의 편집장을 지냈다. 1925년에 트로츠키주의자가 된 란다우는 오스트리아 공산당의 '볼셰비키화'에 반대한 주요 인사 중 한 명이었다. 그는 1926년 당에서 제명되자 다른 당원 수십 명과 함께 〈노이에 만루프〉(새로운 경고)라는 저널을 중심으로 독자적 조직을 건설했다. 트로츠키가 러시아에서 추방된 뒤 란다우는 트로츠키와 접촉했다. 1929년 8월 중순에 란다우는 베를린으로 가서 정착했다.

1929년 10월 25일 레닌동맹의 신문 〈파네 데스 코무니스무스〉는 레닌동맹 안에 트로츠키주의 분파가 결성됐다고 보도했다. 그와 동시에 트로츠키주의자 두 명, 즉 안톤 그릴레비치와 요코가 레닌동맹 지도부에서 제거됐다. 1930년 2월 23일 레닌동맹 협의회는 트로츠키주의자들을 모두 제명했다.

1930년 3월 30일 독일의 모든 트로츠키주의자들이 베를린에 모여서 통합좌익반대파 창립 대회를 열었다. 그러나 이 통합 대회는 매우 안타까운 사건이었다. 격렬한 분쟁으로 말미암아 조직이 만들어지기도 전에 사실상 산산조각 났기 때문이다. 독일 트로츠키주의 운동을 연구한 역사가 아너그레트 쉴레는 동지들끼리 서로 "중상모략과 음모", "파벌 근성", "분파주의"라는 말을 써 가며 비난했다는 이야기를 들려 준다.

트로츠키는 독일 조직의 상태를 보고 크게 낙담했다. 통합 대회가 끝나고 3개월쯤 지난 1930년 6월 21일에는 다음과 같이 썼다.

> 최근 독일 지부에서 날카로운 내분이 일어났고, 결국 노이만·요코·그릴레비치 동지가 지도부에서 탈퇴했다. 이런 행동은 그 전의 많은 행동과 마찬가지로, 정말이지 고전적 형태의 진정한 문학적·관료적 음모의 성격을 띠고 있다. 앞서 말한 동지들은 탈퇴의 원칙적 이유를 귀띔조차 하지 않았다. 그들의 잘못된 행동을 바로잡으려는 노력은 모두 수포로 돌아갔다. 자연히, 이 동지들은 이제야 자기 행동의 '원칙적' 이유들을 찾기 시작할 것이다. …
> 원칙적 이유들 때문에 마르크스주의적·혁명적 부류가 [좌익]반대파로 들어왔지만, 규율을 참지 못하고 집단적 노력을 실천할 수 없는 개인주의적·프티부르주아적·룸펜적 부류도 들어왔다. 그런 사례는 많이 들 수 있다. 더욱이, 오랫동안 반대파가 오로지 문학적 생활만 하다 보니 반대파 대열 안에서 폐쇄적 서클과 문학적 오만함이 자라났다. 그런 부류의 특징은 노동자 조직들에 전혀 주의를 기울이지 않는다는 점이다. 늘 반대만 하다 보면, 자만심과 젠체하는 분위기가 생겨날 수 있고 실제로 생겨난다. 또 말할 때마다 반드시 '대중', '프롤레타리아', '대중'을 들먹이지만 대중을 대표하는 개인들에게는 전혀 주의를 기울이지 않는 사람들도 나타난다. 그들은 심지어 자기 대열 사람들에게도 주의를 기울이지 않고, 진정한 당내 민주주의를 바탕으로 사람들을 활동에 참여시키고 그들과 협력하려는 노력도 하지 않는다.[49]

1931년 2월 17일 국제 좌익반대파의 모든 지부에 보내는 편지에서는 독일 트로츠키주의자들의 상태에 관해 다음과 같이 말했다.

사실을 외면해서는 안 됩니다. 우리는 많은 반대파 그룹과 그 소그룹이 공식적 [공산]당의 우스꽝스러운 모방일 뿐이라고 공공연히 말해야 합니다. 그들은 공식적 당의 나쁜 점은 흔히 과장된 형태로 모두 갖추고 있는 반면에 좋은 점, 즉 노동자들의 수가 많다는 장점은 전혀 갖추고 있지 않습니다. …

확신컨대, 제가 보기에 프롤레타리아 혁명가에게는 초보적인 기본 원칙들이 일부 반대파 지도자들에게는 전혀 없습니다. 그들은 보수적 심리를 뚜렷이 발전시켜 왔습니다. 그런 심리의 특징은, 자신의 서클과 관련된 것이라면 무엇이든 지극히 민감하게, 흔히 역겨울 만큼 민감하게 반응하면서도 나머지 세계와 관련된 것이라면 무엇이든 철저하게 무관심하다는 점이라고 할 수 있습니다. …

지난 몇 년 동안 저는 작센·베를린·함부르크에서 보낸 매우 혼란스러운 편지와 문서를 잇따라 받았을 뿐 아니라, 국제 좌익반대파가 독일 [반대파의] 위기에 개입해 달라는 긴급한 요청들도 받았습니다.[50]

트로츠키는 독일 좌익반대파의 위기를 극복하기 위한 조치들을 많이 제안했는데, 예컨대 이런 것들이다.

독일 반대파 내부의 분파 투쟁과 관련된 보복·제명·해임을 모두 중단해야 한다. 순전히 개인적 사건들이 문제라면, 요청에 따라 국제사무국[국제 좌익반대파 사무국] 대표들이 참여해서 그 문제들을 조사해야 한다.

(함부르크 등지에서) 이미 제명된 동지들이 호소한 사항을 조사할 때는 되도록 권위 있는 특별 통제위원회가 국제사무국과 협력해서 결정을 내려야 한다. …

조직적 충돌과 이견이 표면화한 모든 경우에, 조사는 국제사무국에 맡겨야 하고 특별히 신뢰할 만하고 편견이 없는 다른 지부 동지들과 협력

해야 한다.[51]

1931년 4월 4일 트로츠키주의 조직 지도부의 일원인 오스카어 자이폴트에게 보낸 편지에서 트로츠키는 다음과 같이 말했다. "독일 좌익반대파는 관료 기구의 부실한 관행과 기만적 방식을 우스꽝스럽게 모방한 최악의 사례입니다."[52]

트로츠키는 심지어 1933년 1월 30일 히틀러가 독일 총리가 된 뒤에도 독일 트로츠키주의자들이 난국에 대처하지 못했다며 불평을 멈추지 않았다. 1933년 2월 22일에는 [트로츠키의 협력자이자 비서였고 국제 좌익반대파 지도부의 일원이던] 얀 프랑켈에게 편지를 보내 다음과 같이 말했다.

> 놀라운 일은 독일인들 자신은 전혀 움직이지 않는다는 것입니다. 여기[터키]서 문제가 무엇인지를 이해하기는 어렵습니다. 즉, 독일에 우울과 체념의 분위기가 만연해 있는 것인지 아니면 우리 조직에 진취성이 전혀 없는 것인지 알기는 어렵습니다. 우리 지도부가 능동적이고 대담했다면 지금쯤 우리의 권위가 매우 높아졌을 것이라는 점, 적어도《페르마넨테 [레볼루치온]》의 규모가 상당히 커졌을 것이라는 점은 의심의 여지가 없습니다. …《페르마넨테》는 모든 동지와 지지자에게 이제 신문 판매, 모금, 선동, 조직화를 열 배 늘리자는 현실적 호소조차 하지 않습니다. … 이 재앙적 타성은 독일 프롤레타리아의 분위기가 일반적으로 침울한 탓입니까 아니면 우리 조직의 구체적 상황 때문입니까?[53]

1931년 6월 독일 트로츠키주의 조직은 분열했다. 총 230명의 회원 가운데 80명을 이끌고 란다우가 나가 버렸다.

공식적 좌익반대파, 즉 란다우와 함께 나가지 않고 남은 사람들은 바우첸(5명), 베를린(10명), 브루흐잘(45명), 포르스트(5명), 동프로이센의 골다프(5명), 함보른(4명), 함부르크(5명), 하이델스하임(10명), 쾨니히스베르크(10명), 라이프치히(50명), 마그데부르크(5명)에 모두 합쳐 150명이 있었다.[54] 통합좌익반대파는 결코 창립 때보다 더 강력해지지 않았다. 이제부터 그 조직은 성장하게 되지만, 너무 늦었다. 1932년 6월부터 1933년 초까지 지역 조직들의 회원 수는 네 배로 늘어났다. 십중팔구 1932년 말에는 44개 지역 조직에 약 600명의 회원이 있었다.[55] 이 지역 조직들은 주요 대도시에서 너무 약했다. 그들이 얼마나 보잘것없었는지는 1932년 6월 현재 지부들의 규모를 보여 주는 다음 표에서 분명히 드러난다.[56]

회원 수	지부 수
1~3명	14개(에르푸르트, 쾰른 등)
4~15명	15개(브레슬라우, 드레스덴, 뒤셀도르프, 프랑크푸르트, 슈투트가르트 등)
20명 이상	5개(베를린, 라이프치히, 함부르크, 오라니엔부르크, 브루흐잘)

회원 수가 50명인 베를린의 트로츠키주의 조직이 1932년 11월에 베를린·브란덴부르크 지역에만 당원이 3만 4000명쯤 있던 공산당에 어떻게 영향을 미칠 수 있었겠는가?[57]

트로츠키주의자들이 나치에 맞서 노동자들의 공동전선 조직을 건설할 수 있었던 지역이 두 곳 있었다(브루흐잘과 클링겐탈). 트로츠키는 이 경험의 중요성을 매우 열심히 강조했다. 히틀러가 집권하기 1년 전에 출판된 《다음에는 무엇이?》에서 트로츠키는 다음과 같이 썼다.

촌구석인 브루흐잘과 클링겐탈에서 [좌익반대파] 지역 조직들이 이룩한 성과, 즉 개혁주의적 관료 상층부의 보이콧에도 불구하고 공산주의자들이 SAP, 노동조합과 함께 방어 조직을 건설한 것은 비록 그 범위가 별로 대단하지는 않지만, 독일 전체에 적용돼야 할 모범 사례다. … 브루흐잘과 클링겐탈의 경험이 독일 전체로 확산되기만 하면 독일의 전망은 완전히 달라질 것이다.[58]

불행히도, 바덴 지방에 있는 브루흐잘은 매우 작은 도시였다. 1970년에도 총인구가 2만 7100명이었다(1930년대 초에는 좀 더 적었다). 작센주에 있는 클링겐탈은 (1967년에) 인구가 1만 4700명이었다.

브루흐잘에서는 트로츠키주의자들이 유난히 강력해서 100명이나 됐지만 공산당은 대단히 약했다. 1930년 말 지방선거에서 브루흐잘의 트로츠키주의자들은 889표를 얻어서 지방의원 6석을 확보한 반면, 사민당은 5석을 얻었고 공산당은 1석도 얻지 못했다.[59] 브루흐잘에서 트로츠키주의자들은 '프롤레타리아의 공동전선'을 건설할 수 있었다.[60] 1931년 12월에는 브루흐잘에서 노동자 1500명이 반파시즘 시위를 벌였다는 보도도 있었다.[61]

1932년 말에 독일의 트로츠키주의 조직은 새롭고 만만찮은 위기에 직면했다. 이때쯤 아돌프 제닌과,* 로만 벨이라는** 가명을 사용하는 그의 형(나중에 스탈린의 첩자로 밝혀졌다)은 스탈린주의에 타협하는 태도를 취한다는 것이 분명해졌다. 벨은 통합좌익반대파 중에서 비교적 강력한 라이프치히 지부의 지도자였고, 제닌은 작센 지부의 지도자였다. 그들이 시작한 분파 투쟁의 절정은 가짜 《페르마넨테 레볼루치온》을 발행한 것이었다. 이 가짜 잡지는 1933년 1월 20일에

* 본명은 아브라함 소볼레비치우스다.

** 본명은 루벨리스 소볼레비치우스다.

발행됐다(그때는 히틀러가 총리가 되기 10일 전이었다). 그 가짜 잡지는 좌익반대파의 다수가 정치적·조직적으로 트로츠키주의와 결별했다고 주장했다. 독일과 소련에 관한 트로츠키의 전망은 파산했다고도 말했다. 독일 공산당의 정책들을 날카롭게 비판하며 파시즘과 임박한 재앙을 경고한 트로츠키의 주장이 근거 없다는 것이었다. 스탈린주의 언론, 즉 베를린의 〈로테 파네〉, 〈인프레코어〉[코민테른이 발행한 신문], 〈뤼마니테〉[프랑스 공산당 기관지] 등은 "독일의 트로츠키주의 그룹이 붕괴했다"고 보도했다.

진짜 《페르마넨테 레볼루치온》의 다음 호는 '투항자' 명단에 있는 127명 가운데 35명만이 한 번이라도 통합좌익반대파에 속한 적이 있다고 밝혔다.[62] 그래도 분열은 쓰라린 뒷맛을 남겼다.

트로츠키주의 운동에서 스탈린의 첩자들이 한 구실

이와 같이 스탈린이 트로츠키주의 운동에 심어 놓은 첩자들은 엄청난 해를 끼쳤다. 라이프치히 트로츠키주의자들의 지도자였던 로만 벨은 독일에서 〈뷸레텐 오포지치〉의 배포 담당자이기도 했다. 세도프는 머잖아 소련 자체와 인접국들에서 〈뷸레텐 오포지치〉를 배포하는 일도 로만 벨에게 의지했는데, 이것은 훨씬 더 심각한 사태였다.[63]

로만 벨 자신은 또 다른 첩자 야코프 프랑크를 트로츠키에게 추천해서, 그가 독일 조직의 전국 지도부에 포함되게 했다.[64] 따라서 스탈린의 첩자 한 명이 다른 첩자를 추천한 것이다. 야코프 프랑크는 1929년 5월 25일 프린키포섬에 있던 트로츠키를 방문한 뒤에 곧 트로츠키의 독일 비서 노릇을 하게 됐다. 그가 러시아어를 할 줄 알았기 때문이다. 빈에서 발행되는 스탈린주의 신문 〈로테 파네〉는 2년

후 야코프 프랑크와 오스트리아 트로츠키주의자 12명이 트로츠키를 비난한 성명서를 공개했다.[65] 독일의 트로츠키주의자 대열에 침투한 또 다른 게페우 첩자는 라트비아인 발렌틴 P 올베르르크였다.

다른 나라의 트로츠키주의 운동에도 스탈린의 첩자들이 침투했다. 예컨대, 세도프는 J 오빈이라는 이름으로 글을 쓰기도 한 M 밀을 국제 좌익반대파 사무국원으로 선발했다. 밀은 프랑스 지부에서 활동하며 내부 분파 투쟁에서 중요한 구실을 했다. 그 분파 투쟁 끝에 경험 많고 노련한 혁명가인 알프레드 로스메가 국제 좌익반대파를 떠났고 그다음에는 몰리니에가 국제 좌익반대파에서 떨어져 나갔다. 밀은 자신의 개인적 음모 때문에 1932년 직책에서 해임되자 공공연하게 스탈린주의자임을 드러냈다.

그렇지만 트로츠키주의 운동에 침투한 스탈린의 첩자 가운데 단연 가장 중요한 사람은 에티엔이라는 가명을 사용한 마르크 즈보로프스키였다. 국제사무국의 일원이었던 그는 세도프를 중심으로 하는 러시아어 소그룹에 참여했다. 이 그룹은 〈뷸레텐 오포지치〉를 발행하는 책임을 맡고 있었다. 마르크 즈보로프스키는 세도프 살해에도 관여했다.

이 첩자들은 러시아어를 할 줄 안다는 점 덕분에 트로츠키주의 운동의 고위직으로 쉽게 올라갈 수 있었다. 밀이 해임된 후인 1933년 10월에 트로츠키는 다음과 같이 설명했다.

> 외국에서 러시아인 볼셰비키·레닌주의자를 찾는 것은 극히 어려운 일이다. 순전히 기술적 업무를 맡을 사람만 찾으려고 해도 그렇다. 밀이 한동안 [국제] 좌익반대파 사무국에서 일할 수 있었던 이유는 오로지 그것뿐이다. 러시아어를 알고 사무국 업무를 처리할 수 있는 사람이 필요했던 것이다. 밀은 한때 공식 당의 당원이었고 이런 의미에서 확실한 개인

적 신뢰를 얻을 수 있었다.[66]

트로츠키주의 운동이 기본적으로 취약했기 때문에 스탈린의 첩자들이 트로츠키주의 운동의 고위직에 그토록 빠르게 올라갈 수 있었고, 정말 많은 해를 끼칠 수도 있었다.

경찰 첩자였던 로만 말리놉스키가 볼셰비키 중앙위원이었고 제정 시절 두마에서 볼셰비키 의원단 지도자였다는 것은 사실이다. 그러나 말리놉스키가 볼셰비키에 해를 끼친 것은 스탈린의 첩자들이 트로츠키주의 운동에 해를 끼친 것과 비교하면 아무것도 아니었다. 경찰 끄나풀이 효과적으로 활동할 수 있는 경우는 상황이 그들의 활동에 적합할 때뿐이다.

혁명 전의 볼셰비키에도 오흐라나[러시아제국의 보안경찰] 첩자들이 많이 침투했다. 1910년 초 [오흐라나의] 주도면밀한 대량 체포 작전 이후 경찰 첩자인 쿠쿠시킨이 모스크바 지역 조직의 책임자가 됐다. 오흐라나의 한 행동 대원은 "우리의 이상이 실현되고 있다. 보안경찰 첩자들이 모든 모스크바 조직의 책임자가 됐다"고 썼다. 페테르부르크라고 해서 상황이 더 나은 것은 아니었다. 러시아 당의 대표들이 외국에서 회의를 열 때마다 적어도 1명 이상의 오흐라나 첩자가 반드시 참석했다. 페테르부르크에서 볼셰비키의 합법 일간지 〈프라우다〉가 창간된 1912년에 경찰 첩자 2명, 즉 미론 체르노마조프와 로만 말리놉스키가 편집부에 속해 있었다. 체르노마조프는 편집장이었고 말리놉스키는 정기적으로 기고하는 편집자이자 회계 담당자였다. 경찰은 〈프라우다〉에 기부금을 낸 사람과 〈프라우다〉 정기 구독자 전원이 적힌 명단을 말리놉스키한테서 입수했다. 그러나 말리놉스키를 비롯한 오흐라나 첩자들이 끼친 피해는 매우 제한적이었다. 볼셰비키는 두마 의원들을 매우 엄격하게 통제했다. 그래서 두마의 볼셰비키 그룹 지도부를 경찰 첩자인 로만 말리놉스키가 장악했을 때조차 그의 두마 활동에서 경찰이 얻는 것보다 당이 얻는 것이 훨씬 많았다. 레닌은 두마 의원들의 연설문을 많이 써 줬다. 말리놉스키는 자신이 극히 유용한 볼셰비키 선동가임을 입증해 보였다![67]

스탈린의 첩자들은 트로츠키주의 운동 내부의 분파 투쟁을 부채질하는 데서 매우 중요한 구실을 했다. 그들에게 당한 피해는 막대했다. 그런데 다른 우연적 인물들도 트로츠키주의 운동에 해를 끼쳤다.

트로츠키와 쿠르트 란다우가 처음으로 갈라서게 만든 에리히 케른이 그런 경우였다. 1930년 9월 란다우의 오스트리아 트로츠키주의 조직, 즉 만루프 그룹은 자기 조직을 떠나 다른 트로츠키주의 조직에 가입한 케른을 경찰 첩자라고 비난했다. 국제사무국은 밀(게페우 첩자)과 레몽 몰리니에를 보내서 조사하게 했다. 그들의 조언에 따라 케른은 명예를 회복했다. 트로츠키는 란다우 그룹이 케른을 의심한 것은 어리석고 이기적인 짓이라고 크게 책망했다. 그리고 이런 것들은 "반쯤 공산주의적인 서클들과 4분의 1쯤 공산주의적인 보헤미안 서클들의 전형적 특징"이라고 말했다.[68] 1933년에 케른은 나치에 가입했고, 1938년 독일이 오스트리아를 합병한 뒤에는 나치를 공공연히 옹호하는 책을 많이 썼다.[69]

독일 트로츠키주의자들의 기본적 약점

독일 트로츠키주의자들의 비극은, 그들이 행동에 나서려고 했을 때 이미 경기장에 많은 선수가 있었다는 사실(공산당과 사민당이라는 1부 리그 선수들 말고도 KPO, 레닌동맹, SAP라는 4부 리그 선수들까지 있었다)뿐 아니라, 4부 리그로 올라가는 데 필요한 최소한의 수준에도 결코 이르지 못했다는 점이었다.

그것은 단지 사람 수가 많고 적은 문제가 아니었다. 앞으로 보게 되겠지만, 작은 조직의 사회적 구성은 한 조직의 잠재력을 결정하는 많은 요인 가운데 하나일 뿐이다. 그렇다 해도 트로츠키주의 조직들의 사회적 구성은 매우 형편없었다. 1930년 1월 21일 트로츠키는 다음과 같이 썼다.

> 많은 나라에서 … 부차적 집단들도 진정한 혁명가들과 나란히 당에 가입했다. 즉, 기운이 빠지고 환멸을 느낀 공산주의자들, 훨씬 더 나쁜 경우에는 탁상공론만 늘어놓으며 허세 부리는 공산주의자들도 당에 가입한 것이다. 그들은 모든 종류의 진지한 혁명 투쟁에는 부적합하다. 오히려 노동자들의 눈앞에서 좌익반대파의 깃발을 더럽히는 행동만 일삼는다.[70]

1931년 1월 31일 "독일 상황의 문제들"에서는 다음과 같이 썼다.

> 유럽에서 우리 좌익반대파에 가입한 젊은 동지들은 대부분 당 [활동]과 대중투쟁에 얼마 동안이든 진지하게 참여할 기회가 없었던 사람들이다. 게다가, 혁명이 계속 퇴조함에 따라 종파주의와 '서클적' 분위기가 형성되는 상황에서 반대파는 발전하고 있다.[71]

트로츠키는 독일 지부의 [사회적] 구성이 압도적으로 프티부르주아적이라는 사실을 매우 불안하게 여겼다. 그래서 1932년 3월 6일 제닌에게 보낸 편지에서는 독일의 트로츠키주의 반대파가 "독일 태생의 공장노동자 10명"도 가입시키지 못했(고 겨우 몇 명의 지식인과 이민자만을 끌어들였)다고 말했다.[72]

몇 달 뒤인 11월 트로츠키는 코펜하겐에 가서 러시아 혁명을 주제로 연설할 때 유럽 좌익반대파의 여러 지도자들과 만날 기회가 있었는데, 그중에는 독일인도 몇 명 있었다. 트로츠키는 제닌에게 보낸 편지에서 말한 것보다 훨씬 많은 노동자가 독일 지부에 있다고 결론지었다. 1932년 12월 16일에 쓴 편지에서는 다음과 같이 말했다.

> 독일 동지들의 보고와 대의원 구성을 보면, 독일 지부의 대열에는 정치적으로 충분히 자격을 갖추고 있고 대중조직과 연관도 맺고 있는 노동계급 공산주의자 간부들이 만만찮게 존재한다는 사실을 분명히 알 수 있습니다. 우리는 바로 이 커다란 성과에서 출발해야 하고 더 성장해야 합니다. 먼저, 우리는 지도부의 구성이 더 프롤레타리아적으로 되고 대중과 관계가 더 밀접해지도록 확실히 노력해야 합니다.[73]

오스카어 히페와[74] 게오르크 융클라스의[75] 회고록들을 보면 알 수 있듯이 독일 지부에 노동자들이 많았다는 것은 의심의 여지가 없다.

그렇지만 노동계급과 분리된 프티부르주아적 부류들이 독일 지부를 짓눌렀다. 앞서 봤듯이, 독일의 다른 노동자 정당들뿐 아니라 KPO, 레닌동맹, SAP의 사회적 구성도 압도적으로 프롤레타리아적이었다.

저술가 트로츠키가 트로츠키주의 조직보다 훨씬 더 큰 호소력이 있었다. 그래서 《페르마넨테 레볼루치온》은 그 절정기에도 인쇄 주문량이 5000부였는데, 트로츠키의 소책자와 책은 그것보다 훨씬 많이 팔렸다. 트로츠키의 소책자 《민족 공산주의 비판》(1931년 9월)은 3판까지 발행돼 1만 5000부가 팔렸다. "파시즘은 승리할 것인가?"와 "우리는 어떻게 국가사회주의를 이길 것인가?"라는 두 글이 포함된 소책자도 3판까지 발행돼 3만 5000부가 팔렸다. 《다음에는 무엇이?》는 2판까지 발행돼 1만 5000부가 팔렸다.[76]

맺음말

트로츠키는 독일의 좌익반대파가 공산당과 함께 공동전선 정책을 실행해야 한다고 주장했다. 1929년 9월 30일 그는 다음과 같이 썼다.

> 독일의 공산주의 좌익반대파는 공식 당과 관련해서 **공동전선** 정책을 실행해야 한다. 그러지 않으면 좌익반대파는 계속 종파로 남아 있다가 쇠퇴하고 말 것이다.[77]

그러나 베를린에 회원이 50명밖에 없는 좌익반대파가 어떻게 당원이 3만 4000명인 공산당에 압력을 가할 수 있었겠는가?

브루흐잘과 클링겐탈에서는 좌익반대파가 공동전선을 건설하는 데 성공했다. 그러나 그것은 여러 대도시에서 공산당·사민당 당원과 지지자의 의식에 전혀 영향을 미치지 못했다. 공동전선을 요구하는 소규모 조직의 존재 자체가 형용모순처럼 보였다. 좌익반대파는 대중정당 당원들이 작은 조직에 가입하거나 작은 조직을 따르기를 매우 싫어하는 경향을 극복하지 못했다. KPO·레닌동맹·SAP와 좌익반대파의 존재 자체가 노동운동 내 정치조직의 수를 늘려 놨고 노동운동 파편화의 한 원인이 됐다.

앞서 봤듯이, 나치가 승리할 위험이 커질수록 사람들은 KPO나 SAP 같은 '부스러기 정당들'에 투표하려 하지 않았다. '분열파'에 대한 이 분노가 필연적으로 트로츠키주의자들을 에워쌌다. 더욱이, 좌익반대파 대열 내부에서 다툼이 끊이지 않고 지도자들의 분파주의와 거듭된 분열로 마비 상태가 지속되자 이런 인상은 더욱 굳어졌고 진지한 노동자들은 멀어져 갔다. 트로츠키는 낙관주의와 심각한 비관주의 사이에서 거듭 오락가락했다. 독일 좌익반대파의 성공을 과장할 때는 낙관적이었다가, 그들의 수가 적다는 사실뿐 아니라 질적 결함도 깨닫게 됐을 때는 매우 비관적이었다.

먼저, 낙관주의가 드러나는 인용문 두어 개를 살펴보자. 1930년 9월 17일 트로츠키는 독일 좌익반대파의 협의회에 보내는 편지에 다음과 같이 썼다. "비록 우리가 여전히 조직적으로는 취약하지만 그래도 우리는 이미 공산당의 내부 생활에서 만만찮은 요인이 됐습니다."[78]

1931년 12월 22일 각국 지부에 보낸 편지에서도 다음과 같이 되풀이했다.

> 독일의 혁명적 대열 안에는 마르크스주의 반대파가 있는데, 그들은 지난 10년간의 경험에 의지하고 있습니다. 이 반대파는 비록 수는 적지만, 사태가 진전될수록 그 목소리에 힘이 실리고 있습니다. 특정 상황에서는 약간의 충격만 있어도 눈사태나 산사태가 일어날 수 있습니다. 좌익반대파의 비판은 프롤레타리아 전위의 정치가 때맞춰 전환되도록 영향을 미칠 수 있습니다. 바로 이것이 지금 우리의 임무입니다![79]

1932년 초에 출판된 《다음에는 무엇이?》라는 책에는 다음과 같이 썼다.

> 독일의 좌익반대파는 수가 적다. 그러나 그 정치적 영향력은 역사의 급격한 전환점에서 결정적 요인이 될 수 있다. 철도의 전철원轉轍員이 선로 바꿈 틀을 제때 조작하면 무거운 짐을 실은 열차를 다른 선로로 가게끔 할 수 있다. 그와 마찬가지로, 작은 좌익반대파가 이데올로기의 스위치를 강력하고 확실하게 돌린다면 독일 공산당이라는 열차와 훨씬 더 무거운 독일 프롤레타리아라는 열차도 다른 방향으로 나아가게 할 수 있다.[80]

안타깝게도 역사는 이것이 완전히 비현실적 전망이었음을 보여줬다.

소련에서 트로츠키는 지지자들 사이에서 거인으로 우뚝 서 있었는데, 적어도 그의 주위에 있던 사람들은 혁명과 내전에서 두각을 나타냈고 독립적 정신과 강한 성격을 지닌 인물들이었다. 소련 밖에 있는 트로츠키 지지자들 중에는 이런 역량과 자질을 갖춘 사람이 거의 없었다. 독일의 트로츠키주의자들은 작은 서클인 데다 회원 수도 적고 성장의 기회도 별로 없다 보니, 필연적으로 자기 생각에 파묻히면서 내향적이 됐다. 즉, 내부 논쟁이나 알력이 그 종파의 생활을 지배했다. 그래서 독일 트로츠키주의자들은 자신들만의 밀폐된 서클에서 뛰쳐나와 대중과 연관 맺는 일을 할 수가 없었다.

독일 트로츠키주의자들 사이에서 끝없이 계속된 논쟁과 분파 다툼과 분열을 추적하다 보면, 볼셰비키와 멘셰비키의 비슷한 다툼에 대한 레닌의 지적이 생각난다. 그러나 그 결과는 달랐다. 레닌이 흔히 인용한 이야기를 보면 그 이유를 분명히 알 수 있다. 레프 톨스토이는 길을 가다가 한 남자가 웅크리고 앉아 몸을 열심히 움직이며 뭔가를 하고 있는 것을 봤다. 톨스토이는 처음에는 웬 미친놈을 봤다고 생각했지만, 가까이 가 보니 그 남자는 필요한 일을 하고 있었고(숫돌에 칼을 갈고 있었다), 그래서 의심이 풀렸다. 이처럼 진정한 혁명적 대중정당 건설에 도움이 된 볼셰비키·멘셰비키의 분열과 달리 독일 트로츠키주의자들은 안타깝게도 숫돌도 없고 칼도 없고 뭔가를 갈지도 않는 남자나 마찬가지였다.

독일 트로츠키주의자들이 노동계급에게 영향을 주고 사건들에 영향을 미치는 데 실패한 것이나, 심지어 프롤레타리아 사이에 기반이 튼튼한, 만만찮고 안정적이고 상당히 큰 정당을 건설하는 데 성공하지 못한 것을 이해하려면 여러 요인들을 모두 고려해야 한다.

역사에서 각각의 구체적 사건을 결정하는 것은 근본적인 경제적·사회적 요인들만이 아니다. 다양한 부차적 요인들도 일정한 구실을 한다. 혁명적 조직에게는 일반적인 경제적·사회적 상황만이 객관적 요인이 아니다. 물질적 세계뿐 아니라 노동계급의 의식 상태도 객관적 요인인 것이다. 여기에 매우 큰 영향을 미치는 것이 전통적 대중정당들이 하는 구실이다. 심지어 사민당과 공산당의 낡은 지도부가 스스로 완전히 파산했음을 드러내 보였을 때조차 노동자 대중은 곧바로 이 점을 분명히 파악하지 못했다. 그러려면 상당한 대안적 조직이 필요했다. 계급 속에 존재하고 대중에게 알려진 조직, 상당수의 노동자들이 과거의 경험을 바탕으로 신뢰하는 그런 조직 말이다. [노동계급의] 새로운 지도부는 [기존의] 대중정당들을 고려하지 않은 채 그냥 건설될 수는 없었다. 그 대중정당들은 노동자들을 일깨워서 의식적 생활에 눈뜨게 하는 과정에서, 또 노동자들을 조직하고 훈련시키는 과정에서 강한 충성을 얻게 된 조직이었다.

KPO와 SAP 같은 중간주의자들의 영향력과 우경화 움직임도 간과해서는 안 된다. 이들의 중간주의는, 10월 [혁명]의 명성 덕분에 강력해진 모스크바의 영향력과 많은 패배(그 절정은 나치가 자행한 대규모 파괴였다)들이 가져다준 충격을 고려하지 않으면 결코 설명할 수 없다. 마지막으로, 협소한 의미의 주관적 요인도 간과해서는 안 된다. 트로츠키주의 조직 자체의 사회적 구성과 경험, 규모가 바로 그것이다. 주로 프티부르주아로 이뤄지고 현실의 노동계급과 분리된 독일 트로츠키주의자들은 진정한 혁명가들이라기보다는 대체로 독단적 책벌레들이었다. 대중의 압력은 노동자 정당들을 뭉치게 만들지만, 독일 트로츠키주의 조직은 고립돼 있다 보니 늘 다툼과 분열에 시달렸다.

좌익반대파는 자신들과 중간주의 조직들 사이의 간극을 좁히는 데 필요한 최소한의 수준에도 이르지 못했기 때문에, 노동계급에게 영향을 미치는 사슬의 두 번째 연결 고리, 즉 공산당과 사민당의 노동자들에게 다가갈 수 없었다. 여기서 우리는 악순환을 보게 된다. 즉, [좌익반대파는] 작고 고립돼 있다 보니 더 작아지고 고립되는 악순환에 빠진 것이다.

트로츠키의 목적과 수단 사이에는 커다란 격차가 있었다. 1930년대 초에 독일을 뒤흔든 사회·정치 세력과 프롤레타리아가 직면한 과제를 파악하는 트로츠키의 출중한 능력에 비해 [독일] 현지의 자원은 아주 빈약했다. 트로츠키주의 조직이 너무 작았던 것이다. 언젠가 마르크스는 어떤 제자들에 대해 이야기하면서 "나는 용의 씨앗을 뿌렸지만 벼룩의 새끼들을 얻었다"는 [독일 시인] 하이네의 말을 인용한 적이 있다. 이 말이 독일 트로츠키주의 운동에 일어난 일과 잘 맞는다는 것은 비극이다.

1930~1933년 독일의 경우에 트로츠키의 비극은 1928~1933년 소련에서 그가 겪은 비극과 어떤 면에서는 달랐다. 후자의 경우에는 트로츠키의 분석과 예측이 비록 탁월했지만 부족했음이 역사의 검증에서 드러났다. 독일의 경우에는 그의 분석이 시간의 검증을 완벽하게 통과했다. 안타깝게도, 그것 자체로는 상당한 혁명적 조직을 건설하는 데, 또는 같은 말이지만 사태 전개에 실제로 영향을 미치는 데 충분하지 않았다.

7장

러시아 혁명의 역사가 트로츠키

내전 당시의 트로츠키. 트로츠키는 러시아 혁명의 산증인이자 러시아 혁명의 역사가였다.

트로츠키는 소련에서 추방된 뒤 러시아 혁명의 역사를 쓰기로 결심했다. 이 과제를 시작했을 때 그는 〈뷸레텐 오포지치〉에 기고하면서 그것을 편집하고, 각국의 지지자들과 엄청나게 많은 편지를 주고받고, 조언을 들으러 오는 수많은 방문객을 맞이하는 등의 일을 동시에 하고 있었다. 그러면서도 그는 50만 단어로 이뤄진 3권짜리 대작 《러시아 혁명사》를 1년 만에 써냈다.

이 불후의 걸작은 정말 뛰어난 업적이었다. 혁명의 핵심 지도자가 천재적 역사가이기도 했다는 점에서 러시아 혁명만큼 운이 좋은 혁명도 없었다. 트로츠키가 이 역사책을 쓰기로 결심한 이유는 두 가지였다. 그는 스탈린주의자들의 왜곡에 맞서 러시아 혁명을 방어해야 했을 뿐 아니라, 그들의 중상과 비방에 맞서 자신이 혁명에서 한 구실도 방어해야 했다.

《러시아 혁명사》는 극도의 당파성과 엄격한 객관성을 결합시킨다. 트로츠키는 프랑스의 반동적 역사가 L 마들랭이 받아들인 '중립적' 태도를 경멸했다. [프랑스 대혁명을 비방하면서] 마들랭은

> "역사가는 적에게 포위당한 도시의 성벽 위에 서서 포위한 쪽과 포위당한 쪽을 동시에 바라봐야 한다"고 주장한다. 오직 그렇게 해야만 "공정하게 양쪽을 화해"시킬 수 있다는 것이다. 그러나 마들랭의 말은 자신이 성벽에 올라가서 두 진영을 동시에 바라볼 때 반동 세력의 정찰병으로

서만 그렇게 한다는 것을 증명한다.[1]

19세기의 프랑스 혁명들을 다룬 마르크스의 3부작, 즉 《프랑스의 계급투쟁》, 《루이 보나파르트의 브뤼메르 18일》, 《프랑스 내전》과 《러시아 혁명사》를 비교해 보면, 마르크스의 저작들은 대수롭지 않은 역사서처럼 보인다. 마치 트로츠키가 웅장한 벽화를 그렸다면 마르크스는 미니어처를 만든 것 같다.

트로츠키가 독자에게 1917년의 드라마를 소개하는 첫 장의 제목은 "러시아 [사회] 발전의 특성"이다. 이 장은 그가 1906년에 발전시킨 연속혁명론을 훌륭하게 설명하는 구실을 한다.[2] 러시아는 후진적인 데다가 발전도 뒤늦어서 중세를 떨쳐 버리지 못한 채, 즉 서유럽이 거쳐 온 종교개혁과 부르주아 혁명 같은 단계들을 통과하지 못한 채 20세기로 들어섰다.

그러나 부르주아 문화의 요소들이 러시아의 낡은 구조에 이식됐다. 러시아는 서유럽의 압력에 밀려서 어쩔 수 없이 앞으로 나아가야 했다. 이것은 중요한 결과들을 낳았다.

> 후진국은 선진국을 뒤따르도록 강요당하지만 그렇다고 해서 선진국과 똑같은 순서로 발전하지는 않는다. 역사적 후진성의 특권 덕분에 — 이런 특권은 분명히 존재한다 — 후진국은 특정 시점에 이르러 [선진국의] 최신 성과들을 곧바로 받아들이면서 [발전의] 중간 단계들을 모두 건너뛸 수 있다(더 정확히 말하면, 어쩔 수 없이 건너뛰어야 한다). 야만인들은 활과 화살을 내던지고 즉시 소총을 무기로 사용한다. 그 중간 단계에 해당하는 무기들은 찾지도 않는다. … 역사적 후진국의 발전에서는 반드시 역사 과정의 서로 다른 단계들이 독특하게 결합된다. 그래서 무계획성·복잡성·결합성이 발전 과정 전체의 특징으로 나타난다.[3]

이 때문에 1917년 혁명 때, 반쯤 봉건적인 제정 체제의 짐을 잘라내지 못한 러시아의 허약한 부르주아지를 (반란을 일으킨 농민의 지지를 받은) 다부진 노동계급이 옆으로 밀쳐 낼 수 있었던 것이다.

이렇게 탁월한 역사적 분석을 하고 나서 트로츠키는 혁명을 아주 멋지게 해석하고 묘사한다. 트로츠키가 보기에 혁명의 핵심은 프롤레타리아가 스스로 해방되는 행동이었다. "우리가 볼 때 혁명의 역사는 무엇보다 대중이 자신의 운명을 스스로 지배하는 영역에 강압적으로 들어서는 역사다."[4]

《러시아 혁명사》는 혁명이 "억압받는 사람들의 축제"라는 이미지로 가득 차 있다. 그것은 대체로 혁명적 대중의 심리를 연구한 책이라 할 만하다.

> 혁명 전에 이미 형성된 계급들의 신속하고 강렬하고 격정적인 심리 변화가 혁명적 사건들의 원동력을 직접 결정한다.[5]

그러나 대중의 자발적 행동만으로는 혁명이 승리하는 데 충분하지 않다. 혁명적 정당이 없으면 프롤레타리아의 승리는 불가능하다.

> 지도하는 조직이 없다면 대중의 [혁명적] 에너지는 실린더 안에 들어 있지 않은 증기처럼 사방으로 흩어지고 말 것이다. 그러나 사물을 움직이게 만드는 것은 역시 피스톤이나 실린더가 아니라 증기다.[6]

2월 혁명은 이 점을 잘 보여 준다. 그것은 혁명적 정당의 지도를 받지 않은 대중의 작품이었다. 대중은 차르 체제를 전복하고 소비에트를 창설할 만큼 충분히 강력했지만 아직 충분히 성숙하지 못했기 때문에, 리보프 공이 이끄는 임시정부의 집권을 막을 수는 없었다. 이와 대조적으로, 10월 혁명은 [혁명적] 정당인 볼셰비키가 지도한 대중의 행동이었다.

혁명적 정당은 노동계급을 대리하려 해서는 안 된다(실은 그럴 수도 없다). 혁명적 정당의 임무는 대중의 자주적 행동 수준을 끌어올리고 그 행동을 더 효과적으로 만드는 것이다. 혁명적 정당의 성공 비결은 대중의 심리에 조응하는 능력이다. "가장 결정적인 순간에 혁명적 지도부의 기예는 대중의 정서를 감지하는 것이 10분의 9를 차지한다."[7]

당이 노동자들을 가르친다면, 당은 누가 가르치는가? 답은 노동자들이라고 트로츠키는 말한다.

> 힘들게 일하는 사람들은 요구나 필요뿐 아니라 삶의 경험에 이끌려서도 투쟁에 나선다. 그래서 볼셰비키는 귀족처럼 대중 자신의 경험을 경멸한 적이 결코 없었다. 오히려 대중의 경험을 볼셰비키 자신의 출발점이자 토대로 삼았다. 바로 이것이 볼셰비키의 뛰어난 장점 가운데 하나였다.[8]

《러시아 혁명사》는 대중의 정서 변화를 훌륭하게 묘사한다. 그런 변화를 파악하는 역사가 트로츠키의 능력은 그 자신의 혁명 경험 덕분에 배양됐다. 투쟁이 한창일 때 그는 수많은 사람의 정서와 생각을 정확히 판단하고 그것에 적절히 대응해야 했다. 그 덕분에 트로츠키는 대단히 훌륭한 선동가가 될 수 있었던 것이다. 《러시아 혁명사》에서도 트로츠키는 대중의 의식 발전을 감지하는 절묘한 재능을 보여 준다. 작은 사례 하나는 [1917년] 2월 초에* 페트로그라드 노동자 2500명이 벌인 시위를 묘사하는 대목이다. 그 노동자들은 좁은 공

* 2월 24일의 오타인 듯하다.

간에서 카자크 부대와 맞닥뜨렸다(카자크 부대는 오래전부터 민중의 반란을 진압해 온 기병대였다).

> 장교들이 먼저 말고삐를 쥐며 군중 속으로 돌진해서 길을 뚫었다. 그 뒤를 따라 카자크 병사들이 [삼프소니옙스키] 대로를 가득 채우며 질주해 왔다. 결정적 순간이었다! 그러나 병사들은 장교들이 막 뚫어 놓은 통로를 따라 길게 줄지어서 조심스럽게 말을 몰았다. [볼셰비키 노동자] 카유로프는 다음과 같이 회상한다. "일부 병사들은 미소를 지었고, 그중 한 명은 노동자들에게 선량한 윙크를 보내기도 했다." 이 윙크는 의미가 없지 않았다. [병사들이] 적대적이지 않고 우호적이라고 확신한 노동자들은 대담해졌고, 이 대담성에 카자크 병사들도 조금씩 감염됐다. 그러자 더 많은 병사가 노동자들에게 윙크를 보냈다. 장교들의 거듭된 노력에도 불구하고 병사들은 규율을 대놓고 어기지 않으면서도 군중을 강제 해산시키지 않고 줄지어 군중을 통과했다. 이런 일이 서너 차례 반복되면서 병사들과 군중은 더 가까워졌다. 병사들이 개별적으로 노동자들의 물음에 대답하기 시작했고, 심지어 짧은 대화를 나누기도 했다. 규율은 여전히 유지되고 있었지만 금방이라도 깨질 것처럼 아슬아슬했다. 그러자 장교들은 서둘러 순찰병들을 노동자들과 분리시켰고, 군중을 해산시킬 생각은 포기한 채 병사들을 길 건너편에 나란히 세워 놨다. 시위대의 도심 진입을 가로막는 장벽을 친 것이다. 그러나 이조차도 소용이 없었다. 병사들은 완벽하게 규율을 지키며 꼼짝도 않고 서 있었지만, 노동자들이 말[의 배] 아래로 '뛰어들어' 시위 대열에 합류하는 것을 막지는 않았다. 혁명은 나아갈 길을 고르지 않는다. 혁명은 카자크 병사가 탄 말의 배 아래로 뛰어들어 승리를 향한 첫걸음을 내디뎠다.[9]

대중과 개인의 행동에 대한 얼마나 탁월하고 생생한 묘사인가!

《러시아 혁명사》에는 정말로 그 힘이 느껴지지 않는 구절이 단 하나도 없다. 오직 한 군데만을 인용하는 것은 마치 거대한 벽화의 아주 작은 부분을 횃불에 비춰 보면서 나머지 부분은 어둠 속에 내버려 두는 것과 비슷하다. 어떤 인용구도 그 훌륭한 책과 트로츠키의 아름다운 문체를 맛보기로라도 느끼게 해 주지 못한다. 《러시아 혁명사》를 공정하게 평가하는 유일한 방법은 처음부터 끝까지 읽는 것뿐이다.

거듭거듭 트로츠키는 군중 속에서 그들의 정서를 말이나 몸짓으로 표현하는 개인을 뽑아낸다. 거듭거듭 그는 일반적인 것에서 특수한 것으로, 다시 특수한 것에서 일반적인 것으로 나아간다.

볼셰비키가 프롤레타리아의 지도력에서 결정적으로 중요했다면, 레닌은 볼셰비키의 지도력에서 결정적으로 중요했다. 《러시아 혁명사》 전체에서 트로츠키가 보여 주는 볼셰비키는 10월을 향해 서슴없이 진군하는 획일적인 '강철 군대'가 아니다. 트로츠키는 2월 혁명 때부터 레닌이 [4월에] 귀국할 때까지 볼셰비키가 겪은 위기를 보여 준다. 당시 볼셰비키 지도부는 대체로 임시정부와 전쟁에 타협하는 태도를 취했다. 스위스에서 돌아온 레닌은 "4월 테제"를 발표했고 당 지도부의 기존 약점을 극복하기 위해 매우 힘든 투쟁을 벌여야 했다. 또 다른 중대한 위기는 10월 [혁명] 직전에 일어났다. 그때 레닌은 무장봉기에 반대하는 볼셰비키 중앙위원들에 맞서 강력하게 투쟁해야 했다.

> 레닌의 귀국이 엄청나게 중요했다는 점에서 추론해야 하는 사실은 다음과 같다. 즉, 지도자들은 우연히 만들어지지 않는다는 것, 그들은 수십 년에 걸쳐 차츰차츰 선택되고 훈련된다는 것, 그들은 아무렇게나 대체될 수 없다는 것, 그들을 투쟁에서 기계적으로 배제하면 당은 치명상을 입고 많은 경우 오랫동안 마비될 수 있다는 것이다.[10]

그리고 트로츠키는 다음과 같이 묻는다.

> 만약 레닌이 1917년 4월 러시아에 도착하지 않았다면 혁명은 어떻게 전개됐을까? 우리의 설명이 뭔가를 증명하고 입증하고자 한다면 그것은 다음과 같은 사실이다. 즉, 레닌은 혁명 과정의 조물주가 아니었다는 것, 그는 단지 객관적인 역사적 힘의 사슬 속으로 들어왔을 뿐이라는 것이다. 그러나 그는 그 사슬의 위대한 고리였다. 전체 상황에서 프롤레타리아 독재를 추론할 수는 있었지만, 여전히 그것은 수립돼야 했다. 당이 없이는 프롤레타리아 독재가 수립될 수 없었다. 당은 자신의 임무를 이해한 뒤에야 그 임무를 실행할 수 있었다. 그것을 위해 레닌이 필요했다. … 그런데 레닌이 없었어도 당이 제대로 길을 찾아 나아갔을 것이라고 자신 있게 말할 수 있을까? 감히 '그렇다'라고 결코 말하지 못할 것이다. 여기서는 시간이라는 요인이 결정적이고, 세월이 흐른 뒤에 역사적 시간을 판단하기는 어렵다. 어쨌든 변증법적 유물론은 숙명론과 아무 공통점이 없다. 레닌이 없었다면, 기회주의적 지도부가 불러올 수밖에 없었던 위기가 아주 첨예하게 오랫동안 지속됐을 것이다. 그러나 전쟁과 혁명이라는 상황 때문에 당은 임무를 수행할 시간적 여유가 많지 않았을 것이다. 따라서 방향을 잃고 분열한 당이 여러 해 동안 혁명의 기회를 잡지 못했을 가능성을 결코 배제할 수 없다. 여기서 개인의 구실은 정말 거대한 규모로 우리 앞에 나타난다. 그 구실을 올바로 이해하려면, 개인을 역사적 사슬의 한 고리로 봐야 한다.[11]

혁명 그해의 수많은 유명 인사(황제와 황후부터 정부 장관들, 입헌민주당·멘셰비키·사회혁명당 지도자들까지)에 대한 트로츠키의 성격 묘사는 능수능란하다. 그 모든 묘사에서 트로츠키는 엄밀하게 개인적인 영역이 어디서 끝나[고 집단적 역사가 진행되]는지(흔히 우리가 생각하는 것보다 훨씬 빨리 끝난다), 그리고 개인의 '특성'이라고 하는 것은 흔히 [역사] 발전의 더 높은 법칙이 개인에게 남긴 흔적에 불과하다는 것[을 세심하게 보여 준다 — 지은이].[12]

그는 니콜라이 2세와 루이 16세가, 그리고 그 왕비들도 서로 매우 비슷하다는 점을 보여 준다.

니콜라이 2세는 자기 조상들한테서 거대한 제국뿐 아니라 혁명도 물려받았다. 그러나 그 조상들은 그에게 제국은 고사하고 지방의 주나 군을 통치할 수 있는 자질조차 물려주지 않았다. 왕궁의 문 앞으로 점점 닥쳐오는 저 역사의 파도에 맞서 마지막 로마노프는 바보 같은 무관심으로만 대응했다. 마치 그의 의식과 그의 시대 사이에는 투명하지만 절대로 침투할 수 없는 어떤 물질이 가득 채워져 있는 듯했다.[13]

차르의 일기를 인용한 구절들에서 우리는 니콜라이 2세가 잔인하고 어리석고 무엇보다 맹목적이라는 증거를 발견한다. 이 점은 그가 주위에 무능한 인간들을 불러 모은 이유를 설명해 준다.

니콜라이는 재능 있는 인물과 중요한 것 앞에서 늘 적대감을 느끼며 움츠러들었다. 그는 지극히 평범하고 머리가 텅 빈 사람, 성자 같은 수도승, 독실한 사람, 즉 자신이 올려다보지 않아도 되는 자들 사이에서만 편안함을 느꼈다. … 그가 장관을 선임하는 원칙은 전임자보다 못한 사람을 뽑는다는 것이었다.[14]

중세의 안개가 니콜라이의 정신을 혼미하게 했다.

왕조가 고립될수록, 그리고 전제군주가 노출됐다고 느낄수록 그는 저세상의 도움이 더욱 필요했다. 야만인들 중에는 좋은 날씨를 불러오기 위해 지붕널을 끈에 매달아 공중에서 흔들어 대는 사람들도 있다. 황제와 황후는 아주 다양한 목적을 위해 그 지붕널을 사용했다. 황제의 기차에는 크고 작은 성상聖像과 온갖 종류의 물신物神으로 가득 찬 예배당이 있었다. 그것들 앞에서 차르는 처음에는 일본군을, 나중에는 독일군을 물리치게 해 달라고 빌었다.[15]

니콜라이 2세와 루이 16세는 둘 다

자기 일에 짓눌려 있으면서도 아무 쓸모없는 권한의 일부조차 포기하지 않으려고 하는 사람들처럼 보인다.[16]

그들은 모두 "눈을 가릴 만큼 왕관을 깊이 눌러쓴 채" 깊은 구렁텅이를 향해 걸어간다. 그런데 결코 빠져나올 수 없는 깊은 구렁텅이를 향해 눈을 뜬 채 걸어가는 것이 더 쉬웠을까? 사실 그들이 왕관을 머리 뒤쪽으로 젖힌 채 나아갔더라도 무슨 차이가 있었을까?[17]

트로츠키는 결정적 순간, 즉 혁명이 그들의 운명을 결정지은 순간에 니콜라이 2세와 루이 16세는 서로 너무 비슷해서 마치 각자의 특성이 사라져 버린 것처럼 보인다고 지적한다.

간지럼을 태우면 사람들은 서로 다른 반응을 보이지만, 빨갛게 달아오른 쇠를 갖다 대면 똑같이 반응한다. 증기해머는 둥근 공이든 네모난 육면체든 똑같이 납작한 금속판으로 만들어 버린다. 그와 마찬가지로 거대하고 피할 수 없는 사건들의 충격은 모든 저항을 분쇄하고 '개인'의 경계를 없애 버린다.[18]

[니콜라이 2세의 황후] 알렉산드라 표도로브나와 [루이 16세의 왕비] 마리 앙투아네트로 말하자면, 두 사람은 모두 "진취적이었지만 닭대가리였다."

> 왕정이 무너지기 석 달 전에 알렉산드라 표도로브나는 다음과 같이 예언했다. "만사형통일 것이다. 우리 친구[라스푸틴 — 지은이]의 꿈은 정말 의미가 깊어!" 그녀의 이 말은 [프랑스] 왕정이 무너지기 한 달 전에 마리 앙투아네트가 한 말을 되풀이한 것이다. "나는 정신의 생기를 느껴. 우리가 곧 행복해지고 안전해질 것이라고 뭔가가 나에게 말해 주고 있어." 이들은 모두 물에 빠져 죽는 순간에도 무지개 꿈을 꿨다.[19]

입헌민주당과 멘셰비키와 사회혁명당의 지도자들에 대한 성격 묘사는 그야말로 최고다. 그래서 짧은 구절 한 토막이라도 인용하지 않고는 못 넘어갈 것 같다. 다음은 사람들에게 가장 많은 지지를 받았으며 역사의 중심에 계급투쟁이 아니라 자신을 갖다 놓은 사회혁명당을 묘사한 부분이다.

> 이 정당의 능력은 무한한 듯했다. 그러나 실제로는 정치적 일탈이었다. 자신이 무엇을 지지해서 투표하는지 아는 소수를 제외한 모든 사람에게 지지를 받는 정당은 더는 정당이 아니다. 이것은 마치 모든 나라의 아기들이 옹알이하는 소리가 국어가 아닌 것과 마찬가지다.[20]

그런 당이 필연적으로 의지한 지도자는 알렉산드르 케렌스키였다. 그는 모든 정당을 노골적으로 경멸했고, 국민이 직접 선택한 사람이 바로 자신이라고 생각했다.

모든 계급들 위에 군림하며 운명의 지배자가 되겠다는 이런 생각이 바로 보나파르티즘이다. 포크 두 개를 대칭적으로 코르크 마개에 찔러 넣으면 그것은 양쪽으로 매우 크게 흔들리겠지만 심지어 바늘 끝에서도 균형을 유지할 수 있다. 바로 이것이 보나파르티즘이라는 초월적 중재자의 역학적 모델이다. 이런 권력이 얼마나 안정적일지를 좌우하는 요인은 국제 정세를 제외하면, 국내에 존재하는 두 적대계급의 균형이다.[21]

혁명이 한창일 때 그런 안정은 유지될 수 없다. 케렌스키는 니콜라이 2세와 마찬가지로 불운했다. 두 사람의 유사성은 섬뜩할 정도다. 1917년 6월 케렌스키가 이끄는 임시정부는 재앙을 낳을 새로운 공세를 전선에서 개시했다.

모든 것은 신의 섭리에 맡겨졌다. 오직 황후의 성상만이 부족했다. [그러나] 그들은 황후의 성상을 민주주의라는 성상으로 대체하려 했다. 케렌스키는 모든 곳을 돌아다니며 축복을 호소하고 공언했다.[22]

《러시아 혁명사》는 행동하는 문필가 트로츠키의 천재성을 보여 주는 불후의 걸작이다.

8장

새로운 인터내셔널을 향한 첫걸음

멕시코 화가 디에고 리베라의 한 벽화.
"만국의 노동자여, 제4인터내셔널로 단결하라!"가 적혀 있다.

1933년 3월 히틀러가 권력을 공고히 한 뒤에 트로츠키가 내린 결론은 독일 공산당이 파산했으므로, 즉 독일 스탈린주의가 붕괴했으므로 이제 독일에서 새로운 당을 건설해야 한다는 것이었다. 3개월 뒤인 6월에 트로츠키가 내린 결론은 히틀러의 승리를 도와준 정책들을 코민테른이 비판하기를 거부했으므로 이제 새로운 인터내셔널을 건설해야 한다는 것이었다. 10월에 트로츠키가 내린 결론은 소련 공산당을 개혁하는 것이 불가능하므로 이제 소련에는 정치혁명이 필요하다는 것이었다.

1933년 3월 12일 "독일 공산당인가 새로운 당인가?"라는 글에서 트로츠키는 다음과 같이 썼다.

> 독일 스탈린주의는 지금 붕괴하고 있다. 파시스트들의 타격 때문이라기보다는 내부의 부패 때문이다. 아직 살아서 숨 쉬고 있는 환자를 의사가 포기하지 않는 것처럼, 최소한의 희망이라도 남아 있는 한은 [공산]당을 개혁하는 것이 우리의 임무였다. 그러나 자신을 시체에 묶어 두는 것은 범죄일 것이다. …
>
> 때가 왔다! 새로운 당의 창건을 준비하는 문제가 공공연히 제기돼야 한다. … 공식적인 독일 당은 정치적으로 청산됐고, 다시 태어날 수 없다. 독일 노동자들의 전위는 새로운 당을 건설해야 한다.[1]

코민테른이나 소련 공산당과도 결별해야 하는가?

여기서 코민테른의 다른 지부들과 제3인터내셔널 전체를 어떻게 대해야 하는지 묻는 것은 자연스럽다. 우리는 당장 그들과 결별해야 하는가? 내 생각에 융통성 없는 대답(그렇다, 우리는 그들과 결별해야 한다)을 하는 것은 옳지 않다. 독일 공산당이 붕괴하자 코민테른이 회생할 기회가 줄어들었다. 그러나 다른 한편으로 재앙 자체가 [코민테른] 일부 지부들에서 건강한 반응을 불러일으킬 수 있다. 우리는 이런 과정을 기꺼이 도와줘야 한다. 그 문제는 소련에 해당하지 않는다. 소련에서 제2의 당이라는 구호를 선언하는 것은 옳지 않을 것이다. 우리는 지금 독일에서 새로운 당 창건을 요구하고 있다. 그렇게 함으로써 스탈린주의 관료들의 손에서 코민테른을 빼앗아 와야 한다. 문제는 제4인터내셔널을 창립하는 것이 아니라 제3인터내셔널을 구해 내는 것이다.[2]

그러나 6월에 트로츠키가 내린 결론은, 독일 당뿐 아니라 코민테른도 개혁하는 것이 불가능하므로 새로운 인터내셔널을 건설해야 한다는 것이었다.

3월 5일 이후 일어난 모든 일, 즉 코민테른 집행위원회 상임간부회가 독일 정세에 관한 결의문을 채택한 것과 [코민테른의] 모든 지부가 이 수치스러운 결의문에 조용히 굴종한 것 … 이 모든 일은 독일 공산당의 운명뿐 아니라 코민테른 전체의 운명이 독일에서 결정됐다는 것을 이론의 여지 없이 증명한다.[3]
몇몇 나라에서, 개혁주의·중간주의 관료들의 범죄와 오류에 책임이 전혀 없고 마르크스주의 강령과 분명한 혁명적 전망으로 무장한 강력한 혁명적 조직이 만들어지면 세계 프롤레타리아 발전의 새 시대가 열릴 것이다. 그런 조직들은 오늘까지도 스탈린주의 관료 집단과 결별하지 못한 진정한 공산주의자들을 모두 끌어당길 것이다. 더 중요한 점은, 그런 조직들의 깃발 아래로 청년 세대의 노동자들이 점차 몰려들 것이라는 사실이다.[4]

지금 쟁점은 새로운 당과 독립적 인터내셔널을 당장 선언하는 것이 아니라, 그것들을 준비하는 것이다.[5]

고립 상태에서 벗어나려는 노력

트로츠키는 작고 고립된 자신의 운동이 새로운 인터내셔널을 건설하려 한다면 엄청난 과제를 떠맡게 되리라는 점을 잘 알고 있었다. 그래서 고립에서 벗어나게 해 줄 새로운 동맹들을 찾아 나섰다. 1933년 6월 그가 내린 결론은, 제2인터내셔널의 좌파 집단들이 독일 사태의 충격으로 산산조각 나서 혁명적 재편과 새로운 인터내셔널을 향해 더듬더듬 나아가고 있다는 것이었다.

1933년 6월 트로츠키는 "좌파 사회주의 조직들과 우리의 임무"라는 제목의 글을 썼다.

지금 사회민주주의는 모든 곳에서 첨예한 위기를 겪고 있다. 많은 나라에서 다소 중요한 좌파들은 이미 사회민주주의 정당과 갈라섰다. 이 과정은 상황 자체에서 비롯한다. [그러나] 이 과정이 아직 더 발전하지 못하는 것은 스탈린주의 관료 집단의 잘못 때문이다. 그들은 개혁주의 대열 내부의 분화에 제동을 걸고, 혁명적 분파가 들어올 공산주의의 문을 닫아 버리고 있다. …

국제 좌익반대파가 직면한 새로운 임무는 자신의 사상과 경험을 이 과정에 투입해서, 좌파 사회주의 조직들이 공산주의로 진화하는 속도를 더 빠르게 하는 것이다. 허비할 시간이 없다. 현재 상태로 오랫동안 남아 있으면 독립적 사회주의 조직들은 해체되고 말 것이다. 우리 시대의 정치적 임무들은 매우 심각하고 적대적 계급들의 압력은 아주 강해서(여기에다가 한편으로는 개혁주의 관료들의 음모, 다른 한편으로는 스탈린주의 관료들의 음모를 덧붙여야 한다), 마르크스주의에 확고히 바탕을 둔 강력한 이데올로기적 결속만이 혁명적 조직이 적대적 경향들에 맞서 자신을 유지하고 프롤레타리아 전위를 새로운 혁명적 시대로 이끄는 능력을 보장할 수 있다.

좌익반대파가 직면한 새로운 상황은 새로운 기회를 제공하면서 새로운 임무도 제시한다.[6]

트로츠키는 좌파 사회주의 조직들이 일관되지도 않고 혁명적이지도 않으며 중간주의적이라는 점을 분명히 밝혔다.

독립적 사회주의 조직들과 사회민주주의 내 좌파적 반대 분파들은 공공연한 중간주의 조직들이거나 아니면 그 대열 안에 강력한 중간주의 경향이나 잔재를 포함하고 있다. 그들의 긍정적 측면은 역사적 충격의 압력을 받아서 혁명적 방향으로 발전하고 있다는 점이다. 우리가 분명한 원칙을 바탕으로 이 조직들에 진지하게 접근한다면, 좌익반대파의 발전에서 새로운 장이 열릴 것이고, 그러면 세계 노동자 운동에서 혁명적 마르크스주의가 부활할 것이다. 좌익반대파의 사상에서 영감을 얻은 위대한 혁명적 국제조직은 각국 공식 공산당의 프롤레타리아적 부류들을 끌어당기는 구심이 될 것이다.[7]

트로츠키는 좌파 사회주의 조직들을 종파주의적으로 대해서는 안 된다고 경고했다.

> [일부 동지들은 — 지은이] 좌익반대파의 순수한 원칙이 훼손될까 봐 걱정해서, 더 큰 대중조직들에 접근하려는 노력을 모두 불신한다. [요한복음 1장 46절의 표현을 빌리면] "나사렛에서 무슨 좋은 것이 나올 수 있겠는가?"* 하고 말이다. 그 동지들은 '도대체 어떻게 중간주의자들이 이끌고 있는 조직에 접근할 수 있다는 말인가?', '우리가 기층 노동자들과는 기꺼이 단결해야 하지만 중간주의 지도자들에게 접근하는 것은 분별 있는 일이 아니라고 생각한다' 등등의 말을 한다. 그렇게 순전히 형식적인 문제 제기 방식은 잘못됐다. 그들은 선전주의적 종파주의의 영향을 크게 받고 있다. … 제3인터내셔널에 가입한 집단 가운데 10분의 9는 좌경화하던 중간주의자들이었다. 개인과 집단뿐 아니라 조직 전체와 심지어 정당조차 옛 지도부나 옛 지도부의 일부와 함께 볼셰비즘의 깃발 아래로 모여들었다. 그것은 완전히 필연적이었다. … 혁명적 노동자 운동의 부활은 중간주의를 희생시킨 대가일 것이라는 점은 분명하다. 더욱이, 개인과 집단뿐 아니라 조직 전체도 공산주의의 깃발 아래로 다시 모여들 것이다.[8]

"4조직 선언문"

1933년 8월 27~28일 몇몇 독립적 사회주의·공산주의 정당과 단체의 국제회의가 파리에서 열렸다. 제2인터내셔널과 제3인터내셔널 소속이 아닌 주요 조직들이 그 회의에 참가했다. 그중 가장 중요한 조

---

* 당시 나사렛은 작고 볼품없는 시골 마을이었다.

직은 영국의 독립노동당ILP과 독일의 사회주의노동자당SAP이었다. 독일에서는 레닌동맹과 좌익반대파(볼셰비키·레닌주의자들)도 참가했고, 이탈리아에서는 사회당PSI 최대요구파가,* 네덜란드에서는 독립사회당OSP과 혁명사회당RSP이, 스페인에서는 (이베리아공산주의연맹FCI을 대표해서) 마우린이, 루마니아에서는 독립사회당PSIR이, 노르웨이에서는 노동당NAP이, 스웨덴에서는 공산당SKP이, 소련에서는 좌파사회혁명당이, 프랑스에서는 프롤레타리아통일당PUP이 참가했다. 참관인들도 많았다.[9]

트로츠키는 그 회의에서 제4인터내셔널 건설을 시작할 가능성을 봤다. 물론 트로츠키가 관심을 보인 조직은 몇 안 됐다. 그는 NAP를 좋아하지 않았고, 프랑스 PUP도 좋아하지 않았으며, PSI 최대요구파도, 소련의 좌파사회혁명당도, 스페인에서 온 마우린의 우파 공산주의자들도 좋아하지 않았다. NAP는 대중정당이었지만, 심지어 중간주의 정당도 아닌 진짜 개혁주의 정당이었다. 1887년 창립한 그 당은 1919년 제2인터내셔널과 결별하고 제3인터내셔널에 가입했다가 1923년 코민테른을 탈퇴했다. 1928년 의회 선거에서는 37.1퍼센트를 득표했다. 1933년 의회 선거에서는 당원이 약 8만 7000명이었는데 50만 표, 즉 40.1퍼센트를 득표했다.[10] 1935년에는 노르웨이의 집권당이 됐고, 제2인터내셔널에 재가입했다. NAP는 트로츠키의 노르웨이 망명을 허용했지만, 1년 뒤에는 1차 모스크바 재판 후 소련의 압력을 받아서 트로츠키를 구금하고 4개월 동안 침묵을 강요하다가 멕시코로 추방해 버렸다.

트로츠키는 NAP와 매우 비슷한 조직인 스웨덴 공산당에도 거의

---

* 말로는 최대한의 요구를 내걸고 절대 타협하지 말아야 한다고 주장하면서도 실천에서는 실용주의적 행동을 일삼았던 중간주의자들이었다.

관심을 보이지 않았다. 1929년 10월 9일 스웨덴 공산당의 지도부 전체가 코민테른에서 제명됐다. 코민테른의 초좌파주의 노선에 반대했기 때문이었다. 1만 7000명의 스웨덴 공산당원 가운데 7000명이 지도부와 함께 코민테른을 떠났다. 1932년에 스웨덴 공산당은 브란들러가 이끄는 국제조직인 공산주의반대파국제협회IVKO와 가까워졌다. 1933년 초쯤 스웨덴 공산당원은 1만 3500명에 이르렀는데, 이는 코민테른의 공식 스웨던 지부 회원 수보다 훨씬 많은 수치였다. 1932년 의회 선거에서는 13만 2000표를 득표했는데, 이는 코민테른 지부의 득표수보다 몇 배나 많은 수치였다.[11] 1934년에는 다른 조직과 통합해서 당명을 사회당SP으로 바꿨다. 그 당은 [전국] 일간지 1종과 지방 주간지 2종을 발행했다. 1934년 선거에서 스웨덴 사회당은 4퍼센트를 득표해 국회의원 11명을 확보했다.[12]

[영국의] ILP는 "부목사의 달걀"* 같은 조직이었다. 즉, 부분적으로는 괜찮은 조직이었다. ILP는 국제노동공동체IAG의 주요 발기인이었다. IAG는 제2인터내셔널이나 제3인터내셔널에 가입하지 않은 중간주의 정당들이 느슨하게 제휴한 조직이었다. 1933년 2월 IAG 국제회의에서 파시즘에 반대하는 노동자 조직들의 세계 대회를 8월에 개최한다는 결정이 내려졌다. ILP 지도부는 마르크스주의자들이 아니라 평화주의자들이었다. 1933년에 그들은 코민테른과 더 가까운 관계를 맺기로 결정했다. 그들의 [코민테른] 비판은 오직 사소한 세부 사항에 관한 것들뿐이었다. 그들은 코민테른도 참가하는 혁명적 사회주의 조직들의 세계 대회를 열고 싶어 했다.[13] 트로츠키는 ILP의 미래를 확신할 수 없었다.

* 1895년 영국의 유머·풍자 잡지 《펀치》에 실린 한 만평에서 유래한 말로, 본질적으로는 나쁜 것이지만 부분적으로 좋은 점도 있다고 완곡하게 말하는 표현이다.

트로츠키가 큰 관심을 보인 조직 하나는 독일 SAP였다. 앞서 말했듯이, 히틀러가 집권하자 SAP의 우파 지도자들은 다시 사민당으로 돌아갔고 야코프 발허와 파울 프뢸리히가 이끄는 좌파들이 남은 SAP를 지배했다. 사민당과 공산당이 모두 파산한 것을 보며 SAP 지도부가 내린 결론은 독일에 새로운 당이 필요하고 [국제적으로는] 새로운 인터내셔널이 필요하다는 것이었다. 트로츠키는 그 결정이 최고로 중요하다고 생각했다. 8월에 며칠 동안 트로츠키와 발허가 의논할 때, SAP와 독일 좌익반대파를 통합하자는 트로츠키의 제안에 발허는 원칙적으로 동의한다고 말했다.

파리 회의에 참가한 다른 두 조직, 즉 네덜란드의 두 정당 RSP와 OSP도 새로운 인터내셔널이 필요하다는 호소를 지지했다. RSP는 1928년 네덜란드 공산당CPN에서 분열해 나온 사람들이 만든 조직인데, 당 지도자인 헹크 스네이블릿은 코민테른의 초좌파주의적 제3기 정책을 거부한 베테랑 공산주의자이자 코민테른 지도자였다. RSP는 네덜란드의 노동조합 연맹 조직인 전국노동사무국NAS을 지배하고 있었다. 1933년 9월 RSP는 국제공산주의자동맹ICL(트로츠키주의 조직)에 가입했고 스네이블릿은 동맹의 국제 사무국원이 됐다. 1932년 창립한 OSP는 네덜란드 사회민주노동자당SDAP의 좌파들로 구성된 당이었는데, 지도자는 페터르 J 슈미트와 베테랑 사회주의자인 프란스 판데르후스, 옛 공산당 지도자인 자크 데카트였고, 이들은 ILP나 SAP와 긴밀하게 연락하고 있었다. RSP와 OSP의 통합은 금방이라도 가능할 듯했다.

국제 좌익반대파 조직들과 비교하면 RSP와 OSP는 둘 다 큰 조직이었다. RSP는 당원이 1000명이었고, OSP는 (1932년 8월에) 당원이 약 7200명이었다.[14] 두 조직 모두 네덜란드 공산당에 견줘도 만만찮은 영향력이 있었다. 예컨대 1933년 총선에서 공산당이 11만 8326표를 얻(고 사회민주노동자당이 79만 8632표를 얻)었을 때, RSP는 4만 8405표를 얻고 OSP는 2만 7476표를 얻었다.[15]

8월에 트로츠키는 스네이블릿, 발허, 데카트, 슈미트뿐 아니라 ILP 당원들인 존 페이턴과 C A 스미스 등 파리 회의에 참가한 많은 사람들과 생팔레에서 만나 토론했다. 그 결과로 나온 문서가 "4조직 선언문: 새로운 인터내셔널의 필요성과 원칙들에 관하여"라는 것이었다. 그 선언문에는 트로츠키가 작성한 11개 조항이 들어 있었는데, 마지막 조항은 다음과 같다.

> 아래 서명한 사람들은 위임받은 대표들로 이뤄진 상임위원회를 만든다. 그 상임위원회의 임무는 다음과 같다.
>
> 1. 새로운 인터내셔널의 헌장에 해당하는 강령적 선언문을 상술한다.
> 2. 현재의 노동자 운동 조직들과 경향들에 대한 비판적 분석을 준비한다(위의 선언문에 대한 이론적 해설).
> 3. 프롤레타리아 혁명 전략의 근본 문제들에 관한 테제들을 상술한다.
> 4. 아래 서명한 조직들을 전 세계의 눈앞에서 대표한다.
>
> 서명자:
> E 바우어 — 국제 좌익반대파(볼셰비키·레닌주의자)
> J 슈바프 — 독일 사회주의노동자당SAP
> P J 슈미트 — 네덜란드 독립사회당OSP
> H 스네이블릿 — 네덜란드 혁명사회당RSP[16]

트로츠키는 이 결과에 매우 흥분했다. 그는 (1933년 9월 1일 작성한) "파리 회의: 새로운 인터내셔널의 확고한 중핵들"이라는 글에서 다음과 같이 썼다.

> 우리는 … 파리 회의의 유일한 가시적 성과이자 역사적으로 중요해질 수 있고 그래야 하는 문서에 4개의 서명을 받았다.
>
> 우리는 이 중대한 성과를 이뤘다. … 노동자 몇만 명을 이끄는 세 조직은, 길고 완강한 투쟁을 예상하는 공통의 문서를 바탕으로 우리와 단결하는 것 말고는 다른 어떤 길도 찾지 못했다. 좌익반대파를 둘러싸고 있던 벽에 넓은 금이 갔다. 우리가 확실히 예측할 수 있는 바는, 상황 전체의 압력에 떠밀려서 혁명적 길로 나아가고 있는 새로운 조직들과 분파들이 프롤레타리아 전위를 결집시킬 수 있는 깃발은 오직 볼셰비즘·레닌주의의 깃발뿐이라는 사실을 시간이 갈수록 스스로 확신하게 되리라는 것이다.[17]

며칠 뒤 SAP 지도자 프리츠 슈테른베르크에게 보낸 편지에 트로츠키는 다음과 같이 썼다.

> "4조직 선언문"은 온건한 외관에도 불구하고 치머발트 회의나 키엔탈 회의의* 문서들보다 결코 덜 중요하지 않습니다. 잘 들여다보면, 치머발트와 키엔탈의 문서들도 극히 온건해 보였습니다. 당시 볼셰비키는 분파가 된 지는 10년, 독립적 정당이 된 지는 2년이 넘었는데, 당원 수와 간부라는 측면에서 보면 전시의 볼셰비키가 [오늘날의] 소련 좌익반대파보다 결코 더 강력하지 않았습니다. 다른 참가 조직들도 대부분 이번 파

* 각각 1915년과 1916년에 스위스에서 열린 사회주의자들의 국제회의. 제1차세계대전과 제2인터내셔널에 대해 논의하는 자리였고, 레닌은 혁명적 패배주의와 새로운 인터내셔널을 주장했다.

리 회의 참가 조직들과 거의 비슷한 수준의 혼란을 겪고 있었습니다. 그러나 수적으로는 그들이 훨씬 취약했습니다. 좌파에 관한 한, 그들은 우리 4조직 연합과 비교가 안 될 만큼 취약했습니다. 우리에게 레닌이 없다는 것은 사실이지만, 치머발트 이후 우리는 풍부한 경험을 쌓았습니다. 이 점이 매우 중요합니다.[18]

1933년 9월 1일 트로츠키는 체코슬로바키아의 공산주의 반대파인 알로이스 노이라트에게 보낸 편지에서 "4조직 선언문"에 대해 다음과 같이 말했다.

가장 결정적인 것은 어제까지만 해도 우리에게 낯설고 적대적이던 이 조직들이 우리가 설명한 원칙들을 지지할 수밖에 없다고 스스로 생각했다는 점입니다. 이것이 결정적입니다. 내일은 다른 조직들이 [우리에게] 올 것입니다. … "4조직 선언문"은 하루빨리 강령적 선언문의 초안을 작성하라는 임무를 우리에게 부여했습니다. 우리가 그 초안을 제출하면, 모든 조직과 경향에서 노동자 운동의 정치 생활 전체가 이 문서를 중심으로 이뤄질 수밖에 없을 것입니다. 왜냐하면 오직 우리만이 무엇이 본질적인지를 말할 수 있는 사람들이기 때문입니다. 우리가 다른 사람보다 더 "똑똑하다"는 말이 아니라, 우리는 파산한 [관료] 기구와 묶여 있지도 않고 실상을 윤색하거나 날조할 필요도 없기 때문입니다. 즉, 노동자들을 속이지 않아도 된다는 것입니다. 저는 매우 확신에 차서 미래를 기대하고 있습니다. 아주 가까운 미래도 말입니다.[19]

그와 동시에 트로츠키는 파리 회의에서 SAP와 OSP가 "4조직 선언문"에 서명했지만 그들이 (ILP 대표 두 명, NAP 대표 한 명과 함께) 다수파의 위원회도 지지했다는 점을 매우 걱정했다.[20]

희망이 잿더미로 바뀌다

앞서 인용했듯이, 트로츠키는 "개인과 집단뿐 아니라 조직 전체와 심지어 정당조차 옛 지도부나 옛 지도부의 일부와 함께" 몰려와서 코민테른이 건설된 경험이 있다고 말했다.[21]

이탈리아 사회당은 1919년 9월 볼로냐 당대회에서 표결 끝에 코민테른에 가입하기로 했다. 30만 명이 코민테른 회원으로 추가된 것이다. 독일에서는 1917년 4월 대중의 혁명적 분위기에 압력을 받은 사민당이 분열해서 당원 80만 명의 독립사민당USPD이 생겨났다. 독립사민당은 1919~1920년에 뚜렷이 좌경화했다. 1920년 10월 할레 당대회에서 독립사민당은 찬성 236표 대 반대 156표로 코민테른 가입을 결정했다. 독립사민당원 80만 명 가운데 30만 명은 1920년 12월의 통합 당대회에서 공산당에 가입했다. 프랑스에서는 1920년 12월 25일 사회당SFIO이 투르 당대회에서 코민테른 가입을 결정했다. 비록 소수파 당원 3만 명은 [코민테른 가입 방침을] 따르기를 거부했지만, 그래도 코민테른은 당원 14만 명의 대중정당을 얻게 됐다. 체코슬로바키아 사민당ČSSD은 1920년 12월 분열해서, 공산주의 좌파가 당원의 절반을 이끌고 떨어져 나와 당원 35만 명의 공산당KSČ을 건설했다. 사민당에서는 독일어를 사용하는 소수가 또 분열해 나와서 독자 세력을 형성했다가 나중에 공산당과 통합했다. 그래서 공산당 당원은 40만 명으로 늘어났다.

마찬가지로, 대중정당인 불가리아와 유고슬라비아의 사회당들도 코민테른에 가입했다.[22]

1919~1920년에 제2인터내셔널에서 제3인터내셔널로 옮겨 온 정당들의 지도부는 흔히 1933년 8월 파리 회의에 참가한 어느 정당의 지도부보다 훨씬 우파적이었다. 프랑스 공산당PCF 지도자들인 마르셀

카생과 L O 프로사르는 제1차세계대전을 지지한 사회주의적 애국주의자였는데, 특히 프로사르는 [1923년 공산당을 탈퇴하고 1936년 사회당에 재입당하더니 1940년에] 페탱 정부의 장관으로서 [정치] 인생을 마감했다. 그러나 1919~1920년의 [좌파] 재편 결과는 1933년의 재편 결과와 완전히 달랐다.

앞의 경우에는 제1차세계대전 직후의 혁명적 격변이 세계혁명의 직접적 가능성이나 승리한 10월 혁명과 맞물린 덕분에, 혁명적 마르크스주의가 개혁주의자들과 중간주의자들을 끌어당기는 자석 구실을 할 수 있었다. 그러나 1933년에는 상황이 역전됐다. 당시는 독일 프롤레타리아가 재앙적 패배를 겪은 뒤였고, 트로츠키가 승리한 혁명을 대변하고 있지도 않았다. 그가 이끌고 있는 것도 수십만 명의 [대중]정당이 아니라 소규모 혁명가 집단이었다. 따라서 중간주의자들이 우경화할 가능성이 더 컸다.

우경화하는 중간주의자들

국제 좌익반대파와 독일 SAP의 동맹은 성과가 전혀 없었다. 트로츠키는 SAP에 큰 기대를 걸었다. 그는 1932년 9월 22일 다음과 같이 썼다. "우리는 … 독일에서 상당한 성공을 거두고 있습니다. SAP 안에서 우리를 지지하는 분파가 적잖은 규모로 형성되고 있는데, 이들은 SAP에서 분열해 나와서 우리 편으로 넘어오기 직전입니다."[23]

1933년 4월에는 다음과 같이 썼다.

> SAP의 좌파는 그 지도자들이 독자적 기관지를 보유하고 있지 않다는 사실에도 불구하고 당의 다수를 획득하고 자이데비츠 분파를 제거하

고 있습니다. 이 사실은 SAP의 일반적 발전 방향을 가장 잘 보여 주는데, 거기서 이미 우리는 '살아 있는 경향'의 시작을 목격했습니다. 우리는 SAP가 심지어 지금도 원초적 공산주의 세력이라는 사실을 직시해야 합니다. … 좌익반대파가 SAP와 상호 이해를 촉진하기 위해 온 힘을 다할 태세가 돼 있다는 점은 결코 의심의 여지가 없습니다.[24]

1933년 8월 18일 트로츠키는 발허에게 보낸 편지에서 독일의 좌익반대파와 SAP는 즉시 통합해야 한다고 썼다.[25]

파리 회의 직후에는 트로츠키의 생각처럼 사태가 전개될 가능성이 커 보였다. 10월에 SAP와 좌익반대파는 노조 활동에 관한 공동 테제를 발표했다. 그리고 파리와 스트라스부르에서 공동 집회를 조직했다. 덴마크에서는 덴마크 공산당DKP의 옛 간부들과 SAP, 좌익반대파가 하나의 조직을 만들었다. [독일 서부의] 자를란트주에서는 SAP와 좌익반대파가 사실상 통합했다. 프라하에서도 통합 노력이 이미 진행 중이었다. SAP 청년 조직의 전국 집행부와 좌익반대파 청년 조직은 협상 끝에 "가장 중요한 원칙 문제들에서 의견이 완전히 일치하며, 공동 강령에 바탕을 둔 조직 통합이 임박했다"는 결론을 내렸다.[26]

그러나 독일 트로츠키주의자들과 SAP의 동맹은 아무 성과도 없었다. 통합이 실현되지 않았을뿐더러, SAP는 좌익반대파와 트로츠키를 비판하는 운동의 주요 세력이 됐다. SAP는 트로츠키를 공격하는 온갖 무기를 휘둘렀다.

발허는 IAG에 빠져 꼼짝 못했고,* 노르웨이 노동당 같은 IAG의 우파 조직들과 결별하기를 거부했다. SAP는 IAG와 결별하면 모험주의

---

* 1935년 2월 17일 IAG는 '국제 혁명적 사회주의 통합 사무국'으로 이름을 바꿨다. 8월에 그 본부가 런던으로 옮겨 간 뒤에는 흔히 '런던사무국'으로 불렸다 — 지은이.

에 빠지고 고립될까 봐 두려워했다.

SAP는 나중에 너무 많이 우경화해서, 파리에서 열린 민중전선 회의에 독일 공산당, 사민당, 많은 부르주아 지식인들과 함께 참가했다.[27] 1937년 5월 2일 마르크스주의통일노동자당POUM은 (SAP와 함께 런던사무국 소속이었는데) SAP가 스탈린에게 투항했다고 비난했다.

> SAP 지도부가 스탈린주의의 강력한 영향을 받고 있다는 것은 확실하다. … SAP의 현재 정책들은 사실상 스탈린주의와 사회민주주의의 견해들을 채택하고 있는데, 이 때문에 독립적 정당인 SAP의 지위가 심각한 위험에 처해 있다.[28]

ILP도 엄청나게 우경화했다. [1935년] 이탈리아가 아비시니아를* 침공했을 때 ILP 지도부 가운데 한 명인 존 맥거번은 아비시니아 황제가 무솔리니보다 더 나쁜 독재자라고 주장했고, [또 다른 지도자] 제임스 맥스턴은 아비시니아 노동자들에게 황제를 타도하고 무솔리니에 맞서 전쟁을 벌이라고 촉구했다. 그래야만 ILP는 아비시니아인들과 연대하겠다는 주장이었는데, 이런 태도는 말로는 급진적이지만 실천에서는 제국주의에 투항하는 것이었다. 이 문제 때문에 1936년 ILP 연례 당대회에서 두들겨 맞은 맥스턴은 지도부에서 사퇴해 버렸다. 그 뒤에 벌어진 일은 한 편의 코미디였다. 당대회가 원래 입장에서 후퇴하자 맥스턴은 사퇴를 철회했다. 따라서 ILP는 정치적 원칙보다 '스타' 국회의원을 사실상 더 높이 평가한다는 것을 보여 준 셈이었다.[29] [1938년 영국 보수당 소속 총리] 체임벌린이 뮌헨에서 히틀러를 만나 평화협정에 서명하고 돌아왔을 때 맥스턴은 체임벌린이 세계 평화를 구

---

* 에티오피아의 옛 이름이다.

했다며 축하했다.

ILP는 평화주의에 빠져 있었을 뿐 아니라 스탈린주의에도 순응했다. 1930년대 초에 ILP는 점차 소련 상황을 미화했다. 너무 미화한 나머지 심지어 스탈린 개인숭배에 동참하기까지 했다. 강제 집산화 때문에 1932년 대기근이 닥쳤지만 ILP는 이 참사를 간단히 부정해 버렸다.[30] ILP는 심지어 모스크바 재판도 정당화했다.[31] 그래서 모스크바 재판을 조사하기 위한 듀이위원회에 참여하기를 거부하면서, 트로츠키 방어 [위원회]의 후원을 받는다면 진정으로 독립적인 위원회가 구성될 수 없을 것이라고 주장했다. ILP 사무총장인 브록웨이는 오히려 트로츠키주의를 조사할 위원회를 제안했다!

런던사무국은 결코 안정된 조직이 되지 못했다. 런던사무국의 다양한 부류들은 하나씩 떨어져 나가서 점점 더 우경화했다. 1935년에 노르웨이의 집권당이 된 NAP는 런던사무국과 결별했다. 1938년 10월 28일 독일 SAP는 런던사무국에서 탈퇴한다고 선언했다.[32] 제2차세계대전이 발발했을 때, 런던사무국의 프랑스 지부인 노동자·농민사회당PSOP은 산산조각 났고, 그 지도자인 마르소 피베르는 드골 지지자가 되더니 전후에는 다시 프랑스 사회당에 가입했다.

1939년 4월 27일 결국 런던사무국은 POUM의 제안에 따라 해산했다.

런던사무국으로 이끌린 트로츠키주의자들

국제 트로츠키주의 운동이 런던사무국의 중간주의자들에게 준 영향은 매우 적었던 반면, 런던사무국은 트로츠키주의 조직들에 상당한 영향을 미쳤다. 실제로 트로츠키주의 운동의 비교적 큰 지부들은 모두 런던사무국으로 빨려 들어갔다. 트로츠키주의 운동의 지부들 가운데 회원이 1000명이 넘는 곳은 셋이었다. 네덜란드의 혁명적사회주의노동자당RSAP(1935년 3월에 당원이 4200명이었다),[33] 그리스의 아르케이오-마르크스주의자들(그들 자신의 주장에 따르면 1932년 6월에 회원이 1600명이었지만, 이것은 십중팔구 과장된 수치일 것이다),[34*] 1932년 말에 회원이 약 1500명이라고 주장한[35] 스페인의 에스파냐공산주의좌파ICE였다.(이것은 확실히 과장된 수치다. 왜냐하면 그 지도자 중 한 명인 후안 안드라데는 1935년 중반에 ICE 회원이 800명이라고 했기 때문이다.[36])

왜 다른 곳보다 네덜란드·그리스·스페인(과 나중에는 실론[**])의 트로츠키주의자들이 더 성공적으로 조직을 건설했을까? 그것은 무엇보다 이 나라들에서는 공산당이 약해서 트로츠키주의 운동이 성장할 수 있는 공간이 열려 있었기 때문이다.

네덜란드에 관해서 [역사가] 프리큐프 티헬만은 다음과 같이 썼다.

> 노동계급이 뒤늦게 또 느리게 발전해서, 20세기가 시작된 지 한참 지났을 때도 노동계급의 가장 중요한 특징은 '장인'과 '소규모 작업장'이었다. 더욱이 산업 프롤레타리아는 고립된 다양한 산업 중심지에 오랫동안 흩어져 있었다. 또, 서비스 부문의 피고용인 수가 상대적으로 더 많았다. 따라서 노동운동이 19세기에 상당한 비중을 차지하지 못했고 심지어 20세기에도 다른 대다수 북서 유럽 나라의 일반적 규모에 이르지

---

* 1924년 그리스 공산당KKE에서 뛰쳐나와 〈마르크스주의의 기록〉(Archives of Marxism)이라는 신문을 중심으로 모인 조직이다. 그래서 이들을 신문 이름에 따라 Archeio-Marxists라고 불렀다.

** 스리랑카의 옛 이름이다.

못한 것은 결코 놀라운 일이 아니었다. 사회민주주의 정당과 연결된 대규모 노동조합 연맹인 네덜란드노총NVV은 제2차세계대전 전에는 노조로 조직된 전체 노동자의 절반도 대표하지 못했고, 같은 시기에 사회민주노동자당SDAP을 지지한 유권자는 전체의 4분의 1에 불과했다.
상황이 이렇다 보니 노동계급의 진정한 대중운동이 발전하지 못했다. 또, 소규모 반자본주의 경향들이 따로따로 성장하는 데 유리한 조건들이 만들어졌다. 산업 발전 수준이 낮은 다른 나라들과 마찬가지로 … 네덜란드도 아나키즘이나 신디컬리즘 경향이 자랄 수 있는 비옥한 토양을 제공했다. 더 성숙한 외국 노동운동의 다양한 이데올로기적 충격에 자극을 받아서, 상호 독립적인 소규모 정치조직들과 이데올로기적 충돌이 생겨나고 계속 성장했지만, 그들의 이론은 결코 대중운동이나 투쟁 속에서 검증되지 않았다.[37]

그 결과로 네덜란드 공산당에 비해 트로츠키주의 조직인 RSP는 결코 왜소해 보이지 않았다. 예컨대, 1929년 7월 3일 총선에서 공산당이 3만 7622표를 얻었을 때 RSP는 2만 1768표를 얻었다.[38] 1933년 총선에서는 공산당이 11만 8326표를 얻었는데, RSP와 OSP가 합쳐서 8만 5881표를* 얻었다.[39] 1935년 3월에 RSP와 OSP는 통합해서 RSAP를 만들었다. RSAP는 국제 트로츠키주의 조직에도 가입했고 런던사무국에도 가입했다. 1936년 11월 스네이블릿을 비롯한 RSAP 지도자들은 트로츠키와 거리를 뒀다. 그들은 트로츠키가 지지자들에게 사회민주주의 정당에 가입해서 분파로 활동할 것을 제안한 이른바 '프랑스 전환'(이 책 269~272쪽, 314~328쪽 참조)에 반대했다. 그들은 또, 트로츠키가 POUM을 비판하자 오히려 POUM을 옹호했다.[40]

* 248쪽을 기준으로 하면 7만 5881표인데, 원문 그대로 뒀다.

1937년 6월 RSAP는 트로츠키주의 운동과 모든 관계를 끊었다.[41]

그리스 트로츠키주의자들도 그리스 공산당과 동일한 수준이었다(그리스 공산당 역시 꽤 작은 조직이었다). 1920년에 그리스 공산당은 당원이 1320명이었고, 1924년에 2200명, 1928년에 2000명, 1930년에 1500명이었다. 공산당의 일간지 발행 부수도 적었는데, 1928~1929년에 4250부, 1929년 7월에 3000부, 1930년 3월에 1666부, 1933년 1월에 2600부였다.[42] 아르케이오-마르크스주의자들은 1932년에 회원 수가 1600명이라고 주장했다. 이것은 십중팔구 과장된 수치였겠지만, 그래도 공산당보다 많이 처지는 수준은 아니었다. 네덜란드 트로츠키주의자들과 마찬가지로, 아르케이오-마르크스주의자들도 '프랑스 전환'을 거부했다. 그 뒤에는 트로츠키와 결별하고 런던사무국에 가입했다.

이제 스페인의 경우를 보자. 스페인에서는 아나키스트들이 매우 강력했기 때문에 공산당은 상황이 불리했고 오랫동안 소규모 조직을 벗어나지 못했다. 1930년 초에도 공산당원은 겨우 500명에 불과했다.[43]

사정이 이렇다 보니 스페인 트로츠키주의자들은 중대한 조직을 독자적으로 건설할 수 있다고 생각했다. 그래서 네덜란드나 그리스의 트로츠키주의자들과 마찬가지로 스페인 트로츠키주의자들도 '프랑스 전환'을 거부했고, 이 때문에 ICE와 트로츠키의 관계는 끊어졌다. 그들도 런던사무국에 가입했다.

그래서 "4조직 선언문"을 중심으로 재편을 추진하려던 트로츠키의 원대한 꿈은 물거품이 됐다.*

---

* 실론의 경우 트로츠키주의자들이 중대한 정당을 건설하는 데 성공할 수 있었던 이유는 그 전에 공산당이 존재하지 않았기 때문이다. 랑카사마사마자당LSSP(실론평

이런 사례들은 [그나마] 예외였다. 더 두드러진 것은 1930년대 초에 트로츠키주의 운동은 중간주의적 환경에서 결코 중대한 세력들을 끌어당기거나 유지할 수 없었다는 점이다. 이것은 트로츠키의 개인적 결함도 아니었고 그의 정치에 어떤 약점이 있었기 때문도 아니었다. 때때로 트로츠키의 가시 돋친 성격이나 원칙에 집착하는 태도, 다른 경향들에 대한 가혹한 비판 등을 탓하는 사람들도 있다. 이런 말이 틀렸다는 것은 중간주의 조직들이 나중에 어떻게 진화했는지를 보면 알 수 있다. 진지한 혁명가와 혁명적 조직은 날카롭게 비판받았다고 해서 기본적 정치 지향과 계급 지위를 바꾸지 않는다.

사실 중간주의는 항상 움직이고 있는 정치적 구성체다. 그래서 사태의 압력에 따라 왼쪽이나 오른쪽으로 움직인다. 아주 잠시 동안(1932~1933년) 중간주의자들은 사태에 떠밀려 좌경화해서 트로츠키의 영향권 안으로 들어왔다. 그 뒤 노동계급의 끔찍한 패배들과 맞물

등사회당)은 1935년 12월 18일 창립했다. 처음에는 마르크스주의 정당이 아니었고 트로츠키주의 정당은 더더욱 아니었다. 당원은 약 20명이었지만 1년이 채 안 돼 80명으로 늘어났다.[44] 1937년에 그 당의 기관지 편집자 B J 페르난도는 트로츠키주의자를 자처했고, 당의 공동 간사 한 명은 트로츠키주의자, 다른 한 명은 '확고한 스탈린주의자'였다.[45]

그 당은 대규모 추종자들을 획득했다. 그래서 1937년 메이데이 시위 때는 1만 명의 지지 대열을 이끌었다.[46] 이제 당원은 800명에 이르렀다.[47] 기관지 하나의 편집자는 트로츠키주의자였고, 타밀어로 대량 발행된 또 다른 주간지의 편집자는 스탈린주의자였다.[48] 스탈린파와 트로츠키파의 차이는 숨어 있었다. 실론의 트로츠키주의를 연구한 역사가 예지 얀 레르스키는 다음과 같이 설명했다.

> 그렇지[둘의 차이가 숨어 있지] 않았다면 그 조직이 결성된 후 족히 5년간이나 평당원이든 지도부든 트로츠키주의자들과 친소련 공산주의자들이 겉보기에 비교적 조화롭게 공존한 것을 설명하기 힘들 것이다.[49]

1939년 12월에 LSSP의 집행위원회는 찬성 29표 대 반대 5표로 철저한 트로츠키주의 방침을 채택했다. 그 정책에 반대한 스탈린주의자 5명은 제명됐다[50] — 지은이.

려 스탈린주의라는 엄청난 무게가 짓누르자 그들은 필연적으로 다시 우경화했다.

트로츠키는 종파주의자가 아니었다는 바로 그 이유 때문에, 중간주의 조직들에 영향을 미치려고 노력해야 했다. 그러나 객관적 상황 때문에, 몇몇 개인을 건지는 데 그칠 수밖에 없었다.

9장

트로츠키와 프랑스 민중전선

프랑스 민중전선이 주최한 행사에서 군중에게 화답하는 지도자들. 왼쪽에서 두 번째가 사회당 지도자 레옹 블룸, 그 뒤 오른쪽에서 두 손을 맞댄 사람이 급진당 지도자 에두아르 달라디에, 그 오른쪽 옆이 공산당 지도자 모리스 토레즈다.

트로츠키는 독일 프롤레타리아가 패배한 후 프랑스가 국제 정세의 열쇠가 됐다고 주장했다. 앞으로 몇 년 동안 세계혁명의 운명은 프랑스에서 결정되리라는 것이었다.

1934년에 프랑스는 전반적 위기의 시대로 접어들고 있었다. 2월 6일 프랑스의 극우파(주로 파시스트와 왕당파)는 센강 가에 있는 콩코르드광장에 집결했다(거기서 다리만 건너면 프랑스 하원 의사당인 부르봉궁이 있었다). 그들은 정부를 전복하려 했다. 콩코르드광장에서 밤새 격렬한 전투가 벌어져 15명이 죽고 1435명이 부상했다. 비록 2월 6일 시위는 쿠데타로는 실패했지만, 급진당 지도자 에두아르 달라디에가 총리로 있던 정부를 몰아내는 데는 성공했다. 달라디에 정부를 대체한 거국일치내각의 수반은 [급진당 소속] 우파인 가스통 두메르그였는데, 전날의 폭도들은 두메르그 정부에 박수갈채를 보냈다. 부르주아 자유주의 정당인 급진당은 두메르그 정부에 협력하겠다고 했고, 두메르그 정부는 아나키즘에 대항하는 최후의 보루를 자처했다. 이렇게 시작된 일련의 사건들로 말미암아 프랑스 노동자들은 급진화했고 트로츠키는 프랑스 상황에 주목하게 됐다.

2월 7일 아침 프랑스의 주요 노총인 노동조합총연맹CGT은 2월 12일 월요일에 "파시스트들의 위협을 물리치고 시민적 자유를 지키기 위한" 24시간 총파업을 벌이기로 결정했다. 공산당의 통제를 받는 노조 연맹인 통일노동조합총연맹CGTU도 파업에 동참한 덕분에 총파업은 가장 낙관적이었던 예상보다 더 큰 성공을 거뒀다. 파업에 참가한 노동자는 모두 합쳐 450만 명쯤, 시위 참가자는 100만 명쯤 됐다. 그날 오후 파리에서 사회당이 주최한 시위가 벌어졌다. 그 전날 공산당도 시위 참가를 결정했다. 사회당 시위 대열과 공산당 시위 대열이 만나서 함께 "단결! 단결!"을 외치는 극적인 순간이 찾아왔다. 몇 년 만에 처음으로 사회당과 공산당 노동자들이 나란히 행진했다.[1] 그 사건을 연구한 [영국의] 역사가 줄리언 잭슨은 다음과 같이 썼다. "파리에서 극적으로 실현된 자발적 단결은 여러 지방에서도 되풀이됐다. 346곳의 도시에서 시위가 벌어졌고(그중 19곳에서는 참가자가 5000명을 넘었다), 이 시위들 가운데 161건은 사회당과 공산당이 모두 참가한 시위였다."[2]

그때까지, 심지어 그 뒤에도 한동안 프랑스 공산당PCF은 사회당에 대해 종파주의적 태도를 취했다. 공산당의 전술은 1933년 2월 중앙위원회에서 사무총장인 모리스 토레즈가 다음과 같이 정리한 바 있었다.

> 우리의 공동전선 전술은 (1) 행동 (2) 투쟁 속의 프롤레타리아 민주주의 (3) 공산당의 지도력 (4) 사회민주주의 비판 (등)을 당연하게 여깁니다. 따라서 우리와 사회당이 공동 지도부를 구성하는 일은 없을 것입니다. 요컨대, 우리의 전술은 결코 상층의 합의 따위는 없다는 것입니다.[3]

1934년 1월 중앙위원회 결의문도 그 주장을 되풀이했다.

> 중앙위원회는 이 시점에 사회당 지도부에게 공동전선을 제안하는 모든 경향을 단호히 거부한다.

1월 24일 모리스 토레즈는 공산당 중앙위원회에서 다음과 같이 말했다. "결코 어떤 상황에서도 우리가 … 적으로 … 여기는 사회당 지도부와 합의하려고 애쓰지는 않을 것입니다. … 우리는 사회당 지도자들에게 얽매이지 않고 그들에 맞서서 사회당 노동자들과 공동 투쟁을 조직하기를 원합니다."[4]

파시스트들의 공세 뒤에도 처음에는 공산당의 태도에 아무 변화가 없었다. 2월 7일 〈뤼마니테〉는 다음과 같이 썼다.

> 파시스트들, 급속하게 파시스트화하는 '민주적' 통치자들, 자기 이익만 챙기려는 사회당의 … 책략, 이 모든 것이 늘어날 것이다.
> 노동자들은 … 곤봉과 기관총의 독재에 굴복할 생각이 전혀 없다. …
> 파시즘에 맞서서, 민주적 국가의 파시즘화에 맞서서, 사회당과 CGT의 기만적 책략에 맞서서 우리는 행동에 나서야 한다!

이튿날에도 〈뤼마니테〉는 파시스트들뿐 아니라 사회당과 CGT에도 대항하는 … 행동을 계속 촉구했다.[5]

심지어 2월 12일의 파업과 시위 뒤에도 공산당은 사회파시즘 노선과 '아래로부터 공동전선' 정책을 계속 유지했다. 그래서 4월 19일 토레즈가 쓴 〈뤼마니테〉 사설의 제목은 "사회파시즘과의 연합에 반대한다"였다.[6]

그러나 공산당은 이런 방침을 고수할 수 없었다. 프랑스의 1936년 6월 대중 파업을 연구한 역사가들인 자크 다노와 마르셀 지블랭은 다음과 같이 썼다.

> 노동계급의 압력은 저항할 수 없을 만큼 강력했다. 그 압력은 모든 머뭇거림을 완전히 없애 버렸고, 두 [당의] 지도부로 하여금 행동 통일을 받

아들이도록 강요했다. …

1934년 6월 이후 공산당은 정치 노선을 전환해서 공동전선 전술을 재평가하고, 더 온건한 논조로 사회당 지도부와 논쟁했다.[7]

7월 2일 사회당의 센강연맹과 공산당 지역 연맹은 공동 집회를 개최했다. 7월 27일에는 사회당과 공산당의 공동 협약이 체결됐고, 이틀 뒤에는 (제1차세계대전 직전[1914년 7월 31일]에 암살당한 사회당 지도자) 장 조레스를 기념하는 사회당과 공산당의 공동 집회가 열렸다. 10월 9일 모리스 토레즈는 사회당과 공산당의 협약을 확대해 급진당도 포함시키자고 제안했다. 이렇게 민중전선 정책이 시작됐다.

10월에 트로츠키는 처음으로 프랑스 상황을 다룬 중요한 저작《프랑스는 어디로?》를 썼다. 이 책에서 그는 프랑스 부르주아지의 일부가 파시즘을 대안으로 진지하게 고려하기 시작했으므로 이제 파시즘의 위협은 실질적이고 긴박하다고 주장했다.

물론 다른 유럽 나라들(영국, 벨기에, 네덜란드, 스위스, 스칸디나비아 3국)과 마찬가지로 프랑스에도 의회, 선거, 민주적 자유, 또는 그 부스러기가 여전히 남아 있다. 그러나 이 모든 나라에서는 전에 이탈리아와 독일에서 그랬듯이 계급투쟁이 첨예해지고 있다. "프랑스는 독일이 아니다"라는 말로 자신을 위로하는 사람은 누구든지 가망 없는 자다. 모든 나라에서 자본주의의 쇠퇴라는 역사 법칙이 똑같이 작용하고 있다. … 나라마다 자본주의의 노쇠와 붕괴가 나타나는 형태와 속도는 다양하고 불균등하다. 그러나 그 과정의 기본 특징은 어디서나 똑같다. 부르주아지는 자신들의 사회를 완전한 파산으로 몰아가고 있다. 그들은 사람들에게 빵도 평화도 보장해 주지 못한다. 바로 그 때문에 민주적 질서를 더는 용인할 수 없는 것이다. 부르주아지는 어쩔 수 없이 물리적 폭력을 써서 노동자들을 분쇄해야 한다. 그러나 노동자와 농민의 불만은 경찰 [폭력]만으로는 해소할 수 없다. … 바로 그 때문에 금융자본은 노동자들에 맞서 싸울 특별 무장 집단을 만들어서 훈련할 수밖에 없는 것이다. 마치 특정 품종의 개들을 훈련해 사냥감을 쫓게 하듯이 말이다. 자본가들이 민주적 기구의 도움을 받아서 통치하고 지배하기가 불가능해졌을 때 노동계급을 분쇄하고 그 조직들을 파괴하고 정치적 자유를 억압하는 것이 파시즘의 역사적 기능이다.

파시스트들은 주로 프티부르주아지에서 인적 자원을 발견한다. 프티부르주아지는 대자본 때문에 완전히 파멸했다. 현재의 사회질서에는 프티부르주아지의 탈출구가 없지만, 그들은 다른 대안도 알지 못한다. 파시스트들은 프티부르주아지의 불만·분노·절망이 대자본을 향하지 않고 노동자들을 향하도록 만든다. 프티부르주아지가 그 철천지원수의 손에 놀아나게 만드는 것이 바로 파시즘이라 할 수 있다. 이런 식으로 대자본은 중간계급을 파멸시키고, (고용된 선동가들의 도움을 받아) 절망한 프티부르주아가 노동자에 맞서 싸우도록 부추긴다.[8]

지금의 두메르그 정부는 막 시작된 보나파르트 체제[라고 트로츠키는 주장했]다.

두메르그 정부는 의회 체제가 보나파르트 체제로 넘어가는 첫걸음이었다. 두메르그가 균형을 유지하려면, 그의 집권을 도와준 파시스트들과 그 밖의 도당이 오른손에 필요하다.[9]

프랑스 파시즘은 아직 대중적 세력이 아니다. 다른 한편으로 보나파르트 체제는 급진당을 통해 지지를 받고 있는데, 그것은 분명한 지지도 아니고 매우 안정된 지지도 아니지만 그래도 대중적 지지다. 이 두 가지 사실 사이에는 내적 연관이 있다. 급진당은 그 [지지] 기반의 사회적 성격을 볼 때 프티부르주아 정당이다. 파시즘은 오직 프티부르주아지를 정복해야만 대중적 세력이 될 수 있다. 다시 말해, 프랑스에서 파시즘은 무엇보다 급진당을 희생시켜야 발전할 수 있다. 이 과정은 아직 초기 단계지만 이미 진행 중이다.

그런데 자본주의는 노동자들에게도 프티부르주아지에게도 결코 미래가 되지 못한다.

자본주의는 힘들게 일하는 사람들에게 새로운 사회 개혁을 제공할 수 없다. 심지어 작은 떡고물조차 줄 수 없다. 오히려 전에 줬던 것조차 다시 빼앗을 수밖에 없다. 유럽 전체에서 경제적·정치적 반동의 시대가 시작됐다.[10]

프랑스 사회는 다음과 같은 냉혹한 선택에 직면했다.

혁명적 사회주의냐 반동적 파시즘이냐? 즉, 누가 먼저 중간계급에게 가장 설득력 있는 강령을 대담하고 광범하게 제시할 것인가? 그리고 가장 중요한 점인데, 누가 먼저 더 나은 미래로 가는 길에 놓인 모든 장애물을 분쇄할 능력을 말과 행동으로 입증해서 중간계급의 신뢰를 얻을 것인가?[11]

온건한 정책을 채택해서는, 즉 부르주아 정당인 급진당의 정책에 순응해서는 프티부르주아지가 파시즘 쪽으로 이동하는 것을 결코 막지 못한다. 따라서 민중전선 정책은 본질적으로 심각한 범죄다. "급진당과의 동맹은 중간계급에 반대하는 동맹이 될 것"이기 때문이다.[12] 노동자들의 공동전선을 급진당에 적용해서는 안 되고, 파시즘과 자본주의에 맞서는 대중투쟁을 조직하는 데 사용해야 한다. 매우 급진적인 조치들을 취해야 한다. 즉, 노동자 시민군을 건설하고 프롤레타리아를 무장시켜야 한다. 공동전선의 목표는 노동자 권력이어야 한다. "혁명적 프롤레타리아가 권력을 잡지 않으면, 반드시 파시즘이 권력을 잡을 것이다."[13]

민중전선의 성공

앞서 말했듯이, 1934년 10월 모리스 토레즈는 공산당과 사회당의 공동전선에 급진당도 동참할 것을 요청했다. 이것은 민중전선의 도약대였다. 물론 민중전선이 공식적으로 시작된 것은 1935년 7월이었다. 모스크바에서 벌어진 사건 하나가 이 새로운 정책의 자극제가 됐다. [1935년 5월] 프랑스 외무부 장관 피에르 라발이 모스크바를 방문해서 프랑스·소련 상호원조조약에 서명했다. 5월 13일부터 15일까지 스탈린과 라발이 여러 차례 정치적 대화를 나눈 끝에 나온 공식 성명서는 두 나라가 "각자 국방력이 결코 약해지지 않도록 노력할" 의무가 있다고 선언하고 "이 점에서 미스터 스탈린은 자국의 안보 필요를 충족할 만큼 군대가 필요한 프랑스의 국방 정책을 이해하고 완전히 인정한다"고 덧붙였다. 이 뜻밖의 선언에 많은 공산당원이 깜짝 놀라자 공산당은 즉시 "스탈린이 옳다"는 표어가 적힌 포스터를 찍었다.[14] 그리고 토레즈는 5월 17일 연설에서 다음과 같이 설명했다.

> 만약 소련을 상대로 전쟁이 … 벌어지고 어떤 제국주의 국가가 모종의 자기 이익을 위해 소련을 편든다면, 그것은 두 제국주의 진영 사이의 전쟁이 아닐 것입니다. 왜냐하면 사회주의 국가, 노동계급의 국가가 속한

진영을 제국주의 진영 취급하는 것은 도저히 말도 안 되는 일이기 때문입니다.[15]

7월 14일 프랑스 혁명 기념일에 사회당·공산당·급진당의 공동 시위가 파리에서 벌어졌다. 약 50만 명이 참가한 그 시위의 지도자는 블룸·달라디에·토레즈였다. 프랑스 국기와 적기가 함께 휘날렸고, 프랑스 국가와 인터내셔널가가 함께 울려 퍼졌다. 그날 프랑스 전역에서 벌어진 집회와 시위는 셀 수 없이 많았다. 그 뒤 세 정당은 공동위원회를 조직해서, 이듬해 총선을 위한 공동 강령을 다듬기 시작했다. 1936년 1월 드디어 민중전선 강령이 합의돼 공표됐다. 1936년 총선의 1차 투표는 4월 26일, 2차 투표는 5월 3일 실시됐고, 총선 결과는 민중전선의 승리였다. 공산당 의석수는 10석에서 72석으로, 사회당은 97석에서 147석으로 늘어난 반면, 급진당은 159석에서 106석으로 줄어들었다. [군소 정당까지] 모두 합쳐 376석을 획득한 민중전선은 나머지 세력보다 156석 더 많은 다수파가 됐고, 사회당은 의회에서 가장 큰 정당이 됐다.

사회당 지도자인 레옹 블룸이 이끄는 새로운 민중전선 정부가 수립됐다. 정부 각료는 사회당원 18명, 급진당원 13명, 독립적 사회주의자* 4명으로 이뤄졌다. 공산당은 정부에 참여하지 않았다. 그들은 밖에 남아 있어야 새 정부에 더 잘 기여할 수 있다는 것을 깨달았다.

트로츠키는 민중전선 전략에 매우 비판적이었다. 민중전선은 그가 여러 차례 중요하게 제안한 공동전선과는 다른 것이었다. 공동전선은 노동계급 정당들을 연결시키지만 민중전선은 부르주아 정당들도 포함시켰다. 따라서 민중전선은 계급 협력 정책이었다. 공동전선은 특정

* 공화주의적 사회주의자들을 뜻하는 듯하다.

한 목표를 위해 투쟁하는 실천적 합의인 반면, 민중전선은 공동의 선거 강령과 부르주아 정부 지지를 뜻했다. 또, 공동전선에서는 완전한 이데올로기적 독립성과 비판의 자유를 보존할 수 있지만, 민중전선에서는 그런 것들을 포기해야 했다. 트로츠키는 프랑스 공산당과 코민테른이 소련 외교정책의 일환으로 민중전선 정책을 도입했다고 지적했다. 스탈린은 나치 독일에 맞서 프랑스·영국과 동맹을 맺고자 했고, 민중전선은 이 동맹 체결을 돕기 위한 것이었다. 민중전선은 각국 공산당이 자국 방어 전쟁에서 [지배계급의] 믿을 만한 동맹 상대라는 것을 보장하는 정책이었다.

민중전선이 공식 선언되기 약 3개월 전인 1935년 3월 28일 이미 트로츠키는 그런 정책이 위험하다고 경고했다.

> 의회 안에서 급진당과 연합하는 것은 프롤레타리아의 역사적 이익이라는 관점에서는 범죄지만 적어도 의회정치라는 제한된 영역에서는 어느 정도 실천적 가치가 있다. [그러나] 의회 밖에서 파시즘에 대항해 급진당과 동맹하는 것은 범죄일 뿐 아니라 멍청한 짓이다.[16]

민중전선은 노동자들의 단결에 프티부르주아지와의 단결을 추가한 것이므로 공동전선을 개선한 것이라는 주장은 완전히 틀렸다. 프티부르주아지를 획득하는 방법은 오직 노동자들이 결정적 지도력을 제공하는 것뿐이었다. 급진당이라는 부르주아 정당을 지지하는 것은 자살행위나 마찬가지였다. 왜냐하면 경제와 사회가 전반적으로 위기인 상황에서 부르주아 정당을 지지하는 것은 파시즘의 성장만 도와줄 터였기 때문이다.

> '민중전선'은 (급진당 형태나 그보다 작고 시시한 정당 형태의) 제국주의

부르주아지와 프롤레타리아 사이의 연합이다. 그 연합은 의회 영역과 의회 밖 영역으로 모두 확대된다. 두 영역에서 모두 급진당은 행동의 자유를 완전히 누리면서, 프롤레타리아의 행동의 자유를 가차 없이 제한한다.[17]

혁명적 파업들

앞서 말했듯이, 1934년 2월 12일 파리에서는 파업 노동자 100만 명이 시위를 벌였다. 그 후 1934~1935년에도 파업 물결은 계속 고조됐다. 1936년 4~5월 총선에서 민중전선이 승리한 뒤에는 새로운 대중 파업 물결이 일었다. 공식 통계를 보면, 1936년 6월에만 1만 2142건의 파업에 183만 938명의 노동자가 참가했다. 그 전까지 한 해 파업 건수가 가장 많았던 1920년의 파업 참가 노동자는 131만 6559명이었다.

1936년의 파업에는 새로운 특징이 있었는데, 6월에 벌어진 전체 파업 가운데 4분의 3 이상(8941건)이 공장점거 파업이었다는 점이다.[18]

> 파업은 거의 모든 산업 부문에서 벌어졌다. 노동자 3만 2000명이 일하는 대형 공장인 르노 자동차 비양쿠르 공장부터 아주 작은 작업장까지 … 노조 조직률이 비교적 높은 탄광과 항만부터 노조원이 전혀 없는 백화점까지 파업 물결이 휩쓸었다.[19]

블룸 정부의 [출범 후] 첫 조치는 파업 물결을 중단시키는 것이었다. 6월 7일 블룸은 "공공 안전"을 촉구하며, 자신의 공식 거주지인 마티뇽 호텔로 노사 대표들을 초대해 협상에 들어갔다. 그 결과, 7~15퍼센트 임금 인상, 임금 손실 없는 주 40시간 노동(그 전의 48시간에서 단축된 것), 2주간의 유급휴가, 단체교섭 원칙에 대한 사실상 승인 등이 합의됐다.

트로츠키주의자들을 제외한 모든 노동자 조직이 마티뇽 협정을 지지했다. 공산당과 사회당뿐 아니라, 심지어 마르소 피베르가 이끄는 사회당 내 좌파인 '혁명적 좌파' 그룹조차 그랬다. 6월 12일 밤에 정부는 인쇄소를 습격해서 트로츠키주의 신문 〈뤼트 우브리에르〉(노동자 투쟁)를 모두 압수했고, 그 조직의 지도자들을 기소하겠다고 발표했다. 며칠 뒤 사회당 소속 내무부 장관 로제 살랑그로는 "정부는 앞으로 공장점거를 용납하지 않겠다"고 공언했다.[20] 역사가 줄리언 잭슨은 다음과 같이 썼다. "블룸은 당시 사용자들이 프랑스 역사상 가장 큰 파업 운동을 끝장낸 '구세주'로 자신을 치켜세웠다고 나중에 말했다. 십중팔구 이 말은 사실이겠지만, 마티뇽 협정은 실제로는 파업에 거의 영향을 미치지 못했다. 부르주아지의 진정한 구세주는 공산당 지도자 모리스 토레즈였다."[21]

6월 11일 파리 지역의 공산당원 대중 집회에서 토레즈는 다음과 같이 발언했다.

> 그래서 다음은 무엇입니까? … 따라서, 만족스러운 결과를 얻었을 때 파업을 끝내는 법도 알아야 합니다. 심지어 모든 요구가 아직 충족되지는 않았지만 본질적 문제들에서 승리했을 때 타협을 받아들이는 법도 알아야 합니다.[22]

급진당 지도자들의 논조도 비슷했다. 그중 한 명[세자르 캉펀치]은 1936년 10월 다음과 같이 말했다. "공장·상점·농장을 점거하는 것은 민중전선 강령에 없었습니다. … 점거는 불법일 뿐 아니라, 그보다 더 나쁜 것입니다. 후원자[사용자]에게 배은망덕한 짓이기 때문입니다. 점거는 중단돼야 합니다."[23] 그러나 사회당이나 급진당의 목소리보다는 공산당의 목소리가 훨씬 효과적이었다고 할 수 있다.

공산당의 엄청난 성장

산업 [투쟁] 물결이 고조되자 공산당이 엄청나게 성장했는데, 그 점은 당원 수가 다음과 같이 증가한 것에서도 드러난다.

1933년		29,000	1936년	6월	141,000
1934년		42,000		7월	216,000
1935년		87,000		8월	246,000
1936년	2월	90,000		9월	260,000
	3월	101,000		10월	278,000
	4월	106,000		11월	284,000
	5월	131,000		12월	288,000

공산당원 수는 1936년에만 세 곱절 이상이 됐다.

공산주의청년단원 수는 다음과 같이 훨씬 더 급격하게 증가했다.[24]

1933년		3,500
1934년	12월	10,000
1935년	12월	25,000
1936년	1월	25,000
	2월	28,000
	6월	52,000
	7월	72,000
	8월	86,000
	11월	100,000

사회당도 상당히 성장했지만 공산당에는 훨씬 못 미쳤다. 사회당원 수는 1933년 13만 1000명에서 1936년 20만 2000명으로 증가했고, 사회주의청년단원 수는 1934년 1만 1320명에서 1937년 5만 4640명으로 증가했다.[25]

공산당의 힘이 엄청나게 강해진 것은 단지 당원 수 증가 때문만은 아니었다. 훨씬 더 중요한 이유는 노동조합에서 우세한 세력이 됐기 때문이었다. CGT 조합원 수는 1935년 78만 5700명에서 1937년 약 400만 명으로 늘어났다.[26] 1936년에 노조원 수는 모든 부문에서 폭발적으로 증가했지만 제조업 부문에서 가장 크게 증가했고, 제조업 부문에서는 사회당보다 공산당의 기반이 훨씬 탄탄했다. 전체 금속 노동자들 사이에서 노조원의 비율은 1935년 4퍼센트에서 1937년 71퍼센트로 껑충 뛰었고, 철도 노동자들의 경우는 22퍼센트에서 73.5퍼센트로, 건설 노동자들의 경우는 6퍼센트에서 63.5퍼센트로, 섬유 노동자들의 경우는 7퍼센트에서 55퍼센트로, 광원들의 경우는 13퍼센트에서 81퍼센트로 증가했다.[27]

공산당은 노동계급 기반이 엄청나게 확대된 덕분에 민중전선과 함께 결정적 세력으로 등장하게 됐다.

6월 사건에 대한 트로츠키의 반응

[1936년] 6월 5일 트로츠키는 "결정적 단계"라는 제목의 글을 써서, 급격히 고양되는 계급투쟁의 강도와 속도를 분석했다. 그는 글을 끝맺으며 당면 과제를 다음과 같이 결론지었다.

프랑스 노동자들은 자신들이 역사적 명성을 얻을 만하다는 사실을 다시 한 번 입증했다. 우리는 그들을 신뢰해야 한다. 소비에트는 항상 파업에서 생겨났다. 대중 파업은 프롤레타리아 혁명의 자연스러운 요소다. 행동위원회는 지금 기업을 점거한 파업 노동자들의 위원회일 수밖에 없다. 행동위원회는 이 산업과 저 산업, 이 공장과 저 공장, 이 노동계급 지구와 저 노동계급 지구, 이 도시와 저 도시를 서로 긴밀하게 연결해야 한다. 행동위원회는 각 도시에서, 해당 지역의 각 생산 단위에서 집회를 열어야 하고, 결국은 프랑스의 모든 행동위원회를 대표하는 대회를 열어야 한다. 이것은 지금 만연한 혼란을 대체할 새로운 질서가 될 것이다.[28]

[나흘 뒤인] 6월 9일에 트로츠키가 쓴 글의 제목이 모든 것을 말해준다. "프랑스 혁명이 시작됐다!"

이것은 단지 파업이 아니다. 하나의 타격이다. 억압자들에 맞선 피억압자들의 공공연한 반격이다. 이것은 혁명의 전형적 시작이다.
노동계급의 과거 경험 전체(착취·고통·투쟁·패배의 역사)가 사건들의 충격을 받아 생생하게 살아남에 따라, 모든 프롤레타리아가(가장 후진적인 부위조차) 의식이 고양되고 공동의 [투쟁] 대열로 이끌린다. 계급 전체가 움직이고 있다. 이 거대한 무리는 말로 중단시킬 수 없다. 이 투쟁은 가장 위대한 승리 아니면 가장 끔찍한 패배로 귀결될 수밖에 없다.[29]

1936년 6월의 성과는 중요했지만, 자본주의의 법칙 때문에 머잖아 그런 성과는 점차 축소될 수밖에 없었다. 반동의 채찍은 노동자들이 더 전진하도록 몰아붙일 터였다. 새로운 물결, 즉 권력 장악을 위한 투쟁이 시작될 것이었다.

하나는 이미 분명하다. 두 번째 [파업] 물결은 첫 번째 물결과 완전히 다를 것이라는 점이다. 평화롭고 거의 온화한 봄날 같았던 첫 번째 물결과 달리 두 번째 물결은 더 성숙하고 더 완강하고 가혹할 것이다. 왜냐하면 두 번째 물결은 대중이 민중전선의 정책들과 첫 투쟁의 실제 결과들에 환멸을 느끼면서 시작될 것이기 때문이다.[30]

트로츠키는 6월 사태가 우리에게 미래를 힐끗 보여 줬다고 주장했다. 완전히 새로운 가능성이 역사적 의제로 떠올랐다는 것이다. 한 달 뒤 트로츠키는 "2단계 [투쟁] 앞에서"라는 글을 써서, 프랑스는 혁명과 재앙의 갈림길에 서 있다고 주장했다.

6월에 노동자들은 지배계급에게 엄청난 압력을 가했지만, 그 압력을 끝까지 밀어붙이지는 못했다. 노동자들은 혁명적 강점뿐 아니라 (강력한 지도부가 없다는) 약점도 분명히 드러냈다. 자본주의 사회의 모든 버팀목과 치유 불가능한 궤양들은 고스란히 남아 있다. 이제는 반격이 준비되고 있다. 즉, 좌파 선동가 탄압, 우파 선동가들의 표독스러워지는 선동, 물가 인상 실험, 제조업자들을 동원한 대대적 공장폐쇄 등이 준비되고 있다.[31]

현재의 휴지기, 즉 사용자들의 반격이 시작되는 시기는 다음의 둘 중 하나로 귀결될 수 있다.

[투쟁의] 완패가 앞으로 오랫동안 지속되면서 불가피하게 파시즘의 반동이 승리하거나 아니면 엄혹한 전략적 교훈을 얻은 노동계급이 더 성숙해져서 그 지도부를 교체하고 미래의 승리를 위한 조건들을 준비하게 될 것이다.[32]

트로츠키의 말은 예언적이었다. 나중의 사건들에서 드러나게 되지만, 그의 분석은 시간의 검증을 훌륭하게 통과했다. 위대한 마르크스주의 사상가들 가운데 역사유물론의 방법을 사용하는 능력, 경제적·사회적·정치적 요인들을 종합하고 그것들과 대중심리의 상호 관계를 파악하고 주관적 요인(위대한 사건에서 노동자 정당과 노동자들의 지도자가 하는 구실)의 중요성을 이해하는 능력이 트로츠키보다 뛰어난 사람은 아무도 없었다.

1937~1938년에 자본가들은 민중전선 정부와 공모해서 그리고 공산당·사회당·노동조합 지도자들의 도움을 받아서, 1936년 6월에 노동자들이 얻은 성과의 많은 부분을 다시 빼앗아 갔다.

투쟁 물결이 잠잠해지다

6월 13일부터 공장점거는 중단되기 시작했다. 마티뇽 협정은 노동자 투쟁을 봉쇄하고 노동자들에게 후퇴를 강요하는 데 매우 효과적인 무기였다. 노동쟁의를 신속하게 통제하는 새로운 단체교섭 관련법이 실행됐다. 1930~1935년에 연평균 22건이던 단체협약 체결 건수가 1936년 6~12월에는 2336건으로 폭증했다.[33]

흔히 단체협약 해석을 둘러싸고 노동쟁의가 벌어졌기 때문에, 정부는 1936년 말 (모든 노동쟁의는 새로 마련된 중재 절차를 반드시 거쳐야 한다는) 강제 중재 법안을 제출했다. "1937년 1월부터 1938년 3월까지 도지사들에게 보고된 노동쟁의 9631건 가운데 6199건이 중재에 회부됐고, 그중 2610건(27퍼센트)은 각 도道 중재위원회에서 나흘 만에 타결됐고, 3589건(37퍼센트)은 더 오랜 기간의 조정 절차를 거쳐 타결됐다. 1937년 상대적 산업 평화는 십중팔구 그 법의 효력 덕분이었다고 할 수 있다."[34]

노동자들의 활동이 쇠퇴하자 사용자들은 기가 살아서 공세에 나섰다. 1938년 CGT 대의원대회 보고서를 보면, "1936년 여름부터 사용자들은 저항을 조직하기 시작했다. 그 저항은 날이 가고 달이 갈수록 확대됐다"는 기록이 있다.[35]

사용자들은 주 40시간 노동제를 공격하기 시작했고 정부는 사용자들을 거들었다. 주 40시간 노동제를 시행하는 법령들이 통과된 직후에 사용자들은 크리스마스와 설날을 휴일이 아니라 근무일로 만들 것을 요구했다. 또, 한 해의 특정 시기에 경기가 나빠지는 산업들에서는 추가 [노동]시간이 부과되기도 했다. 그 뒤 주요 경제 부문들에서 초과근무가 허용됐다.

민중전선 정부의 경제정책은 1936년 6월에 노동자들이 쟁취한 성과들을 없애 버렸다. 1936년 9월에 단행된 프랑화 평가절하는 노동자들의 구매력을 약화시켰다. 1938년 5월 무렵 소매 물가는 1936년 5월보다 47퍼센트 더 높았다.[36] 물가 오름세가 너무 심한 나머지 1938년 5월 무렵의 실질임금은 대략 마티뇽 협정 이전 수준으로 되돌아갔다.[37]

1936년 9월 블룸 정부가 발표한 재무장 계획의 규모는 역대 정부를 모두 능가했다. 그래서 노동자들의 생활수준은 나빠졌다. 블룸은 1937년 2월 다음과 같이 말했다. "대담한 사회 개혁 정책과 강렬한 재무장 노력을 결합하는 것은 힘든 일이다. [그러나] 우리는 이 두 가지 노력을 병행해 왔다." 그리고 재무장 노력은 성공했다. [프랑스의] 재무장을 연구한 역사가 로베르 프랑크가 지적했듯이 "정부 지출이라는 측면에서 보면, 블룸은 버터보다 총에 더 많이 지출했다."[38]

블룸의 집권 기간 내내 사용자들은 노동자들을 공격했다. [역사가] 아서 미츠먼은 "프랑스 노동계급과 블룸 정부(1936~1937년)"라는 글에서 다음과 같이 썼다.

> [1936년 8월에 설립된] 새로운 프랑스사용자총연맹CGPF은 조직노동자들에 맞서는 단호한 저항 운동을 통해서 노동자들이 새로운 성과를 얻지 못하게 막고, 마티뇽 협정으로 양보한 것들을 최대한 많이 되찾으려고 필사적으로 노력했다.[39]

노동자들을 해고하거나 강제 휴직시키는 것이 유행이 됐다. 해고 당하기 특히 쉬운 사람들은 노조원이었다.

블룸은 심지어 경제 외의 분야들에서도 우파의 요구에 양보했다. 1937년 3월 16일 파리 교외의 클리시에서 좌파들이 시위를 벌였다. 정부가 파시스트들의 집회를 금지하기를 거부하자 이에 항의하는 시위였다. 좌파 시위대와 경찰이 충돌했고, 경찰이 총을 쏴서 6명을 죽였다.[40] 이튿날 지하철·버스 노조는 18일에 24시간 파업을 벌이기로 했고, 파리 지역의 모든 노조가 총파업에 나섰다. 그러나 파업은 겨우 반나절만 지속됐다.[41]

블룸이 총리가 된 지 한 달 보름 만에 스페인에서는 선출된 민중전선 정부에 맞서 프랑코가 반란을 일으켰다(7월 18일). 7월 20일 블룸은 스페인 정부한테서 긴급 요청을 받았다. 비행기와 그 밖의 전쟁 물자를 넘겨 달라는 요청이었다. 블룸과 사회당 각료들은 이 문제를 논의한 후 처음에는 요청에 응하겠다는 의도를 분명히 밝혔다. 그것은 단지 1935년에 체결된 통상조약을 이행하는 것이었기 때문이다. [그러나] 영국 정부가 즉시 반대 의사를 표명하자 블룸은 7월 23일 영국 정부와 접촉했다. 급진당 우파를 포함한 프랑스 우파들도 가세해서 [블룸] 정부를 무너뜨리겠다고 위협했다. 그들이 상원을 지배하고 있었으므로 그 위협은 빈말이 아니었다. 8월 2일 블룸은 불개입 협약안을 만들었다. 8월이 끝나기 전에 히틀러와 무솔리니는 이 협약에 쉽사리 서명했다. 그러나 거의 공공연히 무기와 병력을 스페인 파시스트들에게 계속 지원했다. 따라서 블룸은 프랑코의 승리를 사주한 셈이었다. 물론 프랑스 공산당과 사회당은 정부 정책을 무시하고 군수산업·철도 노동자들을 조직해서 직접 스페인에 필요한 물자를 전달할 수도 있었다. 하지만 그러면 급진당과 곧바로 결별하게 됐을 것이다. 공산당 지도부든 사회당 지도부든 그럴 태세는 돼 있지 않았다.

자본가들은 블룸의 지원에 화답하지 않았다. 블룸은 자본주의 안에서 활동하겠다고 약속했고, 나중에는 자본주의의 '충성스러운 관리자'를 자처했다. 그 대가로 처음부터 자본가계급의 '충성'을 호소했지만, 자본가들은 그럴 뜻이 없었다. 프랑스는 금융 위기에 빠졌다. 금융시장은 패닉에 휩싸였고, 자본도피는 극심해졌다. 1937년 6월 22일 블룸이 이끌던 1차 민중전선 정부는 상원의 압력을 받고 사퇴했다.

민중전선 정부가 무너졌지만 노동자들은 철저하게 무관심한 태도로 그 소식을 받아들였다. 노동자들의 분위기를 가장 잘 보여 준 것은 민중전선에 반대한 어느 보수파의 다음과 같은 말이다.

> 내각이 몰락하면 즉시 파리 노동계급의 총파업, 사실상 대규모 폭동이 벌어질 것이라고 사람들은 흔히 생각했다. 심지어 혁명이 일어날 것이라고 말하는 사람도 있었다. 그런데 실제로는 내각이 몰락했지만 거리와 광장은 썰렁했다. [항의] 운동은커녕 고함 소리 한 번 들리지 않았다. 무력 사용도 전혀 없었다. 우리 동료 시민들 가운데 어느 누구도, 심지어 가장 자신감 있는 사람조차도 내각이 그토록 쉽고 평범하게 패배하기를 바랄 수는 없었을 것이다.[42]

이런 평가는 몇 달 전 블룸이 국민에게 자기 정부의 업적을 다음과 같이 설명할 때 드러낸 도취감과는 사뭇 달랐다. "희망이 되살아났습니다. 노동에 대한 열정, 삶에 대한 열정이 다시 한 번 솟구치고 있습니다. 프랑스의 얼굴과 모습은 새로워졌습니다. 새로운 사회관계가 수립되고 있습니다. 새로운 질서가 출현하고 있습니다."[43]

몰락한 블룸 정부를 대체한 것은 급진당의 카미유 쇼탕이 이끄는 [민중전선] 정부였다. 그것은 전보다 훨씬 우파적인 정부였다. 재무부 장관이 된 조르주 보네는 민중전선을 일관되게 반대한 급진당원이었다. 처음에는, 즉 1937년 6월에는 몇몇 사회당원이 쇼탕 정부에서 장관직을 맡았다. 그러나 이듬해 6월 그들은 모두 정부에서 쫓겨났다. 1938년 [3월] 블룸이 다시 총리가 됐지만 그 정부는 겨우 26일 동안 존속했고, 마침내 4월 21일 블룸 정부를 대체한 것은 민중전선 정부가 아니었다. 급진당의 에두아르 달라디에가 이끈 그 정부에는 사회당원이 한 명도 없었고 오히려 우파 인사들이 입각해 있었다. 이 정부는 의회 표결에서 찬성 572표 대 반대 5표로 통과됐는데, 사실상 모든 사람이(극우파부터 공산당까지) 찬성표를 던진 것이었다.

민중전선 기간 내내 노동자들의 지도부인 공산당과 사회당은 일체의 반격에 반대했다. 노동자들은 불확실성과 피로 때문에 피폐해졌다. 마지막 패배의 순간이 다가오고 있었다.

노동자들은 사용자 측의 공세에 파업으로 대응했다. 그러나 이번에는 파업이 수세적이고 파편적이었다. 파업들은 승리하지 못하고 패배했다. 우파들은 점점 더 기가 살았다. 1938년 11월 12일 재무부 장관 폴 레노는 다음과 같이 선언했다.

> 우리는 자본주의 체제에 살고 있습니다. 자본주의 체제의 본질상 체제가 제대로 작동하려면 그 법칙들을 잘 지켜야 합니다. 그것은 이윤의 법

칙, 개인 위험부담의 법칙, 자유 시장의 법칙, 경쟁 인센티브의 법칙 등입니다. … 오늘날 유럽에서 프랑스의 생활 방식이 유지될 수 있다고, 즉 250억 프랑을 무기에 지출하는 동시에 주 2일을 쉴 수 있다고 여러분은 생각하십니까?

다노와 지블랭은 다음과 같이 썼다.

이 발언은 일련의 반反노동계급 법령의 서곡이었다. 그런 법령으로는 주 6일 노동제 재확립, 최초 250시간 초과근무에 대한 임금률 인상 폐지, 성과급을 금지한 단체협약 조항 폐지, 방위산업에서 초과근무 거부 시 벌금 부과, 유급휴가의 '시차적 적용', 외국인 노동자 규제, 헌병 1500명으로 이뤄진 보조 경찰대 창설 등이 있었다. …
노동계급의 모든 부문에서 분노와 항의가 터져 나왔다. …
21일부터 노르파드칼레, 센강 하류 지대, 파리 지역에서 파업이 분출했다. 노동자들이 공장을 점거하면 경찰이 쫓아냈다. 르노 공장 노동자들은 23일에 작업을 중단했다. 그 노동자들은 엄청난 경찰 병력과 맞닥뜨렸는데, 경찰기동대 100개 분대(1500명)가 공장을 침탈해서 20~24시간 동안 전투가 벌어졌다. 최루가스가 자욱한 와중에 노동자 수백 명이 다치고 300명이 구속됐다.[44]

CGT 지도부는 어쩔 수 없이 뭔가를 해야 했다. 그래서 11월 25일 다음과 같이 말하면서, 30일에 24시간 총파업을 벌이기로 했다.

CGT는 파업이 벌어져도 공장·사무실·현장을 일절 점거하지 않을 것이라고 선언한다. 11월 30일 수요일에는 어떤 시위도, 어떤 집회도 열리지 않을 것이다.[45]

파업은 성공하지 못했다. 다노와 지블랭은 다음과 같이 썼다.

> 파업은 광산에서, 금속·건설·인쇄 부문에서 광범하게 목격됐지만, 30일 오전 10시쯤 정부는 "철도가 정상 가동되고 있다"고 발표할 수 있었다. 파리 지하철에서는 파업이 8시간으로, 우체국에서는 14시간으로 축소돼야 했다. 사무직 노동자들은 아무 반응이 없었고, 택시 운전사들의 부분파업은 급속히 사그라들었다. 몇몇 지방 중심지에서는 [파업] 참가율이 높았지만, 공무원·철도·공공서비스 노동자들이 대체로 반응하지 않자 모든 곳에서 기세가 꺾였다. 미수에 그친 파업은 결국 재앙적 패배로 끝나고 말았다.[46]

르노 자동차 노동자들은 최악의 굴욕을 겪었다. "1936년 6월 공장점거가 끝날 때의 특징이었던 축하 [분위기]가 르노 파업이 끝날 때쯤에는 험악한 [분위기]로 뒤바뀌어 있었다. 패배한 노동자들은 공장에서 경찰한테 쫓겨날 때 파시스트 경례를 하면서 "경찰 만세!" 하고 외치도록 강요당했다. 한 경찰관은 쇠몽둥이를 휘두르며 "한 대는 블룸, 두 대는 탱보, 세 대는 주오를 위한 것이다" 하고 소리쳤다.[47*]

> [파업이] 패배하자 가혹한 탄압이 뒤따랐다. 토레즈가 작성한 대차대조표는 다음과 같다. 항공기 산업에서 4만 명이 해고됐다. 직장 폐쇄로 출근을 금지당한 노동자는 르노 자동차에 3만 2000명, 르발루아·콜롱브·아르장퇴유·쿠르브부아·클리시·생투앵 등지에 수만 명, (기계공장 100군데가 문을 닫은) 마르세유에 10만 명, 섬유산업에 10만 명, 노르파

* 장피에르 탱보는 공산당원이자 금속 노조 지도자였고, 레옹 주오는 CGT 사무총장이었다 — 지은이.

드칼레의 광산에 8만 명이 있었다.[48]

아서 미츠먼은 다음과 같이 썼다.

> 1938년 11월 총파업이 실패했을 때는 현장조합원들이 더는 노조 투사들을 따르지 않고 있었다. 그래서 파업이 실패하자 사용자들은 가혹한 보복을 감행했고 조합원들은 CGT에서 대거 탈퇴했다. 1938년 말 CGT 지역 지부 1만 8000개 가운데 3000개가 해체됐다. 9개월 뒤, 즉 제2차세계대전이 시작됐을 무렵 CGT 조합원 수는 역대 최고치였던 1936~1937년의 500만 명에서 1936년 1월 수준(100만 명)으로 감소했다. 1936년에 민중전선의 승리로 탄생한 위대한 노동자 운동이 파괴된 것이다.[49]

줄리언 잭슨은 민중전선의 사망 기사라 할 수 있는 글에서 다음과 같이 말했다.

> 1934년 2월 12일의 총파업으로 태어난 민중전선은 마침내 1938년 11월 30일의 총파업으로 죽었다. 얄궂게도, 2월 12일 파업이 원래 달라디에의 강제 사퇴에 항의하고자 계획된 것이었다면 11월 30일 파업은 바로 그 달라디에의 노동정책에 항의하고자 벌어진 것이었다.[50]

트로츠키가 민중전선의 대차대조표를 작성하다

이 재앙적 패배 2주 뒤에 트로츠키는 자신이 1936년 6월 9일 "프랑스 혁명이 시작됐다!"고 썼음을 독자들에게 상기시켰다.

[이후의] 사건들은 이 진단이 틀렸음을 증명하는 것처럼 보인다. 문제는 사실 더 복잡하다. … 최근의 역사가 일련의 비극적 사례들을 통해 확인시켜 주는 것은, 모든 혁명적 상황에서 혁명이 일어나는 것은 아니고 오히려 주관적 요인, 즉 혁명적 계급의 혁명적 공세가 제때에 객관적 요인을 도와주지 않는다면 혁명적 상황은 반혁명적 상황으로 바뀌고 만다는 사실이다.[51]

민중전선 정책은 노동자들의 에너지를 약화시켰고, 우파에게 도움을 줬으며, 따라서 온 나라를 피로하고 우울한 분위기에 빠뜨렸다. 민중전선에 구현된 계급 협력은 아무 거리낌 없이 전개됐다. 민중전선은 불신받던 급진당 지도자들의 [정치적] 수명을 연장해 줬다. 줄리언 잭슨은 다음과 같이 썼다. "[1939년 초에 프랑스 공산당은 '아니다, 미스터 달라디에. 민중전선은 죽지 않았다'는 구호를 내걸고 민중전선을 유지하려는 운동을 시작했다. 그러나 이것은 순전한 공상이었다.] 1939년의 정치적 편성은 이미 1936년보다는 비시 [정부]의* 정치적 편성에 훨씬 가까웠다."[52] "1936년 6월 16일 공화국을 구하기 위해 블룸 정부 신임투표를 가결시킨 바로 그 의회가 1940년 7월 10일 페탱 원수에게 모든 권력을 준다는 데 동의함으로써(전쟁 발발과 함께 불법 정당이 된 공산당은 빠졌다) 공화국을 파괴했다."[53]

---

* 1940년에 수립된 비시 정부는 당시 프랑스를 점령한 나치 독일의 꼭두각시 정권이었다.

10장

프랑스의 트로츠키주의자들

1936년 프랑스에서 공장점거 파업에 나선 철강 노동자들.

서유럽의 지지자들을 조직하려는 트로츠키의 노력은 처음에는 프랑스에 집중됐다. 1920년대 중반에 영향력 있는 트로츠키주의자들이 가장 많은 나라가 프랑스였기 때문이다. 당시 프랑스에는 좌익반대파를 지지한다고 자처하는 집단이 많이 있었고, 공산당에서 제명된 유명한 지도자도 여러 명 있었다. 그 집단들은 결코 동질적이지 않았다.

공산당 지도자 가운데 트로츠키를 지지한 가장 중요한 사람은 알프레드 로스메였다. 그는 제1차세계대전 당시 [1년 넘게] 프랑스에 살았던 트로츠키의 친구이자 협력자였다. 두 사람은 함께 치머발트 운동에 참여했다. 로스메는 공산당 창립 당원이었고, 나중에 코민테른 집행위원회에서 프랑스 공산당 대표로 활동하기도 했다. 그는 트로츠키가 반스탈린 투쟁을 시작할 때부터 트로츠키를 편들었다. 노동조합운동에서 로스메의 가까운 협력자였던 피에르 모나트는 1924년 12월 프랑스 공산당에서 제명됐다. 그들은 신디컬리즘 잡지 《레볼뤼시옹 프롤레타리엔》(프롤레타리아 혁명)을 중심으로 계속 협력했다.

1920년대 중반 [프랑스] 좌익반대파에 속한 또 다른 사람은 공산당 창립 당원이자 〈뤼마니테〉 편집자였던 보리스 수바린이었다. 그는 (1924년 5월) 러시아 공산당 13차 당대회에 프랑스 공산당 중앙위원회 대표로 참가했고, 그 당대회에서 스탈린파의 비방과 중상에 맞서 트로츠키를 옹호한 유일한 외국인 대표였다. 수바린은 트로츠키를 지지했다는 이유로 당에서 제명됐고, 〈뷜탱 코뮈니스트〉(공산주의자 회보)라는 간행물을 중심으로 활동하는 그룹을 만들었다.

그때 트로츠키가 국제 좌익반대파로 끌어당기려고 노력한 또 다른 프랑스인들은 알베르 트렝이 이끄는 그룹이었다. 지노비예프 지지자인 트렝은 1924~1925년에 공산당 사무총장으로서 당의 '볼셰비키화'를 단행하고 트로츠키 지지자들을 박해·제명했다. [그러나] 1927년에는 트렝 자신이 지노비예프 지지자라는 이유로 당에서 제명됐다. 그가 이끈 반대파 그룹, 즉 공산주의재건위원회는 오래가지 못했다. 트렝은 트로츠키주의 조직을 포함한 몇몇 조직과 협력하다가 나중에는 신디컬리즘 경향에 가담했다.

좌익반대파 초기에 트로츠키와 연대하겠다고 스스로 선언한 또 다른 사람은 모리스 파즈였다. 그는 '시류를 거슬러'라는 집단을 이끌었다. 그들이 발행한 같은 이름의 잡지는 트로츠키의 글을 많이 실었지만, 사회민주주의에서 순수한 신디컬리즘으로 서서히 옮겨 갔다. 모리스 파즈는 1929년 터키에 있던 트로츠키를 방문했지만, 몇 달 뒤에는 좌익반대파와 결별했다.

트로츠키는 자신의 지지자들, 자신을 반쯤 지지한 사람들, 지노비예프 지지자들, 《레볼뤼시옹 프롤레타리엔》 그룹을 규합하려고 노력했지만 완전히 실패했다. 이미 1929년 4월 16일에 로스메는 이 집단들은 장군만 있고 병사는 없으며 주로 지쳐서 탈진하고 사기 저하한 사람들로 이뤄져 있다고 트로츠키에게 경고했다. "이 모든 집단들의 커다란 불행은 일체의 행동에서 스스로 벗어나 있다는 것입니다. 그리고 이 때문에 그들의 종파주의적 성격이 치명적으로 두드러지는 것입니다."[1]

국제 좌익반대파 프랑스 지부의 중핵은 처음에 〈베리테〉(진리)를 중심으로 모였다. 〈베리테〉는 1929년 8월 15일 처음 발행됐다. 그들은 1930년 4월 공산주의자동맹을 결성했다. 프랑스 트로츠키주의를 연구한 역사가 이방 크레포는 공산주의자동맹 창립 당시 회원 수가 모두 100명이었다고 썼다.[2]

트로츠키는 아무런 환상도 품지 않았다. 상황이 힘들 것이므로 엄청난 인내심이 필요할 것이라고 생각했다. 그래서 1929년 8월 다음과 같이 썼다.

> 프랑스의 공산주의 좌파는 다양한 집단들로 분열해 있다. 이것은 … 프랑스 좌익반대파가 노동자들 사이에서 정치 활동을 시작하기도 전에 그 준비 단계에서 너무 많은 시간을 소모했기 때문이다. 이런 상황이 지속된다면 프랑스 좌익반대파는 하나의 종파로, 아니 더 정확히 말하면 몇몇 종파들로 전락할 위험이 있다고 분명히 말해야 한다.[3]

1929년 8월 11일 트로츠키는 프랑스 지지자들에게 보낸 편지에 다음과 같이 썼다.

> 프랑스 좌익반대파는 현재까지도 진정한 의미의 정치 활동에 참여하지 않고 있습니다. 그 결과로 사실상 맹아적 상태에 머물러 있습니다. 그러나 그런 상태로 아무 탈 없이 오랫동안 존속한다는 것은 불가능합니다. 그 안에서 우파와 좌파가 프랑스 프롤레타리아의 투쟁과 거의 무관하게, 따라서 우연히 가끔 형성됐습니다. 프랑스 좌익반대파가 발전의 첫 단계에 너무 오래 머물러 있다 보니, 주로 자기 보존에만 관심 있는 집단들이 급증했습니다.[4]

좌익반대파 사람들 중에는

가장 극단적인 혁명가라는 칭호에 어울리는 심각한 의무를 지지 않는 한, 즉 시간과 돈을 희생하고 규율에 복종하고 습관과 안락을 포기해야 하지 않는 한, 그런 칭호를 기꺼이 감당하려는 부류가 꽤 많습니다. … 말할 것도 없이 그런 부류들은 바닥짐입니다.* 그것도 매우 위험한 바닥짐입니다. 그들은 가장 혁명적인 강령을 채택할 태세가 완벽히 돼 있지만, 그 강령을 실현하기 위한 첫걸음을 내디뎌야 할 때는 미친 듯이 저항합니다.[5]

이런 말은 트로츠키가 독일 트로츠키주의자들을 두고 한 말과 사실상 똑같았다. 독일 트로츠키주의자들의 조직도 형편없는 사회적 구성, 극히 작은 규모, 부족한 자질 때문에 고통받았다.

이방 크레포는 공산주의자동맹의 안쓰러운 상황을 다음과 같이 묘사했다.

그 조직은 매우 허약했다. 창립 대회가 열렸을 때 프랑스 전체에 기껏해야 100명의 동지들이 있었을 뿐이다. 공산주의자동맹의 지방 연락책은 극소수였다. … 대체로 그들은 소수의 공산주의 노동자로 이뤄져 있었는데, 그 노동자들은 전에는 상당한 권위를 누렸지만 이제는 고립됐다고 느꼈다.[6]

가장 중요한 사람들은 파리 지역 회원들이었고, 그들이 사실상 동맹을 운영했다. 그러나 동맹의 약점이 가장 분명히 드러난 곳도 바로 여기였다. 파리 지역에는 전에는 공산주의자였지만 이제는 자신의 기반과 단절된 지식인들이 매우 많았다. 이렇게 지식인들이 우세한 것은 놀라운 일

---

* 바닥짐ballast은 배나 열기구에 무게를 더하고 중심을 잡기 위해 바닥에 놓는 무거운 물건을 말한다.

이 아니었다. 평범한 노동자에게 영·소 위원회나 [중국] 국민당 관련 논쟁은 완전히 추상적인 것처럼 보였다. 그들의 관심사는 다른 데 있었다. 지식인들은 [모임에] 와서 끝없이 논쟁을 제기했다. 그것은 노동자들에게 영향을 미치는 현실의 문제들과 무관한 논쟁 아니면 지식인들의 추상적 논쟁이었다. 노동계급 내의 정보망이 취약하고 노동자 투쟁에 실질적 책임이 없다는 것이 동맹에 심각한 영향을 미쳤다.[7]

노동계급에게 책임을 지지 않는다는 사실이 조직이 겪는 위기의 성격을 결정하기도 했다. [조직 내에서] 여러 경향들이 나타나 고착됐다. 경향의 출현은 민주적 조직에서는 정상적 현상이다. 그러나 [공산주의자동맹의 내부] 논쟁이 해악적인 것이 된 데는 몇 가지 이유가 있었다. 즉, 추상적 성격의 논쟁이 많았고, 구체적 경험을 통해 논쟁을 해결할 수 없었으며, 조직 규모가 극히 작았다. 그렇다 보니 개인적 반감과 공감이 정치적 논쟁과 끊임없이 뒤섞였다.

이런 위기들은 흔히 분열로 이어졌다. 그래서 몇 달이 지나면 또는 별로 하는 일 없이 몇 년이 지나면 다양한 분파들이 생겨났다.[8]

공산주의자동맹의 이런 내부 위기 때문에 엄청나게 많은 활동이 낭비됐다. 또, 투사들은 사기가 떨어졌다. 파리에서 모임에 참가한 노동자는 흔히 숨이 막힐 지경이었다.[9]

당시 공산주의자동맹 회원이었고 나중에 트로츠키의 비서가 되는 장 반에예노르트가 그린 그림은 훨씬 암울하다. 1932년에 "우리는 수가 너무 적었다. 실제로 활동하는 사람은 20명 정도밖에 안 됐다."[10]

1933년에 트로츠키가 쓴 편지들을 읽어 보면, 프랑스 지부의 상황은 그 전 4년 동안 전혀 개선되지 않은 것처럼 보인다. 예컨대 1933년 9월 18일 발표한 "지금은 멈출 때다"라는 제목의 글에서 트로츠키는 다음과 같이 밝혔다.

프랑스 공산주의자동맹은 거의 맨 처음부터 내부 위기가 끊이지 않았다. 그 위기들은 결코 원칙 수준까지 이르지는 않았지만 엄청나게 격렬했다. 그래서 조직의 분위기를 망쳐 놨고, 좌익반대파의 사상에 공감하는 진지한 노동자들의 접근도 막아 버렸다.

트로츠키는 프랑스 공산주의자동맹을 두고 다음과 같이 불평했다.

> 프랑스 공산주의자동맹의 생기 없고 종파주의적인 부류들은 … 더 넓은 무대로 나오는 것을 두려워한다. 그들의 모든 심리가 폐쇄적 서클의 분위기에 적합하기 때문이다.[11]

이렇게 프랑스 트로츠키주의자들의 비참한 상태를 묘사한 것과는 반대로, 다른 편지들에서 트로츠키는 상황을 완전히 장밋빛으로 묘사하고 있다. 그래서 1930년 3월 23일 소련 트로츠키주의자들에게 보내는 편지에는 다음과 같이 썼다.

> 서유럽에서, 특히 프랑스와 이탈리아에서 우리는 실제로 성공을 거두고 있습니다. … 프랑스 좌익반대파는 공산당의 활동에 점점 더 효과적으로 관여하면서, 그 속에서 나름대로 성과를 올리고 있습니다. 그들은 공산당의 활동을 비판하면서, 자신과 공산당 사이의 장벽을 점차 무너뜨리고 있습니다. 좌익반대파는 노동조합운동에서도 지지자들을 발견했습니다.[12]

소련의 감옥과 유배지에 갇혀서 엄청나게 가혹한 상황을 견디던 지지자들을 트로츠키가 격려하고 싶어 한 것은 이해할 수 있다. 그러나 이것은 정말 필사적 몸부림 같은 것이었다!

프랑스 트로츠키주의의 실상을 분명히 보여 준 것은, 1934년 2월 노동계급 투쟁이 엄청나게 고양되기 시작한 바로 그때 공산주의자동맹의 회원 수가 모두 합쳐 150명에 불과했다는 사실이다![13]

혁명적 대중투쟁의 고양

여러 달 동안, 사실은 여러 해 동안 공산주의자동맹은 파시즘에 대항하는 노동자 조직들의 공동전선을 주장했다. 그런데 1934년 7월 공산당과 사회당이 공동전선 협약을 공식 체결했을 때 상황은 트로츠키주의자들에게 유리해지지 않고 오히려 불리해졌다. 크레포는 다음과 같이 썼다.

> 이미 공산주의자동맹은 자신들이 난국에 봉착했다고 느꼈다. 역설이게도 공산주의자동맹의 행동 구호가 실행에 옮겨질수록 그들의 미래는 점점 더 암울해졌다.
>
> 1934년 6월이나 7월까지도 그들의 사상은 성공을 거두고 있었다. 공산주의자동맹의 투사들은 대중조직에서 자신들의 영향력이 커지고 있다고 느꼈다. 침묵의 음모가 오랫동안 계속된 뒤였다. 이제 공산주의자동맹은 사회당, 프롤레타리아통일당PUP, 노동조합총연맹CGT, 심지어 공산당과 함께 여러 공동전선 시위에 참가했다(파리, 릴, 몽펠리에를 비롯한 많은 도시에서 그랬다). … 청년레닌주의자들[트로츠키주의 청년 조직 — 지은이]은 사회당 청년 조직, PUP 당원들, 아나키스트들, 공산당 청년 조직과 함께 반파시즘 청년 동맹을 결성했다. 실제로 7월 29일 공산당과 사회

당이 [1914년에] 암살당한 조레스를 기리는 반전 시위를 팡테옹에서* 함께 개최했을 때 공산주의자동맹도 연단에서 발언할 수 있는 기회를 얻었다.

그러나 상황은 이미 변해 있었다. 공산주의자동맹의 가장 긴급한 구호였던 공동전선이 벌써 실행에 옮겨졌다. 트로츠키주의자들이 예측했듯이, 그 덕분에 노동계급 대중의 자신감이 되살아났다. 상황은 이렇게 변했지만 트로츠키주의자들에게는 대중 속으로 가는 길이 열린 것이 아니라 오히려 완전히 닫혀 버렸다. 실제로 대중은 행동 통일을 실행한 두 노동자 정당을 완전히 신뢰하고 의지했다. 지도적 투사들은 오로지 공동전선에만 주의를 집중했다. 그들이 볼 때 트로츠키주의자들은 현실의 대중투쟁에서 벗어나 있으면서 그저 '잘난 체하는 사람들'일 뿐이었다.

그 결과는 곧 드러났다. 심지어 재정 상황도 나빠져서, 신문을 발행하기가 점점 더 어려워졌다. … 1934년 8월 10일 자 신문의 모든 면에 "〈베리테〉가 망하도록 놔두시겠습니까?"라는 헤드라인이 실렸는데, 이것은 신문을 발행하기 시작한 후 처음 있는 일이었다.

2월 이후 강렬한 노력과 흥분이 계속된 결과로 활동가들은 심각한 피로에 짓눌렸다. 사실 공산주의자동맹은 거의 발전하지 못했다. 그들의 구호가 옳았고(공산당의 태도가 180도로 바뀐 것을 봐도 분명히 알 수 있었다), 그들의 사상이 전보다 훨씬 많이 알려졌는데도 그랬다. 오직 청년 레닌주의자들만 몇 달 사이에 회원 수가 늘어났다. 공동전선의 성과가 [공산주의자동맹의] 독립적 발전에는 장애물이 돼 버린 것이다.[14]

마찬가지로, 프랑스 트로츠키주의자들의 지도자 중 한 명인 피에르 프랑크도 여러 해 뒤에 공산당과 사회당의 공동전선이 트로츠키

* 프랑스 파리에 있는 사원. 프랑스 위인들의 묘가 있다.

주의 조직에 미친 영향을 다음과 같이 서술했다.

> 사회당과 공산당의 공동전선을 주장한 우리의 운동이 어느 정도 성공을 거둔 바로 그 순간에 이 승리의 결과가 우리 조직에는 불리했다는 것은 매우 역설적이었다. 우리가 접한 우호적 반응, 즉 부분적으로는 공산당에서, 훨씬 많게는 사회당에서(상당수의 노동자들이 사회당에 가입했는데 그들은 흔히 옛 공산당원이었다) 나온 우호적 반응은 모두 우리에게 득이 되지 않았다. … 우리 모임에는 이제 사람들이 오지 않았다. 우리 조직은 전에도 그랬듯이 매우 심하게 고립됐다. 그래서 불가피하게 위기가 커졌다.[15]

프랑스 트로츠키주의자들이 고립된 것을 보며 트로츠키가 내린 결론은 공산주의자동맹의 전술이 근본적으로 바뀌어야 한다는 것이었다. 1934년 7월에 쓴 "공산주의자동맹은 결정적 전환에 직면했다"라는 글에서 트로츠키는 어떻게 공산주의자동맹이 공동전선에 참여할 수 있는가 하는 문제를 제기했다.

> 만약 공산주의자동맹이 계속 밖에 남아 있으면서 외부에서 비판하는 데 노력을 집중한다면, 노동자들 사이에서 관심을 끌기보다는 분노를 자아낼 위험이 있다. … 대중은 지금 [투쟁] 대열의 통일만이 살길이라고 생각한다. 대중은 공동의 대열 밖에 있는 사람이나 곁에 비켜서서 비판하는 사람을 누구든지 장애물로 여긴다. 대중의 이 강력한 정서, 실은 건강한 정서를 고려하지 않는다면, 그런 정서를 거슬러서 활동한다면, 죽음을 맞게 될 것이다. …
>
> 공산주의자동맹은 공동전선 대열 속에서 자연스럽게 자리를 차지해야 한다. 공산주의자동맹은 지금 너무 허약하므로 독립적 자리를 차지할

수가 없다. 따라서 공동전선 협약을 타결한 두 정당 가운데 어느 하나 안에서 자리를 잡아야 한다. 우리가 볼 때 두 정당 사이에 원칙의 차이는 전혀 없거나 거의 없다. 그러나 우리에게 실제로 가능한 대안은 사회민주주의 정당에 가입하는 것뿐이다.[16]

트로츠키는 자기 지지자들이 독자적 언론을 보유한 조직으로서 공공연히 깃발을 휘날리며 [사회민주주의 정당에] 가입하는 것을 기본 중의 기본으로 여겼다.

우리가 스스로 해산할 수는 없다. 우리는 볼셰비키·레닌주의 분파로서 가입할 것이고, 우리의 조직적 끈은 그대로 남아 있을 것이고, 우리의 신문은 계속 존재할 것이다.

그는 이어서 다음과 같이 말했다.

이런 조치를 성공시켜서 짧은 시간 안에 노동운동의 정치 지형을 완전히 바꾸려면 두 가지가 필요하다. (회원 각자의 확고한 태도를 바탕으로 하는) 조직적 응집력이 있어야 하고, 실행이 신속해야 한다.[17]

트로츠키는 사회당 가입의 결과에 대해 매우 낙관적이었다. 그래서 1934년 7월 12일 이방 크레포에게 보낸 편지에 다음과 같이 썼다.

상황은 … 우리에게 시간을 별로 허용하지 않을 것입니다. 어쩌면 겨우 몇 달이 남아 있을지도 모릅니다. 난국을 타개할 수 있는 길은 오직 프롤레타리아 전위가 날카롭고 강력하게 방향을 전환하는 것뿐입니다. 그런 가능성이 실현된다면, 우리는 사회당 노동자들의 급진화를 타고 높이 부상할 것이고 몇 달 안에 우리가 지난 몇 년간 노력한 것의 성과를 거두게 될 것입니다. 반대로 프랑스 프롤레타리아가 불행히 재앙에 빠진다면(저는 그런 생각을 하고 싶지 않습니다) 프롤레타리아의 양대 정당이 완전히 해체되는 일은 피할 수 없겠지만, 우리가 만약 지금 사회당 대열 속으로 들어간다면 사회당의 가장 용감한 중핵들은 우리와 함께 남아서 불법 활동을 하게 될 것입니다.[18]

1934년 8월 〈베리테〉에 기고한 "출구"라는 글에서 트로츠키는 사회당 가입의 가능성을 낙관적으로 서술했다. 사회당에 가입하면 좌파가 매우 강해질 것이라고 생각한 것이다. 트로츠키주의자들은

'공산'당 안에 있는 혁명적 부류를 끌어당기는 강력한 구심을 형성할 것이고, 따라서 프롤레타리아가 혁명의 길 위에 등장하는 과정을 엄청나게 촉진할 것이다.[19]

사회당에 가입하라는 트로츠키의 제안은 공산주의자동맹 안에서 강력한 반발에 부딪혔다. 특히 청년들의 반발이 심했다. 그러나 트로츠키는 서서히 다수를 획득했다. 1934년 8월 29일 공산주의자동맹 대의원대회에서 사회당 가입이 찬성 66표 대 반대 44표로 결정됐고, 청년 조직인 청년레닌주의자들도 비슷한 결의안을 통과시켰다.[20]

9월에 트로츠키주의자들은 사회당에 가입해서 볼셰비키레닌주의자그룹GBL이라는 분파를 즉시 건설하고 〈베리테〉를 분파의 신문으로 삼았다. 그러나 공산주의자동맹의 가장 유명한 회원 중 한 명인 피에르 나빌은 사회당 가입에 반대표를 던졌다. 그는 대의원대회 결정 사항을 준수하기를 거부한 채 이미 해산된 공산주의자동맹 중앙위원회의 이름으로 잠시 동안 공공연히 발언했다. 이 때문에 새로운 중앙

위원회는 표결을 거쳐 그를 제명했다. 청년레닌주의자들도 사회당 청년 조직인 사회주의청년단JS에 가입했다.[21]

그러나 입당을 지지한 사람들 사이에서도 전망에 관한 견해는 크게 달랐다. 크레포는 다음과 같이 썼다.

> (크레포·리갈·루세 등) 청년 조직의 다수는 트로츠키주의자들이 사회당 안에 존재하는 것은 오직 단기적 전술일 뿐이라고 생각했고, 자신들의 임무는 [사회당 내] 혁명파를 설득하고 확신시켜서 그들과 함께 마르크스주의 정당을 건설하고 혁명적 위기에 대처하는 것이라고 여겼다. 여기서 그들이 끌어낸 결론은 "깃발을 휘날리며" [사회당에] 가입해서 사회민주주의 정당이 혁명가들을 경계하기 전에 그 정당의 자유주의가 허용하는 모든 가능성을 즉시 활용해야 한다는 것이었다.
>
> 반면에 (몰리니에·프랑크 등) 모母조직의 '입당파'는 조용히 사회당에 가입해야 하고 필요하다면 저마다 개인적으로 자신의 기층 지부에 들어가야 한다고 생각했다. 그들의 전망은 장기적인 것이었다. …
>
> 볼셰비키·레닌주의자들은 대체로 자신의 성향에 따라, 그리고 청년 조직과 모母조직의 차이에 따라 반응했다. 그들은 자신들의 전망을 구체화하고 그 전망에 맞게 전술을 조정하는 문제 따위는 신경 쓰지 않았다. 예컨대, '개인적 가입' 지지자들은 자신들의 장기적 전망을 설명하지도 정당화하지도 않았다. 사회당 안에 오랫동안 남아 있는 것이 중요했다면, 그런 사회적 환경에 적응하려는 노력을 더 많이 해야 했을 것이다. 사회당이라는 사냥터에서 야영하는 독립적 군대처럼 보여서도 안 됐을 것이다. 투쟁적 사회당원들에게 너무 이상하게 들릴 '볼셰비키·레닌주의자들'이라는 복잡한 이름도 포기해야 했을 것이다(실제로 사회당 안에서 트로츠키주의자들은 그 이해하기 힘든 이름의 머리글자를 따서 BL로 불렸다). 그렇지만 좌파 그룹들과 지도부 논쟁을 벌이는 데 골몰하던

바로 이 동지들이 다른 면에서는 사회당 안에서 도자기 전시장의 코끼리처럼 행동했다.[22]

이런 차이들 때문에 트로츠키주의자들은 사회당에 가입한 지 1년도 안 돼서 심각한 위기에 빠졌다.

그러나 트로츠키는 '프랑스 전환'이 가져올 결과에 대해 매우 낙관적이었다. 1934년 12월 15일에는 각국 지부로 보내는 편지에 다음과 같이 썼다.

프랑스 동지들은 회원이 6000명인 [사회당의] 센강연맹이 우리의 행동강령을 받아들이도록 만들었고, … 우리 청년들은 회원이 1450명인 센강동맹[사회당의 한 청년 조직]의 지도부에 들어가 있습니다. 이런 성공의 혁명적 중요성을 과장하고 싶지는 않습니다. 가입 후 3개월 반 동안 우리가 성공을 거둔 것보다 앞으로 할 일이 더 많습니다. 그러나 오로지 귀도 멀고 눈도 먼 사람만이 우리 프랑스 지부의 활동에서 일어난 근본적 변화와 그들 앞에 열린 엄청난 가능성을 파악하지 못할 것입니다.[23]

그 뒤 1935년 2월 28일에도 트로츠키는 다음과 같이 썼다.

제 주장은 우리의 어느 지부도 프랑스 지부가 사회당 안에서 하나의 경향이 된 이후 했던 것처럼 자신들의 사상을 날카롭게 정식화하고 대중 앞에 직접 제기할 기회를 얻지는 못했다는 것입니다. 그리고 눈이 있는 사람이라면, 작은 우리 프랑스 지부의 사상과 구호가 공산당뿐 아니라 사회당의 모든 생활을 직접적·간접적으로, 긍정적·부정적으로 결정하거나 적어도 그것에 영향을 미치고 있다는 결론을 내려야 할 것입니다.[24]

8월 12일에는 다음과 같이 썼다.

> 우리 프랑스 지부는 (청년을 포함한) 회원 약 200명의 선전 그룹에서 전국의 노동계급 운동에 직간접적 영향을 미치는 혁명적 세력으로 탈바꿈했다. 이제 상황은 양적으로뿐 아니라 질적으로도 달라졌다.[25]

안타깝게도, [역사적] 경험을 보면 개혁주의 대중정당의 당대회에서 표를 얻는 것과 실제로 지지자들을 얻는 것은 매우 다르다는 사실을 알 수 있다.

사실 트로츠키주의자들이 사회당 안에서 활동한 그해에 받아들인 신입 회원 수는 모두 150명이었다. 이것은 공산당의 성장에 비하면 극히 적은 수였다(공산당은 1934년 4만 2000명에서 1935년 8만 7000명으로 성장했다). 한편 볼셰비키·레닌주의자들이 사회주의청년단 안에서 얻은 성과는 그보다 컸다. 그들은 센강 지역을 지배하던 좌파인 혁명적사회주의청년단JSR[센강동맹이 사회당과 결별하고 만든 조직] 속에서 협력적으로 활동했다. 센강 지역의 사회주의청년단은 〈레볼뤼시옹〉(혁명)이라는 신문을 발행하기 시작했는데, 이 신문의 1935년 8월 판매 부수는 8만 부였지만 공식적인 사회주의청년단 신문의 판매 부수는 3만 부였다고 한다.[26] 그러나 이 수치들을 보고 〈레볼뤼시옹〉 신문에 능동적으로 관여한 청년들의 수를 과대평가해서는 안 된다. 센강 지역 사회주의청년단의 규모를 현실적으로 추산한 수치는 피에르 프랑크가 1935년 11월 28일 트로츠키에게 보낸 편지에 나온다. "[센강]동맹의 활동에 참여하는 회원은" 수천 명 수준이 아니라 "400~500명이고, 그중에 능동적 회원은 150~200명" 수준이었다.[27] 프랑크는 다음과 같이 덧붙였다. "〈레볼뤼시옹〉이 대중적 신문이 될 수 있는 가능성을 살펴보다가 제가 발견한 사실은 정기적으로 신문을 판매하는 사람이 80명뿐이라는 것이었습니다."[28]

1935년 5월 스탈린·라발 협정이 체결되자 이제 사회당 지도부가 당내 트로츠키주의자들의 존재를 용인할 시간이 짧아질 수밖에 없다는 것이 분명해졌다. 1935년 6월 9~12일 뮐루즈에서 사회당 당대회가 열렸다. 볼셰비키·레닌주의자들을 제외하면 당대회에 참가한 모든 경향이 민중전선을 지지했다. 심지어 〈바타유 소시알리스트〉(사회주의 투쟁) 경향(은밀한 스탈린주의자 장 지롬스키의 영향을 받는 사람들과 중간주의자 마르소 피베르의 영향을 받는 사람들로 이뤄진 이질적 집단)도 '전투적' 민중전선을 요구했다. 반면에 볼셰비키·레닌주의자들은 총파업과 민중의 무장, 노동자 정당들의 공동전선을 요구했다. 그 목표는 반동 세력과 부르주아지한테서 권력을 빼앗고, 민주적 의회들의 지지를 받는 노동자·농민의 정부를 건설해서 대중의 염원을 실현하는 것이었다.[29]

겉으로 보기에 트로츠키주의자들은 당내에서 상당한 비중이 있었다. [앞서 말한 당대회의] 주요 정치 결의안 표결 결과를 보면 민중전선 지지가 2025표, 〈바타유 소시알리스트〉 지지가 777표, 볼셰비키레닌주의자그룹GBL 지지가 105표였다. GBL은 사회당 전국집행위원회에서 1석을 차지하기도 했다. 이 때문에 트로츠키뿐 아니라 프랑스 트로츠키주의자들도 사회당 내 트로츠키주의자들의 실제 영향력을 과대평가하게 됐다. 이방 크레포가 과거를 회상하며 다음과 같이 말한 것은 옳았다. "[트로츠키주의자들이 — 지은이] 당대회에서 비교적 성공을 거둔 것은 '의회적' 성공이었을 뿐이다. 지역 지부에서 노동자를 가입시키려는 노력은 거의 성공하지 못했다. 만만찮은 성과를 거둔 곳은 오직 센강 지역뿐이었다."[30]

청년들 사이에서는 트로츠키주의자들이 더 성공적이었다. 1935년 7월 28~29일 릴에서 열린 사회주의청년단의 전국 대회에서 좌파는 전체 대의원의 4분의 1을 차지했다. 좌파는 사회주의청년단의 센강동맹에서 훨씬 더 강력했는데, 거기서는 좌파가 75퍼센트를 득표했다. 그러나 센강 지역은 유일한 곳이었다. 트로츠키주의자들의 선전을 접한 동맹들은 극소수였다. 좌파 대의원들조차 릴 대회에서 투쟁을 끝까지 밀어붙일 준비가 돼 있지 않았다.[31] 또, 좌파의 지도자 중 한 명이었던 이방 크레포는 사회주의청년단의 많은 사람들이 실제로는 명부상 회원에 불과했다고 주장한다. 공식적으로 사회주의청년단의 회원 수는 1만 1000명이었다. 그중에 노동계급은 극소수였고, 노르파드칼레 같은 예외적 지역도 일부 있었지만 그런 곳은 오히려 우파가 가장 강력한 지역이었다.[32]

릴 대회에서 GBL 경향을 해체하고 좌파의 지도자 13명(그중 8명이 볼셰비키·레닌주의자였다)을 제명하자는 안건이 찬성 3667표, 반대 1534표, 기권 331표로 가결됐다.[33]

1935년 8월 28일 사회당 상임집행위원회CAP 회의에서는 〈베리테〉를 불법화하고 당원이 이 신문을 배포하는 것을 금지한다는 결정이 내려졌다. 또, 그 회의는 〈베리테〉 발행인들이 "훌륭한 당원 동지들을 터무니없이 비판하고 제4인터내셔널 창립 기도"에 직접 관여한 죄가 있으므로 차기 전국위원회에 그들의 징계를 요청했다.[34]

사회당과 공산당 지도부 사이의 협력이 증대하는 것을 보고 트로츠키는 이미 뮐루즈 당대회 전부터 트로츠키주의자들이 사회당 안에서 용인되는 시기가 끝나 가고 있다고 결론지었다. 1935년 6월 10일 작성한 "새로운 전환이 필요하다"라는 글에서 트로츠키는 사회당 [내 활동]에서 방향을 바꿔 이제 새로운 혁명적 정당 건설로 나아가야 한다고 주장했다. 그는 이런 전망에 대해 매우 낙관적이었다.

우리가 사회당에 가입한 것이 옳았음은 지금 객관적 사실들로 입증된다. 입당 덕분에 우리 [프랑스] 지부는 선전 그룹에서 최고의 혁명적 세력으로 탈바꿈했다. … 우리가 새로운 시대로 들어서고 있다는 것은 분명하다. 두 사건을 보면 그 점을 알 수 있다. 하나는 우리 프랑스 지부의 발전이고 다른 하나는 코민테른의 확실한 전환이다. … 스탈린과 코민테른 내 스탈린 패거리의 결정적 배신으로 말미암아 코민테른 안에서뿐 아니라 모든 노동계급 조직, 특히 노동조합 안에서도 우리 [좌익반대파]에게 커다란 가능성이 열렸다. 최근까지도 대중이 급진화할 때마다 스탈린주의자들을 지지하는 새로운 흐름이 생겨나는 것은 불가피했다. 이것이 바로 우리가 고립되고 허약해진 원인이었다. 좌파가 된다는 것은 곧 소련을 지지한다는 것을 의미했고, 우리는 이 길을 가로막는 장애물로 여겨졌다. 오늘날 소련은 프랑스·체코슬로바키아 등의 제국주의를 지지할 의무를 지게 됐다. …

대중은 스탈린주의자들의 배신을, 심지어 그것의 가장 일반적 측면조차 이해할 만한 시간이 아직 없었다. 어제의 관성이 여전히 작용하고 있지만, 오늘날 스탈린주의는 모든 면에서 부패하고 있다. 그것은 틀림없이 산산조각 날 것이다. 내일이나 모레, 대중은 우리를 유일한 혁명적 가능성으로 여기게 될 것이다.[35]

1935년 11월 21일 트로츠키는 "망망대해로 나아가라"라는 제목으로 편지를 써서 GBL 정치국에 보냈다.

개혁주의 관료들이나 편협한 피베르파에게 원칙을 양보한다면 우리 자신의 미래를 훼손시키기만 할 것입니다. …

여러분 가운데 무슨 수를 써서라도 사회당 안에 갇혀 있기를 바라는 동지들이 있습니까? 사회당에 매여 있는 것은 도약대가 아니라 장애물에 묶여 있는 것임을 청년 조직의 사례가 보여 주지 않습니까? 여러분 중에 누군가가 "사회당에서 나가면 우리는 고립될 것이고 쓸모없는 존재로 전락하고 말 것이다" 등의 이야기를 한다면 우리는 다음과 같이 대답할 것입니다. "이보게 친구, 자네 신경이 완전히 망가졌군. 한 달간 휴가나 갔다 오게. 그때 다시 만나세!" 그와 동시에 우리는 이런 위기의 순간에 이 동지들이 취한 태도를 잘 기억해 둬야 합니다. 미래에 우리는 지금보다 더 힘겨운 위기에 직면할 것이고, 지금처럼 심약한 태도는 훨씬 큰 규모로 되풀이될 수 있습니다.[36]

그래서 볼셰비키·레닌주의자들의 사회당 가입은 끝나게 됐지만, 어려움이 없지는 않았다. 1935년 12월 16일에 트로츠키가 설명했듯이, 가입을 단기적 전술로 여기지 않는다면 틀림없이 기회주의로 빠지게 된다.

일부 궤변가들과 순진한 사람들은 … 우리가 사회당에 가입한 것이 무슨 의미가 있었냐고 … 반문할 것이다. 일시적으로 사회당에 가입한 것 자체가 … 해악은 아니다. 그러나 어떻게 가입할지뿐 아니라 어떻게 탈퇴할지도 알아야 한다. 프롤레타리아 혁명가들을 더는 포용할 수 없는 조직에 우리가 계속 매달린다면 반드시 개혁주의와 애국주의와 자본주의의 끔찍한 도구로 전락하고 말 것이다.[37]

그러나 프랑스의 트로츠키 지지자들 다수는 트로츠키와 견해가 같지 않았다. 예컨대, 센강 지역의 BL[볼셰비키·레닌주의자들] 지도자 가운데 한 명인 리갈은 제명당한 바로 다음 날 〈베리테〉에 쓴 글에서 다음과 같이 주장했다.

우리는 어떤 경솔한 행동도 하지 말아야 한다. 그들[사회주의청년단 — 지은이] 가운데 몇 명, 심지어 동맹 전체가 탈당에 대해, 독자적 조직 재편에 대해 말하고 있다. 아니다, 동지들! 우리는 그 어느 때보다 더 이렇게 외친다. 사회주의청년단의 혁명적 단결 만세! 우리는 그 어느 때보다 더 이렇게 말한다. 노동자 운동의 범죄적 분열에 반대한다! 분열은 우리가 바라는 것이 아니다. 우리는 제명당한 동지 13명의 복귀를 요구한다.

크레포는 다음과 같이 평가했다.

이것은 BL의 공식 방침이었다. 그 방침을 확고하게 지킨 센강 지역에서는 혁명적 지도부를 중심으로 단결이 이뤄졌다. 그러나 프랑스의 나머지 지역에서는 그 방침이 가장 재앙적인 환상을 심어 줄 수 있었다. 실제로, 알아서 하도록 맡겨진 지방에서는 복귀를 기대하는 것 이상은 하지 않았다. [복귀가 가능할 것이라는 환상이 심어졌던 것이다 — 지은이.][38]

이 모호한 정책은 재앙적 결과를 낳았다. 특히 지방에서 그랬다. 1935년 7월에 제명 조치가 있었는데, 1936년 1월에도 파리 그룹들은 여전히 사회당과 결별하지 않고 있었다. 센에우아즈에서는 대다수 그룹들이 제명당한 동지들을 동정했지만, 소수를 제외하면 계속 사회민주주의 정당에 남아 있었다. 1936년 1월 파리 지역의 사회주의청년단은 공식적으로 사회당과 결별해서 혁명적사회주의청년단을 건설했다.[39]

[1935년] 11월에 〈베리테〉는 여전히 사회당 센강연맹 협의회 특집을 준비하는 데 집중했다. 그다음 주에 전국위원회가 BL을 제명했다. 그러나 연맹의 집행위원으로 선출된 BL 회원들은 12월 말에도 … 조용히 자리를 지키고 있었다. 일부는 1월에도 계속 그 자리를 유지했다.[40]

국제사무국원인 에르빈 볼프는 트로츠키주의 지도부가 사회당의 제명 조치에 느리게 대응한 것을 다음과 같이 묘사한다.

〈베리테〉 특별 호를 발행해서 모든 혁명가들에게 경종을 울리기는커녕 오히려 4주 내내 신문이 나오지 않았다. 적들을 '도발하지' 않기 위해서였다. 〈베리테〉는 [1935년] 9월 말에야 나왔고, 〈레볼뤼시옹〉은 10월 초에 나왔다. 그들은 공세를 취하기는커녕 오히려 후퇴했다.[41]

사회당 지도부가 13명을 제명하기로 결정한 뒤 처음 나온 〈베리테〉 신문에는 온통 … 농민 문제를 다룬 기사들뿐이었다!

사회당을 탈퇴하라는 트로츠키의 요구를 가장 강력하게 반대한 사람들 중에는 피에르 프랑크와 레몽 몰리니에도 있었는데, 이들은 전에는 사회당 가입을 격렬하게 반대했었다. 뮐루즈 당대회 후 피에르 프랑크는 GBL의 내부 회보 6월 호에 사회당 탈퇴를 생각하는 것은 '범죄적'이라고 썼다. 릴 대회에서 실행된 제명 조치를 두고는 "우리를 사회당에서 나가게 하려는 목적을 지닌 도발"이라고 말하면서 다음과 같이 썼다. "전체적으로 보면, 그 조치 때문에 바뀐 전망은 전혀 없다."[42] 바로 그 피에르 프랑크가 1934년 8월에는 "여러분이 원하는 대로 결정하시오. 그러나 나로 말하자면, 나는 사회당에 가입하지 않을 것이오" 하고 말했다.[43]

강력한 혁명적 조직을 건설하기가 어렵다는 것을 알게 된 몰리니에와 프랑크는 이제 새로운 지름길을 찾고 있었는데, 바로 대중적 신문을 발행하는 것이었다. 이 기관지는 볼셰비키·레닌주의자들 명의로 발행되는 것이 아니라 새로운 단체인 혁명적행동그룹들GARs* 명의로 발행될 계획이었다. 이 새로운 단체들은 최소 강령에 바탕을 뒀고

* 1935년 10월 볼셰비키·레닌주의자들, 중간주의적 피베르파, 그 밖의 좌파들이 모여 만든 무정형의 단체들로, 새로운 혁명적 정당의 맹아나 소비에트의 맹아 등으로 다양하게 여겨졌다 — 지은이.

그 회원들은 사회당을 탈당하지 않아도 됐다.[44]

몰리니에는 신문 발행 계획에 대해 GBL의 공식 허가를 받으려고 몇 달 동안 노력했고, 부분적으로는 실제로 허가를 받기도 했다. 적어도 한동안 중앙위원회의 다수가 동요하고 있을 때는 그랬다. 그러나 신문의 성격을 결정하는 데 필요한 허가를 완전히 얻어 내지는 못했다. 마침내 11월에 몰리니에의 인내심은 바닥났고, 그는 계획대로 밀고 나가 GBL에 [신문 발행을] 기정사실화하기로 작정했다. 11월 20일 그는 GBL 안팎의 동조자들과 함께 새로운 신문 발행을 위한 만반의 실천적 준비를 하기 시작했다. 11월 23일 중앙위원회 회의에서 몰리니에는 〈코뮌〉이라는 대중적 신문이 다음 주에 발행될 것이라고 발표해서 참석자들을 놀라게 만들었다. 그는 〈코뮌〉 포스터와 광고 전단 사본, 신문 후원자 명단을 보여 주면서 자신이 진지하다는 것을 알리려 했다. 또, GBL이 통제하게 될 "혁명적행동그룹들과 코뮌들을 창설하기 위한 대중적 신문"인 〈코뮌〉을 중앙위원회가 지지하자는 동의안을 제출하기도 했다. 그 동의안은 찬성 8표, 반대 10표, 기권 1표로 부결됐다.[45] 이런 결정에도 불구하고 몰리니에는 12월에 새 신문 발행을 강행했다.

몰리니에 집단은 모든 에너지와 자원을 GARs에 쏟아부었지만, GARs는 처음부터 GBL 내의 몰리니에파와 그 동조자들로만 구성됐다는 사실이 분명히 드러났다. 〈코뮌〉 첫 호는 12월 6일 판매되기 시작했는데, 그 시점에 몰리니에는 중앙위원회에서 자격이 정지됐고 GBL은 분열했다.[46] 〈코뮌〉 그룹은 볼셰비키·레닌주의자들의 절반과 중요한 소수의 청년들을 끌어당겼다. 이 분열 때문에 트로츠키주의자들의 청년 조직인 혁명적사회주의청년단도 매우 많이 약해졌다. 무엇보다 혁명적사회주의청년단은 사실상 파리 지역의 조직이었고, 분열과 더불어 많은 회원이 트로츠키주의 운동을 완전히 떠나 버렸다.[47]

서로 적대적인 두 트로츠키주의 조직과 서로 경쟁하는 두 주간지의 존재는 트로츠키주의에 엄청난 손해를 끼쳤다. 크레포는 다음과 같이 썼다. "노동자들은 그 다툼을 이해하지 못했다. 그래서 결국 사회당에 남아 있거나 사회당으로 되돌아갔다."[48]

트로츠키는 비록 의지가 굳세고 신경이 강인한 사람이었지만 프랑스 볼셰비키·레닌주의자들의 이 모든 다툼을 보며 당연히 우울해했다. 그래서 1935년 12월 27일 트로츠키는 국제사무국에 한 달간의 휴가를 요청했다. 아들 세도프에게 보낸 편지에는 다음과 같이 썼다.

> 무조건 필요한 일은 내가 적어도 4주간 휴가를 내고 그동안에는 각 지부에서 보낸 편지를 전혀 받지 않아야 한다는 것이다. … 그러지 않으면 내 작업 능력을 회복할 수 없을 것이다. 구역질 나는 이 하찮은 일들 때문에 나는 더 중요한 일을 처리할 능력을 잃어버리고 불면증과 열병 따위에 시달리고 있다. … 이 문제에 대해 네가 아주 가차 없는 태도를 취해 주기 바란다. 그러면 나는 다시, 말하자면 2월 1일쯤에는 네가 하라는 대로 할 수 있을 듯하다.[49]

"구역질 나는 이 하찮은 일들" 때문이었다!

트로츠키주의자들이 사회당에 가입한 전술의 대차대조표는 어땠는가?

1935년 12월 30일 "사회당 가입의 교훈"이라는 글에서 트로츠키는 다음과 같이 밝혔다.

> 볼셰비키·레닌주의자들이 사회당 안에서 활동한 첫 7~8개월은 최상의 시기였다. 그들은 처음으로 자신들의 분석과 구호를 더 많은 청중 앞에 내놓을 수 있었고, 자신들의 마르크스주의가 적대자들보다 우월하다

는 것을 입증할 수 있었고, 그와 동시에 자신들의 전술적·조직적 결함들을 깨닫고 실천을 바꿔서 그 결함들을 제거할 수 있었다. 그 정점은 (1935년 6월의) 뮐루즈 당대회였다. 청년들의 경우에는 이런 '번영'의 시기가 훨씬 오래 지속됐고 훨씬 큰 성과를 냈다.

그러나 볼셰비키·레닌주의자들이 사회당에서 제명당할 상황에 직면했을 때 많은 지도자들은 두려움에 사로잡혀서, 자신들의 구호가 **"제4인터내셔널의 깃발을 들고 반역의 기구들에 가차 없이 혁명적 공세를 퍼붓자"**여야 한다는 점을 깨닫지 못했다.

이 정치 노선, 유일하게 올바른 노선이 여섯 달 전에 주저 없이, 일관되게, 과감하게 적용됐다면 오늘날 프랑스 지부의 처지는 지금보다 비할 바 없이 좋았을 것이다. 불행히도 그리되지 않았다. 바로 이때 레몽 몰리니에를 중심으로 한 기회주의 집단이 철저하게 해로운 영향을 미쳤다. 그들은 이미 지나간 첫 시기의 심리적 관성에 의지하고, 순응과 양보를 옹호·변명하고, 점점 오른쪽으로 미끄러지더니 마침내 공공연히 배신해 버렸다. 그제야 프랑스 지부의 다수는 정신을 가다듬었다. …

지금 우리는 두 번째 시기의 마지막에 와 있다. 아직은 정확한 대차대조표를 작성할 수 없다. 그러나 하나는 무조건 확실히 말할 수 있다. 프랑스 지부는 중대한 실수를 저지르고 머뭇거렸을 뿐 아니라 가입할 때와 탈퇴할 때 모두 분열을 겪었지만, 크고 명백한 성과를 거두며 사회당 시기를 끝마쳤다는 것이다. 조직 규모가 커졌고, 상당한 청년 조직을 보유하게 됐으며, 대중적 주간지를 발행하는 법을 배웠고, 어쩌면 훨씬 더 중요한 점일 텐데, 귀중한 실천적 경험을 얻었다.

동지들이 프랑스의 경험에서 끌어낼 수 있는 중요한 교훈은 다음과 같다. 개혁주의적 중간주의 정당에 가입하는 것 자체는 장기적 전망을 포함하

지 않는다. 그것은 특정 상황에서 일회적 사건으로 제한될 수 있는 하나의 단계일 뿐이다.[50]

사회당 가입 경험을 이와 다르게 평가한 대차대조표, 십중팔구 더 현실적인 대차대조표는 먼 훗날 피에르 프랑크가 다음과 같이 작성했다.

> 민중전선이 조직되고 있을 때 우리는 매우 불운한 상황에서 사회당을 탈퇴했고, 바로 그때 일어난 볼셰비키·레닌주의자들의 분열 때문에 우리는 가입으로 얻은 이득의 일부를 잃어버렸다.[51]

완전한 그림을 보려면, 트로츠키주의자들의 영향력은 회원 수가 뜻하는 것보다 훨씬 덜 인상적이었다는 점을 감안해야 한다. 이 점은 1936년 4월 26일과 5월 3일의 총선 때 그들이 얻은 성과로 가늠해 볼 수 있다. 크레포는 다음과 같이 썼다.

> 총선 결과는 정말 실망스러웠다. 볼셰비키레닌주의자그룹은 선거 집회를 80차례 정도 열었지만, 득표는 겨우 수백 표에 그쳐서 각 선거구마다 20~50표 수준이었다. 오직 프레드 젤레르만이 생드니에서 170표를 얻었을 뿐이다. [몰리니에파 조직인 ― 지은이] 국제주의공산당PCI의* 선거

* 몰리니에는 1935년 12월 트로츠키주의 운동에서 제명된 후 1936년 3월 국제주의공산당을 만들어서 〈코뮌〉을 발행하기 시작했다. 그러나 4~5월 총선에서 민중전선이 승리하고 트로츠키가 프랑스 트로츠키주의자들의 단결을 촉구하자 나빌이 이끄는 혁명적노동자당, 몰리니에의 국제주의공산당, 크레포의 혁명적사회주의청년단으로 흩어져 있던 트로츠키주의자들이 다시 모여서 국제주의노동자당을 결성했다. 그러나 7월 초에 몰리니에파는 탈당해서 다시 국제주의공산당을 만들었다.

결과도 비슷했는데, 더 많은 자원을 투입하고도 70~80표 수준이었다. 겨우 결선투표 때만 퓌토에서 600표, 파리 18구에서 180표를 얻는 등 비교적 성공을 거뒀다.[52]

1936년 6월 시기의 트로츠키주의자들

앞서 말했듯이, 트로츠키는 6월 9일 "프랑스 혁명이 시작됐다!"라는 제목의 글을 썼다.

프랑스 트로츠키주의자들은 그 상황에 어떻게 대처했는가?

5월 31일 두 트로츠키주의 조직이 모여서 국제주의노동자당POI으로 통합하기로 결정했다. 두 조직의 회원을 모두 합치면 615명이라고 보고됐다. 그러나 차이는 여전히 해소되지 않은 채 남아 있었고(심지어 논의되지도 않았다), 해결은 8월 15일로 예정된 당대회로 미뤄졌다.

> 양측의 태도를 볼 때 통합은 처음부터 불행해질 운명이었다. 크고 작은 정치적 차이들은 조직적 불만과 의심 때문에 흐려지거나 가려져 있었다. 중앙위원회의 다수파는 마치 통합이 오래가지 않을 것으로 예상한다는 듯이 행동했고 동의안 통과에만 몰두했다. 그러자 소수파가 규칙을 어기는 행동을 하게 된 것은 피할 수 없는 일이었다.[53]

몇 주 뒤 몰리니에는 다음 중앙위원회 회의를 보이콧하겠다고 선언했다. 트로츠키는 POI와 국제 운동에서 몰리니에를 축출하라고 요구했다. 몰리니에파는 POI에서 분열해 나와 국제주의공산당에 들어가서 〈코뮌〉을 다시 발행하기 시작했다.[54]

분열 때문에 POI는 당원이 줄어들었다. POI의 첫 당대회(1936년

10월) 때 자격심사위원회가 제출한 보고서를 보면, 6월 1일 이후, 즉 프랑스 역사상 최대 규모의 노동자 투쟁이 분출한 4개월 동안 당원이 23퍼센트 감소했다.[55] 이와 대조적으로, 1936년 6월부터 10월까지 5개월 동안 프랑스 공산당의 당원 수는 14만 1000명에서 27만 8000명으로 증가했다! 1936년의 가장 흥분된 나날 동안 트로츠키주의자들이 분파 투쟁에 골몰한 것을 보면, 그들의 무기력이 고스란히 드러난다. 크레포는 다음과 같이 썼다.

> 그런 분위기에서는 당이 투쟁에 온 힘을 쏟아부을 수 없었다. 심지어 투쟁에서 이런저런 임무와 책임을 맡은 사람들을 모두 불러 모으는 일조차 하지 못했다. 당의 노동자 대의원들은 마치 생각나는 대로 움직이는 것처럼 활동했다. 그들은 자기 작업장에서 트로츠키주의자로 알려져 있지 않았다. 따라서 POI는 영향력을 거의 발휘하지 못했다. 한두 가지 예외 말고는 POI가 6월의 사건들에서 얻은 실질적 이익은 전혀 없었다.[56]

프랑스 트로츠키주의의 비극은 어떤 점에서 독일보다 훨씬 충격적이었다. 독일의 경우에는 트로츠키가 조직을 건설하려고 애쓸 때 (1929~1933년) 노동계급이 잇따라 패배하고 있었다. 그래서 트로츠키는 1933년 7월 15일 다음과 같이 쓸 수 있었다.

> 모든 상황이 우리 조직의 분석과 예측이 옳았음을 입증해 줬는데도 우리 조직이 그토록 느리게 성장하고 있는 것은 어떻게 설명해야 하는가? 그 원인은 계급투쟁의 일반적 과정에서 찾아야 한다. 파시즘의 승리가 수천만 명을 사로잡았다. [우리 조직의] 정치적 예측을 접할 수 있는 사람은 겨우 수천 명 또는 수만 명뿐이다. 더욱이 그들은 수백만 명의 압력을 느끼고 있다. 프롤레타리아 전체가 가장 큰 패배를 겪고 있을 때 혁

명적 경향이 강렬한 승리를 얻을 수는 없는 법이다.[57]

그러나 프랑스에서는 수백만 명이 파업에 참가하고 시위와 공장점거에 나서는 등 노동계급 투쟁이 가장 크게 분출하고 있었는데도, 즉 사실상 혁명 직전의 시기였는데도 트로츠키주의 운동은 정체했다.

노동계급이 혁명적으로 전진하는 시기에 혁명적 정당이 반드시 성장한다는 생각은 기계적 결정론이다. 비옥한 땅에서 새싹이 잘 자라는 것은 사실이다. 그러나 그 싹이 허약하면, 자라기도 전에 시들어 죽어 버릴 수 있다. 프랑스 최초의 트로츠키주의자들은 오랜 고립과 패배가 낳은 자식들이었다. 그리고 강력한 스탈린주의 기구는 10월 혁명의 깃발을 흔들면서 대중을 불러 모으면서, 트로츠키주의자들을 고립시키고 박해했다. 과거가 무거운 돌이 돼 트로츠키주의의 허약한 싹을 짓눌렀던 것이다.

'프랑스 전환'에 대한 보충 설명

1933년 8월의 파리 회의를 계기로 국제적 재편을 도모하려는 노력이 실패하자 트로츠키는 새로운 전술을 채택해서 트로츠키주의 조직인 국제공산주의자동맹ICL의 규모와 영향력을 키우려 했다. 이것이 이른바 '프랑스 전환'이었다. 그것은 당시 되살아나 급진화하던 사회민주주의 정당들에 ICL의 각국 지부를 가입시킨다는 생각이었다. 사회민주주의 정당의 이런 부활과 급진화는 대체로 독일과 오스트리아에서 파시즘이 승리한 것에 대한 반응이었다. 많은 나라에서 트로츠키주의자들은 사회민주주의 정당에 가입했지만, 그 결과는 인상적이지 않았다.

가장 유명한 사례는 미국이었다. 1936년 1월 24일 트로츠키는 미국의 지도적 트로츠키주의자들인 제임스 P 캐넌과 맥스 샥트먼에게 편지를 보내 사회당에 가입할 것을 주장했고, 이 밖에도 많은 편지와 글에서 그런 주장을 되풀이했다. 미국의 트로츠키주의 조직인 미국노동자당WPUS은 2월 29일부터 3월 1일까지 열린 전국 협의회에서 사회당에 가입하기로 결정했다. 다양한 도시에서 당원들은 어떤 공개 발표도 하지 않고 즉시 사회당 지부에 가입하기 시작했다.

사회당 가입 전에 WPUS의 당원은 700명이었다.[58] 그러나 입당 결정 때문에 분열이 일어나, 입당에 반대하던 저명한 당원들이 많이 떨어져 나갔다. 그중에는 A J 머스티와 휴고 올러도 있었다. 트로츠키주의자들의 신문인 〈밀리턴트〉(투사)와 이론지인 《뉴 인터내셔널》은 사회당 가입 직후 발행이 중단됐다.

사회당 안에서 활동한 1년 남짓 동안 트로츠키주의자들은 실제로 회원을 갑절로 늘렸고, 사회당 청년 조직인 청년사회주의자동맹YPSL을 통제하게 됐다. 또, 미국 자동차노조UAW와 캘리포니아주의 해운 노조들에서 중요한 활동가 집단을 얻었다.[59]

그러나 트로츠키주의자들이 사회당 안에 있으면서 속박당한 것 때문에 이런 성과는 상쇄됐다. 그들은 사회당 지도부에게 공격을 받았고, 산업별조직회의CIO를 중심으로 노동조합 조직화 운동이 대대적으로 벌어지던 결정적 시기에 투쟁과 동떨어져 있었다. [미국의 저술가이자 활동가인] 밀턴 피스크가 《미국의 아래로부터 사회주의》라는 소책자에서 다음과 같이 말한 것은 매우 옳다.

> 1936~1937년은 CIO의 조직화가 절정에 달한 시기였다. 트로츠키주의자들은 스스로 대중 활동을 억제함으로써, 20세기에 미국 노동운동이 가장 크게 분출한 사건에서 곁으로 밀려났다. 그들은 사회당 지도부에

게 순응했고 CIO의 기회를 놓쳐 버린 반면, 공산당은 CIO를 이용해서 노동운동에 중요한 영향을 미칠 수 있게 됐다.[60]

트로츠키는 가능성을 과대평가했다는 것을 인정했다. 1937년 10월 6일 그는 다음과 같이 썼다.

> 개인적으로 나는 사회당이 실제보다 강력하다고 생각했다. 나는 사회당원이 2만 명이라고 믿었지만, 사실은 더 적었다. 나는 우리가 사회당에 체류하는 동안 몇몇 전술적 잘못을 저질렀다고 생각한다. 우리는 신문 〈소셜리스트 어필〉을 포기하는 등 불필요한 양보를 몇 가지 했고, 어쩌면 장기적 전망과 관계있는 인쇄기를 포기하는 실천적 잘못도 했다. 그러나 대체로는 이런저런 성과를 얻었다.[61]

사실, 트로츠키주의자들의 사회적 구성은 더 나빠졌다. 사회당 가입 후 트로츠키를 지지하는 노동자의 수는 전보다 훨씬 줄었다. 그런데 [회원] 수의 증가라는 측면에서도 성과는 별로 안정적이지 않았다. 1937년 8월 트로츠키주의자들은 사회당에서 제명됐다. 그들의* 회원 수는 1938년에 1520명까지 늘어났지만, 1940년(캐넌과 샥트먼이 갈라서기 직전)에는 다시 1095명으로 줄어들었다. 그 뒤 소수파인 샥트먼파는 청년 조직 거의 전체와 당원의 약 40퍼센트를 이끌고 [사회주의노동자당SWP을] 나가 버렸다. 1942년 캐넌의 SWP가 자리를 잡았을 때 당원은 645명이었고, 샥트먼의 노동자당WP은 그보다 200여 명 적었다.[62] 따라서 캐넌의 SWP는 WPUS가 사회당에 가입하기 직전보다 오히려 당원 수가 약간 적었다.

---

* 1938년에 설립된 사회주의노동자당SWP을 뜻하는 듯하다.

벨기에에서는 사회민주주의 정당* 가입이 더 성공적이었다. 우선 트로츠키주의자들이 더 성공적으로 자신의 조직을 건설했는데, 주된 이유는 공산당이 비교적 약하기 때문이었다. 이런 허약성은 예컨대 1929년 총선에서 드러났는데, 당시 공산당의 득표율은 겨우 1.94퍼센트였다.[63]

1927년 11월 27일 벨기에 공산당KPB 중앙위원회는 코민테른 집행위원회가 소련 좌익반대파 지도자들에 대한 제명·자격정지 처분을 철회하고 즉시 코민테른 세계 대회를 소집해서 그 문제를 다룰 것을 요구하는 방침을 찬성 15표 대 반대 13표로 결정했다. 중앙위원회는 두 달 동안 트로츠키의 정책 대 스탈린의 정책이라는 근본적 문제를 논의한 끝에 13 대 13으로 양분됐다. 다음번 당대회가 1928년 3월에 열렸을 때 대의원 34명은 좌익반대파를 지지했고 74명은 스탈린파를 지지했다. 트로츠키 지지자 중에는 당의 창립자인 E 판오버르스트라턴도 있었는데, 그는 벨기에 공산당의 최초이자 유일한 국회의원인 동시에 당 사무총장이었다.[64]

트로츠키주의 조직은 프랑스어 주간지와 플라망어** 주간지를 하나씩 발행하기 시작했다. 전자는 판매 부수가 약 3000부였고, 후자는 약 1700부였다.[65]

안타깝게도, 분파주의의 폐해가 곧 그 조직을 삼켜 버렸다. 그 결과, 예컨대 브뤼셀에서는 모임에 나오는 회원 수가 40~50명에서 약 20명으로 급감했다.[66] 오직 2개 지부에만 상당수의 노동자들이 있었는데, 안트베르펜에는 항만 노동자들, 샤를루아에는 광원들이 있었다.

(미국뿐 아니라) 벨기에도 공산당이 약했기 때문에 1929년에 트

* 벨기에 노동자당POB을 뜻하는 듯하다.

** 벨기에 북부 지방에서 쓰이는 네덜란드어.

로츠키는 벨기에 트로츠키주의자들이 공산당 내 분파가 아니라 하나의 독립적 조직으로 활동할 수 있다고 생각했다.[67] 그러나 1930년에는 생각이 바뀌어서, 자신이 벨기에 트로츠키주의 조직의 강점을 과대평가했다고 결론지었다.

트로츠키주의 조직의 약점과 상대적 고립 때문에 조직 내에서 분열이 일어나기 시작했다. 1930년 초에 브뤼셀의 트로츠키 지지자 한 무리가 조직을 탈퇴해서 마르크스·엥겔스 서클을 만들기로 결정했다. 그들의 목표는 "마르크스주의 이론을 더 분명하고 깊이 있게 아는 것"이었다. "그러지 않으면 선동은 아무 의미도 없다"고 그들은 주장했다.[68] 이 집단은 아무짝에도 쓸모없음이 드러났고 사라져 버렸다.

더 심각한 분열은 1930년 10월 샤를루아 조직이 떨어져 나간 것이었다. 그 이유는 중국의 동청철도 지배권을 둘러싼 소련과 중국의 충돌에서 어느 쪽을 지지할 것인가 하는 문제, 소련에 대한 일반적 태도 문제, 노동조합 정책과 '분파냐 당이냐' 하는 문제 등에서 판오버르스트라턴파의 견해와 샤를루아 조직의 견해가 달랐기 때문이다. 이 모든 문제에서 샤를루아연맹은 확고하게 트로츠키를 지지하고 판오버르스트라턴을 반대했다.[69]

판오버르스트라턴은 국제주의공산주의자동맹이라고 자칭하는 소규모 조직에 계속 남아 있었지만, 그 조직은 잠시 동안만 존재했다. 결국 판오버르스트라턴은 그 조직이 소멸하기 전에 정계에서 은퇴했다.

샤를루아 조직은 이제 이름을 좌파공산주의반대파OCG로 정했다. 처음에 OCG의 회원 수는 모두 35명이었다. OCG의 월간 신문 〈라 부아 코뮈니스트〉(공산주의자의 소리)는 판매 부수가 600~700부였다.[70] 그런데 1932년 7~8월에 광원들의 비공인 파업이 광범하게 벌어지자 OCG의 상황은 급격히 개선됐다. 비록 규모는 작았지만 OCG는 그 파업에서 상당한 구실을 했다. 〈라 부아 코뮈니스트〉의 판매 부수는 5000부까지 치솟았고, 심지어 파업이 끝난 뒤에도 2000부 수준을 유지했다. 회원 수는 갑절 이상으로 늘어 80명이 됐다.[71] 그러나 샤를루아 외의 지역에서는 트로츠키주의자들이 성공을 거두지 못했다.

'프랑스 전환'이 발표됐을 때 트로츠키는 1934년 11월 1일 국제사무국과 벨기에 지부에 보낸 편지에서, 트로츠키주의자 청년들이 즉시 벨기에 노동자당POB 청년 조직인 청년사회주의자경비대JGS에 가입해야 한다는 견해를 밝혔다. 그는 프랑스보다 벨기에에서 훨씬 열렬히 가입 전술을 주장했다. 그러면서 다음과 같이 썼다.

> 프랑스 사회당이 어떤 의미에서 프티부르주아 조직인 이유는 그 당의 지배적 경향 때문만이 아니라 그 사회적 구성, 즉 자유주의자 전문직, 지방자치단체 직원, 노동귀족, 교사, 화이트칼라 등 때문이기도 하다. 이 사실은 당연히 가입 자체에서 얻을 수 있는 기회를 제한한다. 반면에 POB는 노동계급을 포괄하고, JGS는 압도 다수가 프롤레타리아다. 그것이 뜻하는 바는 우리가 JGS에 붙어 있어야 훨씬 더 유리한 기회들을 잡을 수 있다는 것이다.[72]

트로츠키가 이 편지를 보내고 나서 한 달 뒤에 트로츠키주의 청년 조직인 청년레닌주의자들은 JGS에 가입했다. 트로츠키는 모母정당인 POB에 가입하는 문제에 관해서는 최근의 정치 상황 변화를 심사숙고한 끝에 회의적 견해를 밝혔다. POB 지도자들이 자본주의 정당들과 연립정부를 구성하고 '거국일치'내각에 막 들어간 상태였기 때문이다. 게다가 트로츠키주의자들이 POB에 가입하려면 가혹한 정치적 [제약] 조건과 매우 엄격한 심사를 받아들여야만 했다. 트로츠키주의자들 가운데 몇 명, 예컨대 샤를루아의 레옹 레수알은 가장 중요한 지도자급이었지만 가입이 허용되지 않았다. 또, 트로츠키주의자들은 신문도 포기해야 했다. 트로츠키는 샤를루아연맹에 보낸 편지에서, 벨기에 동지들이 손실을 최소화하면서 POB에 가입하려면 청년들의 [JGS] 가입과 프랑스 [공산주의자]동맹의 [사회당] 가입에서 더 분명하고 더 긍정적인 결과가 나올 때까지 기다려야 한다는 것이 자신의 견해라고 말했다. "POB에 가입하려고 〈라 부아 코뮈니스트〉를 포기해야 한다는 것은 제가 보기에 위험한 징후인 듯합니다."[73]

벨기에에서도 처음에는 가입에 반대하는 사람들이 상당히 많았다. 회원들 사이에서 실시된 투표 결과도 반대 55표, 찬성 44표, 기권 5표였다.[74] 그러나 더 토론을 벌인 뒤에는 가입 전술 지지자들이 승리했다. 1935년 3월 벨기에의 볼셰비키·레닌주의자들은 전국 협의회에서 POB에 가입하기로 결정했다. 트로츠키는 비록 POB 가입에 회의적이었지만, 일단 벨기에 동지들이 그렇게 하기로 결정하자 그들을 지지했다. 조르주 페레이컨이 이끄는 소수파는 가입에 반대하면서 분열해 나갔다.

가입은 꽤나 성공적이었는데, 특히 청년들 사이에서 그랬다. POB 내 좌파, 즉 사회주의행동 그룹은 이제 둘로 쪼개졌다. 하나는 스탈린주의자들과, 다른 하나는 트로츠키주의자들과 가까워졌다. 후자는 혁명적사회주의행동ASR으로 이름을 바꿨다. 이들이 발행한 신문의 판매 부수는 약 5000부였다.[75]

곧 ASR은 POB에서 제명됐다(1936년 4월). ASR의 지도자 왈테르 도주는 보리나주에서 국회의원 선거에 출마해 7050표를 얻었다(득표율 8.45퍼센트). 샤를루아에서는 또 다른 ASR 후보가 2082표를 얻어 1.52퍼센트의 득표율을 기록했다.[76]

1935~1936년의 파업 물결은 벨기에 트로츠키주의의 성장을 촉진한 또 다른 자극제였다. [1936년] 10월에 ASR은 트로츠키주의 조직과 통합해서 혁명적사회당PSR을 만들었다. 벨기에에서 입당 전술의 성

과는 회원 수를 보면 알 수 있다. 1934년 10월에 약 100명이었던 회원이[77] 1938년 9월에는 800명으로 늘어났다.[78*]

라틴아메리카의 많은 나라에서도 트로츠키주의자들은 사회민주주의 정당에 가입했지만, 거의 성공하지 못했다. [미국의 활동가이자 저술가인] 로버트 J 알렉산더는 《라틴아메리카의 트로츠키주의》라는 책에서 아르헨티나 사례에 대해 다음과 같이 썼다.

> 새로운 국제주의공산주의자동맹LCI 아르헨티나 지부는 2년 남짓 존속했다.
>
> 1937년 초에 조직 해체 위기에 직면한 트로츠키주의자들은 레온 트로츠키가 지지자들에게 널리 권고한 노선, 즉 사회민주주의 정당에 가입해서 내부 돌파를 시도하는 노선을 따를지 말지를 두고 분열했다. 아르헨티나 트로츠키주의자들 가운데 한 집단은 이 방침을 택했다. 그들은 사회당PS과 (최근 사회당에서 분열해 나오면서 꽤 많은 청년 당원들을 데려온 좌파 조직인) 사회주의노동자당PSO에 가입했다.
>
> '가입 전술'을 놓고 벌어진 이 논쟁으로 국제주의공산주의자동맹은 결정타를 맞았다. …
>
> 트로츠키주의자들은 사회당이나 사회주의노동자당에서 별로 영향력이 없었다. 후자의 고위 지도자들은 대부분 결국 공산당PC에 가입했고, 하급 지도자들과 평당원들의 다수는 다시 사회당에 가입했다.[80]

---

* 왈테르 도주는 제2차세계대전 때 운동을 배신했다. 독일 나치가 벨기에를 점령했을 때 그는 나치에 대해 모호한 태도를 취했다. 그가 [나치 점령] 당국에 협력했다는 비난은 이유가 있다. 1944년 6월 30일 그는 [반나치] 게릴라 대원들에게 암살당했다[79] — 지은이.

1930년대 중반 라틴아메리카에서 가장 강력한 트로츠키주의 조직은 칠레의 공산주의좌파였다. 라틴아메리카 트로츠키주의를 잘 아는 어떤 저자는 칠레의 트로츠키주의자들이 스탈린주의 공산당보다 "더 영향력 있었다"고 지적했다.[81]

> 1937년에 공산주의좌파는 스스로 조직을 해체하고 하나의 [의견] 그룹으로서 칠레 사회당PS에 가입하기로 결정했다. 이렇게 결정한 데에는 분명히 몇 가지 이유가 있었다. …
> 옛 공산주의좌파 회원들은 대체로 사회당으로 통합됐다. 그중 일부는 사회당의 노조 기구에서 지도적 인물이 됐고, 다른 일부는 당의 중앙지도부에서 요직을 맡았다. [공산주의좌파의 창립자였던] 마누엘 이달고 자신은 1939년 대통령 페드로 아기레 세르다가 이끄는 민중전선 정부 시절, 사회당의 지명을 받아서 멕시코 주재 칠레 대사가 됐다. …
> 공산주의좌파는 오랫동안 칠레의 중요한 좌파 세력이었다. 그러나 1937년에 공산주의좌파의 대다수 당원과 지도자가 사회당에 가입한 뒤 칠레 정치에서 트로츠키주의의 영향력은 급격히 줄어들었다. 사회당 대열 속으로 들어간 사람들은 몇 년 뒤에는 트로츠키주의자라는 정체성을 완전히 잃어버렸다. 사회당 밖에 남아 있는 것을 선택한 사람들은 노동운동에서 상대적으로 영향력이 적었고, 전국적 정치에서는 영향력이 거의 없었다. 이런저런 분열에 시달린 그들은 전반적으로 신망이나 영향력을 확대하지 못했다.[82]

1930년대 초 멕시코에는 '공산주의 좌익반대파'라는 트로츠키주의 조직이 있었다. 그들은 1934년에 국제공산주의자동맹으로 이름을 바꿨다. 설립된 지 1년이 채 안 돼 국제공산주의자동맹은 '프랑스 전환' 문제를 놓고 분열했다.[83] 그 뒤에도 분파 투쟁과 분열은 끊이지 않았다.[84]

쿠바에서는 트로츠키주의자들이 1930년대 초에 꽤나 성공을 거뒀다. 그들에게는 운 좋게도 산달리오 훈코라는 지도자가 있었다. 로버트 J 알렉산더는 다음과 같이 썼다.

> 쿠바 트로츠키주의의 창시자 중에는 한 사람의 이름이 특히 두드러지는데, 산달리오 훈코가 바로 그 사람이다. 그는 1920년대 말에 공산당의 주요 노조 인사 가운데 한 명이었고, 당시 공산당의 가장 중요한 흑인 지도자였다. 자석처럼 사람을 끌어당기는 개성의 소유자이자 강력한 웅변가였던 훈코는 공산당이 통제하는 쿠바전국노동조합총연맹CNOC의 국제 간사가 됐다.[85]

1932년에 훈코는 트로츠키주의 조직을 만들었고, 그 조직은 곧 볼셰비키·레닌주의자당PBL이라는 이름을 채택했다.

> 1933년 8월 마차도 독재 정권이 전복될 때쯤 공산주의자반대파가 확고하게 자리를 잡았다. 그들은 노동조합에 상당한 영향력을 행사했고, 수도 지역의 중요한 노동조합 연맹인 아바나노조연맹FOH을 통제했다. …
> 1934년 무렵 공산주의자반대파에서 이름을 바꾼 볼셰비키·레닌주의자당은 당시 라틴아메리카의 트로츠키주의 조직치고는 꽤 많은 당원이 있었다. 미국 트로츠키주의자들과 라틴아메리카 트로츠키주의자들 사이의 관계를 유지하는 책임을 맡고 있던 멕시코계 미국인 A 곤살레스가 멕시코 통신원에게 알린 내용을 보면, 1934년 중반에 쿠바의 당원은 600명이 넘었다.[86]

불행히도 쿠바 트로츠키주의의 운명은 트로츠키주의자들이 호벤 쿠바(청년쿠바)라는 프티부르주아 민족주의 조직에 가입하기로 결정

했을 때 근본적으로 바뀌었다. 그 결과는

> 볼셰비키·레닌주의자들이 호벤쿠바를 접수해서 [쿠바]공화국의 트로츠키주의 운동 수단으로 탈바꿈시킨 것이 아니라, 오히려 대다수 트로츠키주의 지도자들이 호벤쿠바에 가입한 후 스스로 트로츠키주의에서 사라져 버렸다는 것이다. …
> 나중에 호벤쿠바의 옛 트로츠키주의자들은 전 대통령 라몬 그라우 산마르틴이 이끄는 진짜당의* 일부가 됐다. 1937년 8월 15일 아바나에서 회의가 열렸고, … (진짜)쿠바혁명당은 재편됐다. 옛 트로츠키주의자들은 진짜당의 재편 과정에서 중요한 구실을 했다. 산달리오 훈코와 에우세비오 무할은 전 대통령 그라우 산마르틴이 이끄는 당에서 노동위원회를 설립했다. …
> 산달리오 훈코를 비롯한 쿠바 트로츠키주의의 창시자 대다수가 떠나 버리자 PBL은 조직 노동운동에서 매우 사소한 세력이 됐고, 쿠바의 일반적 정치에서는 전혀 의미 없는 세력이 돼 버렸다.[87]

로버트 J 알렉산더는 쿠바 트로츠키주의의 역사를 다음과 같이 요약했다.

> 쿠바의 트로츠키주의는 1930년대 초에 조직노동자들에게 상당한 영향을 미쳤다. 그러나 주요 지도자들이 탈퇴해서 사반세기 동안 국가 정치의 '주류'에 가담하는 바람에 급격히 쇠퇴했다. 1940년대와 1950년대 내내 트로츠키주의자들은 조직 노동운동 안에서 매우 사소한 세력이었

---

* 1934년 2월 창립한 (진짜)쿠바혁명당Partido Revolucionario Cubano (Auténtico)의 별칭이었다.

고, 그들의 주된 지지 기반도 쿠바섬의 동쪽 끝에 있는 관타나모 지역에 국한됐다.[88]

파나마에서도 트로츠키주의자들은 사회당PS에 가입했다. 알렉산더는 다음과 같이 썼다.

> 1935년 초까지도 파나마 트로츠키주의자들은 마르크스레닌주의노동자당PO(M-L)으로 확고하게 조직돼 있었고, 그 당은 〈오르가니사시온〉(조직화)이라는 신문을 발행하고 있었다. [1934년에 창당한 이] 신생 정당의 지도자는 디오헤네스 데라로사라는 청년이었는데, 그는 파나마의 노동조합운동에서 적극적으로 활동하고 있었다. …
> 그러나 마르크스레닌주의노동자당은 1935년 말에는 존재하지 않았다. 그 당원들은 파나마 사회당에 가입했다. … 트로츠키주의자들이 파나마 사회당에서 만만찮은 '내부 돌파'를 한 것처럼 보이지는 않는다. 오히려 디오헤네스 데라로사는 사회당의 주요 지도자 중 한 명으로 떠올랐고, 1940년대 중반에는 국회의원으로 활동하다가 1948년에는 트로츠키주의와 아무 관계도 없는 당내 권력투쟁 끝에 사회당을 탈퇴했다. 그때쯤 그는 트로츠키주의를 과거의 유물쯤으로 여기고 있었다. 1950년대와 1960년대에 데라로사는 파나마의 유명한 외교관들 가운데 한 명으로 수년간 일했다.[89]

앞서 말했듯이(255~260쪽 참조), 꽤나 중요한 많은 트로츠키주의 조직들이 '프랑스 전환' 때문에 트로츠키와 결별했다. 예컨대, 스페인의 에스파냐공산주의좌파ICE, 그리스의 아르케이오-마르크스주의자들, 네덜란드의 혁명적사회주의노동자당RSAP이 그랬다. 따라서 모든 것을 감안할 때, '프랑스 전환'은 프랑스에서 결코 성공한 전술이 아니었고, 다른 나라에서도 회원 수나 영향력 증대에 도움이 됐는지 의심스럽다.

10월 무장봉기를 조직하고 적군赤軍과 코민테른을 지도한 뛰어난 전략가·전술가·조직가가 그 능력을 상실한 것일까? 겉으로 보기에는 트로츠키가 이런저런 실수를 잇따라 저지른 것 같다. 즉, 1933년 8월에는 독일의 사회주의노동자당SAP과 그 밖의 중간주의 조직들을 볼셰비즘·레닌주의 쪽으로 끌어당기려 했으나 실패했고, 그 뒤에는 각국의 트로츠키주의자들을 사회민주주의 정당에 가입시켜서 고립을 극복하려 했으나 역시 실패했다. 진실은 아무리 트로츠키 같은 천재라도 개인은 훨씬 중대한 다른 요인들을 제거할 수 없다는 것이다. 기상 상태를 잘못 판단할 여지는 여객선의 선장이 어부보다 더 많다. [그러나] 전자가 실수를 하더라도 그의 배가 가라앉을 가능성은 적지만 후자가 실수하면 더 위험해질 것이다. 레닌과 트로츠키도 러시아 혁명과 내전 기간에 심각한 실수들을 저질렀다. 예컨대, 레닌은 1920년에 적군이 바르샤바로 진군해야 한다고 주장했고, 트로츠키도 같은 해에 노동의 군사화를 강조했다. 그러나 볼셰비키의 강점 덕분에 이런 실수들은 극복될 수 있었다.(물론 당이 오류를 무조건 극복할 수 있는 것은 아니다. 러시아 혁명이 고립되자 결국 볼셰비키도 부서지고 말았다.)

1936년 6월 9일 트로츠키가 "프랑스 혁명이 시작됐다!"고 선언한 것은 옳았다. 트로츠키주의자들의 작은 보트는 급류를 헤쳐 나가야 했다. 안타깝게도, 혁명의 조류는 계속 앞으로 흐르지만은 않는다. 혁명의 주체인 프롤레타리아가 객관적 상황의 필요에 부응하지 못하면 흐름은 방향이 바뀔 수도 있고 반혁명에 차단될 수도 있다. 이런 상황에서는 혁명가들의 빈약한 보트가 그 강력한 요인들의 압력에 짓눌려 쉽게 부서질 수도 있다.

1936년의 트로츠키는 1917년의 트로츠키보다 훨씬 더 경험이 풍부했다. 따라서 다양한 전략·전술 문제들을 판단하는 능력도 더 나았을 가능성이 크다. 그러나 1917년에는 프롤레타리아와 그 당의 거대한 전진 덕분에 실수가 교정될 수 있었다. 1936년 프랑스에서는 올바른 전술도 성공으로 귀결되지 못했을 뿐 아니라, 당의 모든 약점(보잘것없는 규모, 허약한 노동계급 기반)이 패배를 증폭시켰다. 1917년에는 프롤레타리아와 볼셰비키가 성공함으로써 실패를 극복할 수 있었다. 그러나 1936년에는 프랑스 트로츠키주의자들이 실패할 때마다 실패가 증폭됐다.

사상의 명확성이 프롤레타리아 혁명의 성공에 필수적이라는 것을 인정한다고 해서 사상만으로 충분하다는 말은 아니다. 사상이 전능한 것도 아니다. 사상은 광범한 프롤레타리아 속에 뿌리내린 당이라는 몸체가 있어야만 물질적 힘으로 바뀔 수 있다.

프랑스 트로츠키주의의 진정한 비극은 대중적 사회민주주의 정당과 공산당 때문에 성장의 여지가 거의 없는 시기에 태어났다는 점이다. 프랑스 노동자들이 파시즘의 위협에 직면해 선택할 수 있는 대안이 노동자 조직들의 공동전선이나 완전한 무기력 가운데 하나뿐이었다면, 트로츠키주의자들의 작은 목소리도 들릴 수 있었을 것이다. 그러나 프랑스 공산당과 사회당은 [노동계급의] 단결 요구를 민중전선 정책으로 빗나가게 할 수 있었다. 대중은 두 전통적 대중정당에 충성하는 경향이 강했다. 그래서 행동 통일의 요구가 실현되자 트로츠키주의자들은 오히려 더 고립돼 버렸다. 고립의 엄청난 압력에 짓눌린 트로츠키주의 운동에 금이 가기 시작한 것은 불가피했다. 이어서 티격태격 다투다가 분열로 치닫는 일들이 벌어졌고, 그러면 트로츠키주의의 영향력은 더욱 약해졌다.

시간이라는 요인도 결정적이다. '정상적' 시기, 즉 변화가 비교적 느린 때에는 기회를 한 번 놓치더라도 만회할 수 있다. 그러나 급속한 변화의 시기에는 그럴 수 없다. 손수레를 놓치면 빨리 뛰어가서 붙잡아 올라탈 수 있다. 그러나 기차를 놓치면 그럴 수 없다. 1분만 늦어도 1시간 늦은 것과 다를 바 없다. 혁명적 상황이나 혁명 직전의 상황에서 주관적 요인이 시대의 필요에 뒤처지면, 상황은 순식간에 반혁명적으로 변한다. 프랑스에서도 1936년 5~6월의 위대한 나날이 돌변한 결과, 1937년 3월 15일 클리시에서는 반파시즘 시위를 벌이던 노동자들이 살해당했고 1937년 6월 22일에는 민중전선이 붕괴하는 지경에 이르렀다.

11장

트로츠키와 스페인 혁명

스페인 혁명 당시 CNT-FAI 소속 여성 아나키스트.

스페인에서는 1930년 1월 프리모 데리베라의 군사독재가 무너지고 이듬해 4월 국왕 알폰소 [13세]가 축출되면서 첨예한 계급투쟁의 시대가 시작됐다. 그 투쟁은 1936년 내전에서 절정에 달했다. 처음부터 그 사건의 중요성을 간파한 트로츠키는 수많은 글을 썼다. 공화국이 수립됐을 때 트로츠키는 스페인의 경제적·사회적·정치적 격변이 혁명적 위기의 전조이고 이 위기는 앞으로 몇 년간 발전하게 되리라고 내다봤다. 스페인에서 일어난 사건들은 연속혁명의 전형적 사례였다.

그 배경을 살펴보자. 스페인 경제는 16~17세기에 상업자본주의 아래서 크게 발전했지만 산업자본주의가 도래하자 뒤처지게 됐다. 스페인에서는 서유럽의 진보적 공업과 후진적 농업이 결합됐다. 그래서 소수의 중심지들에 자리 잡은 공업이 반봉건적 조건에서 살아가는 농민의 바다 위에 떠 있는 형국이었다. 농촌 인구가 전체 인구의 4분의 3을 차지했다. 분리주의 경향이 스페인의 생활을 지배하고 있어서, 국민국가의 진정한 통일은 아직 완수되지 않았다. 스페인은 여전히 서로 적대적인 작은 민족들의 느슨한 연방이었다. 카스티야 출신의 국가 관료들은 무소불위의 권력을 휘두르는 교회와 손잡고 있었다. 주로 중간계급 지주 가문 출신의 장교들로 이뤄진 군대는 국가 관료나 교회와 뒤얽혀 있었다. 부르주아지는 대지주들과 긴밀하게 연결돼 있어서 부르주아 민주주의 혁명을 추진할 수 없었다. 즉, 농업의 반봉건적 족쇄를 깨뜨릴 수도, 민족문제를 해결할 수도, 성직자들의 권력을 분쇄할 수도 없었다.

스페인에서 부르주아 민주주의는 결코 완전히 확립되지 못했다.

> 스페인 왕정은 나라의 쇠퇴와 지배계급의 부패라는 조건 아래서 형성됐다. … 요컨대, 스페인의 국가 체제는 '주기적 군사 쿠데타로 말미암아 제한된, 퇴보한 절대왕정'이라고 부를 수 있다.[1]

지주, 교회, 군대, 국가 관료의 권력을 분쇄하고, 카스티야인들의 멍에에서 피억압 민족들을 해방시키는 일은 농민의 선두에 선 혁명적 프롤레타리아의 몫이 될 것이다. 그러므로 다가오는 스페인 혁명에서는 부르주아적 과제와 프롤레타리아적 과제가 결합될 것이다. 즉, 스페인 혁명은 연속혁명이 될 것이[라고 트로츠키는 주장했]다.

1930년 5월 25일 트로츠키는 스페인 지지자들에게 "스페인 공산주의자들의 임무"라는 제목으로 편지를 써 보냈다. 그들의 첫째 임무는 민주적 요구들을 위한 투쟁에 완전히 참여하는 것이었다.

> 혁명의 현 단계에서 프롤레타리아가 정치적 구호 분야에서 모든 '좌파적' 프티부르주아 집단들과 구별되는 점은 민주주의를 거부한다는 것이 아니라(아나키스트들과 신디컬리스트들은 거부한다), 민주주의를 위해 단호하고 공공연하게 투쟁하면서도 프티부르주아지의 머뭇거리는 태도를 가차 없이 비판한다는 것이다.
>
> 민주주의 구호를 제기할 때 프롤레타리아는 스페인이 지금 부르주아 혁명을 향해 나아가고 있다는 암시를 줘서는 결코 안 된다. …
>
> 혁명적 위기가 혁명으로 완전히 바뀐다면 그것은 필연적으로 부르주아적 한계를 넘어설 것이고, 만약 [혁명이] 승리한다면 권력은 틀림없이 프롤레타리아의 손에 들어올 것이다. 그러나 이 시기에 프롤레타리아가 혁

명을 지도할 수 있으려면, 즉 노동자와 피억압 대중을 가장 폭넓게 자기 주위로 결집시키고 그들의 지도자가 되려면, 지금 자기 고유의 계급적 요구와 함께 모든 민주적 요구를 조금도 거리낌 없이 제기해야만 한다. 이런 구호들은 무엇보다 농민에게 결정적으로 중요할 것이다. … 농민은 필연적으로 정치적 민주주의 구호와 급진적 토지 재분배 구호를 연결할 것이다. 프롤레타리아는 이 두 요구를 공공연히 지지할 것이다. …

민족문제에서도 프롤레타리아는 다양한 민족 집단의 자결권, 심지어 분리권까지 혁명적 수단으로 지지할 태세가 돼 있다고 선언하면서, 민주주의 구호들을 철저히 옹호한다.[2]

이렇게 트로츠키는 왕정이 무너지기 전부터 "혁명적 위기는 십중팔구 부르주아적 한계를 넘어설 것"이라는 점을 매우 분명히 밝혔다.

오직 연속혁명 — 민주적 요구들을 위한 투쟁, 농업 문제 해결을 위한 투쟁, 민족·식민지 문제를 해결하기 위한 투쟁, 국가와 시민 생활을 지배하는 교회 권력을 끝장내기 위한 투쟁, 군대가 후견하는 체제를 끝장내기 위한 투쟁 등을 서로 결합시키는 것 — 만이 스페인 사회의 전반적 위기를 극복할 수 있다는 것이 트로츠키의 주장이었다.

노동자 권력을 위한 투쟁뿐 아니라 민주적 요구들을 위한 투쟁에서도 노동자들을 조직하려면 특별한 기구가 필요했다. 그것은 바로 소비에트였다. 트로츠키는 다음과 같이 썼다.

[스탈린주의자들은 — 지은이] 소비에트가 무장봉기의 필요에 따라서만 그리고 무장봉기 직전에만 건설될 수 있다는 편견을 많은 사람들에게 심어 줘서 전 세계 혁명운동에 헤아릴 수 없는 손해를 끼쳤다. 사실 소비에트는 노동계급 대중의 혁명운동이 비록 무장봉기에는 훨씬 못 미치더라도 다양한 기업과 업종을 동시에 포괄하는 경제적·정치적 투쟁을 지

도할 만한 광범하고 권위 있는 조직이 필요해질 때 창설된다. 소비에트는 혁명의 준비기부터 노동계급 속에 뿌리내린 경우에만 직접적 권력투쟁의 시기에 지도적 구실을 할 수 있을 것이다. 소비에트 체제가 존속한 지 13년이 지난 지금 '소비에트'라는 말이 1905년이나 1917년 초와 약간 다른 의미를 지니게 됐다는 것은 사실이다. 당시 소비에트는 권력기관이 아니라 노동계급의 투쟁 조직으로 등장했다. 스페인의 혁명사 전체와 직접 결부된 '훈타'라는* 말은 이런 생각을 다른 무엇보다 잘 표현하고 있다. 스페인에서는 노동자 훈타의 창설이 일정에 올라 있다.[3]

트로츠키는 매우 신중해서, 스페인 혁명이 러시아 혁명의 복사판이 될 것이라고는 생각하지 않았다. 우선, 스페인 혁명의 속도가 훨씬 더 느릴 것이라고 봤다. 왕정이 무너지고 한 달이 지난 1931년 5월 28일에 쓴 "스페인 혁명과 그것을 위협하는 위험"이라는 글에서 트로츠키는 러시아의 1917년 혁명은 1905년의 '예행 총연습'으로 준비됐다고 지적했다. "이 때문에 혁명이 절정에 이르는 고양기가 특별히 앞당겨졌던 것이다."[4]

1917년에 혁명을 앞당긴 또 다른 요인은 전쟁이었다.

농업 문제는 몇 달, 어쩌면 1~2년 동안 늦춰질 수 있었지만, 참호 속에서 죽는 문제는 결코 늦춰질 수 없었다. 병사들은 "내가 죽으면 토지가 다 무슨 소용인가?" 하고 말하고 있었다. 병사 1200만 명의 압력이 혁명을 특별히 가속시킨 요인이었다. 전쟁이 없었다면, 1905년의 '예행 총연습'과 볼셰비키의 존재에도 불구하고 볼셰비키 집권 이전의 혁명기가

---

* 훈타junta는 1808년 나폴레옹의 지배에 맞서 싸운 민족해방전쟁 시기에 처음 만들어졌고, 그 뒤에도 거듭거듭 나타난 전통적 형태의 혁명 위원회다 — 지은이.

8개월이 아니라 어쩌면 1~2년 또는 그 이상 지속됐을지 모른다.

이런 일반적 고찰은 스페인에서 사건들이 얼마나 빨리 전개될 수 있는지를 밝히는 데서 명백히 중요하다. 스페인의 현재 세대는 혁명을 전혀 알지 못하고, 과거에 '예행 총연습'을 겪어 본 적도 없다. 공산당은 극도로 허약한 상태에서 사건 속으로 뛰어들었다. 스페인은 외국과 어떤 전쟁도 벌이고 있지 않다. 스페인 농민들은 병영과 참호에 수백만 명 규모로 집중돼 있지도 않고, 몰살당할 직접적 위험에 처해 있지도 않다. 이 모든 상황 때문에 [러시아보다 스페인에서] 사건들이 더 느리게 전개될 것이라고 예상할 수밖에 없다. 따라서 [혁명적] 당이 권력 장악을 준비할 시간적 여유가 더 있을 것이라고 기대할 수 있다.[5]

이미 1930년에 이렇게 썼다니 얼마나 뛰어난 선견지명인가!

이보다 약 80년 전에 마르크스는 스페인의 혁명운동은 다른 나라들보다 느리게 발전하고 보통은 절정에 이르기까지 몇 년씩 걸린다고 지적하면서 다음과 같이 썼다.

스페인은 (대체로 1848년에 유행한) 현대 프랑스의 방식을 결코 채택하지 않았다. 프랑스에서는 혁명이 시작되고 나서 완수되기까지 사흘이 걸렸다. 스페인에서는 혁명이 시작되고 완수되는 과정이 복잡하고 더 오래 걸린다. 3년이 가장 짧은 기간인 듯하고, 때로는 혁명의 주기가 9년까지 늘어나기도 한다.[6]

이런 식으로 1930년 스페인에서는 장기간의 혁명과 반혁명이 시작됐다. 스페인 혁명이 막 시작됐을 때부터 트로츠키는 그것이 역사적·국제적으로 중요한 사건이 될 것이라고 확신했다. 그리고 내전이 시작됐을 때 이 점이 입증됐다고 봤다. 1937년 2월 10일 프랑스 통신사인 아바스와 인터뷰할 때 트로츠키는 다음과 같이 말했다.

> 스페인에서 파시즘이 승리한다면 … 프랑코 독재는 유럽의 전쟁을 불가피하게 촉진할 것입니다. 반면에 스페인의 노동자와 농민이 승리한다면, 무솔리니와 히틀러의 체제는 분명히 흔들릴 것입니다. 파시즘 체제는 폐쇄적인 전체주의적 성격 덕분에 확고부동한 것 같은 인상을 주지만, 실제로는 심각한 시험대에 오르자마자 내부 폭발의 제물이 되고 말 것입니다. 승리한 러시아 혁명은 [독일] 호엔촐레른* 체제의 힘을 약화시켰습니다. 승리한 스페인 혁명은 히틀러와 무솔리니의 체제를 약화시킬 것입니다. 그 이유만으로도 스페인 노동자와 농민의 승리는 평화를 위한 강력한 힘이라는 사실이 충분히 드러납니다.[7]

트로츠키가 옳았음이 입증되다

1931년 수립된 스페인 공화국은 처음부터 전반적 위기에 빠져서, 스페인 사회가 직면한 근본적 문제들을 하나도 해결하지 못했다. 특히 세 가지 문제, 즉 농업 개혁, 군대의 성격, 교회의 구실이 중요했다.

첫째 문제와 관련해서, 자본가들은 농업 문제를 다룰 수 없음이 드러났다. 반半봉건적 귀족을 대체한 농촌 부르주아지가 토지의 10분의 9를 소유하고 있었기 때문이다. “자본주의는 아무리 원시적이었더라도 19세기 중반 이후 대농장의 지배적 생산양식이었다.”[8] 산업자본가들과 농촌 부르주아지는 공통된 이해관계와 태도를 갖고 있었다. 공화국이 모종의 농업 개혁을 시작한 것은 사실이지만, 그것은 대체

---

* 1415년부터 1918년까지 존속한 독일의 왕가.

로 엉터리였다. "공화국의 농업 개혁 방안은 무력한 농촌 부르주아지를 겁먹게 만들었지만, 실제로 그들의 토지를 빼앗지는 않았다. 그래서 땅 없는 사람들의 불만을 자아냈다."[9] "2년 반이 지났건만 … 겨우 4만 5000헥타르의 토지만 주인이 바뀌어서 약 6000~7000명의 농민이 혜택을 입었을 뿐이다."[10] 그래서 여전히 토지를 갈망하는 사람이 수백만 명이나 됐다. 토지를 받은 농민들도 대가를 치러야 했다. 지주들에게 보상을 해 주기로 돼 있었기 때문이다. 심지어 이 보잘것없는 개혁조차 1934년에 뒤집어졌다. "비록 농업[개혁]법이 법령집에는 남아 있었지만, 많은 곳에서 그 법의 적용은 조용히 포기됐다."[11]

부르주아지가 토지에 엄청난 이해관계가 있었으므로, 지주와 공장 소유자와 상인이라는 지배 집단에서 압도적으로 우세한 것은 농업의 소수 지배자들이었다. 이들은 군대와 얽히고설켜 있었다. 군대의 장교들은 중간계급 지주 출신이었고, 스페인 군대는 장교의 비율이 높았다.

> 왕정 말기에 사병이 약 15만 명이었는데, (장군 195명을 비롯한) 장교는 1만 7000명이었다. 사병 9명당 장교 1명, 사병 773명당 장군 1명꼴이었다! 대규모 군대를 유지하는 것은 외적에 맞서 싸우기 위해서가 아니라, 국내에 질서를 강요하기 위해서라는 말이 널리 퍼져 있었다.[12]

공화국의 군대 개혁도 농업 개혁과 마찬가지로 성공적이지 않았다. 이 군대 개혁으로 "많은 장교들이 봉급을 전액 받고 군대를 떠나게 됐지만, 군대의 위계적 구조나 왕당파 장교들(과 나중에는 팔랑헤당* 장교들)의 군대 내 지위가 근본적으로 바뀐 것은 아니었다."[13] "군

---

* 1933년에 창당한 스페인의 파시스트 정당. 나중에 프랑코가 당을 이끌게 된다.

대 개혁은 단지 공화파 장교들이 군대를 떠나는 것으로 귀결됐을 뿐이다. 그들은 봉급을 전액 받고 군 간부진을 떠날 수 있게 돼서 너무 기뻐했다. 왕당파 지휘관들은 계속 자리에 남아 있었다."[14]

다른 보수 세력, 즉 교회가 군대 주위로 결집한 것은 당연했다. "1930년대 스페인 교회에는 수사 약 2만 명, 수녀 6만 명, 신부 3만 5000명이 있었다."[15] 교회는 결정적인 이데올로기적 구실을 했다.

> 교회의 이데올로기적 지배력은, 19세기와 마찬가지로 1930년대에도 부르주아지가 독자적 이데올로기 혁명에 실패한 것의 이면이었다. 예전의 절대왕정 시대부터 교회는 "체제 유지에 필요한 억압과 편협한 태도를 정당화하는 이데올로기적 범주들"을 제공하고 "이것들을 종교적 차원으로 바꿔 놨다. 예컨대, 편협한 태도는 신성함으로 포장됐다. … 현상 유지를 강조하는 체제 옹호론은 모든 개혁적 태도를 이단으로 몰아세우며 비난했다."[16]
>
> 공화국이 도입한 종교적 개혁 조치들도 실패했다.
>
> 종교의 자유를 보장하는 법령이 선포됐다. 그래서 새 헌법은 교회와 국가를 분리했고, 국가가 성직자에게 급료를 지급하는 제도를 2년 안에 폐지하고 수도회가 종교적 가르침 이외의 교육에 관여하는 것을 금지하고 모든 교육을 세속화하고 예수회를 해체하고 이혼과 비종교적 결혼식·장례식을 인정하는 길을 열었다. 예상할 수 있듯이, 오래지 않아 반동이 닥쳤다.[17]
>
> 내전 전에, 특히 공화국이 수립되고 첫 2년 동안 종교 수호, 가족 수호, 재산 수호, 사회질서 수호가 부르주아지의 전반적 반격을 구성하는 요소였다. 그것을 요약한 문구가 "스페인에 봉사하자"였다.[18]

공화국 정부가 초안을 작성한 새 헌법이 국회에서 논의될 때, 교회 문제로 말미암아 심각한 위기가 발생했다.

첫 25개 조항은 예정된 토론을 거쳐 3개월 안에 통과됐다. 처음으로 심각한 반대에 부딪히고 결국 정부를 무너뜨린 위기의 원인이 된 것은 새 국가 내 교회의 지위를 규정한 26조였다.[19]

정부는 분열했다.

한참 동안 이어진 논의 끝에 전쟁부 장관 마누엘 아사냐가 수정안을 제출했다. 그것은 예수회를 제외한 수도회의 존속을 허용하고(그래도 교육은 계속할 수 없게 됐다), 국가가 교회에 주는 보조금도 2년 동안 유지되도록 하는 것이었다. 이 수정안은 또다시 격론 끝에 통과됐지만, 총리 니세토 알칼라사모라와 내무부 장관 미겔 마우라(둘 다 보수파였다)가 사퇴했고 바스크 지방 출신 국회의원들은 국회에서 퇴장하더니 복귀하지 않았다.[20]

새 정부는 교회에 많은 것을 양보했다.

1934년에 새 정부는 전임 정부들의 개혁을 중단하는 일련의 조치들을 도입했다. 종교학교를 세속적 학교로 대체하는 것은 무기한 연기됐다. 예수회는 곧 교육을 다시 할 수 있게 됐다. 힐로블레스는* 교묘한 논쟁적 발언을 통해 성직자가 공무원처럼 연금을 받을 수 있게 해 줬고, 성

* 스페인자치우파연합CEDA의 지도자. 이 당은 1933년 11월 총선에서 승리해 국회에서 가장 큰 세력이 됐다.

직자들은 1931년 급여의 3분의 2를 받기 시작했다.[21]

공화정 시대는 전반적으로 사회적 격변기였다. 1929~1933년은 세계 불황의 시기였다. 산업 생산이 급감했다. 1931년 내내 페세타[스페인의 화폐 단위] 투매와 상당한 외환 유출이 있었다.[22] 불황 때문에 실업자도 급증했다. 그와 동시에 생계비가 치솟았다. 사회당PSOE 소속 장관들, 즉 재무부 장관 프리에토와 노동부 장관 라르고 카바예로는 무력하다는 것이 드러났지만, 노동자들은 수동적으로 운명을 받아들이려 하지 않았다. 1931년 여름에는 "사보타주, 폭력, 경찰과의 충돌을 동반한 파업이 끊이지 않았다."[23]

1932년 초에 카탈루냐에서는 아나키스트들이 조직한 봉기가 일어났고, 신생 트로츠키주의 조직인 에스파냐공산주의좌파ICE도 이 봉기에 참여했다.

군대가 이 봉기를 쉽사리 진압했지만, 유혈 사태를 피할 수는 없었다. 그러자 곧 정부는 두루티와 아스카소를 비롯한 CNT와 FAI의* 유명한 지도자 120명을 체포해서 재판도 거치지 않은 채 스페인령 적도기니로 추방해 버렸다. 그러나 위협과 결합된 폭력적 선동 때문에 곧 그들을 석방해야만 했다.

1년 뒤(1933년 1월)에 바르셀로나·예이다·발렌시아에서** 두 번째

---

* 전국노동조합총연맹CNT은 아나코신디컬리스트 노조 연맹이었다. CNT의 지도자들은 동시에 아나키스트들의 정치조직인 이베리아아나키스트연맹FAI의 회원이었다 — 지은이.

** 예이다는 카탈루냐어 지명이고 스페인어로는 레리다라고 한다.

무장봉기가 있었다.

> 정부는 CNT가 불법 조직이라고 선언하고 그 사무실들을 폐쇄했지만, 이 조치를 강제로 집행할 만큼 강력하지는 않았다. 실제로 석 달 뒤에 CNT는 건설업 분야에서 18주 동안 계속된 어마어마한 파업을 시작했고, 이를 지지하는 총파업이 사라고사, 라코루냐, 오비에도, 세비야에서 벌어졌다.[24]

노동부 장관 라르고 카바예로는 사회당과 노동조합총연합UGT의* 지도자였지만, 파업을 제한하는 일련의 법률을 도입했다. 그래서 예컨대, 파업에 들어가려면 8일 전에 미리 통지해야 했다. 이런 입법으로 말미암아 "국가가 산업 문제에 개입할 수 있는 힘이 엄청나게 커졌다."[25]

그렇지만 일련의 "파업, 보이콧, 사보타주 행위, 무장 반란이 스페인 전역에서 끊임없이 벌어졌다."[26] 1933년 9월 공화국의 첫 정부가** "권력을 내줬을" 때,

> 그때까지 노동자와 농민의 소요에 맞선 [아사냐의 — 지은이] 투쟁 기록은 대단했다. 감옥은 투쟁적 혁명가들로 꽉 찼다. 공식 문서를 보더라도, 주로 아나키스트인 투사들이 9000명이나 감옥에 있었다. 아사냐 정부의 바로 이런 측면 때문에, 다른 공화주의자들, 심지어 마르티네스 바리오

---

* 노동조합총연합UGT은 영국의 노총TUC과 비슷한 사회민주주의 계열 노조 연맹이었다. UGT 산하 노조들은 모두 스페인 사회당 가맹 조직이었고, 그래서 UGT는 사회당의 주력이었다. 공산주의자들도 UGT에 속해 있었다 — 지은이.

** 1931년 4월부터 10월까지는 알칼라사모라가 총리였고, 그의 뒤를 이어 아사냐가 1933년 9월까지 총리를 지냈다.

같은 온건파 공화주의자도 지금 끝나 가는 정권이 "진흙과 피와 눈물"의 정권이라고 말할 수 있었던 것이다.[27]

1933년 9월 중도 좌파 정부가 우파 정부로 교체되면서 노동자와 농민의 조건뿐 아니라 투쟁도 급격히 저하했다.

1933년 말부터 1936년 초까지 이른바 '암담한 2년' 동안 사용자들은 공세에 나섰고 민선 정부와 군대는 사용자들을 지원했다. 임금은 낮아졌고 물가는 높게 유지됐다.

머잖아 정부의 의도가 드러났다. 제헌의회에서 통과된, 임금과 고용조건을 규정한 법률이 몇 주 안에 모두 폐지되거나 소멸될 수 있게 됐다. 변덕스러운 퇴거 요구에 대항할 소작농의 권리는 없어졌다. 에스트레마두라 지역에 정착한 농민 약 9000명이 쫓겨났다. 임금은 … 40~50퍼센트로 낮아졌고 지주들은 일꾼들을 해고해서 임금 하락을 부추겼다.[28]

주로 CNT의 지도를 받은 노동자들은 조용히 참지 않았다. 1933년 12월 8일 아라곤의 많은 마을에서 봉기가 터져 나왔다. 다른 지역(안달루시아·발렌시아·라코루냐)에서도 파업과 교회 방화가 잇따랐다. 지난해의 투쟁으로 진이 빠진 카탈루냐만이 조용했다. 그러나 무장봉기는 오래가지 않았다. 정부는 재빨리 새로운 군대를 투입했고 나흘 만에 상황은 끝났다.[29]

무장봉기가 진압된 지 겨우 석 달 만인 1934년 3월, 지난해 12월 투옥된 재소자들의 열악한 환경에 항의하는 총파업이 사라고사에서 벌어졌다. 그 총파업은 4주 동안 계속됐고, 그 기간에 사라고사는 죽은 듯이 조용했다.[30]

1934년 10월 4일 세다CEDA가* 정부에 들어가면서 상황은 바뀌었다. 세다는 오스트리아에서 돌푸스가 만든 반동적 성직자들의 정당과 비슷한, 파시즘 조직의 원형이었다. 노동자들은 2월에 오스트리아 노동자들이 벌인 [반파시즘] 무장투쟁을 생생하고 확실하게 기억하고 있었다. 그래서 "베를린보다 빈이 낫다"가 노동자들 사이에 널리 퍼진 구호였다.

세다 당원들이 정부에 들어가자 사회당 지도부는 10월 5일 총파업과 무장봉기를 촉구했다.

> 그러자 서로 다른 세 중심지 — 바르셀로나, 마드리드, 광산지대인 아스투리아스 — 에서 혁명적 운동이 동시에 분출했다. 스페인의 다른 지방들에서도 UGT가 충분히 강력한 도시에서는 어디서나 총파업이 벌어졌지만 폭력적 행동은 없었다. 농촌 지역은 조용했다. 왜냐하면 캄페시노스[농업 노동자들 — 지은이]가 6월 파업 때 힘을 다 써 버렸기 때문이다.[31]

아스투리아스 지방을 제외하면 CNT는 이 행동 호소에 응하지 않았다. 최근의 세 차례 봉기가 잇따라 실패한 뒤에 행동 호소가 나온 탓이었다.

"아스투리아스 광원들의" 봉기를 보며 "부르주아지는 겁에 질렸고 스페인 노동계급 전체의 가슴은 불타올랐다."[32] 부르주아지의 복수는 유혈 낭자했다. 3000명이 죽고 7000명이 다치는 대규모 인명 손실이 있었다.

---

* 스페인자치우파연합CEDA, 즉 세다는 모든 우파 정당들의 공동전선 조직으로 지도자는 힐로블레스였다 — 지은이.

수많은 사람들이 체포됐고 (그 과정에서 살해당한 사람을 제외한) 포로들은 오비에도[아스투리아스의 주도]에 있는 경찰 막사로 옮겨졌다. 거기서 끌려 나온 사람들은 아무런 재판도 거치지 않고 무더기로 총살당했다. 그런데도 여전히 살아 있는 포로가 4만 명이나 됐다.[33]

역사가 제럴드 브레넌은 다음과 같이 썼다.

아스투리아스에서 일어난 반란은 군사적 관점에서 보면 참패했지만, 우파의 어리석음 덕분에 엄청난 도덕적·정치적 성공으로 바뀌었다. 스페인의 모든 프롤레타리아와 농민은 광원들의 영웅적 행위에 전율을 느꼈고 광원들이 보복당하는 것을 보며 분노했다. 특히 아나키스트들이 영향을 많이 받았다.[34]

아스투리아스 봉기는 1936년 2월 16일 총선에서 우파가 겪은 패배의 서곡이었다. 이것은 스페인 혁명에 새로운 자극을 줬다.

스페인의 트로츠키주의 조직

스페인에서 최초의 트로츠키주의 조직을 건설한 사람은 앙리 라크루아라는 필명을 쓴 프란시스코 가르시아 라비드였다. 주택 도장공인 그는 1925~1927년 소련에 살 때 코민테른 신문 〈인프레코어〉에서 일하면서 좌익반대파와 협력했다. 1928년 소련을 떠난 그는 룩셈부르크로 가서 활동했지만, 1929년 8월 1일 추방되자 벨기에로 갔다. 그래서 룩셈부르크와 벨기에로 망명한 스페인인들 사이에서 좌익반대파 스페인 지부를 조직하려고 노력했다. 또, 스페인 현지에 있는 좌익반대파 선구자들과 편지로 연락하기도 했다. 그와 편지를 주고받은 사람들 중에는 마드리드의 후안 안드라데도 있었다. 안드라데는 스페인 공산당PCE의 창립 당원이자 1926년까지는 당의 주간신문인 〈안토르차〉(횃불)의 편집자였다.

1930년 2월 28일 스페인 좌익반대파인 OCE의* 첫 협의회가 열렸는데, 여기에는 룩셈부르크·프랑스·벨기에에서 온 대표들이 참석했다.[35]

1930년 1월 프리모 데리베라 정권이 몰락한 뒤 트로츠키주의자들을 포함해 많은 망명객이 스페인으로 돌아왔다. 1930년에 OCE 그룹들이 여러 중심지(마드리드, 빌바오, 아스투리아스, 바스크, 갈리시아 등지)에서 설립됐다.[36]

OCE는 눈부시게 발전했다. 그들은 꽤 많은 선전 활동을 했다. 1932년 2월에 OCE 간부들이 작성한 평가서를 보면, 1년이 채 안 되는 기간에 OCE의 신문 〈엘 소비에트〉는 배포 부수가 1만 8000부에 이르렀고, OCE가 발행한 소책자는 3만 3000부나 됐다.

1932년 3월 OCE 3차 협의회가 열렸을 때 능동적 회원이 거의 1000명이었다.[37]

가장 유명한 공산주의 지도자 안드레스 닌이 소련에서 스페인으로 돌아오자 OCE의 힘은 더 강해졌다. 닌은 1913년 21살 때 스페인 사회당에 가입했다. 제1차세계대전이 끝나고 1918년에 스페인 등 유럽 전역에서 혁명적 물결이 분출하자 그 영향을 받은 닌은 아나코신디컬리스트 노조 연맹인 CNT에 가입해 CNT의 본거지인 바르셀로나에서 활동했다. 교사였던 닌과 아라곤 출신의 또 다른 교사이자 친구인 호아킨 마우린은 [CNT가] 볼셰비키와 긴밀하게 제휴할 것을 주

* OCE는 스페인의 공산주의자 반대파를 뜻하는 Oposición Comunista de España의 머리글자다.

장했다. 두 사람은 1921년 바르셀로나에서 열린 CNT 대회에서 [공산주의인터내셔널의 노동조합 기구인] 적색노조인터내셔널RILU 창립 대회에 파견될 대표단으로 선출됐다. 그해 러시아에서 열린 RILU 창립 대회에 참석한 뒤 닌과 마우린은 모두 공산주의로 전향했다. 그러나 1922년 6월 사라고사에서 열린 CNT 대회에서는 코민테른과 관계를 끊고 오히려 경쟁 상대인 신디컬리스트인터내셔널 대회(베를린에서 열렸다)에 대표단을 파견하기로 결정했다.

닌은 부당하게도 그의 이름이 에두아르도 다토 총리 암살 사건[1921년 3월]에 연루돼 있었기 때문에 스페인으로 돌아올 수 없었다. 그래서 소련에 머무르면서 RILU의 사무부총장으로 일했고 소련 공산당에 가입했으며 모스크바 소비에트 대의원으로 선출됐다. 1926년에 닌은 좌익반대파를 공개적으로 편들었다가 모든 관직에서 쫓겨났다. 1928년에는 소련 공산당과 스페인 공산당에서도 제명됐다. 프리모 데리베라 정권이 몰락한 뒤에 닌은 스페인으로 돌아왔다. 1930년 9월 스페인에 도착한 그는 OCE의 가장 중요한 지도자가 됐다. 트로츠키는 처음에 닌에게 의지하며 중요한 정보를 얻었다. 2년 반 동안 트로츠키와 닌은 엄청나게 많은 편지를 주고받았다. 1933년 2월 21일 트로츠키는 "그 편지들을 모으면 커다란 책 한 권이 될 것"이라고 썼다. 그러나 그 서신 교환은 "매우 우호적인 형식에도 불구하고 끊임없는 논쟁이었을 뿐이다."[38]

트로츠키가 닌에게 보낸 편지에서 줄곧 강조한 핵심 문제는 볼셰비키·레닌주의자들이 공산당 안에서 하나의 분파로 활동해야 한다는 것이었다. 닌은 그것을 거듭거듭 거부했다. 스페인 공산당으로 방향을 맞출 수는 없다는 것이었다. [1930년] 10월 23일 닌은 다음과 같이 썼다. "공식 당[공산당]은 … 대중 사이에 실질적 세력도 없고 아무 권위도 없습니다."[39] 11월 12일에도 닌은 공산당의 권위는 "전무하다"

는 말을 되풀이했다. "거듭 말씀드리지만, 스페인에는 [공산]당이 존재하지 않습니다."[40]

닌은 1930년 12월 3일 트로츠키에게 보낸 편지에서 다음과 같이 결론지었다. "확신컨대, 스페인에서 프롤레타리아는 공식 당(실제로는 존재하지 않습니다) 밖에서 그리고 그것을 거슬러서 자신들의 당을 조직할 것입니다."[41]

닌은 OCE가 공산당에 방향을 맞추지 말고 다양한 공산주의 집단들, 특히 마우린이 이끄는 카탈루냐의 노동자농민연합BOC 안에서 활동해야 한다고 주장했다.

닌의 견해는 공산당이 정말로 매우 작은 조직이라는 사실에 바탕을 두고 있었다. 여러 역사적 이유로 스페인 노동자들 사이에서는 아나키즘이 가장 강력한 경향이었다. 더 정확히 말하면 아나코신디컬리즘, 즉 정치조직이 아니라 노동조합을 통해서 표현된 아나키즘이었다. 1868년에 국제노동자협회, 즉 제1인터내셔널의 대표로서 스페인에 처음 도착한 사람들은 마르크스 지지자가 아니라 바쿠닌 추종자였다. 그들은 카탈루냐의 중심 도시인 바르셀로나에 주로 집중된 산업 기반을 발견했는데, 그것은 20세기가 한참 지나서도 느리게 확대되고 있었다. 생산 단위들은 규모가 매우 작았고 프롤레타리아는 극심하게 착취당했다. 여기서 생겨난 분노와 좌절감이 아나코신디컬리즘의 자양분이 됐다. 공산당의 성장을 가로막은 가장 큰 장애물은 1931년에 조합원이 150만 명이었던 아나코신디컬리즘 조직 CNT였다. 대체로 스페인 노동자 대중은 사회당의 개혁주의와 CNT의 혁명적 아나코신디컬리즘 가운데 하나를 선택했다.

1930년 초에 스페인 공산당은 당원이 500명에 불과했다.[42] 그러나 1931년 3월에 BOC 회원은 700명이었고 1932년 4월에는 5000명이나 됐다.[43]

스페인의 가장 중요한 산업 중심지이자 노동계급 중심지이기도 한 카탈루냐에서 공산당의 영향력은 BOC보다 훨씬 작았다. 1931년 6월 국회의원 선거 때 BOC는 카탈루냐에서 1만 7536표를 얻은 반면, 공산당은 겨우 2320표를 얻었다.[44] 1931년 10월 바르셀로나 지방선거에서 마우린은 8326표를 얻은 반면, 공산당 후보는 1264표를 얻었다.[45] 1932년 11월 카탈루냐 지방의회 선거에서 BOC는 바르셀로나에서 얻은 3565표를 포함해 총 1만 2000표를 획득한 반면, 공산당은 겨우 1216표를 얻었다.[46]

심지어 OCE조차 공식 공산당보다 규모가 더 컸다. 어떤 수치를 보면, OCE는 "1932년 말에 회원이 약 1500명이었고 … 그 뒤에도 계속 성장했다."[47](그러나 더 적은 수를 제시한 다른 자료도 있다. 예컨대, 안드라데에 따르면 1935년 3월 OCE의 회원 수는 800명이었다.)[48]

트로츠키와 닌의 차이는 OCE가 공산당에 방향을 맞춰야 하는지 아니면 BOC를 지향해야 하는지에만 국한되지 않았다. 두 사람은 마우린과 BOC의 정치적 구실을 두고도 논쟁했다. 사실 BOC는 트로츠키보다는 부하린·브란들러의 정치와 훨씬 가까웠다. BOC는 브란들러의 우익반대파인 공산당(반대파)KPO나 그 국제조직인 공산주의 반대파국제협회IVKO와 접촉하고 있었다. 마우린은 스탈린과 부하린이 중국 공산당을 부르주아 정당인 국민당에 종속시킨 정책을 지지했다. 소련 국내 정책 문제에서도 BOC는 부하린의 반反트로츠키주의 투쟁을 지지했다. BOC는 1929년 이후 코민테른의 초좌파 정책을 비판했지만, 코민테른의 정책과 소련의 국내 정책 사이의 연관에 대해서는 아무런 결론도 내리지 않았다.

BOC는 스페인의 민족문제에 관해서도 트로츠키와 견해가 상당히 달랐다. 트로츠키는 민족자결권을 주장했지만, 그 바탕에는 국제주의적 관점이 깔려 있었다. BOC의 출발점은 완전히 달랐다. [영국의 역사가] 앤디 더건은 다음과 같이 지적했다.

> BOC는 단지 기존 민족운동들의 자결권을 옹호하는 데서 그치지 않고 훨씬 더 나아갔다. 1931년 6월 마우린은 스스로 '분리주의'를 지지한다고 선언했다. 비록 스페인에서 분리하는 것이 아니라 스페인 국가에서 분리하는 것이고, 스페인 국가 해체는 이베리아반도의 진정한 통일로 가는 길이 될 수 있다고 덧붙였지만 말이다. BOC의 주장인즉, 기존 민족해방운동들의 지도부를 획득하는 것으로는 충분하지 않고, 민족해방운동을 형성하는 데 실제로 참여할 필요가 있다는 것이었다. 즉, 안달루시아든 아라곤이든 카스티야든 민족운동이 존재하지 않는 곳이라면 어디서나 공산주의자들은 그런 운동이 형성되도록 도와줘야 한다는 것이었다.
> 마우린은 "민족문제가 존재한 덕분에 사회주의 혁명의 전망이 크게 유리해졌다"고 믿었고, 그래서 "민족문제가 존재하지 않는다면 그것을 만들어 낼 필요가 있다"고까지 생각했다. 당연히 트로츠키주의자들은 [BOC가 — 지은이] "계급 정치가 아니라 분리주의"를 편애한다고, 심지어 BOC의 정치가 카탈루냐의 주요 프티부르주아 민족주의 정당인 "카탈루냐공화주의좌파ERC보다 더 카탈루냐주의적"이라고 묘사하면서 신랄하게 비판했다.[49]

트로츠키와 닌이 주고받은 편지를 보면, BOC와 마우린을 대하는 닌의 태도가 급격하게 동요하는 것을 알 수 있다.

1930년 11월 12일 닌은 다음과 같이 썼다. "마우린은 우리와 아주 가깝습니다. 확신컨대, 그는 머잖아 스스로 좌익반대파를 지지한다고 선언할 것입니다. 그것은 매우 귀중한 성과일 것입니다. 왜냐하면 전에도 말씀드렸다시피 그는 워낙 평판이 좋고 정직하기 때문입니다."[50]

1931년 1월 17일에는 다음과 같이 썼다.

> 마우린은 정말로 우리 편입니다. … 주목할 만한 사례가 하나 있습니다. 다음 달에 통합 대회가* 열릴 것입니다. 마우린은 정치 문제와 당의 임무에 관한 테제들을 작성할 책임을 맡았습니다. 그런데 우리가 '이웃사촌'이라는 사실(그는 제 옆방에 삽니다)을 이용해서 우리는 그 테제들을 함께 작성할 수 있을 것입니다.[51]

1931년 1월 26일에는 다음과 같이 썼다. "바르셀로나 지부와 임시 집행위원회는 마우린과 제가 제출한 테제들을 받아들였습니다(그 테제들은 거의 전부 제가 편집했습니다)."[52]

당시 트로츠키는 BOC의 주요 문서들을 닌이 편집하는 것을 지지했다. 그러나 닌이 좌익반대파와 마우린의 차이를 얼버무리거나 볼셰비키·레닌주의 분파의 조직을 포기할까 봐 걱정했다. 그래서 1931년 2월 13일 닌에게 보내는 편지에 다음과 같이 썼다.

> 카탈루냐연맹이 당의 정치 선언문에 대한 답장을 포함한 주요 문서의 편집을 당신에게 맡긴다는 사실은 많은 가능성을 보여 주는 매우 귀중한 성과입니다. …
>
> 그래도 저는 마드리드(나 다른 도시)에서 스페인 좌익반대파 회보를 탄탄한 정치적·이론적 월간지로 발행하실 것을 거듭 제안드립니다.[53]

---

* 1924년 마우린이 주도해서 만든 카탈루냐·발레아레스공산주의연맹FCCB은 처음에는 스페인 공산당의 지부로 활동했지만, 1930년 공산당에서 떨어져 나와 이듬해 소규모 카탈루냐공산당PCC(카탈루냐 독립 운동의 일부 세력이 1928년에 만들었다)과 통합해서 노동자농민연합BOC을 결성했다.

이틀 뒤인 2월 15일에도 다음과 같이 촉구했다.

잘 조직된 좌익반대파 분파를 즉시 건설해야 합니다. 처음에는 아무리 규모가 작더라도 말입니다. 그래서 독자적 회보와 독자적 이론지를 발행해야 합니다. 물론 그렇다고 해서 좌파 공산주의자들이 더 광범한 조직에 참여하지 말아야 한다는 이야기는 아닙니다. 오히려 참여해야 합니다. 그러나 그와 동시에 좌익반대파를 조직하는 것이 그런 참여의 필수 조건입니다.[54]

1931년 3월 15일에도 트로츠키는 닌이 분명한 원칙 없이 BOC의 활동에 참여하는 것을 거듭 걱정했다.

당신의 BOC 활동 참여를 어떻게 규정하고 정치적으로 어떻게 설명하실 겁니까? 공산주의 분파의 대표가 참여하는 것으로? 아니면 고립됐다고 알려진 혁명가가 참여하는 것으로? … 특히 혁명 기간에 정치적 '여권' 없이 존재하는 것은 매우 위험합니다.[55]

2주 뒤에 트로츠키는 다음과 같이 덧붙였다.

모든 사람이 스페인을 주목하고 있습니다. 그러나 좌익반대파는 아직 스페인에 공식적이고 능동적인 조직으로서 존재하지 않습니다.[56]

그런데 갑자기 닌의 편지 논조가 근본적으로 변했다. 그는 BOC에 대해 심각한 적대감이 있는 것처럼 보였다. 1931년 4월 4일 닌은 트로츠키에게 보낸 편지에 다음과 같이 썼다.

좌익반대파의 원칙을 공공연히 선전한 것 때문에 저와 카탈루냐연맹, 더 정확히 말하면 그 지도자들의 관계가 결렬됐습니다. 노동자들은 사뭇 다른 태도를 취하며 저를 분명히 지지하고 있습니다.[57]

1931년 5월 닌의 공식 가입 요청을 BOC가 거부했고 머잖아 두 집단의 신문에 서로 비난하는 글이 실리기 시작했다. 6~8명쯤 되는 소수의 트로츠키주의자들이 BOC 안에서 자신들의 사상을 계속 옹호했지만, 1931년 11월 "당을 파괴할 목적으로 분파 활동을 했다"는 이유로 제명됐다.[58] 1931년 4월 12일 트로츠키는 닌에게 보낸 편지에 다음과 같이 썼다.

방금 받은 당신의 편지를 읽고, 당신이 카탈루냐연맹과 결별했으며 조금 있으면 좌익반대파의 기관지 〈코무니스모〉(공산주의)가 나올 것이라는 사실을 처음으로 알게 됐습니다. 그중 후자의 소식을 듣게 돼 정말 기쁩니다.[59]

불행히도 트로츠키가 이 편지를 쓰고 있을 때 닌은 새로운 전환을 알리는 편지를 쓰고 있었다.

우리는 [카탈루냐]연맹에 들어가야 하고 그 안에서 체계적으로 활동하며 우리의 분파를 만들어야 합니다. 그것은 얼마든지 가능한 일입니다. 확신컨대, 오늘 당장 제가 가입할 수 없다 하더라도 머잖아, 어쩌면 한 달 안에는 가입할 수 있을 것입니다.

4월 15일 무렵 상황은 더욱 나아갔다. 닌은 다음과 같이 썼다.

카탈루냐연맹이 저에게 와서 도움을 요청했습니다. 저는 거절할 수가 없었습니다. 그래서 지금 여기 와서 연맹 중앙위원회에서 직접적 방식으로(실제로는 대부분 지도하면서) 일하고 있습니다. … 우리가 발행하는 일간지를 제가 편집하고 있습니다.[60]

이 편지를 읽고 트로츠키는 매우 불안해했다. 그래서 4월 20일 닌에게 보내는 편지에서 다음과 같이 말했다.

두 번째 편지에서 당신은 우호적으로 그리고 요령 있게 카탈루냐연맹에 영향을 미쳐야 한다고 이야기했습니다. 그 말에 완전히 동의합니다. … 그러나 저는 여기서, 아주 멀리 떨어진 곳에서 문제의 둘째 측면을 강조하지 않을 수 없습니다. 두세 달 전에 당신은 마우린과 함께 테제를 다듬었다는 이야기 등을 하면서 그 조직이 아무 어려움 없이 당신에게 넘어올 것이라고 판단했습니다. 얼마 뒤에는 연맹과 코민테른의 모호한 관계 때문에 연맹이 당신의 직접 가입을 부적절하게 여긴다고 말했습니다. 제가 보기에 이런 전력은 연맹에 오직 인간적·개인적·교육학적으로만 영향을 미치려는 노력이 옳지 않음을 보여 줍니다. 다시 말해, 모든 곳에서 독자적 깃발을 휘날리며 활동하는 조직된 좌파가 없는 채로 연맹 안에서 활동한다고요? 예, 좋습니다. 참을성 있게, 우호적으로, 억제당하는 것을 두려워하지 않고 활동한다고요? 예, 좋습니다, 좋아요. 그러나 공인된 좌익반대파로서, 한 분파에 속한 볼셰비키·레닌주의자로서, 그 분파를 위해 비판의 자유와 견해 표명의 자유를 요구하는 볼셰비키·레닌주의자로서 활동하십시오.[61]

이틀 뒤에 트로츠키는 닌이 BOC 중앙위원회에 들어간 것을 열의 있게 지지하면서도 한편으로는 불안감을 내비쳤다.

당신의 편지에서 가장 중요한 정보는 카탈루냐연맹 중앙위원회에 당신이 들어갔다는 사실과 연맹이 발행하는 일간지를 당신이 편집하게 됐다는 사실입니다. 이 사실이 엄청나게 중요하다는 것은 두말하면 잔소리입니다. 그러나 불행하게도 제가 보기에는 정치적 전제가 분명하지 않습니다. 몇 주 전에 당신은 연맹 지도자들이 좌익반대파 지지와 연맹 지지가 양립할 수 없다고 생각하기 때문에 연맹과 당신이 결별할 수밖에 없다고 썼습니다. 다시 말해, [연맹] 지도자들은 스스로 우리에게 극도로 적대적인 태도를 보여 줬고 스탈린주의 관료들의 방식과 어법을 사용했습니다.

그 뒤 몇 주 만에 당신이 연맹의 지도부 지위로 들어간 것을 보니 저는 정말로 매우 어리둥절합니다. 그동안 연맹에 무슨 일이 일어났습니까? 도대체 어떤 조건으로 당신은 연맹에 들어갔습니까? 이 모든 물음에 대한 답변을 초조하게 기다립니다.

트로츠키는 이 편지를 다음과 같은 말로 끝맺었다.

스스로 무엇을 원하는지 정확히 알고 있는, 작지만 확고한 마르크스주의 중핵들은 카탈루냐연맹뿐 아니라 스페인 혁명도 구할 수 있습니다. 그러나 단 하나 조건이 있습니다. 그 소규모 중핵들이 자신의 분명한 강령과 독자적 깃발 아래서 행진해야 한다는 것입니다.

제가 보기에 이 문제들은 결정적으로 중요하기 때문에, 바라건대 정확히 그리고 최대한 빨리 답장을 보내 주십시오.

안타깝게도 닌은 이 물음들에 전혀 답변하지 않았고 자신이 연맹 중앙위원회에 들어간 근거가 무엇이었는지도 결코 설명하지 않았다.[62]

닌의 동요는 계속됐다. 6월 25일에는 트로츠키에게 편지를 써서 다음과 같이 밝혔다. "저는 [카탈루냐연맹을 — 지은이] 지금도 옹호하지 않고 전에도 옹호한 적이 없습니다." 나흘 뒤에 닌은 연맹의 태도를 다음과 같은 말로 묘사했다.

[카탈루냐연맹의 — 지은이] 지향은 항상 그렇듯이 변덕스럽고 불분명합니다. 연맹 지도자들과 저의 관계는 여러 단계를 거쳐 왔습니다. 즉, 협력하다가 결별하고 다시 협력하다가 또 결별하는 식이었습니다. 지금은 후자의 상황입니다.

7월 13일 닌은 트로츠키에게 또 편지를 써서 다음과 같이 밝혔다.

저는 평론지[〈코무니스모〉 — 지은이] 3호에 실으려고 마우린의 실수들을 비판하는 글을 썼습니다. 우리가 운동을 엄청난 위험에 빠뜨리지 않으려면 그런 실수들에 대해 침묵해서는 안 됩니다. 지난 며칠 동안 BOC가 펼친 선거운동은 공산주의적 성격이 거의 없었습니다.[63]

8월 25일 닌은 무거운 마음으로 새로운 전환을 넌지시 알렸다.

이곳의 몇몇 도시에서 공산주의 단체들을 설립할 기회가 생겼습니다. 그들이 어느 조직을 지지해야 할까요? 저는 이 문제를 놓고 많이 망설였습니다. 그들이 공식 [공산]당을 지지하도록 만들기는 매우 어렵습니다. 카탈루냐에는 [공식 당의] 조직이 사실상 없기 때문입니다. 다른 한편으로 BOC의 정치적 입장은 지금 너무 잘못돼서, 이 조직[BOC]을 지지하라고 그들에게 조언하기도 매우 어렵습니다. 그래도 저는 후자의 해결책을 지지하고 싶습니다.[64]

9월 18일 닌은 트로츠키에게 보내는 편지에 다음과 같이 썼다.

> 첫째로, 그 단체들이 공식 당을 지지하도록 만들기는 어려울 것입니다(그들은 공식 당에 들어가기를 원하지 않을 것입니다). 둘째로, 카탈루냐에는 [공식] 당이 사실상 존재하지 않는데, 이 사실을 잊지 마시기 바랍니다. 이 모든 집단에서 최상의 부류는 우리와 함께하고 있고, 그들은 우리의 지도 아래서 BOC 해체에 능동적으로 기여할 수 있을 것입니다.[65]

닌의 미래 정책, 즉 마우린을 대하는 태도, 중간주의에 대한 적응, 마르크스주의통일노동자당POUM 우파와 CNT 지도부에 대한 타협 등이 모두 여기서 맹아적으로 나타났다.

1932년 3월 OCE 3차 협의회에서 닌은 대의원들을 설득해 OCE가 독립적 조직이 되게 만들었다. 그러나 공산당 내 분파를 만든 것이 아니라 조직 이름을 '에스파냐공산주의좌파ICE'로 바꿨을 뿐이다. 그 협의회는 또, 앞으로 선거에서 독자 후보를 내기로 결정했다.[66]

앞서 말했듯이, 1931년 중반에 닌과 OCE는 마우린이 이끄는 BOC와 완전히 결별했다. 그렇다면 4년 뒤에 두 조직이 우호적으로 통합[해서 POUM을 창립]한 것을 어떻게 설명할 수 있을까?

무엇보다, 닌과 ICE가 스스로 트로츠키와 국제 좌익반대파를 점차 멀리했다.

부차적 사건들도 여기서 한몫했다. 그중 하나는 라크루아 사건이었다. 1932년 3월 OCE 3차 협의회에서 라크루아는 스페인 조직의 사무총장직을 사퇴했는데, 아마 건강상의 이유 때문이었던 듯하다. 11월에는 닌과 라크루아 사이에 투쟁이 벌어졌는데, 무슨 문제 때문에 둘이 싸웠는지 분명히 아는 사람은 아무도 없었다. 라크루아는 닌을 비판하던 트로츠키가 옳다고 주장하는 회보를 발행하기 시작했다. 당시 트로츠키와 국제사무국이 쓴 글들은 닌보다 라크루아에게 훨씬 우호적인 듯했다. 1933년 4월 라크루아 그룹은 해산했고, 라크루아 자신은 '공금 유용'을 이유로 스페인 지부에서 제명됐다.

> 그 뒤의 사건들을 보면 라크루아가 어떤 인간인지를 더 분명히 알 수 있고, 따라서 ICE 지도부의 태도가 옳았던 것처럼 보인다. 1933년 9월 라크루아는 PSOE[스페인 사회당 — 지은이]에 가입했고, 그 당의 일간지 〈엘 소시알리스타〉(사회주의자)에 보낸 편지에서 자신의 과거 신념인 공산주의를 포기한다고 선언하면서, "사회주의 저격수" 구실을 한 것이 오류였다고 인정했다. 그러나 그 전에 라크루아는 스페인 공산당에 다시 가입하려고 시도했었다. 그가 양심 없는 인간이라는 사실은 1933년 7월 15일 공산당 중앙위원회에 보낸 편지에서 드러난다(그 편지는 마드리드의 공산당 문서 보관소에서 최근 발견됐다). 이 편지를 보면, (당시 [스페인 북부 바스크 지방의] 톨로사에 있던) 라크루아가 마드리드[의 공산당으]로 돌아가지 못한 것은 순전히 돈이 없어서였다. 공산당 지도부가 그에게 최근 "당으로 다시 선회한" 이유를 설명해 달라고 요청하자 마드리드로 가서 그렇게 하려고 했지만 단지 돈이 없어서 그러지 못했다는 것이다. 라크루아는 그 편지의 끝부분에 다음과 같이 썼다. "신속하게 행동하면 스페인에서 트로츠키주의 잔당들을 끝장낼 수 있고, 트로츠키주의라는 은폐된 반혁명을 … 아직 따르고 있는 선량한 노동자들(잘못은 저질렀지만)을 되찾을 수 있을 것입니다."[67]

또, 프랑스 트로츠키주의 운동 내부의 알프레드 로스메파와 레몽 몰리니에파 사이의 얽히고설킨 분파 투쟁도 트로츠키와 닌의 관계에 악영향을 미쳤다(이 분파 투쟁을 여기서 다루는 것은 적절하지 않다). 1931년 독일 트로츠키주의 조직에서 제명된 쿠르트 란다우뿐 아니라 닌도 로스메를 지지하고 트로츠키를 비판했다.

ICE와 세계 트로츠키주의 운동 사이의 새로운 분쟁은 사회민주주의 정당에 가입하는 이른바 '프랑스 전환' 문제를 둘러싸고 벌어졌다. 트로츠키는 이 전술이 1934년의 스페인에 특히 적절하다고 생각했다. 왜냐하면 그때는 스페인 사회당이 1931~1933년의 연립정부에서 스스로 탈퇴한 뒤였고, 파시즘의 위협이 갈수록 증대하자 사회당 내에서 대규모 좌경화가 일어나고 있었기 때문이다. [영국의 역사가] 로널드 프레이저는 다음과 같이 썼다.

> 1933년 [10월] 사회당 소속 장관들이 연립정부를 탈퇴하기 한 달 전에 노동부 장관이자 UGT 사무총장인 라르고 카바예로는 "부르주아 민주주의 내에서는 사회주의의 과제들을 실행하는 것"이 불가능하다는 자신의 신념이 입증됐다고 말했다. 1933년 [11월] 총선에서 [사회당이] 패배하자 당의 여러 부문은 더한층 급진화했다. 농업노동자연맹(18개월 사이에 네 곱절로 늘어난 UGT 조합원의 거의 절반을 차지했다)은 혁명 없이는 농업 개혁도 불가능하다고 선언했다. 사회주의청년단JSE은 혁명과 프롤레타리아 독재를 지지한다고 선언했다.[68]

[카바예로가 이끄는] 사회당 좌파는 사회주의청년단뿐 아니라 노동조합 연맹인 UGT와 당의 많은 지방·지역 조직도 통제하고 있었다.

> 마드리드 사회주의청년단의 신문 〈레노바시온〉(혁신)은 트로츠키주의자들의 이름을 직접 거론하면서, 사회당에 들어와 당을 볼셰비키처럼 만들어 달라고 호소했다. 닌과 안드라데[ICE 지도자들 — 지은이]는 그 초청을 받아들이지 않았다. 그 덕분에 1936년 초에 스탈린주의자들이 사회당 청년 조직과 통합해서 스페인 공산당이 처음으로 대중적 기반을 확

보할 수 있는 길이 열리게 됐다.[69]

1934년 1월 사회당은 무기를 만들어서 당원들에게 보급하는 위원회를 설립했다. 사회당 신문 〈엘 소시알리스타〉는 공화국 수립 3주년 기념일에 다음과 같이 썼다.

> 제2의 4월 14일?* 그보다 훨씬 나은 것이 있다. 바로 스페인의 10월이다. 둘의 차이는 이것이다. 4월은 좌절된 희망과 헛된 환상의 달이라면, 10월은 확고한 열망과 분명한 해결책의 달이다. … 4월에는 시민들이 투표용지를 받았다면, 10월에는 노동자들이 총을 들었다.[70]

이런 상황을 감안한 트로츠키는 1934년 10월 아스투리아스의 무장봉기 며칠 후에 국제사무국으로 보낸 편지에서 다음과 같이 말했다.

> 우리 스페인 동지들은 사회당이 무장투쟁을 준비하기 시작한 내부 분화의 초기 단계에서 사회당에 가입했어야 합니다.[71]

1934년 12월 13일 국제사무국에 보낸 편지에서도 그 점을 다음과 같이 강조했다.

> 스페인 동지들은 '프랑스 전환'에 강력히 반대한다고 스스로 솔직하게 선언했습니다. 이것은 이 문제에 관한 그들의 '비타협성'이 순전히 선전주의적이고 평론가적인 수동적 태도를 은폐하는 허울일 뿐이라는 사실을 입증하는 또 다른 증거입니다. 우리는 항상 다음과 같이 거듭거듭 말

---

* 1931년 4월 14일에 왕정이 무너지고 공화국이 선포됐다.

할 것입니다. 우리 지부들이 저지른 잘못 가운데 가장 큰 잘못은 스페인 지부가 저질렀다. 그들은 분별력이 없어서, 사회당이 무장투쟁을 준비하기 시작한 바로 그때 사회당에 가입하지 않았다.[72]

1934년 9월 ICE 전국 총회는 '프랑스 전환'을 거부하기로 만장일치로 결정했다.[73] '프랑스 전환'을 지지한 ICE 회원은 극소수였다. 마드리드에 5명 있었고, 지방에 6~8명 있었다.[74] 페르센이라는 지도적 동지 한 명이 실제로 사회당에 가입했지만, 어떤 분파도 조직하지 못했다. 똑같은 견해를 지닌 다른 동지 무니스는 멕시코로 돌아갔다. 또 다른 동지 헤수스 블랑코는 곧 POUM에 가입했다. 또 다른 동지 에스테반 빌바오는 여러 달 동안 고립돼 있다가 조직의 흔적도 없이 사라져 버렸다.[75]

닌이 이끄는 ICE와 국제 트로츠키주의 운동의 관계가 느슨해지면서 ICE 지도부의 허약성·비일관성·인상주의를 억제하던 고삐가 풀렸다.

상황이 이렇게 되자 ICE는 BOC 쪽으로 움직이기가 더 쉬워졌다. 여러 요인이 그런 추세를 강화시켰다. 스페인 안팎에서 파시즘의 위협이 증대하자 1933년 12월 16일 카탈루냐에 노동자동맹이 설립됐다. 노동자동맹은 BOC, ICE, 사회당, CNT 이탈파('30인 선언파')가* 모여 만든 조직이었다. 노동자동맹 비슷한 조직들이 스페인의 다른 지역에서도 만들어졌다. 오직 CNT만이 노동자동맹 외부에 남아 있었다(아스투리아스 지방은 [CNT가 노동자동맹에 들어간] 주목할 만한 예외였다).

---

* 앙헬 페스타냐를 비롯한 CNT 내 온건파 30인은 1931년에 CNT 지도부인 FAI의 전술에 반대하는 '30인 선언'을 발표했다가 이듬해 CNT에서 제명당하자 신디컬리즘당이라는 정당을 따로 만들었다.

스탈린주의자들은 9개월 동안 노동자동맹을 '반혁명적 책략'일 뿐이라고 비난하다가 1934년 9월 노동자동맹에 가입했다. 역사가 펠라이 파헤스는 다음과 같이 썼다.

> [1934년 10월에 — 지은이] BOC와 ICE는 그들의 회원 수에 비해 불비례적으로 큰 구실을 했다는 것이 확실하다. 바르셀로나에서, 심지어 카탈루냐의 농촌 지방에서도 BOC는 노동자동맹의 핵심이었다. 그런데 더 작은 조직인 에스파냐공산주의좌파[ICE — 지은이]조차도 능동적 구실을 했다. 물론 닌은 카탈루냐 노동자동맹 지도부의 일원이었고, 따라서 중요한 시기에 내려진 모든 결정에 관여했다. ICE 회원들은 바르셀로나에서 BOC의 무장 대열에 가담했다. 물론 마찬가지로 아스투리아스에서도 BOC 회원들과 ICE 회원들은 투쟁에서 두드러진 구실을 했다. 노동자 운동의 오랜 활동가들이라는 개인적 명성을 보면 예상할 수 있듯이, 그들은 [아스투리아스에 있는] 오비에도, 랑그레오 시의 사마, 미에레스 등지의 지방·지역 위원회에서 지도적 지위를 차지했다.[76]

닌은 마지막으로 BOC에 등을 돌렸다. 1934년 9월 14일 그는 〈코무니스모〉에 다음과 같이 썼다.

> 마우린은 스탈린주의와 좌익반대파 공산주의의 중간에 있는 노선을 취하려 하면서, 전자의 입장도 후자의 태도도 지지하지 않는다고 말한다. 그러나 … 정치는 공백을 싫어한다. 마우린은 나중에 분명한 입장을 취할 수밖에 없음을 깨닫고 급진적 프티부르주아지의 길을 택한다. … 마우린의 관점은 대중을 진정한 목표에서 멀어지게 만들고, 프티부르주아지가 민주주의 혁명을 심화할 수 있다는 대중의 환상을 강화시키기만 할 것이다.[77]

그러나 머잖아 닌은 ICE가 BOC와 통합해야 한다고 선언했다. 1935년 9월 25일 두 조직은 통합해서 POUM을 만들었다. 그래서 트로츠키주의자들에게는 스페인 지부가 사라져 버렸다.

처음에 트로츠키와 국제사무국은 POUM과 협력하고 POUM에 영향을 미칠 수 있을 것이라고 매우 낙관적으로 생각했다. 트로츠키 문서 보관소를 샅샅이 뒤져 가며 POUM을 연구한 역사가 라이너 토스토르프는 다음과 같이 아주 흥미로운 이야기를 들려 준다. POUM 창당 직전인 1935년 8월에 국제사무국원 장 루가 스페인으로 갔다. 그의 주요 관심사는 두 가지였다. 하나는 새 정당 안에서 제4인터내셔널을 선전할 수 있는지였고, 다른 하나는 조직 통합 후에도 옛 ICE와 국제사무국의 관계를 지속하는 것이었다. 특히 닌은 새 당의 규약에서 분파가 허용되지 않더라도 하나의 경향으로('동아리' 형태로) 조직된 볼셰비키·레닌주의자들의 강령을 선동할 것이라고 장 루에게 장담했다. 더욱이, 카탈루냐와 발렌시아를 제외한 지역에서는 새 당이 ICE 회원들로 구성될 것이라고 했다. 심지어 마우린도 제4인터내셔널을 건설한다는 생각을 지지한다고 했다. 또, 국제사무국과 옛 ICE 회원들은 닌과의 개인적 접촉을 통해 '우애 관계'가 보장될 것이라는 데 합의했다. 트로츠키는 이 협정에 대해 다음과 같이 논평했다.

> 새 당이 선포됐으니 그 당으로 갑시다. 새 당이 국제적 요인들에 의존하는 한, 우리는 그 당이 영향력과 권위를 획득하도록 온 힘을 다해 도와줘야 합니다. 그러려면 일관되고 비타협적인 마르크스주의 노선을 따라야만 합니다. 이 노선을 따르는 데서 어쨌든 우리에게 요청이 들어온다면 저도 국제사무국의 모든 동지들처럼 기꺼이 협력할 것입니다(그들이 그러리라고 저는 확신합니다).

트로츠키는 이런 생각을 BOC의 신문이자 나중에 POUM의 기관지가 되는 〈라 바타야〉(투쟁)에서 거듭 밝혔고, 신문 편집부에 글을 몇 편 보내기로 약속하기도 했다. 그와 동시에 국제사무국을 통해 POUM의 출판물이 국제공산주의자동맹에 배포되도록 하겠다고 약속했다. 그렇지만 곧 BOC와 ICE의 통합 선언문이 발표됐을 때, 트로츠키는 네덜란드 볼셰비키·레닌주의자들에게 써 보낸 편지에서 POUM이 런던사무국에 매달리는 것을 날카롭게 비판했다. 그래도 트로츠키는 POUM을 제4인터내셔널로 끌어들일 수 있을 것이라고 생각했다.

그와 동시에 장 루는 돌아오자마자 국제사무국의 견해를 닌에게 알렸다. 루는 옛 ICE 회원들이 POUM의 내부 토론 기회를 이용해서 제4인터내셔널을 지지하는 주장을 펼치고 국제사무국과 계속 연락을 주고받을 수 있을 것이라고 생각했다. 국제사무국과 옛 ICE의 관계에 대한 루의 평가는 닌이 미국 트로츠키주의자들에게 써 보낸 편지에서 암묵적으로 확인됐다.

조직 통합의 목표는 BOC가 제4인터내셔널 쪽으로 이동하는 것을 앞당기기 위함이고, 이것은 공동으로 작성한 강령 초안에 암묵적으로 반영돼 있다는 것이었다.

그러나 마우린은 BOC와 ICE의 통합을 루나 닌과는 다르게 봤다. 몇 년이 지난 뒤에 마우린은 다음과 같이 썼다. "주요 화제는 국제적 독립성을 유지하고 트로츠키와 접촉해서는 안 된다는 것이었다. 닌도 여기에 동의했다." 마우린은 이미 트로츠키와 공식적으로 결별한 상태였다. 그래서 제4인터내셔널 문제는 통합 협상에서 전혀 거론되지 않았다.[78]

POUM 창당 직후의 사건들을 보면 알 수 있듯이, 루가 통합을 이해한 것보다는 마우린의 이해가 훨씬 진실에 가까웠음이 틀림없다.

민중전선의 선거 승리에서 파시스트들의 반란으로

1936년 1월 15일 아사냐와 바리오가 이끄는 두 좌파 공화주의 부르주아 정당들과 사회당, 공산당, CNT '30인 선언파', UGT, POUM이 함께 모여 민중전선 강령 협약을 체결했다. [프랑스의 역사가들인] 브루에와 테밈은 이 강령에 관해 다음과 같이 썼다.

> 이 8개 항의 협약 겸 강령은 공통된 합의의 결과라기보다는 노동자 정당들이 공화주의 강령을 받아들인 것이었다. 그것은 농업 개혁과 교육 계획 같은 오래된 공화주의적 요구들과 함께 국회 통제, 지방자치단체 개혁, 금융 개편 계획 수립, 경공업 보호, 공공사업 개발 같은 요구들도 적극 지지했다. 그것은 부르주아적 틀을 넘어서지 않는 자유주의 강령이었고, 토지·은행 국유화나 노동계급의 산업 통제 같은 사회주의적 요구들은 의도적으로 배제했다. "공화주의자들이 염두에 둔 공화국은 사회적·경제적 계급 이해관계가 지배하는 공화국이 아니라, 공익과 사회 진보라는 동기에 따라 촉진되는 민주적 자유의 체제"라고 강령에 명시돼 있었다.[79]

아스투리아스 광원들의 영웅적 봉기를 배경으로 선거운동이 전개됐다. 우파는 [선거에서] 참패했다. 민중전선 정부와 새 총리(마누엘 아사냐)가 선출됐다.

> 아사냐는 온건한 견해를 지닌 사람들을 안심시키려고 개인적으로 온 힘을 다했다. 그는 [프랑스 파리의 일간지] 〈파리-수아르〉(파리의 밤)와 인터뷰할 때 "우리는 평화와 질서를 원합니다. 우리는 온건파입니다" 하고 말했다.[80]

그러나 민중전선 지도자들의 의도가 무엇이었든 간에, 선거 결과는 계급투쟁의 폭발적 고양을 알리는 신호가 됐다. 브루에와 테밈은 다음과 같이 썼다.

> 선거 후 벌어진 대규모 시위로 감옥 문이 열렸다. 그래서 1934년 이후 수감된 노동자들은 [대통령이] 사면령에 서명할 때까지 기다리지 않고도 풀려날 수 있었다. 2월 17일 발렌시아에서 CNT 시위대가 감옥 문을 열고 1934년에 유죄를 선고받은 노동자들을 석방시켰다는 소식이 들려왔다. 그와 함께 오비에도에서만 수백 명이, 스페인 전역에서는 수천 명이 석방됐다. 이튿날 전국에서 파업이 시작됐다. 파업 노동자들은 유죄를 선고받았거나 보석으로 풀려난 사람들의 권리를 즉시 회복시키고, '암담한 2년' 동안 수감된 모든 노동자에게 임금을 지급하고, 노동자들의 임금을 인상하고, 다양한 사용자 대리인들을 해고하고, 노동조건을 개선할 것 등을 요구했다. 이런 노조 파업 외에 정치적 성격의 파업도 몇 건 벌어졌고, 연대 파업과 지역·지방 수준의 총파업도 벌어졌다. 이런 투쟁 가운데 일부는 오래 지속되면서 다른 투쟁을 불러일으키기도 했다. 사용자들이 직장 폐쇄로 대응하자 투쟁은 더 격렬해졌다.[81]

선거 후 5개월 동안 113건의 총파업과 228건의 부분파업이 벌어졌다.[82]

> 어느 정도 중요한 모든 도시에서는 5개월 동안 적어도 1건 이상의 총파업이 벌어졌다. 6월 10일에 거의 100만 명이 파업을 벌였다. 6월 20일에는 50만 명이, 6월 24일에는 100만 명이, 7월 초 며칠 동안은 100만 명 이상이 파업을 벌였다. 파업에는 도시뿐 아니라 농촌의 노동자들도 참가했다. 후자의 파업으로 농촌의 전통적 투쟁 경계가 무너져서, 예컨대

말라가주에서 벌어진 5주간의 파업에는 농민 12만 5000가구가 참가하기도 했다.[83]

농촌의 상황은 정말로 혁명적이었다.

2월 말에는 바다호스주와 카세레스주에서, 그 뒤 몇 달 동안은 에스트레마두라, 안달루시아, 카스티야, 심지어 나바라 지방에서도 아센타미엔토스[토지 점거 — 지은이]가 늘어났다. 4월에는 알칼라사모라의* 소유지도 점거됐고, 알부르케르케 공작의 토지도 마찬가지였다. 농민들은 대지주의 사유지에 정착해서 스스로 토지를 경작하기 시작했다. 머잖아 농민들과 치안대 사이에 유혈 사태가 벌어졌다. 가장 심각한 사건은 알리칸테 근처의 예스테에서 일어났다. 지주의 토지에서 나무를 베기 시작한 농민 여섯 명을 치안대가 체포하자 격분한 농민들이 쇠스랑·몽둥이·돌멩이로 무장한 채, 자기 동지들을 연행하던 치안대를 공격했다. 그러자 치안대가 총을 쏴서 농민 18명을 살해했다.[84]

농민 약 19만 가구가 약 60만 헥타르의 토지를 차지해서 정착했다.[85] 이것과 1931~1933년에 공화주의 정부가 실시한 토지개혁을 비교해 보라. 그때는 2년 반이 지난 뒤에도 겨우 4만 5000헥타르의 토지만 주인이 바뀌어 약 6000~7000명의 농민이 혜택을 입었을 뿐이다.[86] [1936년] 2월부터 7월까지 일어난 사건들을 정확히 묘사하는 말은 "작은 내전"이었다.[87]

---

* 당시 대통령이었다.

파시스트들의 반란

파시스트들의 반란은 1936년 7월 17일 스페인령 모로코에서 시작됐다. 그 후 사흘 동안 스페인 [본토]의 50개 수비대가 거의 모두 파시즘을 지지한다고 선언했다. 옛 지배계급의 압도 다수도 반란에 가담했다. 민중전선 정부의 즉각적 반응은 무엇이었을까?

> 7월 17일 아침 프랑코 장군은 모로코를 점령하고 나서 자신의 선언문을 [본토의] 수비대들에 무전으로 보냈다. [정부에] 충성하는 한 전화교환원이 마드리드 근처의 해군기지에서 수신한 그 선언문을 신속히 해군부 장관에게 보고했다. 그러나 정부는 18일 아침 9시까지도 그 소식을 전혀 알리지 않았다. 그러더니 정부가 스페인을 완전히 통제하고 있다고 안심시키는 성명만을 발표했다. 그날 오후에 정부는 각기 다른 성명을 두 차례 발표했다. 마지막 성명을 발표한 오후 3시 15분에는 세비야[와 나바라와 사라고사] 점령 등 반란의 범위를 제대로 확실히 알고 있었는데도 다음과 같이 말했을 뿐이다.
> "[이베리아]반도 전체가 절대적 평온을 유지하고 있음을 다시 한 번 확인해 드립니다."[88]

노동자들은 무기를 요구했다. 총리는 노동자들에게 무기를 내주는 사람은 누구든지 총살하겠다고 발표했다. 이 덕분에 많은 도시에서 파시스트들이 확실히 승리할 수 있었다. [영국의] 자유주의자 역사가 휴 토머스는 다음과 같이 썼다.

> 정부가 반란 소식을 처음 알린 것은 마드리드 라디오가 "스페인 본토에서는 아무도, 전혀 아무도 이 터무니없는 음모에 가담하지 않았습니다"

하고 발표했을 때였다. 그러면서 정부는 이 반란이 심지어 모로코에서도 신속하게 진압될 것이라고 장담했다. 사람들이 이런 말을 믿지 않고 있는 동안에 반란은 안달루시아 지방 전역으로 확산되고 있었다. 그곳의 8개 도시에는 대대 병력 이상의 수비대가 주둔하고 있었다. 다른 도시들에서도 반란이 일어났는데, 현지의 팔랑헤당원들이나 치안대가 반란을 주도했다. 7월 18일에는 거의 모든 곳에서 주지사들이 중앙정부의 선례를 따라서, 무기를 요구하는 노동계급 조직들과 협력하기를 거부했다. 많은 경우에 이것은 반란의 성공을 확실히 보장했다. 이것은 또, 지역 노동계급 지도자들뿐 아니라 주지사들 자신의 사형 집행 영장에 서명하는 것이나 다름없었다. 반란이 7월 18일에 스페인의 모든 주에서 일어났다면, 7월 22일까지는 모든 곳에서 크게 성공했을지도 모른다. 그러나 정부가 무기를 나눠 주고 주지사들에게도 그렇게 하라고 명령했다면, 그래서 공화국을 방어하기 위해 최대한 빨리 노동계급을 동원했다면, 반란은 진압됐을지도 모른다.[89]

그러나 노동자들은 그저 팔짱 끼고 보고만 있지 않았다. 노동자들이 스스로 행동에 나선 것을 두고 [미국의 트로츠키주의자였던] 필릭스 모로는 다음과 같이 묘사했다.

마드리드에서는 사회주의청년단 시민군이 자신들에게도 부족한 무기를 나눠 주고 있었다. 또, 주요 거리와 몬타냐 병영 주위에 바리케이드를 설치하고 있었다. 그들은 순찰대를 조직해 집집마다 돌아다니며 반동 세력을 체포하기도 했다. 밤 12시에 [몬타냐] 병영을 겨냥한 첫 공격이 시작됐다. 바르셀로나에서는 카탈루냐 자치 정부 수반인 콤파니스가 1934년 10월에도 배신한 적 있다는 것을 아직 기억하는 CNT와 POUM의 … 투사들이 18일 오후에 정부의 무기고를 몇 군데 습격했다. 이튿날 새벽 1시에 수비대가 반란을 일으키자 무장한 노동자들은 군부대 주위에 철조망을 쳐 놓고, 파시스트들한테서 몰수한 장비와 백화점에서 징발한 물품으로 열성적 신참들을 무장시켰다. 나중에 그 시민군은 정규군의 무기고들도 장악했다. 아스투리아스의 광원들은 내각의 위기가 완전히 끝나기 전에 마드리드로 진군하려고 대열 6000명을 준비시켰다. 모로코 건너편에 있는 말라가는 전략적으로 중요한 항구도시였는데, 그곳에서는 기발한 노동자들이 무장도 하지 않은 채 반동적 수비대 주위를 둘러싸더니 건물들과 바리케이드들에 휘발유를 끼얹고 불을 질렀다. 발렌시아에서는 마드리드 주지사에게 무기 배급을 거부당한 노동자들이 바리케이드를 쌓은 다음 돌멩이와 부엌칼을 들고 군대에 대항할 준비를 했다. 이윽고 수비대 안에 있는 그들의 동지들이 장교를 총으로 쏴 죽이고 무기를 노동자들에게 나눠 줬다. 한마디로 프롤레타리아는 정부에 '죄송합니다만'이라는 말도 하지 않고, 파시스트들과 싸우다 죽을 각오로 전쟁을 시작한 것이다.[90]

이중[이원]권력의 탄생

노동자들이 이렇게 행동에 나서자, 여전히 정부가 쥐고 있던 공식적 권력과 나란히 프롤레타리아의 비공식적 권력이 떠올랐다. 레닌이 말한 '이중권력'이 출현한 것이다. 한 권력, 즉 아사냐 집단의 권력은 한 줌의 자유주의적 자본주의 정치인들로 이뤄져 있었다. 그들은 자신들의 사회적 기반과 단절돼 있었고 대중의 지지도 받지 못했다. 트로츠키는 그들을 가리켜 "부르주아지의 그림자"라고 불렀다. 그들이 대변하고자 하는 계급이 프랑코 편으로 넘어가 버렸기 때문이다. 그들의 정치적 생존은 공산당과 사회당의 지지에 달려 있었다. 다른 권력은 무장한 프롤레타리아의 권력이었다. 아사냐 집단의 정부는 이미 너무 약해져서 노동계급의 권력에 도전할 수 없었다. 그러나 무장한 프롤레타리아도 아사냐 정부를 제거할 만큼 충분히 의식적이지는 못했다. 똑같은 현상이 1917년 2~10월에 러시아에서도 나타났다. 역사가 브루에와 테밈은 스페인 공화국의 이중권력을 다음과 같이 묘사했다.

> 거리와 정부 사이에서 점차 새로운 권력기관들이 나타났다. 그것들은 정말로 권위가 있었고, 흔히 후자만큼이나 전자와도 밀접한 관계가 있다고 주장했다. 그 수많은 지역 위원회들은 지방과 주州 수준에서 사실상 정부였다. 그 새로운 권력, 혁명적 권력은 엄청난 과제, 즉 사회혁명이 한창일 때 전쟁을 수행하고 생산을 재개해야 할 즉각적·장기적 과제를 처리하기 위해 힘껏 조직되고 있었다.[91]

바르셀로나는 혁명적 변화의 상징이었다. 스페인 산업 노동계급의 절반이 바르셀로나에 있었다. 노동자들은 자신의 힘을 사용해서 자본가들의 재산을 몰수했다. [오스트리아의 평론가] 프란츠 보르케나우는 다음과 같이 썼다.

> 7월 19일 이후 며칠 동안 몰수된 재산의 규모는 거의 믿을 수 없을 정도다. 한두 예외가 있었지만, 가장 큰 호텔들은 모두 노동계급 조직들에 징발됐다. … 대규모 상점들도 마찬가지였다. 많은 은행이 문을 닫았고, 문을 닫지 않은 은행들에는 제네랄리타트[카탈루냐 지방정부 — 지은이]가 통제하는 은행이라는 문구가 쓰여 있다. 우리가 듣기로는 사실상 모든 공장 소유자가 도망갔거나 살해됐고, 그들의 공장은 노동자들이 접수했다고 한다. 어디서나 인상적 건물들 앞에는 몰수 사실을 알리는 커다란

포스터가 붙어 있고, 거기에는 이제 CNT가 건물을 관리한다거나 특정 조직이 자신들의 활동을 위해 건물을 접수했다고 설명하는 글이 쓰여 있다.[92]

나와 대화를 나누는 외국인은 "바르셀로나에 있는 진짜 권력은 하나뿐입니다. 그것은 바로 CNT입니다" 하고 말한다. CNT의 권력이 하도 강해서, 공식 행정부의 서명만 있는 문서는 쓸모가 없을 정도다. 제네랄리타트가 발급한 문서 말고도 CNT 본부의 추천서나 더 좋기로는 CNT와 UGT가 모두 연서한 제네랄리타트의 통행증을 지니고 있다면 만사형통이다. 노동조합 말고는 권위가 없는데, 바르셀로나에서는 아나키스트 조직인 CNT가 단연 최강의 노동조합이다.[93]

스페인의 다른 중심지들에서는 노동자 권력이 바르셀로나보다 훨씬 제한돼 있었다. 그래서 보르케나우는 다음과 같이 썼다.

[발렌시아는 — 지은이] 여전히 철저하게 '프티부르주아적인' 도시다. 무장한 시민군이 바르셀로나보다 훨씬 적다. 상점 몰수와 노동자 통제도 더 적다. 붉은 깃발은 적은 반면, 스페인 국기와 발렌시아 깃발은 많다. 노동자위원회와 노동조합에 속한 차량보다는 공식 국가 행정부에 속한 차량이 더 많다. 거리에는 유행하는 옷을 차려입은 사람들이 더 많다. 그리고 거지도 꽤 많다. 반면에 바르셀로나에는 새로 만들어진 원조위원회 덕분에 거지가 거의 없다. 발렌시아는 바르셀로나 같은 사회적 격변을 아직 경험하지 않았다.[94]

계급투쟁이라는 면에서 보면, 마드리드는 바르셀로나와 발렌시아의 중간이었다. 마드리드에서는 정부의 존재가 바르셀로나보다 훨씬 두드러진다. 반면에 바르셀로나에서는 사회주의·아나키즘·노동조합의 존재가 더 뚜렷하다. 그 차이가 현저한 사례 하나는 여기 마드리드에서는 경찰이 발급한 평범한 체류 허가증만으로도 충분하다는 것이다. 바르셀로나에서는 그런 허가증이 쓸모없다. 마드리드에는 중앙정치위원회도 없다.
몰수나 징발도 거의 실행되지 않은 듯하다. 대다수 상점은 몰수는커녕 [노동자] 통제도 없이 계속 영업 중이다.

거지가 없다는 것이 노동자들의 영향력을 가늠하는 한 척도였다.

구걸 행위가 바르셀로나에서는 사실상 사라졌고 발렌시아에서는 눈에 띄었으며 마드리드에서는 두드러졌다. 이 점에서는 아무것도 바뀌지 않은 듯하다. 많은 아이들이 카페에서 구걸하는 모습은 특히 불쾌하다. … 구걸 행위가 여전히 남아 있다면, 그 반대인 사치도 어느 정도는 똑같이 남아 있다. 차려입은 사람들이 보통 때보다는 적지만 여전히 많은 것이 분명하다. 특히 여성들이 그렇다. 그들은 거리나 카페에서 좋은 옷을 과시할 때 결코 망설이거나 두려워하는 기색이 없다. 이런 모습은 철저하게 프롤레타리아적인 바르셀로나와는 완전히 딴판이다.
요컨대, 마드리드는 바르셀로나보다 전쟁 중인 도시 같은 인상은 훨씬 더하고, 사회혁명의 도시 같은 인상은 훨씬 덜하다.[95]

주요 중심지들에서는 이런저런 위원회들이 실질적 권력을 장악했다.

반란이 시작된 지 며칠 만에 각종 위원회가 지역의 모든 권력을 장악해 집행 기능뿐 아니라 입법 기능도 수행하면서 확고한 결정들을 내렸다. 그 결정들은 법질서 유지와 물가 통제 같은 직접적 문제에 관한 것뿐 아니라, 산업의 사회화나 노동조합 조직화, 성직자·'반란파'·대지주의 재산 몰수, 금속 노동자들에 대한 토지 분배나 집단적 토지 개발, 은행 계좌 몰수, 셋집의 공영화, 서면·구두 정보의 조직화, 교육, 복지 등 매우 중요한 혁명적 과제와 관련된 것도 있었다. G 무니스의 인상적 표현을 빌리면, 모든 곳에서 '통치위원회들'이 설립됐다. 그들의 권위는 무장한 노동자들의 힘에 바탕을 둔 것이었고, 낡은 국가의 다른 모든 전문적 기구들 — 도처의 치안대와 돌격대, 다양한 관리들 — 은 좋든 싫든 통치위원회에 복종했다.[96]

이중권력은 본래 불안정하고, 오랫동안 지속될 수 없다. 장기간의 불안정한 균형은 불가능한 것이다. 1936년 가을에 유일한 문제는 두 권력, 즉 부르주아 공화국의 권력과 프롤레타리아의 혁명적 권력 가운데 어느 것이 이길 것인지였다. 다른 모든 이중권력 시기(러시아의 1917년 2~10월, 독일의 1918~1919년이 가장 중요한 사례다)에도 부르주아 정부는 개혁주의 노동자 정당들의 지지 덕분에 존속할 수 있었다. 멘셰비키와 사회혁명당은 소비에트 안에서 임시정부를 옹호했을 뿐 아니라, 정부에서 부르주아 장관들과 함께 자리에 앉아 있었다. 마찬가지로 독일 사민당도 노동자·병사 평의회에서 다수파였지만, 동시에 정부에도 들어가 있었다.

스페인에서는 공산당과 사회당과 아나키스트들이 그런 구실을 했다. 그들은 위원회들에서 압도적 다수파였지만, 동시에 공화국 정부를 지지하기도 했다. 1936년 9월 4일 사회당과 공산당은 실제로 정부에 들어가서 장관직을 차지했다. 9월 26일에는 CNT와 POUM도 카탈루냐 지방정부, 즉 (카탈루냐어로) 제네랄리타트에 들어갔다.

POUM의 이런 행동에서 중간주의적 성격이 드러난다. 코민테른이 민중전선 정책을 채택했을 때 POUM은 그것을 비난했고 그 뒤 몇 달 동안 계속 그랬다. 그러더니 난데없이 1936년 1월에 옛 ICE 회원이자 이제는 POUM의 지도자가 된 후안 안드라데가 민중전선 협약에 서명했다. 이것은 옛 ICE 회원들과 국제 트로츠키주의 운동의 최종 결별을 뜻하는 것이었다. 1월 23일 트로츠키는 POUM이 "부르주아지와 동맹하려고 프롤레타리아를 배신했다"고 비판했다.[97]

중간주의는 나중에 더 많은 동요로 이어졌다. 라르고 카바예로는 1936년 9월 4일 사회당과 공산당, 부르주아 공화주의자들을 포함하는 민중전선 정부를 구성했다. 이에 대응해 후안 안드라데는 〈라 바타야〉에 쓴 글에서 이 정부를 "반反혁명적" 정부라고 말했다. 그러자 POUM 안에서 격렬한 항의가 터져 나왔고, 중앙위원회 총회는 안드라데가 이제 더는 사설을 써서는 안 된다고 결정했다.[98]

이어서 또 다른 전환이 뒤따랐다. 9월 26일 POUM은 카탈루냐의 민중전선 정부인 제네랄리타트에 들어갔고, 제네랄리타트는 곧바로 반파시즘시민군위원회를 해산시켰다.

POUM은 동질적이지 않았다. 중간주의 때문에 POUM 안에는 왼쪽을 보는 사람들과 오른쪽을 보는 사람들이 함께 있었다. 그래서 POUM이 민중전선 쪽으로 기울어 제네랄리타트에 들어가는 것을 모든 당원이 지지한 것은 아니었다. POUM의 청년 조직 사무총장 윌레발도 솔라노는 민중전선과 정부 입각에 반대했고, POUM의 마드리드 지부도 그랬다. 후자는 병영과 모든 무장 단체를 필두로 전국의 모든 지역에서 민주적으로 선출된 위원회들을 구성한 후 이 위원회들의 전국 대회를 개최하자고 주장하는 광범한 운동을 전개했다. 그들은 또, 부르주아 민주주의는 우리가 맞서 싸워야 할 적이라고 선언했다. 공장에서는 위원회가 생산을 접수해야 하고, 이런 공장위원회들이 단결해서 전국 대회를 열고 거기서 경제계획을 입안해야 한다고도 주장했다. 1936년 12월에는 시민군에 바탕을 둔 혁명적 군대의 창설을 주창하면서, 그렇지만 이 군대는 군사적 규율을 지키고 통합 사령부에 복종해야 한다고 주장했다. 그들은 분명히 러시아 혁명과 소비에트, 적군赤軍을 모델로 삼고 있었다.

그와 동시에, 소규모 트로츠키주의 그룹들보다 훨씬 많은 사람들이 트로츠키에게 공감하고 있었다. 이 점은 트로츠키의 글이 많이 인쇄돼서 널리 배포된 것을 보면 분명히 알 수 있다. 언론은 트로츠키가 노르웨이로 망명 중이라는 사실과 나중에 멕시코로 옮겨 간 것까지 자세히 보도했다. 마찬가지로, 모스크바 재판도 계속 비난했다.[99]

나중에야 안드라데·솔라노·몰린스는 내전 당시 POUM의 활동을 다음과 같이 날카롭게 비판했다.

> 혁명과 내전 기간 내내 당에는 거의 조직적인 분파가 하나 있었다. 그들은 POUM의 혁명적 정치를 좀처럼 신뢰하거나 믿지 않았다. 오히려 항상 당을 해칠 음모를 꾸몄다. 전선에서든 후방에서든 당을 방해했고, 당에 잘못된 전술을 강요했으며, 당이 역사적 임무를 제대로 수행하지 못하게 만들었다. … 그 분파는 우리 당이 존재한 기간 내내 중앙위원회의 다수파를 통해 가장 분명히 드러났다. 그들은 이 유기적 조직체에 반동적 성격을 뚜렷이 부여한 분파였다.

안드라데·솔라노·몰린스는 자신들이 이 기간 내내 침묵한 것을 후회했다. 이것이 그들의 가장 큰 실수였다.[100]

POUM 내의 그 반대파는 우파인 발렌시아 지부였다. 그들은 공공연히 민중전선을 지지하고 POUM의 '좌파 노선'을 비판했다. 또, 위원회들과 시민군을 해체해야 한다고 주장했고, 인민군 창설을 지지했다. 발렌시아의 POUM 당원들은 "혁명을 일으키지 않고도 내전에서 승리할 수 있지만, 내전에서 승리하지 않고는 혁명을 일으킬 수 없다"고 믿었다. 발렌시아의 POUM 지도자 루이스 포르텔라는 "바르셀로나의 동지들은 혁명에 병적으로 집착한 것이 확실하다"고 썼다.[101] POUM의 발렌시아 지부를 대변한 주간지 〈엘 코무니스타〉(공산주의자)는 라르고 카바예로 정부를 무조건 지지하면서 "공화국 정부는 여러 정당과 조직으로 구현된 인민대중의 의지가 표현된 것"이라고 썼다.[102] 포르텔라는 POUM 집행위원회와 〈라 바타야〉가 소련을 공개 비판한 것을 비난했다. 〈엘 코무니스타〉는 모스크바 재판의 피고인들이 "스스로 변호하지 않았다"고 주장하면서, 그들을 옹호하기를 거부했다.[103]

민중전선의 치명적 구실

스페인의 민중전선은 1917년 [러시아의] 멘셰비키·사회혁명당·입헌민주당 연합과 비슷했다. 둘 다 민주주의를 수호하려면 단결해야 한다고 주장했고, 그런 단결을 위해 노동자·농민의 직접적 이익을 희생시킬 것을 요구했다. 둘 다 여러 세력이 뭉치기만 하면 그 힘도 커진다고 생각했다. 트로츠키는 이렇게 단순한 산수밖에 모르는 자들을 매우 경멸했다.

> 민중전선의 이론가들은 본질적으로 산수의 첫째 규칙, 즉 덧셈을 넘어서지 못한다. '공산주의자'와 사회주의자와 아나키스트와 자유주의자를 모두 합치면 각각의 숫자보다 더 크다는 것이다. 그들의 지혜는 그것뿐이다. 그러나 여기서는 산수만으로는 충분하지 않다. 역학도 필요하다. 힘의 평행사변형 법칙은 정치에도 적용된다. 우리가 알다시피, 힘의 평행사변형에서 두 힘의 방향이 서로 멀어질수록 합력合力은 더 작아진다.

정치적 동맹 세력들이 서로 반대 방향으로 끌어당기는 경향이 있을 때는 그 합력이 영(0)이 될 수 있다. … 프롤레타리아와 부르주아지의 정치적 동맹은 오늘날 근본적 문제들에서 둘의 이해관계가 정반대이기 때문에 보통은 프롤레타리아의 혁명적 힘을 마비시킬 뿐이다.[104]

스페인의 민중전선은 부르주아지의 그림자와 맺은 동맹이었다.

정치적으로 가장 두드러진 사실은 스페인의 민중전선에는 실제로 힘의 평행사변형조차 없었다는 것이다. 부르주아지의 자리에는 그 그림자만 남아 있었다. 스페인 부르주아지는 스탈린주의자·사회주의자·아나키스트라는 매개물 덕분에, 굳이 골치 아프게 민중전선에 참여하지 않고도 프롤레타리아를 부르주아지에게 종속시켰다. 정치적 색조가 서로 다른 착취자들의 압도 다수는 프랑코 진영으로 넘어가 버렸다.[105]
공화주의 진영에는 아사냐 씨, 콤파니스 씨 등등 유산계급의 하찮은 쓰레기들만이 남아 있었다. 이들은 부르주아지의 정치적 변호인이지만 부르주아지 자체는 아니었다. 유산계급들은 군사독재에 다걸기를 하고 나서도 그와 동시에 '공화주의' 지역에서 대중의 사회주의 운동을 마비시키고 혼란에 빠뜨리고 나아가 교살하기 위해 어제까지의 정치적 대리인들을 이용할 수 있었다.[106]

파시즘에 맞서 승리하려면, 노동계급과 농민의 해방을 위한 투쟁과 반파시즘 투쟁을 연결할 필요가 있었다.

내전에서는 노골적 강압이 거의 효과가 없기 때문에 전쟁 참가자들에게 최고의 희생정신이 필요하다. 노동자와 농민이 확실히 승리할 수 있는 길은 그들 자신의 해방을 위해 투쟁하는 것뿐이다. 이런 상황에서 프롤레타리아를 부르주아지의 지도력에 종속시키는 것은 내전에서 프롤레타리아의 패배를 미리 보증하는 것과 마찬가지다.[107]

1936년의 스페인 노동계급은 결코 1917년의 러시아 노동계급보다 약하거나 후진적이지 않았다. 오히려

나라의 경제활동에서 차지하는 비중이나 정치적·문화적 수준에서는 혁명 첫날의 스페인 프롤레타리아가 1917년 초의 러시아 프롤레타리아보다 뛰어났다.

[그러나] 안타깝게도

스페인에서는 프롤레타리아의 조직들 자체가 혁명의 승리를 가로막는 주된 장애물 구실을 했다.[108]

스페인에서 일어난 사건들을 보면, "혁명을 반쯤만 하려고 싸우는 사람들은 자기 무덤을 파는 것과 다름없다"는 생쥐스트의 말이 옳다는 것을 알 수 있다.

[스페인의] 이중권력 상황에서 노동자 권력은 여전히 맹아적이었고 따로따로 흩어져 있었다. 공장과 시민군 안에는 많은 위원회가 있었지만, 중앙집중적이고 전국적인 조직은 결코 존재하지 않았다. 1917년의 러시아나 1918~1919년의 독일처럼 전국적 노동자·병사 평의회가 없었던 것이다. 이미 1931년 1월에 트로츠키는 《스페인 혁명》이라는 소책자에서 "스페인에서는 노동자 훈타의 창설이 일정에 올라 있다"며 소비에트 창설을 촉구했다.[109]

노동자 권력이 여전히 따로따로 흩어져 있었다는 사실, 소비에트

가 창설되지 않았다는 사실은 노동계급 정당들, 특히 소비에트를 창설해야 한다는 생각에 강력히 반대한 공산당의 정책에서 비롯한 결과였다. 프란츠 보르케나우는 "스페인에서 공산주의자들은 노동운동의 극우파였다"고 썼다.[110] 휴 토머스는 스페인 공산당의 입장을 다음과 같은 말로 요약했다. "공산주의자들이 '우리는 사라고사를 함락하기 전에 바르셀로나부터 점령해야 한다'는 새로운 구호를 만들어 냈다고들 했다."[111] 사라고사의 파시스트들을 물리치는 일보다 바르셀로나의 노동자 투사들을 물리치는 일이 먼저라는 것이었다.

공산당은 '법질서'의 당 노릇을 하고 소련제 무기를 손에 넣었기 때문에, 사회적 구성이 극적으로 바뀌고 규모와 영향력이 엄청나게 커졌다. 휴 토머스는 스페인 공산당에 대해 다음과 같이 썼다.

> 이것은 보통의 공산당이 아니었다. 공산당이 비록 러시아 혁명을 들먹이며 선전했을지라도 이들의 실천은 소규모 상점 주인, 소농, 택시 운전사, 하급 관리, 하급 장교의 욕구와 잘 맞았고 그들의 욕구를 반영했다. 1936년 7월부터 그해 말까지 입당한 그들은 마르크스의 저작도 별로 읽어 보지 않았고, 러시아 [혁명]에 대해서도 잘 알지 못했으며, 아나키즘과 무법 상태에서 보호받기를 원했다.[112]

공산당 자체 수치를 보더라도 1938년에 마드리드의 공산당원 6만 3426명 가운데 노동조합원은 1만 160명뿐이었는데, 이것은 노동자 당원이 소수에 불과했음을 보여 준다.[113] 프란츠 보르케나우는 카탈루냐의 스탈린주의 정당인 카탈루냐 통합사회당PSUC의 사회적 구성에 관해 다음과 같이 썼다.

> PSUC 당원 중에 산업 노동자는 많지 않지만, 그래도 PSUC는 당원이

4만 6000명이라고 주장한다. 그중 다수는 공기업과 사기업의 피고용인, 상점 주인, 상인, 장교, 경찰, 도시와 농촌의 지식인, 일정 수의 농민이다. … 대개 오늘날의 공산당은 첫째로 군인과 공무원의 당이고, 둘째로 프티부르주아지와 어느 정도 부유한 농민의 당이며, 셋째로 피고용인의 당이고, 겨우 넷째로 산업 노동자의 당이다. 거의 아무 조직도 없이 운동에 뛰어든 공산당은 내전 과정에서 당의 정책에 부합하는 견해와 이해관계를 지닌 사람들을 끌어당겼다.[114]

공산당의 주장에 따르면, 1934년 2월에 2만 명이던 당원이 1936년 2월에는 3만 5000명, 5월에는 10만 2000명, 7월에는 11만 7000명으로 늘어났다. 1937년 6월까지 공산당과 PSUC의 당원은 100만 명에 이르렀고, "스페인 정계를 지배하는 세력이 됐다."[115]

1933~1936년에 좌경화하던 사회당 지도자들은 이제 '책임 있는' 온건파가 됐고, 공산당의 꽁무니를 좇았다. 1936년 4월에는 사회당 마드리드 지부가 다음과 같이 선언했다.

프롤레타리아는 부르주아 민주주의를 옹호하는 데 그치지 말고 자신의 사회혁명을 달성하고자 모든 수단을 사용해서 정치권력을 확실히 장악해야 한다. 자본주의 사회에서 사회주의 사회로 이행하는 시기의 정부 형태는 프롤레타리아 독재일 것이다.[116]

라르고 카바예로도 이와 비슷한 좌파적 태도를 취했다. 5월 24일 그는 다음과 같이 선언했다.

민중전선은 붕괴할 것이므로, 민중전선이 붕괴할 때 프롤레타리아의 승리는 확실할 것이다. 그때 우리는 프롤레타리아 독재를 수립할 것이다. 그것이 뜻하는 바는 프롤레타리아를 억압한다는 것이 아니라 자본가·부르주아 계급을 억압한다는 것이다![117]

그러나 라르고 카바예로는 [1936년 9월에] 총리가 되자 어조를 바꿨다. "먼저 우리는 내전에서 이겨야 한다. 그런 다음에야 혁명에 대해 말할 수 있을 것이다."[118]

아나키스트들도 스페인 혁명에서 결정적 구실을 했다. 역사상 처음으로 아나키스트들이 무대 한가운데에 섰다. 특히 카탈루냐에서 그랬다. 아나키스트들은 엄청난 시험에 직면해서 처참하게 실패했다. 그들은 원칙적으로 모든 국가조직을 거부했기 때문에 부르주아 국가와 노동자 국가를 구별하지 않았다. 그런데 1936년에 공화주의 국가가 실제로 붕괴하자 공백이 생겨났고 그 공백을 채울 필요성을 회피할 수 없게 됐다. 상황의 논리 때문에 아나키스트 지도자들이 전통적 원칙에서 얼마나 멀어질 수밖에 없었는지는 그 지도자 가운데 한 명인 디에고 아바드 데산티얀이 1936년 9월 13일 다음과 같이 말한 것을 보면 알 수 있다.

CNT가 중앙정부에 들어간 것은 우리 나라 역사에서 가장 중요한 사건들 가운데 하나다. CNT는 항상 국가를 반대하는 원칙과 신념을 고수했고, 모든 형태의 정부를 적으로 여겼다. … 그러나 상황이 … 스페인 정부와 국가의 본질을 바꿔 놨다. … 이제 정부는 노동계급을 억압하는 세력이 아니고, 마찬가지로 국가도 더는 사회를 계급들로 분열시키는 독립체가 아니다. 정부와 국가의 기관들에 CNT가 포함됐으니 그것들은 민중을 억압하는 일을 더더욱 하지 않을 것이다.[119]

공산당과 그 동맹 세력들이 혁명을 약화시킬 수 있었던 것은 아나키스트들이 부르주아 공화국이 아닌 대안적 국가를 창건하는 데 실패했기 때문이다. 그래서 트로츠키는 다음과 같이 썼다.

> 권력 장악을 포기하는 것은 권력을 행사하고 있는 착취자들에게 자발적으로 권력을 맡기는 것이다. 모든 혁명의 핵심은 새로운 계급이 권력을 장악해서 자신의 강령을 실현할 수 있게 되는 것이었고, 그 점은 지금도 사실이다. 전쟁을 벌이면서 승리를 거부하는 것은 불가능하다. 권력 장악을 준비하지 않은 채 대중을 무장봉기로 이끄는 것은 불가능하다.[120]

오래전인 1931년에 트로츠키는 스페인 혁명에서 아나키스트들이 맞을 운명을 정확히 예언했다.

> 스페인의 아나코신디컬리즘은 필연적으로 가장 비참하고 우스꽝스러운 파산으로 나아가고 있기 때문에, 스페인이 아나키즘의 무덤이 되리라는 것은 의심의 여지가 없다. 그러나 아나코신디컬리즘의 무덤이 동시에 혁명의 무덤이 되는 일은 결코 없어야 한다.[121]

POUM은 어떤 구실을 했는가? POUM이 프랑스어로 발행한 신문 〈레볼뤼시옹 에스파뇰〉(스페인 혁명)은 1936년 9월 3일 프롤레타리아 독재가 이미 실현됐다고 선언했다. "카탈루냐에는 이중권력이 … 존재하지 않는다. 노동계급이 사회 전체를 사실상 통제하고 있다."[122] 9월 6일 대중 집회에서 닌은 노동계급이 스페인의 국가권력을 쟁취했다고 선언했다.

> 동지들, 부르주아지가 5년 동안 완수하지 못했던 민주주의 혁명의 구체적 문제들을 무장한 프롤레타리아가 닷새 만에 모두 해결했습니다.(박수)[123]

앞서 말했듯이, 9월 26일 POUM은 제네랄리타트에 들어갔고 닌은 법무부 장관이 됐다. 그는 매우 기뻐했다. 그러나 브루에와 테밈이 보여 주듯이 닌의 안이한 낙관은 즉시 모순에 빠졌다.

CNT와 POUM의 지지를 받은 [새 정부는 — 지은이] 위원회 권력에 대한 사실상의 사형선고였다. 10월 1일 반파시즘시민군위원회는 새 정부의 정책을 받아들이는 선언문을 발표하고 스스로 해산했다. 10월 9일 닌과 CNT 소속 장관들이 승인한 법령에 따라, 카탈루냐 전역에서 "이름이나 칭호가 무엇이든 지역 위원회들과, 체제 전복 운동[파시즘]을 파괴하려고 설립된 모든 조직이" 해산됐다.[124]

심지어 제네랄리타트에서 쫓겨난 뒤인 1936년 12월 17일에도 POUM의 과도한 낙관주의는 조금도 수그러들지 않았다. 〈라 바타야〉의 헤드라인은 다음과 같이 자랑했다. "POUM을 거슬러서 통치하는 것은 물론 POUM 없이 통치하는 것도 불가능하다." 나중의 사건들이 보여 주듯이 그것은 얼마든지 가능했다.[125] 트로츠키는 POUM이 제네랄리타트에 들어간 것을 혹독하게 비판했는데, 그 비판은 완전히 옳았다. "사회주의 혁명의 시기에 부르주아지와 연합하는 것보다 더 큰 범죄는 없다."[126]

POUM이 연립정부에 들어가자 CNT 지도자들은 부르주아지와 결별하라는 압력을 덜 받게 됐다. 트로츠키는 POUM 지도부가 CNT에 너무 타협한다고 불만을 터뜨렸다. 이미 1931년 5월 31일에 그는 (장차 POUM의 지배적 세력이 되는) BOC가 아나키스트들을 대하는 태도를 다음과 같이 비판했다.

카탈루냐연맹은 … 아나코신디컬리스트들에 대해 타협주의적 태도를 취해 왔다. 다시 말해, 공동전선이라는 혁명적 정책을 아나코신디컬리스트들을 옹호하고 치켜세우는 기회주의적 정책과 바꿔치기했다.[127]

POUM 지도자들은 항상 지도부 수준에서 CNT와 협상했을 뿐, CNT 현장조합원들에게 호소하지는 않았다. 닌 자신이 다음과 같이 말했다.

> CNT의 대중과 지도자들 사이에 차이가 있다는 것은 분명하지만, 우리는 지도부와 합의에 이르고 그럼으로써 기층에서 일정한 영향력을 얻는 방법 말고는 다른 길이 전혀 없다.[128]

역설이게도 POUM은 CNT에서 탈퇴해 독자적 노동조합 연맹인 통합노조노동자연맹FOUS을 따로 만드는 방식으로 아나키스트들에게 순종했다. 트로츠키는 이것이 어떤 영향을 미쳤는지를 다음과 같이 설명했다.

> 그들[POUM 지도부]은 아나키스트 지도자들과 싸우지 않으려고 CNT 내에 독자적 세포들을 만들지도 않았고, 일반적으로는 어떤 종류의 활동도 하지 않았다. …
> POUM은 CNT 지도자들과 관계가 틀어지는 것을 피하려고, 또 그들에게 조언하는 구실을 계속하려고 CNT의 한복판으로 뚫고 들어가기를 삼갔다. … POUM 지도자들은 부르주아 혁명보다 사회주의 혁명이 우월하다고 웅변을 토했지만, 이 사회주의 혁명을 준비하려는 진지한 노력은 전혀 하지 않았다. 왜냐하면 그런 준비를 하려면 아나키스트·사회주의·공산주의 노동자들의 기만적 지도부에 맞서 그 노동자들을 대담하고 확고하게, 가차 없이 동원해야만 했기 때문이다. 그러려면 그 지도부

와 갈라서는 것을 두려워하지 말아야 했고, 처음에는 비록 모든 사람에게 박해를 받더라도 하나의 '종파'로 바뀌어야 했다. 정확하고 분명한 구호들을 제시해야 했고, 미래를 예측해야 했고, 결과를 바탕으로 공식 지도자들을 의심하고 자리에서 몰아내야 했다.[129]

닌이 사무총장으로 있던 POUM의 노동조합 조직 FOUS는 조합원이 약 6만 명이었고 그중 대다수는 화이트칼라였다.[130] 반면에 CNT 조합원은 150만 명이 넘었고, UGT 조합원 수도 그와 비슷했다. FOUS 결성은 특히 중대한 실수였다. POUM과 CNT는 주요 세력 기반이 모두 카탈루냐에 있었는데, 카탈루냐에서는 거의 모든 산업 노동자가 CNT로 조직돼 있었기 때문이다.

독자적 조직으로 생존할 수 없었던 FOUS는 1936년 9월 UGT에 가입하기로 결정했다(비록 이 노조 연맹 UGT는 카탈루냐에서 영향력이 거의 없었지만 말이다). 9월 23일 자 〈라 바타야〉에서 닌이 다음과 같이 설명한 것은 별로 설득력이 없었다. "아나키스트들을 지향하는 노조원은 CNT에 들어가야 하고, 마르크스주의자들을 지향하거나 마르크스주의자들의 영향을 받는 노조원은 UGT 안에 있어야 한다."[131] CNT 지도자들과 타협하는 POUM의 태도는 CNT 자체가 스탈린주의자들이나 그 동맹 세력과 더욱 타협하도록 부추겼다. 이 때문에 혁명은 결국 패배하고 말았다. 그래서 트로츠키는 다음과 같이 썼다.

> POUM은 자신들의 의도와는 반대로 혁명적 정당의 건설을 가로막는 주된 장애물이었음이 결국 드러났다. … 혁명은 중간주의를 매우 싫어한다. 혁명은 중간주의를 폭로하고 전멸시킨다. …
> 좌파 중간주의는 (특히 혁명적 상황에서) 항상 말로는 사회주의 혁명의

강령을 기꺼이 채택하고 듣기 좋은 문구를 남발한다. 그러나 중간주의의 치명적 병폐는 그 일반적 개념들에서 대담한 전술적·조직적 결론들을 끌어내지 못한다는 것이다.[132]

노동자 권력의 청산

1936년 7월 19일 이후 몇 주 동안 공장위원회와 시민군위원회 형태의 프롤레타리아 권력과 공화국 정부 사이에 투쟁이 계속되다가 마침내 후자가 이겼다.

10월 9일 정부는 위원회들을 해산시키고 그 자리에 옛 지방자치단체들을 복원하기로 결정했다. 지역 위원회들의 해산 과정에서 POUM 지도자들이 중요한 구실을 했다. 물론 POUM의 기층 당원들 중에는 그 조치에 반대하는 사람들도 있었다. 이를테면 예이다주의 주요 [정치] 세력이었던 POUM 예이다 지부는 당 집행부에 항의했다. 그러나 닌은 한 정부 위원회와 함께 그곳으로 가서 POUM 예이다 지부가 법령을 받아들이도록 설득했다.

> 그들[예이다의 POUM 당원들]은 손에 무기를 든 채 대표단을 맞이했다. 그러나 대표단 가운데 닌이 있는 것을 발견한 그들은 당의 규율을 받아들이고 결국 [위원회 해산에] 동의했다. …
>
> 11월 16일 이제 모든 저항이 패배했으므로(저항이 많지도 않았다) 제네랄리타트는 각종 위원회, 인민재판소, [시민군] 장교단 등의 공식 직책 3000개를 금지하는 명령을 내렸다. 그중 다수는 노동자들이 차지하고 있었다. 그래서 노동계급 권력의 구조가 제거됐다.[133]

10월 27일 부르주아 국가의 권력을 강화하는 조치가 하나 더 취해졌다. 그것은 바로 노동자들의 무장을 해제하는 법령이었다.

> 부르주아 경찰을 복원하는 조치들도 취해졌다.
> 7월 19일 이후 몇 달 동안 경찰 업무는 카탈루냐에서는 노동자 순찰대가, 마드리드와 발렌시아에서는 '후방의 시민군'이 거의 전담했다. …
> 부르주아 경찰을 부활시키는 가장 놀라운 조치는 재무부 장관 네그린이 이제까지 소규모 국경 경비대에 불과했던 카라비네로스를 중무장한 4만 명의 군대로 급성장시킨 것이었다.
> [1937년 — 지은이] 2월 28일 카라비네로스는 정당이나 노조에 가입하거나 정당·노조의 대중 집회에 참가하는 것이 금지됐다. 똑같은 법령은 그 뒤 치안대나 돌격대로 확대됐다. 그것이 뜻하는 바는 경찰과 노동계급이 서로 격리돼서 반목하게 됐다는 것이다. …
> 4월쯤 마드리드와 발렌시아의 시민군은 모든 경찰 업무에서 최종 배제됐다.[134]

프란츠 보르케나우가 1936년 8월에 스페인을 처음 방문했을 때와 1937년 1~2월에 다시 방문했을 때 사람들의 삶을 보며 받은 인상의 차이를 기록한 글은 매우 유익하다.

> 군대는 내가 8월에 알게 된 시민군과 완전히 달랐다. 장교와 사병의 차이가 분명했다. 장교의 군복과 수장은* 사병보다 더 좋았다. 혁명 전의 경찰, 즉 돌격대와 치안대(이제는 '공화국 국가 경비대'GNR로 바뀌었다)가 확연히 눈에 띄었는데 … 치안대든 돌격대든 프롤레타리아처럼 보이

---

* 수장袖章은 군인이나 경찰관 등이 정복 소매에 달아 관등 따위를 표시하는 표장이다.

려고 전혀 애쓰지 않았다.[135]

조지 오웰은 1937년 4월 말 바르셀로나의 생활을 다음과 같이 생생하게 묘사했다.

이제 모든 것이 정상으로 돌아가고 있었다. 고급 레스토랑과 호텔에는 비싼 음식을 게걸스레 먹는 부자들이 가득한 반면, 노동계급 사람들이 먹는 음식의 가격은 임금 인상이 도저히 따라가지 못할 만큼 엄청나게 치솟았다. 모든 것이 비쌌을 뿐 아니라, 이것저것 부족한 것이 계속 생겨났다. 물론 이런 일은 항상 부자보다는 가난한 사람들에게 타격을 준다. 레스토랑들과 호텔들은 무엇이든 원하는 것을 구하는 데 어려움이 없는 듯했지만, 노동계급이 사는 지역에서는 빵과 올리브유, 그 밖의 필수품을 사려는 사람들이 수백 미터씩 길게 줄지어 서 있었다. 전에 나는 바르셀로나에 거지가 없는 것을 보고 놀랐지만, 이제는 거지가 매우 많아졌다. 람블라스 거리 위쪽 끝에 있는 식료품점 밖에는 항상 맨발의 아이들이 기다리고 있다가 가게에서 누가 나오면 우르르 몰려가서 빵 조각이라도 달라고 아우성쳤다. '혁명적' 말투는 쓰이지 않게 됐다. 이제는 낯선 사람들끼리 '투'나 '카마라다'라고 부르는 일이 거의 없었다.* 보통은 '세뇨르'와 '우스테드'라고 불렀다.** '부에노스 디아스'[안녕하십니까?]가 '살루드'[안녕!]를 대체하기 시작했다. 웨이터들은 다시 빳빳하게 풀 먹인 셔츠를 입고 시중을 들었으며, 가게 점원들은 익숙한 태도로 굽실거렸다. … 간접적으로 은밀히 팁을 주는 관행이 다시 등장했다. … 노동자 순찰대가 대부분 금지시켰던 카바레 쇼와 고급 성매매 업소가 다시 문을 열었다.[136]

---

* 투는 친한 사이에 쓰는 2인칭 단수 대명사이고, 카마라다는 '동지'라는 뜻이다.

** 세뇨르와 우스테드는 상대방을 높여 부르는 2인칭 대명사다.

스탈린주의자들과 그 동맹 세력은 1937년 5월 3일 바르셀로나에서 노동계급 권력에 대한 최종 공격을 냉혹하게 감행했다.

5월 사태

1937년 5월 스페인 공산당과 그 감독관 격인 소련인들은 이제 혁명의 심장부 바르셀로나에 있는 프롤레타리아 반대파의 목을 칠 수 있겠다고 자신했다.

스탈린주의자들과 부르주아지의 연립정부가 혁명을 공격했을 때 반발에 부딪히지 않은 것은 아니었다. 사실 정부는 증대하는 경제적·사회적 어려움에 직면해 있었다. 브루에와 테밈은 다음과 같이 썼다.

> 공장은 거의 생산을 하지 않았고, 하더라도 매우 느렸다. 공급 체계는 망가졌다. 식량이 중요한 [전선의] 진지는 재앙적이었다. 생활비는 1936년 7월부터 1937년 3월까지 갑절로 뛴 반면, 임금은 평균 15퍼센트만 올랐을 뿐이다. [식량] 배급 카드에 약속된 최소량이 항상 보장되는 것도 아니었다. 빵집 앞에는 사람들이 끝없이 늘어서 있었다. 한편, 암시장이 급성장했다. 어디서나, 심지어 바르셀로나에서도 레스토랑들과 음식점들이 다시 문을 열었지만, 가격이 엄두도 못 낼 만큼 비쌌다. 위원회들을 대체한 사무실 수십 곳은 흔히 부패의 온상이었다. POUM과 CNT-FAI의 신문들은 생활비에 의문을 제기하고 특권과 불평등의 종식을 요구하는 독자 편지로 가득 차 있었다. 4월 14일 바르셀로나에서는 일부 여성들이 식품 가격에 항의하는 시위를 벌였다. 그러나 노동조합 조직들과 정당들은 노동자들이 군사적 승리에 기여할 수 있도록 더욱 희생할 것

을 끊임없이 요구했다. 노동자들의 반응은 회의적이고 냉소적이었다.[137]

정부에 대한 반발은 점점 더 강력해졌다. 다시 브루에와 테밈의 말을 인용하면,

> 바르셀로나에서는 시민군의 [정규]군대화에 적대적인 일부 투사들이 '두루티의 친구들'이라는 이름의 단체를 조직했다. 그들은 〈엘 아미고 델 푸에블로〉(민중의 벗)라는 신문을 발행했다. 그들은 1937년 3월에 배포한 소책자에서 자기 나름대로 [정치적] 대차대조표를 작성했다. "내전과 혁명이 시작되고 8개월이 흘렀다. 우리는 혁명의 궤적에서 발생한 일탈을 심히 유감스럽게 생각한다. … 반파시즘 위원회, 지역 위원회, 순찰대 등이 수립됐지만, 8개월이 지난 지금 남아 있는 것은 아무것도 없다." 내전과 혁명을 바라보는 그들의 견해는 POUM이나 이베리아공산주의청년단JCI[POUM의 청년 운동 — 지은이]과 비슷했다. "내전과 혁명은 서로 분리될 수 없는 두 측면이다. 어쨌든, 우리는 군사적 투쟁이 끝날 때까지 혁명이 연기돼야 한다는 주장을 받아들일 수 없다." 1937년 봄에 CNT와 FAI의 많은 지역 조직들도 이와 똑같이 생각했고, 그들이 발행하는 거의 모든 신문에서 그런 주장을 볼 수 있었다. 심지어 바르셀로나 CNT의 석간신문인 〈라 노체〉(저녁)도 그런 기사를 실었는데, '두루티의 친구들'을 움직이는 정신적 지주인 하이메 발리우스가 그것을 지지했다.[138]
>
> 카탈루냐 자유지상주의청년단은 공산주의자들과 공화주의자들의 연립 정부는 소련이 '혁명을 교살할' 목적으로 프랑스·영국과 맺은 동맹이 스페인에 반영된 결과라고 비난했다.
>
> 그들의 대열에서 JCI의 구호들이 우호적으로 거론된 것은 이해할 만한 일이다. 2월 14일 1만 4000명 이상의 청년들이 바르셀로나에서 집회를 열어 카탈루냐에 혁명적청년전선을 결성하자고 외쳤다. 집회에서 차례

로 발언한 사람들은 카탈루냐 자유지상주의청년단의 간사인 피델 미로, JCI 사무총장 솔라노, 자유지상주의자 청년이자 카탈루냐 [혁명적청년]전선의 간사인 알프레도 마르티네스였다. 그 운동은 다른 지방으로도 급속히 확산돼서, 마드리드와 레반테에서는 자유지상주의청년단과 JCI가 공동 집회와 운동을 조직했다.[139]

사회당 청년 조직인 JSI도 혁명적청년전선에 가입했다. "1937년 봄에 혁명적 분출을 위한 조건들이 다시 한 번 결합됐다."[140] POUM과 CNT를 따르는 대중은 7월 혁명의 성과가 없어지는 것을 보면서, 점차 참을 수 없다고 생각했다.

스탈린주의자들과 부르주아 공화주의자들의 연립정부는 카탈루냐 프롤레타리아를 공격할 준비를 했다. 그 공격은 1937년 메이데이 기념행사 직후에 벌어졌다. 다른 곳에서는 대규모 집회들이 열렸지만, 바르셀로나에서는 퍼레이드가 금지됐다. 그렇지만 노동자 조직들은 도발에 대비해 경계를 늦추지 않았다. 공격은 5월 3일 시작됐고 전화교환국에 집중됐다. 이 건물은 [1936년] 7월에 CNT 조합원들이 반란군한테서 탈환한 것이었다. (원래 미국전화전신회사AT&T 소유였던) 전화교환국은 그때 이후로 CNT-UGT 위원회와 정부 대표가 함께 접수해서 운영하고 있었다. 그날 PSUC 당원이기도 한 [바르셀로나] 경찰청장 로드리게스 살라가 트럭 3대에 나눠 탄 돌격대와 같이 전화교환국으로 가서 건물을 점령하려 했다. 아나키스트인 전화교환원들은 건물을 넘겨주기를 거부했고, 노동자들과 돌격대 사이에 격렬한 총격전이 벌어졌다.

그 소식을 들은 바르셀로나 노동자들의 반응은 인상적이었다. 비록 어떤 조직도 행동을 촉구하지 않았지만, 도시 전체가 총파업에 휩싸였다. 모든 곳에서 바리케이드가 우후죽순으로 생겨났고, 몇 시간 만에 도시의 대부분을 혁명적 노동자들이 통제했다. "화요일[5월 4일 — 지은이] 새벽 무렵 바리케이드들이 구축됐다. 제네랄리타트와 그 주변 지역을 제외한 도시 전체를 CNT와 POUM 노동자들이 장악했다."[141] 5월 사태를 연구한 [프랑스의 아나코신디컬리스트] 로베르 루종은 무장한 노동자들이 압도적 우위를 차지해서 거의 싸우지도 않고 도시의 10분의 9를 지배하게 된 것에 놀랐다고 말했다.[142]

> 콤파니스는 CNT 지도자들과 면담한 뒤 라디오방송을 내보내서, 전화교환국에 대한 로드리게스 살라의 행동을 부인하고 평온을 유지해 달라고 호소했다. CNT의 지역위원회는 콤파니스를 지지했다. "무기를 내려놓으십시오. 우리가 분쇄해야 할 적은 파시즘입니다." 〈솔리다리다드 오브레라〉[아나키스트 일간지 — 지은이]는* 전날의 사건들에 대해 8면에서 짧게 언급했을 뿐 도시 전역에 세워진 바리케이드에 대해서는 한마디도 없었다. 오후 5시에 UGT 지도자이자 라르고 카바예로의 개인적 친구인 에르난데스 산카호가 아나키스트 장관 두 명, 즉 가르시아 올리베르, 페데리카 몬세뉴와 함께 발렌시아에서 비행기를 타고 바르셀로나로 왔다. 그들은 차례로 방송을 내보내며 콤파니스와 CNT 지역 지도자들의 노력에 힘을 실어 줬다. 가르시아 올리베르는 다음과 같이 외쳤다. "광란의 물결이 도시를 쓸고 지나갔습니다. 우리는 이 동족상잔의 투쟁을 당장 멈춰야 합니다. 모든 사람은 자기 자리를 떠나지 마십시오. … 정부가 … 필요한 조치를 취할 것입니다."
>
> 5월 5일 수요일에도 노동자들은 여전히 바리케이드를 지키고 있었다. 라디오방송에서는 휴전과 군사적 현상 유지, 경찰과 무장 시민군의 동시 철수 등 CNT와 제네랄리타트 정부 사이의 합의 사항이 흘러나왔다.

---

* 솔리다리다드 오브레라는 노동자 연대라는 뜻이다.

전화교환국 통제권에 대해서는 아무 말도 없었다. 그러나 운동은 약해지고 있었다. 바르바스트로에 집중돼 있던 23사단의 CNT 조합원들과 29사단의 POUM 당원들이 사건 소식을 듣고 바르셀로나로 진군하다가 비네파르에서 멈춰 섰다. CNT 지역위원회의 대표들도 26사단 사령관 그레고리오 호베르를 설득해서 공격적 행동을 전혀 못하게 했다. 또 다른 CNT 지도자이자 제네랄리타트의 국방부 차관인 후안 마누엘 몰리나는 약간 망설이다가 결국 아나키스트 장교인 막시모 프랑코를 설득해 그의 부하들이 비네파르에서 멈추게 하는 데 성공했다. …

'두루티의 친구들'은 계속 투쟁할 것을 촉구했지만, CNT-FAI는 그것을 강력하게 거부했다.

5월 6일 목요일이 되자 질서가 거의 회복됐다.[143]

같은 날 〈솔리다리다드 오브레라〉[CNT의 일간지 — 지은이]는 "CNT와 UGT가 모두 작업 복귀를 명령했다"고 보도했다.[144]

5월 7일 자 〈솔리다리다드 오브레라〉에는 "CNT와 UGT가 작업 복귀 명령을 반복하다"라는 캡션이 달린 사진 기사가 실렸다.

투쟁은 끝났다. 화합이 평화와 함께 되살아났다. 노동자 형제들은 우애와 승리를 위해 단결했다. … 〈솔리다리다드 오브레라〉는 바르셀로나에서 벌어진 고통스러운 사태를 예견하고 비난한 최초의 언론이었다. … 오늘 노동자 순찰대는 숭고한 행동을 통해 높은 책임 의식을 보여 줬다. 그들은 공화국 정부가 보낸 공공질서 특별 대표단의 명령에 스스로 복종했다.[145]

5월 사태 뒤에,

CNT 전국위원회 간사인 마리아노 바스케스는 (《솔리다리다드 오브레라》 5월 15일 자에 따르면) 마드리드에서 다음과 같이 자랑했다. "[우리] 조직은 충돌이 확대되는 것을 막으려고 힘껏 노력했다. 조직의 결정에 따라 각 지역 위원회에 파견된 대표단은 불안과 공포를 누그러뜨려서 카탈루냐의 충돌이 되풀이되지 않게 했다. 아라곤 전선으로 파견된 대표 3명은 그곳 병력이 이동하는 것을 막았다. 물론 전선에 있는 병력이 바르셀로나에서 자기 동지들이 공격당했다는 사실을 알고 그들을 도와주려 한 것은 자연스러운 일이었다. … 바르셀로나에서는 전국위원회가 싸움을 끝내려고 끊임없이 노력했다. 사실 중앙정부가 공공질서를 책임지려고 할 필요가 전혀 없었다."[146]

바르셀로나의 '평화 회복' 과정에서 CNT 지도자들이 결정적 구실을 했다는 빅토르 알바와 스티븐 슈워츠의 말은 완전히 옳다.

거리가 다시 '평화로워지기'까지 6일 걸렸고, '질서'가 마침내 회복됐을 때 그것은 경찰의 행동 덕분이 아니라, 노동자들에게 무기를 내려놓고 작업에 복귀하라고 끊임없이 촉구한 CNT 지도자들의 발언 덕분이었다. 카탈루냐에서 CNT가 권력을 장악했다면(CNT가 원하기만 했다면 24시간이 채 안 돼 얼마든지 그럴 수 있었을 것이다), 공화국 영토의 나머지 지역에서도 상황은 완전히 바뀌었을 것이다.[147]

1937년 5월 사태 때는 1936년 7월 19일보다 훨씬 더 많은 사람들이 피를 흘렸다.

대체로 방어적 총격전이 벌어진 닷새 동안 지나치게 많은 사상자가 발생했다. 500명이 죽고 1000명이 다쳤다. 총격전이 끝난 뒤에도 특히 아

나키스트들을 노린 암살 기도 때문에 사상자가 더 늘었다.[148]

5월 사태에서 POUM은 어떤 구실을 했는가? POUM 지도자들은 CNT 지도부를 그대로 따라 했다. 토스토르프는 다음과 같이 썼다.

> 5월 6일 〈라 바타야〉에는 [POUM] 집행위원회의 성명서가 실렸다. 이 성명서는 아마 그 전날 이미 발표됐을 것이다. 성명서에서 POUM은 반혁명적 도발을 보고 "자신들의 품성과 감정에 따라서" 즉시 CNT와 FAI의 편에 섰다고 말했다. "이제 반혁명적 책략이 좌절됐으니 노동자들은 거리에서 철수하고 … 다시 작업장으로 돌아가야 한다. … POUM은 POUM의 모든 무장 투사들에게 바리케이드와 거리에서 철수해 작업에 복귀하라고, 그러나 계속 경계를 유지하라고 명령한다."[149]

이렇게 POUM은 CNT 지도부의 꽁무니를 쫓으며 퇴각 정책을 채택했다. 〈라 바타야〉는 여전히 노동자들이 도발을 물리쳤다는 인상을 줬다. 따라서 우파에 맞설 진짜로 확실한 대책을 요구하기를 소홀히 했다.[150]

그러나 노동자들에게 파업과 바리케이드를 포기하지 말라고 촉구한 극좌파들도 있었다. 5월 5일 '두루티의 친구들'이 발행한 리플릿은 투쟁을 촉구하는 분명한 메시지를 담고 있었다.

> 모든 부르주아 세력들을 무장해제시켜야 한다. 경제를 사회화해야 한다. 노동계급에 반대하는 모든 정당을 해산시켜야 한다. 우리는 거리를 포기하지 않을 것이다. 혁명이 최우선이다. 우리는 거리에서 우리와 친하게 지냈던 POUM 동지들을 환영한다. 사회혁명을 지지한다. 반혁명을 분쇄하자![151]

마찬가지로, 소규모 트로츠키주의 조직도 다음과 같은 내용의 리플릿을 발행했다.

> 혁명적 공세를 지지한다. 타협에 반대한다. 반동적 치안대와 돌격대를 무장해제시켜야 한다. 지금이 결정적 순간이다. 다음번에는 너무 늦을 것이다. 반동적 정부가 사퇴할 때까지, 전쟁을 위해 일하지 말고 모든 산업에서 총파업을 벌이자. 오직 프롤레타리아 권력만이 군사적 승리를 보장할 수 있다. 노동계급의 완전한 무장을 지지한다. CNT-FAI와 POUM의 단결 만세! 혁명적 공동전선의 단결 만세! 상점, 공장, 바리케이드에서 혁명 수호 위원회를 건설하자.
> — 제4인터내셔널을 지지하는 볼셰비키·레닌주의자들 스페인 지부[152]

안타깝게도 이런 목소리들은 너무 약해서 바르셀로나의 노동자 대중에게 영향을 미칠 수 없었다.

POUM 내부에도 당의 행동을 우려하는 사람들이 많았다. 바로셀로나의 POUM 지역위원회는 당 집행부가 CNT의 타협주의적 지도자들한테 압력을 받아서 반혁명에 '투항해 버렸다'고 날카롭게 비판했다.

POUM 내 우파의 태도는 정반대였는데, POUM의 발렌시아 지부가 그랬다. 발렌시아 지부의 지도자인 루이스 포르텔라는 5월 사태 때 당 지도부가 '모험주의적'이었다고 비난했다.

POUM의 [발렌시아] 지역 협의회에서 포르텔라는 노동자 정부라는 구호를 노골적으로 반대했다. 이 구호 때문에 반파시즘 연합에서 공화주의자들이 떨어져 나갈 수 있다는 것이 그 이유였다.

5월 사태 뒤에 POUM 내부의 긴장이 매우 고조돼서 발렌시아 지부가 당에서 분열해 나갈 가능성이 높아 보였다. 그러나 곧 포르텔라와 발렌시아 지부가 자기 지역 안에서도 고립돼 있다는 사실이 분명히 드러났다. POUM의 청년 운동인 JCI가 포르텔라와 그 지지자들의 제명을 요구하고 나선 것이다. 분열이 실제로 일어나지 않은 유일한 이유는 6월 16일 POUM이 박해의 피해자가 됐기 때문이다. 그렇지만 당내의 차이가 사라진 것은 아니었고, 이 점은 곧 드러나게 된다.[153*]

5월 사태는 혁명의 종말을 알리는 것이었고, 비록 프랑코에 반대하는 투쟁은 그 뒤 21개월 동안 계속됐지만 5월 사태 이후로는 모든 것이 퇴보하게 됐다.

5월 사태에 대한 트로츠키의 평가

트로츠키는 멀리 떨어진 멕시코에서도 바르셀로나의 사건들을 매우 분명히 파악하고 있었다. 1937년 8월 24일에는 다음과 같이 썼다.

---

* 중간주의 조직인 POUM은 내전 기간 내내 상시적 위기 상태로 생존하다가 결국 분열했다. 1937년 11월 말에 열린 중앙위원회 회의에서 날카로운 차이가 분명히 드러났다. 한편에서는 솔라노·안드라데와 연합한 호세프 레불이 민중전선 정책에 단호하게 반대하면서 '혁명적 노동자 전선'을 주장했다. 반대편에는 포르텔라파가 있었다. 민중전선을 지지하는 전술적 변종도 있었는데, 반파시즘 전선 내부의 왼쪽 분파로서 '혁명적 노동자 전선' 건설을 촉구한 조르디 아르케르의 주장이 그것이었다. 포르텔라파도 지지한 이 결의안이 결국 찬성 22표 대 반대 13표로 통과됐다.[154]
[1938년] 3월 5~6일의 중앙위원회 회의는 민중전선 방향으로 훨씬 더 나아갔다.[155]
제2차세계대전 후 마우린은 내전 당시 POUM의 정책들이 오류였다고 선언했다. 내전 상황에서 혁명적 정책이 오류였다는 것이다. 그는 당내 우파의 견해에 동의했다.[156] POUM은 해산했고 당원들은 사회당에 가입했다.
볼셰비키·레닌주의자들은 POUM 내부의 투쟁을 이용하지 못했다. 그들은 수가 너무 적어서 POUM 내부 논쟁에 영향을 미치거나 POUM 당원들의 분화 증대를 이용하지 못했다 — 지은이.

사태 이후의 모든 보도를 보면, 진지하고 자신감 있는 지도부가 있었다면 5월의 무장봉기는 틀림없이 승리했을 것임을 알 수 있다. …
만약 카탈루냐의 프롤레타리아가 1937년 5월에 권력을 장악했다면(1936년 7월에 실제로 권력을 장악했듯이), 그들은 스페인 전역에서 지원을 받았을 것이다. 부르주아지와 스탈린주의자가 연합한 반동 세력은 카탈루냐 노동자들을 진압하는 데 동원할 병력 2개 연대도 찾지 못했을 것이다. 프랑코가 점령한 지역에서는 노동자뿐 아니라 농민도 카탈루냐 프롤레타리아를 지지하면서 파시스트 군대를 고립시켰을 것이고, 그러면 파시스트 군대는 해체될 수밖에 없었을 것이다. 이런 상황에서 과연 어떤 외국 정부가 불타는 스페인 땅에 자국 군대를 투입하는 위험을 무릅썼을 것인지 의심스럽다. [외국의] 간섭은 물리적으로 불가능하거나 적어도 극히 위험했을 것이다.
당연히 모든 무장봉기에는 불확실성과 위험의 요소가 있다. 그러나 이후의 사태 전개를 보면, 심지어 패배했을지라도 스페인 프롤레타리아의 상황은 지금보다 비할 바 없이 유리했을 것임을 분명히 알 수 있다. 혁명적 정당이 있었다면 스페인 프롤레타리아의 미래가 보장됐을 것이라는 사실은 말할 나위도 없다.[157]

트로츠키는 POUM이 1937년 5월 프롤레타리아 권력을 위한 투쟁을 지도하지 못한 것을 가장 큰 배신 행위라고 생각했다. 그래서 1937년 10월 22일에는 다음과 같이 썼다.

투쟁의 현장에서만 접할 수 있는 정보를 얻지 못한 채 수천 킬로미터 떨어진 곳에 있다면, 5월에 권력 장악이 물리적으로 불가능했는지를 여전히 물어볼 수 있다. 그러나 그때 이후로 각종 문서와 보고서, 수많은 기사가 모든 경향의 신문에 실렸다. 모든 사실, 모든 자료, 모든 증언은 똑같은 결론으로 이어진다. 투쟁의 쟁점을 대체로 미리 확인할 수 있는 것만큼이나 권력 장악도 가능했고 확실시됐다는 것이다. 가장 중요한 증거는 아나키스트들한테서 나온다. 5월 무장봉기 이후 〈솔리다리다드 오브레라〉는 다음과 같이 애처로운 말을 계속 되풀이하고 있다. "우리가 5월 반란을 선동했다는 비난이 이어지고 있다. 그러나 우리는 반란을 완전히 반대했다. 증거? 우리뿐 아니라 우리의 적들도 다음과 같은 사실을 잘 알고 있다. 만약 우리가 권력 장악을 원했다면 우리는 5월에 확실히 그렇게 할 수 있었을 것이다. 그러나 우리는 독재에 반대한다. 기타 등등."
불행은 바로 CNT가 권력을 원하지 않았다는 것이다. 불행은 POUM 지도부가 수동적으로 CNT 지도부에 순응했다는 것이다. … CNT는 — POUM은 CNT의 그림자였다 — 지금 자신의 진지를 하나씩 잃어버리고 있다. … CNT와 POUM은 스탈린주의자들의 승리, 즉 반혁명의 승리를 보장해 주는 일이라면 무엇이든 다 했다.[158]

비극이게도, 트로츠키의 뛰어난 저작들은 황야의 외침이었다. 스페인의 트로츠키 지지자들은 한 줌에 불과했다. 닌과 ICE가 BOC와 통합해서 POUM을 만든 뒤에, 남아 있는 트로츠키주의자들은 고립될까 봐 POUM에 가입하려고 시도하면서 분파 결성권이 보장되는지를 물었다. 그러자 닌은 1936년 11월 13일 다음과 같은 답변을 보내왔다.

동지들, 보십시오.
여러분의 10월 30일 자 편지에 대해 집행위원회는 다음과 같은 점을 주의하시라고 답변드립니다.
(1) 여러분은 집단이 아니라 개인으로서 당에 가입할 수 있습니다.
(2) POUM에 소속되는 것은 다른 어떤 정치조직에 가입하는 것과도 양립할 수 없으므로 여러분은 볼셰비키·레닌주의자 조직을 탈퇴해야 합니다.

(3) 여러분은 이른바 제4인터내셔널의 다양한 출판물이 우리 당을 겨냥해서 전개한 중상·비방 캠페인과 아무 관련이 없고 그런 캠페인을 비난한다고 공개 선언해야 합니다.

(4) 이미 확립된 규범에 따라, 여러분은 당내에서 모든 분파 활동을 포기할 것이라고 생각됩니다.

— 안드레스 닌 드림[159]

트로츠키주의자들이 이런 조건을 받아들일 수 없었다는 것은 분명하다. 그들은 독자적 조직을 만들고, 제4인터내셔널을 지지하는 볼셰비키·레닌주의자들 스페인 지부를 자처했다. 1937년 4월 초에 그들은 〈라 보스 레니니스타〉(레닌주의자의 목소리)라는 제목으로 젤라틴판 회보를 발행하기 시작했다. 그 신문은 모두 3호가 발행됐다(1937년 4월 5일, 1937년 8월 23일, 1938년 2월 5일). 그 조직의 회원 수는 30명이었고, 처음에는 외국인이 다수였다.[160] 1938년 9월 제4인터내셔널 창립 대회에 제출된 보고서를 보면, 회원 수가 10~30명이었다.[161]

추세는 분명했지만 우울하기도 했다. 1936년 6월 프랑스에서 격렬한 혁명적 사건들이 벌어졌을 때 트로츠키에게는 수백 명의 지지자가 있었다. 그런데 스페인에서 혁명이 시작됐을 때 굳건한 트로츠키 지지자들은 훨씬 적었다. 겨우 20명 정도였다니!

반혁명이 더 나아가다

바르셀로나의 5월 사태는 혁명의 종말을 알리는 사건이었다. 그 뒤부터는 반혁명의 속도가 빨라지게 된다.

5월 사태 이후 스탈린주의자들과 부르주아 공화주의자들의 연합은 공세를 더욱 강화했다. 그들의 첫 표적은 POUM이었다. 5월 28일 〈라 바타야〉 발행이 금지됐다. 6월 16일 밤중에 POUM의 집행위원이 모두 체포됐다. 안드레스 닌은 (이때쯤 스페인에 확고하게 자리 잡은) 게페우가* 따로 잡아가서 나중에 몰래 살해해 버렸다.**

공격당한 것은 POUM만이 아니었다. 5월 15일 [국무회의에서] POUM을 탄압하라는 스탈린주의자들의 요구에 라르고 카바예로가 저항하자 부르주아 장관들뿐 아니라 사회당 우파 장관들도 합세해서 카바예로를 총리직에서 몰아내려 했다. 결국 총리는 카바예로에서 사회당 우파인 후안 네그린으로 교체됐다. 카바예로를 겨냥한 공격은 이제 UGT로 향했다. 카바예로는 1918년 이후로 UGT의 사무총장이었다. [UGT에는] 곤살레스 페냐를 위원장으로 하는 새로운 집행위원회가 등장해서, 네그린 정부에 완전히 충성하겠다고 선언했다. 그러자 정부는 이 집행위원회를 합법적 권위가 있는 [UGT의] 유일한 기구로 인정

---

* 당시 소련 관료들은 게페우의 테러·음모 기술을 스페인에 수출하려 했다.

** 트로츠키는 닌이 암살됐다는 소식을 듣고 〈뷸레텐 오포지치〉에 추도사를 썼다. 닌은 어떤 의미에서도 트로츠키주의자가 아니었다고 설명하면서도 트로츠키는 닌과 POUM이 프랑코의 '앞잡이'라는 스탈린주의자들의 중상모략을 다음과 같이 강력하게 비판했다.

> [스탈린주의자들의] 이런 비난이 터무니없다는 것은 스페인 혁명에 관한 아주 단순한 사실조차 모르는 사람에게도 분명하다. POUM 당원들은 스페인의 모든 전선에서 파시스트들에 맞서 영웅적으로 싸웠다. 닌은 노련하고 청렴결백한 혁명가다. …
> 게페우는 소련 관료 집단에 반대하는 사람을 죄다 트로츠키주의자로 몰아붙인다. 이렇게 하면 잔혹한 복수가 쉬워지기 때문이다. …
> [닌은 ― 지은이] POUM이 스탈린의 손아귀에 든 도구가 되기를 바라지 않았다. 그는 스페인 민중의 이익을 거슬러서 게페우와 협력하는 것을 거부했다. 이것이 그의 유일한 범죄였다. 그리고 이 범죄 때문에 그는 자기 목숨을 대가로 치렀다[162] ― 지은이.

했다. 어떤 UGT 대의원대회도 열리지 않았다. 카바예로는 체포됐고, 모든 정치 활동을 그만둘 수밖에 없었다.

억압 기구가 설립됐다. 인민재판소가 재편됐다. 1937년 6월 23일 제정된 법령에 따라 간첩죄와 반역죄를 처벌하기 위한 특별재판소들이 설립됐다. 이 재판소들은 민간인 3명과 군인 2명을 배심원으로 해서 구성됐는데, 이들은 모두 정부가 임명했다. '간첩죄와 반역죄'라는 용어는 모든 반대파를 포괄할 수 있을 만큼 아주 신축적이었다. 브루에와 테밈은 다음과 같이 썼다.

> 혁명 전에 그랬듯이, 이제 노동조합의 집회는 공공질서의 대표자에게 적어도 사흘 전에 미리 신청해서 허가를 받아야 했다. 혁명 전에 그랬듯이, 처음에는 군사적 필요에 따라 정당화됐던 검열이 이제는 정치적 태도에도 적용됐다. 5월 18일에는 〈아델란테〉[카바예로의 대변인 구실을 하던 신문 — 지은이]가* 1면이 백지 상태인 채로 "라르고 카바예로 만세!"라는 헤드라인만 달고 발행됐다. 6월 18일에는 정부가 라디오방송을 독점하는 기업을 설립하고 여러 방송국에서 송신기를 압수했다. 8월 7일에는 〈솔리다리다드 오브레라〉가 5일간 발행 정지 처분을 받았다. 검열 흔적이 결코 남아 있어서는 안 된다는 지침을 어기고 '빈칸'을 그대로 내보내서 검열당한 구절들이 드러나게 했기 때문이었다. 8월 14일에는 소련 정부에 대한 비판을 일절 금지하는 공문이 내려왔다.[163]
>
> 억압 기구 가운데 특별한 구실을 한 것은 1937년 8월 15일의 법령에 따라 [설립된 — 지은이] 군사정보국SIM이었다. 처음에 방첩 기구로 설립된 SIM은 곧바로 재판이나 수사 절차를 거치지도 않고 멋대로 사람들을 구속하거나 석방할 수 있는 무소불위의 정치경찰이 됐다. … 만들어

* 아델란테는 전진이라는 뜻이다.

진 지 몇 달 만에 SIM은 전쟁부 장관의 권위 따위는 완전히 무시한 채 6000명이 넘는 공작원을 거느리면서 감옥과 강제수용소를 통제하게 됐다.[164]

이제 네그린과 그의 전쟁부 장관 프리에토는 더 나아가서, 시민군을 부르주아적 연대들로 가차 없이 재편하기 시작했다. 그 연대들은 부르주아가 장교로 임명됐고 옛 군법에 따라 다스려졌다. 1937년 10월 5일에는 병사들이 정치적 집회나 시위에 참가하는 것이 금지됐다.

1936년에 노동자들이 접수한 공장과 토지는 이제 옛 소유자들에게 되돌아갔다. '실종된' 것으로 알려진 많은 소유자들이 돌아왔고, 다른 소유자들은 감옥에서 풀려났다. 그들은 모두 1936년에 빼앗겼던 토지를 되찾았다. 그들에게는 권리가 있었고 법은 그들의 편이었으며 정부도 그들을 지원했다. 카탈루냐에서는 집산화 법령의 적용이 중단됐다. 그 법령이 "헌법 정신에 반한다"는 것이 이유였다. 1937년 8월 28일의 법령 덕분에 정부는 [국가] '개입'을 통해 야금업체와 광산업체를 무엇이든 접수할 수 있게 됐다. 머잖아 1938년 2월 26일 자 〈이코노미스트〉에는 다음과 같은 기사가 실렸다. "국가가 산업에 개입하는 정책은 집산화나 노동자 통제와는 반대로, 사유재산의 원칙을 재확립하고 있다." 경영자들과 관리자들은 그 직위를 되찾았다.[165]

네그린의 내각에는 '승리의 정부'라는 이름이 붙었다. 역사는 그 이름이 얼마나 터무니없는 것이었는지를 보여 줬다. 네그린이 거둔 유일한 승리는 노동자와 농민을 상대로 한 것이었다. 프랑코에 대항한 군사 전선에서 네그린 정부가 남긴 기록은 완전한 재앙이었다. "전쟁은 다른 수단에 의한 정치의 연속"이라는 클라우제비츠의 격언은 내전에 훨씬 잘 들어맞는다. 내전이야말로 계급투쟁이라는 정치의 연속이다. 정치는 항상 내전에 휘말린 두 진영의 수단과 목적을 결정한다. 그래서 트로츠키는 스페인 내전에서 파시즘을 물리치고 승리하는 것은 군사적 기술에 달려 있지 않고, 반파시즘 투사들이 추구하는 정치에 달려 있다고 완전히 확신했던 것이다. 스페인 내전의 벽두였던 1936년 7월 30일에 이미 트로츠키는 다음과 같이 썼다.

> 순전히 군사적 관점에서 보면 스페인 혁명은 그 적보다 훨씬 약하다. 혁명의 힘이 얼마나 강한지는 거대한 대중을 깨워서 행동에 나서게 하는 능력에 달려 있다. 혁명은 심지어 군대를 반동적 장교들한테서 빼앗아 버릴 수도 있다. 이런 일을 이루려면, 반드시 사회주의 혁명 강령을 진지하고 대담하게 제기해야만 한다.
> 이제부터 토지·공장·상점은 자본가들의 손에서 민중의 손으로 넘어올 것이라고 선언해야 한다. 노동자들이 권력을 장악한 지방에서는 즉시 이 강령의 실현을 향해 나아가야 한다. 파시스트 군대는 그런 강령의 영향력에 24시간도 버티지 못할 것이다. 사병들은 장교의 손발을 묶어서 가장 가까운 곳에 있는 노동자 시민군 사령부에 넘겨줄 것이다.

그러나 그런 정책은 민중전선과 양립할 수 없었다.

> 부르주아 장관들은 그런 강령을 받아들일 수 없다. 사회혁명을 억제하는 그들은 자신들이 내전에서 흘린 피보다 10배나 많은 피를 노동자와 농민이 흘리도록 만든다. 그리고 마침내 이 신사 양반들은 승리를 거두고 나서 노동자들을 다시 무장해제시키고 노동자들이 사유재산의 신성한 법칙을 존중하도록 강요하기로 작정한다. 이것이 바로 민중전선

> 정책의 참된 본질이다. 다른 모든 것은 순전히 속임수, 허튼소리, 거짓 말이다![166]

스탈린주의자들은 [스페인의] 자유주의 부르주아지와 프랑스·영국의 민주적 정부들을 소외시키지 않으려면 사회 개혁을 급격히 제한해야 한다고 주장했다. 그러면서 그들의 원조를 받기를 바랐다. 그러나 실제로 스페인의 부르주아지는 프랑코가 지배하는 지역에 있었고, 프랑스와 영국의 제국주의 부르주아지를 설득해서 스페인 공화국을 지원하도록 만들겠다는 희망은 근거 없는 것이었다. 프랑스와 영국은 중립을 지킨다는 구실로 심지어 스페인의 합법적 정부에 무기를 판매하는 것조차 거부한 반면, 프랑코는 독일과 이탈리아의 대규모 군사원조를 받았다.

내전 말기에 트로츠키는 지난날을 돌이켜 보며, 오직 사회주의 혁명만이 프랑코 군대를 물리칠 수 있었을 것이라는 주장을 거듭 강조했다.

> 농민들이 토지를, 노동자들이 공장을 차지했다면 프랑코는 결코 이 승리를 노동자와 농민의 손에서 빼앗아 오지 못했을 것이다!
> 스페인 혁명은 그 본질에서 사회주의 혁명이다. 노동자들은 몇 차례나 부르주아지를 전복하고 공장을 차지하려고 시도했다. 농민들은 토지를 갖고 싶어 했다. 스탈린주의자들이 이끈 민중전선은 부르주아 민주주의의 존속이라는 명분으로 사회주의 혁명을 목 졸라 죽였다. 그래서 노동자와 농민 대중은 실망하고 절망하고 좌절했고, 공화국 군대는 사기가 꺾여 결국 붕괴했다.[167]

12장

왜 제4인터내셔널은 성장하지 못했는가?

"전환 강령"의 한 영문판 소책자 표지. 경험 없고 단련되지 않은 트로츠키주의자들은 "전환 강령"의 전망과 요구를 성서처럼 떠받들었다.

트로츠키의 낙관론

1930년대 내내 트로츠키는 당시 혁명적 사회주의의 전위 세력이 제1차세계대전 때 레닌을 중심으로 결집한 전위 세력보다 결코 약하지 않다고 거듭거듭 강조했다. 예컨대 1930년 5월 31일에는 다음과 같이 썼다. "[좌익]반대파는 국제적 요인이 됐고 계속 성장하고 있다."[1] 1934년 3월 23일에는 다음과 같이 썼다. "제4인터내셔널의 조직적 기반이 아직 매우 협소하다는 것은 사실이다. 그러나 1914년에 제3인터내셔널의 기반은 훨씬 더 협소했다."[2] 6주 뒤에는 다음과 같이 말했다. "1914년 말에 레닌이 '제3인터내셔널 만세!' 하고 선언했을 때보다 지금 우리의 수가 더 많다고 나는 확신한다."[3]

그는 트로츠키주의자들 사이에 국제적 조율이 이미 존재한다는 것이 하나의 장점이라고 주장했다. 따라서 1935년 2월 28일에는 다음과 같이 단언했는데, 이 말을 그 뒤로도 계속 되풀이하게 된다.

> 1914년보다 지금 매우 유리한 점은 거의 모든 곳에서 우리는 단련된 볼셰비키 집단들과 조직들을 확보하고 있다는 것이다. 그들은 국제적으로 배치돼 있고 따라서 국제적 통제를 받고 있다.[4]

트로츠키는 1935년 봄에 쓴 "제4인터내셔널을 위한 공개서한"에서 다음과 같이 말했다.

진정으로 혁명적인 조직이나 적어도 그런 그룹이 모든 나라에 존재한다. 그들은 이데올로기적으로 긴밀하게 묶여 있고, 어느 정도는 조직적으로도 그렇다. 심지어 지금도 그들은 '치머발트 좌파'와 비교가 안 될 정도로 유력하고 동질적이고 강철 같다. 그런 '치머발트 좌파'조차 1915년 가을에 제3인터내셔널을 준비하자고 발의했다.[5]

1938년 10월 10일 트로츠키는 다음과 같이 썼다.

오늘날 혁명적 전위의 처지는 25년 전보다 훨씬 유리하다. 주된 장점은 전쟁이 벌어지기도 전에 이미 전 세계의 가장 중요한 모든 나라에 검증된 간부들이 존재한다는 것이다. 수백, 수천을 헤아리는 그 혁명가들은 계속 늘어나고 있으며, 단일한 원칙으로 결속돼 있다. 그리고 제국주의 부르주아지, 사회민주주의자, 특히 스탈린주의 마피아가 자행한 가장 잔혹한 박해의 학교에서 시험을 통과했다.[6]

심지어 전쟁 발발조차 트로츠키주의 운동을 건설할 기회로 여겨졌다. 제2차세계대전이 시작되자 트로츠키는 1939년 9월 5일 쓴 글에서 다음과 같이 주장했다.

지금 제4인터내셔널은 소수에 불과하다. 그러나 레닌의 당도 지난번 전쟁이 시작됐을 때 하찮은 소수에 불과했고, 공문구를 남발하는 천박한 영웅들한테서 경멸을 당했다. 전쟁은 가혹한 학교다.[7]

트로츠키는 1940년 5월에 쓴 "제국주의 전쟁과 프롤레타리아 혁명에 관한 제4인터내셔널의 선언"에서는 심지어 트로츠키주의 운동 세력이 제1차세계대전이 시작됐을 때 존재하던 국제주의적 사회주의 세력보다 훨씬 뛰어나다고 묘사하기까지 했다.

> 지금의 혁명적 전위와 지난번 전쟁이 시작됐을 때 목소리를 높인 고립된 국제주의자들의 혁명적 전위를 같은 선상에 놓는다는 것은 결코 용납될 수 없다. 당시 혁명적 세력은 오직 러시아의 볼셰비키뿐이었다. 그러나 심지어 볼셰비키조차 레닌 주위의 소수 망명자 집단을 제외한 압도 다수는 협소한 일국적 태도를 떨쳐 버리지 못했고, 세계혁명이라는 전망에 이르지도 못했다.
> 제4인터내셔널은 그 규모와 특히 준비 정도라는 측면에서 보면 지난번 전쟁 초기의 제3인터내셔널 [맹아]보다 한없이 유리하다.[8]

1940년 6월 8일에도 그는 같은 주장을 되풀이했다.

그런데 트로츠키는 주관적 요소(제4인터내셔널의 간부들)가 제1차세계대전 초기의 혁명가들보다 뛰어날 뿐 아니라, 객관적 상황도 노동계급 대중의 혁명적 행동을 고양하는 데 더 유리하다고 생각했다. 테제 형식으로 작성한 "전쟁과 제4인터내셔널"(1934년 6월 10일)이라는 글에서 트로츠키는 다음과 같이 밝혔다.

> 비록 새로운 전쟁의 초기에는 참된 혁명가들이 다시 한 번 극소수파로 전락하겠지만, 우리가 한순간도 의심할 수 없는 사실은 이번에는 대중이 첫 번째 제국주의 전쟁 때보다 훨씬 빠르고 단호하게, 그리고 가차 없이 혁명의 길로 돌아설 것이라는 점이다. 무장봉기의 새로운 물결은 모든 자본주의 세계에서 승리할 수 있고 틀림없이 승리할 것이다.[9]

스탈린주의의 지배력은 트로츠키의 기를 꺾지 못했다. 1935년 봄에 그는 다음과 같이 주장했다.

> 소련 관료 집단이 국제 혁명의 대의를 배신했기 때문에 세계 프롤레타리아는 멀리 후퇴하게 됐다. 혁명적 전위가 직면한 어려움은 믿을 수 없을 정도다. 그렇지만 지금 혁명적 전위의 처지는 지난번 전쟁 직전보다 비할 바 없이 유리하다.[10]

1938년 10월 10일 트로츠키는 다음과 같이 썼다.

> 인류는 25년 전보다 가난해진 반면, 파괴 수단은 엄청나게 강력해졌다. 그러므로 전쟁이 시작되고 나서 몇 달 만에 국수주의 열기에 맞서는 강력한 반발이 노동 대중 사이에서 터져 나올 것이다. 이런 반발의 맨 처음 피해자는 파시즘과 더불어 제2·제3인터내셔널의 정당들일 것이다. 그들의 붕괴는 공공연한 혁명적 운동의 필수 조건일 것이고, 그런 혁명적 운동은 바로 제4인터내셔널을 중심으로 구체화할 것이다. 그러면 제4인터내셔널의 단련된 간부들이 노동자들을 이끌고 대대적 공세에 나설 것이다.[11]

따라서 제4인터내셔널의 승리는 멀지 않았[다고 본 것이]다. 트로츠키는《공산당 선언》의 첫 아프리칸스어* 번역본을 위해 쓴 머리말의 끝부분에서 다음과 같이 말했다. "《공산당 선언》 100주년을 기념하게 될 즈음 제4인터내셔널은 이 지구상에서 결정적인 혁명적 세력이 돼 있을 것이다."[12] 1938년 10월 18일 '제4인터내셔널의 창립'이라는

---

* 남아프리카공화국의 공용어다.

제목으로 연설할 때도 트로츠키는 그 점을 다음과 같이 강조했다.

> 10년! 겨우 10년입니다. 저는 감히 다음과 같이 예측하며 말을 마치고자 합니다. 앞으로 10년 동안 제4인터내셔널의 강령은 수많은 대중의 지침이 될 것이고, 그러면 이 혁명적 대중은 어떻게 온 세상을 쓸어버릴지를 알게 될 것입니다.[13]

내가 트로츠키의 똑같은 주장을 거듭거듭 인용하는 이유는, 제4인터내셔널이 신속하게 승리할 것이라는 그의 진술이 그냥 내뱉은 말이 아니라 1930년대 내내 그리고 죽을 때까지 끊임없이 강조한 확신이었기 때문이다.

이런 전망의 바탕에 깔린 가정들은 무엇이었는가? 기본적으로 세 가지였다. 첫째, 세계 자본주의의 최종 위기 때문에 개혁주의의 생존 가능성이 약해졌다. 둘째, 소련 외부의 스탈린주의 정당들은 순전히 개혁주의적인 정당으로 탈바꿈할 것이다. 셋째, 소련 내부의 스탈린 체제는 매우 불안정해서 급속하게 종말을 맞이할 것이다.

첫째 요점과 관련해서 트로츠키는 제4인터내셔널의 강령인 "자본주의의 죽음의 고통과 제4인터내셔널의 임무"라는* 글에서 다음과 같이 썼다.

> 인류의 생산력은 정체하고 있다. … 대체로, 체계적 사회 개혁은 논할 수조차 없다. … 프롤레타리아의 모든 중대한 요구와 심지어 프티부르주아지의 모든 중대한 요구조차 불가피하게 자본주의 소유관계와 부르주아 국가의 한계를 넘어서게 된다.[14]

---

* "전환 강령"의 원래 제목이다.

"제국주의 전쟁과 프롤레타리아 혁명에 관한 제4인터내셔널의 선언"에서 트로츠키는 또 다음과 같이 말했다.

> 전쟁이 끝날 때쯤 모든 나라는 심각하게 파괴돼서, 노동자들의 생활수준은 100년 전으로 후퇴해 있을 것이다. 개혁주의 노동조합은 부르주아 민주주의 체제에서만 가능하다. 그러나 전쟁에서 가장 먼저 완패할 것은 철저하게 썩어 빠진 민주주의일 것이다. 그것은 결정적으로 몰락하면서 그 버팀목 노릇을 하던 노동자 조직들도 모두 끌어내릴 것이다.[15]
> 지난번 전쟁은 10월 혁명의 원인이 됐고, 10월 혁명의 교훈은 전 세계 노동운동의 자양분이 됐다. … 이번 전쟁의 상황은 1914년과 크게 다르다. 오늘날 미국을 비롯한 제국주의 국가들의 경제적 처지는 25년 전보다 한없이 더 나쁘고, 전쟁의 파괴력은 한없이 더 크다. 그러므로 이번에는 노동자들과 군인들 사이에서 훨씬 신속하고 훨씬 결정적인 반응이 나올 것이라고 기대할 만한 충분한 이유가 있다.[16]

둘째 가정, 즉 소련 외부의 스탈린주의 정당들이 자국 부르주아지와 연결된 순수한 개혁주의 정당으로 탈바꿈하리라는 것과 관련해서 트로츠키는 1938년 10월 10일 다음과 같이 썼다.

> 지난 몇 년 동안 각국에서 공산당이 성장하고, 프티부르주아지 대열 속으로 침투하고, 국가기구·노동조합·의회·지방자치단체 등에 자리를 잡으면서, 크렘린에 대한 의존은 약해지고 자국 제국주의에 대한 의존은 엄청나게 심해졌다. … 최근까지 프랑스·영국·벨기에·체코슬로바키아·미국 같은 나라에서 공산당의 국수주의는 소련의 외교적 이해관계의 굴절된 이미지처럼 보였고 어느 정도는 실제로 그랬다. … 오늘날 우리는 새로운 단계의 시작을 확실히 예측할 수 있다. 제국주의 간 적대

관계가 심화하고, 전쟁의 위험이 분명히 다가오고, 마찬가지로 소련의 고립도 분명해지면 틀림없이 코민테른 안에서 원심적 민족주의 경향이 증대할 것이다. 코민테른의 각국 지부는 저마다 자신의 이해관계에 따라서 애국주의 정책을 발전시키기 시작할 것이다. 스탈린은 그동안 제국주의적 민주주의 나라들의 공산당이 자국 부르주아지와 타협하도록 만들었다. 이 단계는 이제 지나갔다. 보나파르트 체제는 그동안 뚜쟁이 같은 구실을 했다. 이제부터 공산주의적 국수주의자들은 자신들의 은신처를 걱정해야 할 것이다. 그들의 이해관계가 '소련 방어'와 항상 일치하지는 않을 것이기 때문이다.[17]

셋째 요점인 소련 내 스탈린 체제의 불안정성과 관련해서 트로츠키는 1935년 2월 1일에 쓴 "노동자 국가, 테르미도르 반동, 보나파르티즘"이라는 글에서, 일종의 "보나파르티즘"인 스탈린 체제는 "오래 유지될 수 없다. 피라미드 꼭대기에 놓인 공은 반드시 이쪽이나 저쪽으로 굴러떨어지기 마련이다. 따라서 스탈린 체제의 붕괴는 필연적이다" 하고 주장했다.[18]

그 결과로 자본주의가 복원될 수도 있었다. "전쟁과 제4인터내셔널"(1934년 6월 10일)이라는 테제에서 트로츠키는 다음과 같이 밝혔다. "전쟁이 길어지고 세계 프롤레타리아가 계속 수동적이라면, 소련에서는 내부의 사회적 모순 때문에 부르주아 보나파르티즘 반혁명이 일어날 수 있을 뿐 아니라, 틀림없이 일어날 것이다."[19] 1936년 7월 8일에는 다음과 같은 대안적 시나리오를 제시했다.

소련이 전쟁에서 패배하지 않고 살아남는 것은 단 하나의 조건에서만 가능할 텐데, 그것은 바로 서방이나 동방에서 일어난 혁명의 지원을 받는 것이다. 그러나 소련을 구할 수 있는 유일한 길인 국제 혁명은 그와 동시에 소련

관료 집단에게는 치명타가 될 것이다.[20]

트로츠키는 스탈린 체제의 불안정성을 굳게 믿었기 때문에, 1939년 9월 25일 "전쟁에 돌입한 소련"이라는 글에 다음과 같이 썼다.

> 겨우 몇 년, 심지어 몇 달 뒤에 수치스럽게 몰락할 것이 뻔한 보나파르트 체제의 소수 지배층에게 새로운 지배계급이라는 이름을 붙여 준다면 우리 스스로 우스꽝스럽게 되지 않겠는가?[21]

이제 트로츠키가 주장한 것들을 하나씩 살펴보자.

먼저, 1930년대 혁명적 국제주의 조직들의 강점을 제1차세계대전이 시작됐을 때 존재하던 조직들과 비교한 것을 보자. 이 문제를 다룬 트로츠키의 글은 정말 놀랍다. 제1차세계대전 직전에 볼셰비키의 강점은 무엇이었는가? 1912년 총선에서 개혁주의적 정당인 멘셰비키가 제정러시아 두마(의회)에 겨우 7명의 의원을 진출시킨 반면, 볼셰비키는 [혁명적 정당임에도] 6명이나 진출시켰다. 볼셰비키 의원들은 모두 노동자 지구에서 선출된 반면, 멘셰비키 의원들은 대부분 중간계급 선거구에서 나왔다. 멘셰비키 의원들이 선출된 7개 주에는 모두 합쳐 13만 6000명의 산업 노동자가 있었던 반면, 볼셰비키 의원들이 선출된 6개 주에는 114만 4000명의 산업 노동자가 있었다. 다시 말해, 멘셰비키 의원들은 노동자 유권자의 11.8퍼센트를 득표한 반면, 볼셰비키는 88.2퍼센트를 득표했다.

볼셰비키 일간지 〈프라우다〉의 판매 부수도 상당히 인상적이었다. 특히 그 신문을 발행하는 당이 불법 상태에 있었다는 사실을 감안하면 더욱 그렇다. 〈프라우다〉는 하루에 4만~6만 부쯤 팔렸는데, 매주 토요일에는 더 많이 팔렸다. 차르 치하의 억압적 상황을 감안하면 이것은 대단한 성과였다. 그리고 〈프라우다〉의 사상은 수많은 노동자들 사이에 반향을 불러일으켰다.

〈프라우다〉는 노동자들의 폭넓은 지지를 받았다. 1912년에 〈프라우다〉는 620개 노동자 그룹의 지원금을 받은 반면, 멘셰비키 신문은 89개 그룹의 지원금을 받았다. 1913년에 〈프라우다〉는 2181개 노동자 그룹의 지원금을 받은 반면, 멘셰비키는 661개 그룹의 지원금을 받았다. 1914년에는 5월 13일까지 〈프라우다〉에 지원금을 보낸 노동자 그룹이 2873개였지만, 멘셰비키에 지원금을 보낸 그룹은 671개였다. 따라서 프라우다파는 1913년에 러시아 노동자 그룹의 77퍼센트를 조직하고, 1914년에는 81퍼센트를 조직한 셈이었다.[22]

또, 로자 룩셈부르크의 조직 스파르타쿠스동맹과 독일의 트로츠키주의 조직을 비교해 보라. 전자는 노동자 수천 명을 조직하고 그들에게 영향을 미친 반면, 후자는 1932년에 "독일 태생의 공장노동자 10명"도 가입시키지 못했다고 트로츠키 스스로 인정한 바 있다(219쪽을 보시오)! 지도부의 역량이라는 면에서 보면 [트로츠키주의 조직에서] 트로츠키를 제외하고 어느 누가 레닌이나 룩셈부르크와 견줄 만한 위상의 인물이었는가? 또는 그보다 훨씬 덜한 부하린, 라데크, 리프크네히트, 라콥스키 같은 인물들과 견줄 만한 사람이라도 있었는가?

이제, 객관적 요인들로 말미암아 제4인터내셔널이 신속하게 승리할 수 있을 것이라고 트로츠키가 주장하며 내세운 세 가지 가정을 살펴보자. 우리는 그것들을 역순으로 다룰 것이다. 앞으로 설명하겠지만, 셋째 가정이 둘째 가정의 결과를 결정하고, 둘째 가정의 결과가 첫째 가정의 결과를 결정할 터였기 때문이다.

시간이 흐른 뒤에 분명히 깨닫게 된 사실이지만, 소련의 스탈린 체제는 트로츠키가 생각했던 것보다 훨씬 안정적이었다. 그것은 "피라미드 꼭대기에 놓인 공"처럼 움직이지도 않았고, "전쟁에서 패배하지도" 않았고, "서방이나 동방에서 일어난 혁명의 지원을 받지도" 않았다. 그리고 트로츠키가 생각했던 몇 달이나 몇 년보다 훨씬 더 오래 살아남았다. 앞서 말했듯이, 트로츠키가 오판한 이유는 스탈린 체제 관료 집단의 경제적·사회적 기반을 잘못 분석했기 때문이다. 그들은 여러 계급 사이에서 줄타기하는 집단이 아니라, 하나의 지배계급이었던 것이다.

소련의 스탈린 체제가 몇 달이나 몇 년 뒤에 붕괴했다면, 각국의 스탈린주의 정당은 순수한 개혁주의 정당으로 탈바꿈할 것이라는 트로츠키의 둘째 가정이 옳았음이 입증됐을 것이다. 그들은 크렘린과 관계를 단절한 채, 자국의 부르주아지와 국가기구, 노동조합 관료, 지방자치단체 등에 의존하게 됐을 것이다. 그러면서 전통적 사회민주주의 정당으로 탈바꿈했을 것이다. 그러나 소련의 스탈린 체제는 강력하고 안정적이었을 뿐 아니라 제2차세계대전 후 다른 많은 나라(동유럽 각국, 중국, 북한, 북베트남 등)로 확산됐기 때문에, "코민테른 내의 원심적 민족주의 경향"은 계속 억제됐다. 자국 부르주아지에게 자신을 팔아넘길 태세가 돼 있던 사회민주주의 정당들과 달리, 스탈린주의 정당들은 소련의 외교정책에 따라 단지 고용돼 있었을 뿐이다.

스탈린주의 정당들이 전쟁 동안에 고스란히 살아남았을 뿐 아니라 더 커졌고, 강력한 소련의 후광을 입은 채 여전히 10월 혁명의 망토를 두르고 있었기 때문에, (트로츠키가 예측했듯이) 전쟁의 여파로 대중의 혁명적 분출이 있었지만 서방에서 자본주의가 붕괴하지는 않았다. 오히려 대중의 혁명적 분출로 말미암아 각국의 공산당과 사회민주주의 정당은 새로이 강력해졌고, 서로 협력해서 자본주의를 떠받쳤다. 그 덕분에 자본주의는 새롭게 성장할 수 있었다. 경제가 정체해서 "프롤레타리아의 모든 중대한 요구와 심지어 프티부르주아지의 모든 중대한 요구조차 불가피하게" 자본주의의 "한계를 넘어서는" 일은 벌어지지 않았다. 오히려 서유럽에서는 자본주의가 크게 성장하고 개혁주의가 번성했다. [영국의 혁명가였던] 마이클 키드런이 지적했듯이, "[자본주의] 체제 전체가 제2차세계대전 이후 시기만큼 오랫동안 빠르게 성장한 적은 결코 없었다. 1950~1964년의 성장 속도는 1913~1950년의 두 배였고, 그 전 세대의 거의 1.5배였다."[23] 그 결과로 각국의 사회민주주의 정당과 공산당은 전후 시기에 해체되기는커녕 도리어 규모와 지지 기반이라는 측면에서 어느 때보다 더 강력해졌다. 그리고 생활수준이 상승하는 것을 토대로 해서 개혁주의가 번성했다.

혁명의 승리를 촉진하는 객관적 상황에 관한 트로츠키의 세 가지 가정은 서로 밀접하게 연결돼 있었다. 따라서 소련의 스탈린 체제가 불안정하다는 가정이 실현되지 않자 다른 가정들도 붕괴했다.

시간이 흐르면 제4인터내셔널이 승리하리라던 트로츠키의 예측이 빗나가게 된 것은 어떤 전술적 실수 탓이 아니라 바로 그 문제 때문이었다.

앞서 말했듯이, 볼셰비키 지도자들도 1917년 [혁명 동안]에 그리고 내전 시기에 이런저런 실수를 저질렀다. 그것도 매우 중대한 실수를 했다. 그러나 그런 실수들이 혁명의 전진을 가로막을 정도는 아니었다. 트로츠키의 예측이 빗나가게 만든 것은 바로 객관적인 사회적·정치적 힘, 무엇보다 제2차세계대전 기간과 이후에 스탈린주의 관료들이 혁명의 무덤을 파는 구실을 한 것이었다.

"전환(기) 강령"*

국제 자본주의는 필연적으로 죽음의 고통을 겪을 것이고 스탈린 체제는 곧 붕괴할 것이라는 전망에 따라 트로츠키는 전환적 요구들로 이뤄진 강령을 작성해서 제4인터내셔널 창립 대회에 제출했다.

사회민주주의 정당의 강령은 전통적으로 두 부분으로 나뉘었다. 하나는 자본주의 사회에서도 실현될 수 있는 최소한의 요구들이었고, 다른 하나는 사회주의가 수립돼야 실현될 수 있는 최대한의 요구들이었다. 이 두 부분은 서로 완전히 단절돼 있었다. 이것은 사회민주주의 정당의 실제 정책들이 개혁주의적이라는 사실을 반영했다. 사회민주주의자들은 지금 당장은 노동자들의 직접적 이익을 옹호해야 하고, 나중에 노동자들이 사회민주주의 정부를 선출한 뒤에야 사회주의가 일정에 오르게 된다고 주장했다. 최소 강령과 최대 강령 사이에는 둘을 이어 주는 다리가 존재하지 않았다.

물론 트로츠키는 최소한의 요구들을 일축하지 않았고 지금 여기서 노동자들의 직접적 이익을 옹호해야 한다고 주장했다. 그러나 자본주의와 양립할 수 있는 수준으로 투쟁을 제한하는 것에는 반대했다. 그는 최소 강령과 최대 강령을 기계적으로 분리하기를 거부했다. 그래서 트로츠키가 제안한 것이 **"전환적 요구들"**이었다.

> 전환적 요구들의 핵심적 중요성은 부르주아 체제의 기반 자체를 훨씬 공공연하고 단호하게 공격한다는 사실에 있다.[24]

트로츠키는 노동계급 운동의 당면 목표와 최종 목표 사이에 다리

---

* 전환(기) 강령은 이행기 강령이라고도 한다.

를 놔야 한다고 주장했다.

> 이 다리에 포함돼야 하는 **전환적 요구**들은 오늘날의 [객관적] 상황과 노동 계급 대중의 현재 의식에서 출발하면서도 동시에 프롤레타리아의 권력 장악이라는 단 하나의 최종 결론으로 늘 인도한다.[25]

전환적 요구의 사례 하나는 '물가·임금 연동제와 노동시간·고용 연동제'였다.

> 치솟는 물가는 전쟁이 다가올수록 훨씬 더 뛰어오를 것이다. 이에 맞서 우리는 **물가·임금 연동제**라는 구호 아래 투쟁해야 한다. 이것이 뜻하는 바는 소비자물가가 오르는 만큼 임금도 자동으로 인상되도록 단체협약으로 보장받아야 한다는 것이다. …
> '경기적' 실업이든 '구조적' 실업이든 모든 형태의 실업에 반대해, 공공사업을 실시하라는 구호와 함께 **노동시간·고용 연동제** 구호를 제기해야 할 때가 무르익었다.

이런 전환적 요구들은 전반적 위기 상황, 즉 자본주의가 심각한 불황에 빠진 상황과 잘 맞아떨어졌다. 그러나 제2차세계대전이 끝난 뒤에 그랬듯이 자본주의가 크게 성장하는 상황에서 이런 요구들은 기껏해야 무의미했고 최악의 경우에는 반동적이었다. [호황기에] 임금 인상을 생활비 상승 수준으로 제한하는 것은 자본가들의 요구였고, 자신들의 생활수준을 올리고 싶어 하는 노동자들의 염원을 거스르는 것이었다. 그리고 완전고용이나 다름없는 상황에서 '노동시간·고용 연동제'는 사실상 아무 의미가 없었다.

마찬가지로 트로츠키의 "전환 강령"에 나오는 다른 요구들, 예컨대

'노동자 방위대'와 '노동자 시민군'의 조직이나 '프롤레타리아의 무장' 등은 확실히 비혁명적 상황에는 맞지 않았다. 안타깝게도 많은 트로츠키주의자들은 이런 구호들을 교조적으로 되풀이했다.

트로츠키가 제시한 전환적 요구들의 바탕에 깔린 가정은, 경제 위기가 너무 심각해서 노동자들의 조건을 눈곱만큼 개선하려는 투쟁조차 자본주의 체제 자체와 충돌하게 된다는 것이었다. 그 가정이 틀렸다는 것이 현실에서 입증됐을 때 [전환] 강령은 완전히 무너져 버렸다.

조직적 조치들

트로츠키주의 운동 앞에 놓인 중대한 과제와 운동이 이용할 수 있는 빈약한 자원 사이의 엄청난 격차에 직면한 트로츠키는 운동을 떠받쳐 줄 특별한 조직적 조치들을 모색했다. 운동의 약점을 보완하고자 트로츠키는 [제4인터내셔널의] 모든 지부가 다른 지부들이 당면한 쟁점들을 토론하는 데 반드시 참여해야 한다고 주장했다. 예컨대 1930년 12월 22일 프랑스 공산주의자동맹의 집행위원회로 보내는 편지에 다음과 같이 썼다. "마르크스주의자에게 국제주의란 무엇보다도 모든 지부가 다른 지부들의 생활에 적극 참여하는 것이다."[26]

1936년 3월 7일에도 트로츠키는 영국 지지자들에게 보내는 편지에서 똑같은 주장을 되풀이했다. "제4인터내셔널 지지자들이 … 소속돼 있는 국제 조직의 회원들은 전 세계에 흩어져 있어도 서로 **비판하고 통제하면서** 긴밀하게 협력해야 합니다[강조는 나의 것 — 지은이]."[27]

프랑스 지부에서 레몽 몰리니에와, 독일 지부에서 쿠르트 란다우와 분파 투쟁이 벌어졌을 때, 트로츠키는 모든 지부가 그 투쟁들을 잘 알고 태도를 정하기를 기대했다. 마찬가지로, 프랑스 동지들이 사회당에 가입해야 한다고 주장했을 때도 트로츠키는 다른 모든 지부가 이 전술적 쟁점에 입장을 취하기를 기대했다. 사실 그 결과는 대혼란이었다. 스페인·네덜란드·그리스 지부와 독일 지도부 다수파는 그 전술에 반대했을 뿐 아니라, 아예 [트로츠키주의] 운동에서 떨어져 나가 버렸다. 오이겐 바우어(국제사무국원), 조르주 페레이컨(벨기에 지부 간사), A J 머스티(미국 노동자당AWP의 지도자) 등도 마찬가지였다.

트로츠키의 방법에서 문제는 같은 나라의 조직 안에서도 한 지부의 전술적 교훈을 다른 지부에 직접 적용하기가 매우 힘든데 하물며 국제 수준에서 그렇게 하기는 훨씬 더 어렵다는 것이었다.

한 지부가 다른 지부의 전술적 논쟁에 개입해야 한다는 이런 생각을 레닌과 트로츠키가 이끌던 코민테른의 실천과 비교해 보라. 당시 코민테른에서는 그런 경우가 매우 드물었다. 예컨대, 코민테른 2차 대회(1920년 7~8월)에서 영국 공산당이 노동당에 가입해야 하는지가 쟁점이 됐을 때 영국 대표단 말고 그 주제에 관해 발언한 사람은 레닌뿐이었다. 독일·프랑스·이탈리아 등지의 대표들은 그 전술 문제에 관해 발언할 만한 자신감이 없었고, 사람들도 그런 기대를 하지 않았다. 또, 트로츠키주의 운동의 간부들은 레닌과 트로츠키가 이끌던 코민테른의 간부들보다 경험이 훨씬 부족했다. 허약한 독일 트로츠키주의 조직이 프랑스 지부의 분파 투쟁에 개입한다고 해서 과연 강해질 수 있었을까? 독일 조직의 주된 약점은 규모가 작고, 사회적 구성이 형편없고, 노동자 기반도 없다는 것이었는데, [프랑스 조직 안에서] 처음에는 로스메, 그 뒤에는 몰리니에, 나중에는 나빌을 상대로 벌어진 분파 투쟁에 관여한들 독일 조직이 덜 내향적이게 되고 실제 투쟁 속에서 노동자들과 관계를 더 잘 맺을 수 있었을까? 허약한 트로츠키주의 조직들을 서로 묶어 놓으면 약점이 극복되기보다는 오히려 증폭될 수 있었다. 그것은 덧셈이 아니라 곱셈이 적용되는 경우, 즉

분수끼리 곱하면 처음보다 오히려 작아지는 경우였다.

운동을 보강하고 싶은 생각에서 트로츠키가 사용한 또 다른 방법은 조직 구조를 매우 정교하고 단단하게 만드는 것이었다. 1930년 4월 파리에서 국제 좌익반대파 창립 대회가 열렸을 때, 행정 업무를 처리하고 각국 지부와의 관계를 조정할 국제국이 설립됐다. 국제국 성원은 로스메(프랑스), 세도프(러시아 지부를 대표했다), 쿠르트 란다우(독일)였다. 나중에 닌(스페인)과 샥트먼(미국)도 국제국원으로 선임됐다. 그러나 국제국은 제 기능을 하기가 힘들었다.

> 그 이유 하나는 대다수 국제국원들이 본부가 있는 파리에서 멀리 떨어져 있었기 때문이고, 다른 이유는 주요 지부들이 첨예한 분파 투쟁에 휘말려 있었기 때문이다. 그 결과, 국제국 말고도 국제사무국(때때로 행정사무국이라고도 했다)이 추가로 설립됐다. 최초의 국제사무국원 세 명, 즉 M 밀, 레오네티, 나빌은 모두 파리에 살았다. 독일과 프랑스에서 분파 투쟁의 위기가 악화할 때 쟁점 중 하나는 국제국과 국제사무국 중에서 어느 것이 더 권위 있는지였다.[28]

로스메는 1930년 11월 국제국과 프랑스 지부에서 탈퇴했다. 쿠르트 란다우도 1931년 초에 좌익반대파와 결별했다. 스탈린의 첩자였던 M 밀은 1932년 말에 탈퇴했다. 피에르 나빌도 1931년 초에 트로츠키와 대립했다.

1932년의 국제사무국원 5명(위테,* 오이겐 바우어, 로만 벨, 킨 또는 키우라고 불린 사람, 레온 세도프) 중에서 2년 뒤에도 트로츠키주

---

* 그리스 아르케이오-마르크스주의자들의 지도자였던 데메트리우스 요토풀로스의 필명으로 비테라고도 한다.

의 운동에 남은 사람은 세도프뿐이었다. 위테와 바우어는 런던사무국에 가입했고, 벨은 독일 공산당에 가입했다. 킨(또는 키우)의 운명은 알려지지 않았다.

국제공산주의자동맹은 1936년 7월 대회에서 매우 정교한 '지도적 국제기구 운영 규칙'을 채택했다. 제4인터내셔널 [건설]을 위한 중앙집행위원회 외에도 사무국과 국제사무국이 더 있었다.[29] 2년 뒤 새로운 규칙에 따라 사무국이 국제집행위원회로 대체됐다. 국제집행위원 15명은 가장 중요한 나라의 지부 소속이었고 국제 대회에서 선출됐다.[30] 형식적으로는 괜찮은 것처럼 보이는 그 구조는 훨씬 큰 조직인 코민테른의 구조를 거의 그대로 모방한 것이었다. 불행히도, [트로츠키주의] 운동의 근본적 약점 때문에 그것은 실질적 안정에 전혀 도움이 되지 않았다. 1936년에 선출된 국제집행위원 15명 중에서 5명은 제2차세계대전이 끝나기 전에 살해당했고(트로츠키·세도프 등), 살아남은 10명 가운데 겨우 2명(미국 사회주의노동자당SWP의 제임스 P 캐넌과 칼 스코글룬드)만이 여전히 [트로츠키주의] 운동에서 적극적으로 활동했다.

1938년 9월 열린 제4인터내셔널 창립 대회에서는 만약 전쟁이 벌어지면 인터내셔널의 집행위원회를 서반구로 옮기자는 제안이 채택됐다. 그 제안은 전쟁이 시작되자마자 실행됐다. 국제집행위원들로 구성된 거주민위원회가 뉴욕에 설립됐다. SWP의 당내 분파 투쟁이 첨예해졌을 때, 국제집행위원회의 거주민위원들 대다수가 트로츠키를 반대하고 샥트먼·버넘 분파를 지지한다는 사실이 드러났다.

정치조직의 구조는 그 실제 기반에서 멀리 떨어질 수 없다. 1840년대의 공산주의자동맹 같은 소규모 공산주의자 단체는 코민테른처럼 훨씬 큰 조직(수십만·수백만 규모)에 적합한 구조가 도움이 되지 않았을 것이다. 그런 상황에서 지나치게 무거운 [조직] 구조는 불필요한 짐만 됐을 것이다. 조직 구조는 그 조직의 동력에 비례해야 한다. 트로츠키주의 운동의 매우 정교한 [조직] 구조는 결코 효율성이나 심지어 안정성에도 도움이 되지 않았다. [오히려] 지도적 기구들에서 사람들이 떠나는 데 한몫했을 뿐이다. 그런 이탈은 십중팔구 기층에서도 매우 많았을 것이다.

이 복잡한 조직 구조는 혁명의 성공에 관한 매우 과장된 전망과 맞물려 있었다. 던컨 핼러스가 이런 과장된 전망의 영향을 다음과 같이 묘사한 것은 적절하다.

> 트로츠키의 개념에는 메시아주의에 가까운 요소가 [있었다 — 지은이]. … 파시즘이 득세하고 노동자 운동이 거듭거듭 패배하고 새로운 세계대전이 임박한 지독히 어려운 상황에서도 혁명의 깃발을 휘날려야 했고 공산주의 강령을 다시 주장해야 했다. 혁명 자체가 상황을 변화시킬 때까지 말이다.
>
> 아마 그런 전망이 없었다면 지지자들을 결속할 수 없었을 것이다. 그렇다면 그것은 그의 성숙한 견해에서 불가피하게 일탈한 것이었는지도 모른다. 그러나 그 일탈은 나중에 실질적 대가를 치르게 된다.[31]

트로츠키에게 선택의 여지가 있었는가?

트로츠키가 새로운 인터내셔널 건설 노력을 그만둘 수 있었을까? 그가 스탈린을 거부하면서 (나중에 아이작 도이처가 권고한 것처럼) '망루'로 올라갈 수 있었을까? 도이처는 다음과 같이 썼다.

> 옛 공산주의자 지식인이 취할 수 있는 유일하게 품위 있는 태도는 싸움

을 초월하는 자세인 것처럼 보인다. 그가 자신의 양심을 지키려면 스탈린주의 진영에 가담할 수도 없고 반스탈린주의 신성동맹에 가담할 수도 없다. 그래서 그는 모든 진영의 외부에 머물러 있다. 그는 비판적 의식과 지적 객관성을 되찾으려고 노력한다. 그는 정치에 관여하려는 천박한 야망을 극복한다. 그는 적어도 자기 자신과는 평화를 유지한다. 세계와 거짓된 평화를 유지하고자 자기희생과 자기비난이라는 대가를 치르는 한이 있더라도 말이다.

그렇다고 해서 옛 공산주의자 문필가나 지식인이 상아탑으로 은둔해야 한다는 말은 아니다(상아탑에 대한 경멸은 과거부터 [지금까지] 그에게 남아 있다). 그러나 그는 망루로 철수할 수는 있다. 이 현기증 나는 혼돈의 세계를 멀찍이 서서 조심스럽게 지켜보는 것, 세계에서 무슨 일이 벌어지는지를 날카롭게 살펴보는 것, 그것을 공평무사하게 해석하는 것. 안타깝게도 세심한 관찰과 정직한 해석이 매우 드문 일이 돼 버린 지금의 세대에게 옛 공산주의자 지식인이 제공할 수 있는 명예로운 서비스는 오직 그것들뿐이다.[32]

도이처는 상아탑에 안주하는 것과 망루에 거주하는 것의 실천적 차이가 무엇인지 말해 주지 않는다. 이쪽이든 저쪽이든 어떤 행동도 기대할 수 없기는 마찬가지다. 그러나 도이처는 혁명적 행동의 과학인 마르크스주의의 이름으로 바로 그렇게 말하고 있다!

마르크스와 엥겔스가 1848년 혁명이 끝난 뒤부터 (1864년) 제1인터내셔널이 창립될 때까지 했던 행동을 트로츠키가 따라 할 수 있었을까? 당시 마르크스는 생계를 유지하려고 애쓰는 것 외에는 거의 모든 시간을 《자본론》 저술을 위한 연구에 바쳤다. 1848년 혁명 후 망명자들의 정치 생활은 무익했고 공공연한 싸움과 내분이 끊이지 않았기 때문에 마르크스와 엥겔스는 [일선 활동에서] 물러나 연구에 전념하게 된 것을 매우 기쁘게 생각했다. 1851년 2월 11일 마르크스는 엥겔스에게 보낸 편지에 다음과 같이 썼다.

> 이제 자네와 나, 우리 두 사람이 공적인 일에서 완전히 벗어나게 돼 정말 기쁘다네. 이것은 우리의 태도와 원칙에 딱 맞는 일이네. 품위를 지키기 위해 서로 양보하고 참아야 하는 어정쩡한 상태, 이 멍청이들과 같은 당에 있으면서 감수해야 하는 공적인 수모, 이 모든 것은 이제 끝났네.[33]

2월 13일 자 답장에서 엥겔스도 다음과 같이 썼다.

> 마침내 우리는 (참으로 오랜만에) 우리에게는 인기도 필요 없고 어느 나라 어떤 정당의 지지도 필요 없다는 것, 우리의 입장은 그런 우스꽝스럽고 사소한 것들과 전혀 관계없다는 것을 보여 줄 기회를 얻었네. 지금부터 우리는 오직 우리 자신에게만 책임지면 되네. 그리고 이 신사 양반들에게 우리가 필요한 때가 오면, 우리는 우리의 조건을 요구할 수 있는 처지에 있게 될 걸세. 적어도 그때까지는 우리가 약간의 평화와 고요를 누릴 수 있을 것이네.[34]

마르크스와 엥겔스가 이런 태도를 취할 수 있었던 이유는 그들에게 다음과 같은 확신이 있었기 때문이다. 첫째, 자본주의가 한창 번영하고 있으므로 당장 혁명적 활동을 할 수 있는 가능성이 없었다. 둘째, 당시 그들이 몰두한 이론적 작업이 장차 다시 일정에 오를 혁명에 기여할 것이었다. 1850년 11월 마르크스는 〈노이에 라이니셰 차이퉁〉(신라인 신문)에서 향후 시기에 관한 전망을 다음과 같이 요약했다.

이런 전반적 호황기에는 부르주아 사회의 생산력이 부르주아적 [사회]관계 안에서 최대한 왕성하게 발전하기 때문에 실제 혁명에 대해서는 아무 말도 할 수 없다. 실제 혁명은 현대적 생산력과 부르주아적 생산 형태라는 두 요인이 서로 충돌하는 시기에만 일어날 수 있다. 새로운 혁명은 새로운 경제 위기의 결과로만 가능하다. 그러나 새로운 경제 위기가 확실한 것만큼이나 새로운 혁명도 확실하다.[35]

1850년대에 마르크스와 엥겔스가 직면한 것은, 프롤레타리아의 규모와 힘을 증대시키며 성장하는 진보적 자본주의였다. 80년 뒤에 트로츠키가 직면한 것은 반혁명·파시즘·전쟁의 참사였다. 그런 상황에서 트로츠키가 망루에서 시간을 보냈거나 국제 프롤레타리아가 직면한 당장의 고난이나 투쟁과 관계없는 책을 쓰려고 연구하면서 시간을 보냈다면 혁명가가 아니었을 것이다.

트로츠키는 가장 불리한 상황에서 혁명적 정당, 혁명적 인터내셔널을 건설하려는 영웅적 노력을 기울였다. 스탈린주의와 사회민주주의의 정책들 때문에 노동계급이 계속 패배를 겪게 되자 노동자들의 자신감은 점점 약해졌고, 스탈린주의·사회민주주의 대중조직들에 대한 의존은 점점 심해졌다. 패배가 패배를 낳은 것이다. 그래서 트로츠키주의의 싹이 자랄 수 있는 여지가 거의 없었다. 어떤 나라에서도 트로츠키주의자들은 진정한 대중조직을 효과적으로 건설하는 데 필요한 최소한의 수준에 이르지 못했다. 역사적 상황이 요구하는 것과 실제로 가능한 것 사이에 큰 차이가 있었다. 그리고 이렇게 불가능한 상황에서 트로츠키가 제4인터내셔널을 건설하려고 노력하며 이런저런 실수들을 했다면(지나치게 야심 찬 구조, 반쯤 메시아주의적인 정신 등에서 비롯한 잘못된 전망), 그랬다고 치자. 트로츠키가 혁명적 정당을 건설하려고 노력하지 않았다면, 당시 정세를 분석해서 노동계급의 전진에 필요한 전략과 전술을 제시하는 탁월한 글과 논문을 쓰지 않았을 것이다. 혁명적 인터내셔널을 건설하려고 노력하지 않았다면, 트로츠키가 마르크스주의에 기여한 바, 즉 마르크스주의가 화석처럼 되지 않고 생명을 유지할 수 있게 한 일도 없었을 것이다. 트로츠키는 자본주의·파시즘·전쟁·스탈린주의·개혁주의에 비타협적 적대감을 느끼고 있었기 때문에 지금 여기서 그런 것들에 맞서 싸우려고 온 힘을 다해야 했다. 비록 자신의 생명이 희생됐더라도 말이다. 그런 싸움을 위해 그는 인터내셔널을 힘써 건설해야 했다. 비록 그 노력이 별로 성공하지 못했더라도 말이다. 그런 노력이라도 없었다면, 마르크스·레닌·룩셈부르크·트로츠키의 전통은 미래 세대에게 전달되지 못했을 것이다.

그러나 제4인터내셔널을 건설하기 위해 분투하는(트로츠키가 1933년 이후 실제로 그랬다) 것과 제4인터내셔널의 존재를 공식적으로 선언하는(그가 1938년에 실제로 그랬다) 것은 달랐다. 전자는 절대적으로 필요했지만, 후자는 거의 확실한 잘못이었다.

트로츠키 자신은 '건설하는 것'과 '선언하는 것'의 이런 차이를 알고 있었기에 1933년에 다음과 같이 썼다. "오늘 새로운 인터내셔널이 창립됐다고 선언하는 것은 모험주의임은 말할 것도 없고 불법적 사기 행위일 것이다."[36] 1935년에도 그는 "트로츠키주의자들이 다음 주 목요일에 제4인터내셔널을 선포하고 싶어 한다"는 주장에 대해 "어리석은 헛소문"이라고 여전히 비난했다.[37]

트로츠키주의 경향이 그토록 허약할 때 제4인터내셔널 창립을 선언한 것은, 운동을 전혀 전진시키지 못한 채 오히려 과대망상만 불러일으키는 문제를 낳았다. 조직적으로는, 앞서 비판했듯이 상부가 너무 무거운 가식적 구조를 공식화했다. 정치적으로는, "전환 강령"을 트로츠키 지지자들의 마음속에서 《공산당 선언》과 대등한 고전적 문서로 격상시키는 경향을 보였다.

이런 약점들은 트로츠키가 죽은 뒤에 특히 해악을 끼쳤다. 경험 없고 단련되지 않은 트로츠키주의자들은 어느 나라에도 이렇다 할 노동계급 기반이 없었지만 '국제 지도부' 구실을 자임했고, "전환 강령"의 전망과 요구를 성서처럼 떠받들었다. 심지어 그런 전망과 요구가 더는 현실과 맞지 않다는 것이 분명해진 뒤에도 그랬다.

13장

《배반당한 혁명》

착취율 높이기 캠페인이었던 스타하노프 운동. 오른쪽이 소련에서 노동 영웅으로 불린 알렉세이 스타하노프다. 스탈린 체제의 관료 집단은 스타하노프 운동, 개수임금, 임금 차별 등을 통해 극심한 불평등을 강요했다.

트로츠키가 그럭저럭 완성한 마지막 책은《배반당한 혁명》이었다. 그 책의 타이밍은 의미심장했다.《배반당한 혁명》이 완성됐을 때는 지노비예프와 카메네프를 비롯한 수많은 볼셰비키 선임 당원들이 처형되는 모스크바 재판이 있기 직전이었다. 책이 출판된 1937년 5월은 라데크·퍄타코프·소콜니코프의 재판 직후였고, 투하쳅스키 원수를 비롯한 여러 장군들이 처형되기 직전이었다.

그 얼마 전에 스탈린은 소련이 사회주의를 달성했다고 선포했다.《배반당한 혁명》의 주요 목표는 이 주장을 논박함과 동시에 러시아 혁명의 스탈린주의적 변질에 대한 종합적인 역사적 분석을 제시하려는 것이었다.

사회주의를 옹호하며

트로츠키가 스탈린 치하 소련의 현실과 사회주의를 나란히 놓고 비교한 것은 탁월하다. 그는 소련 사회의 심각한 모순을 다음과 같이 묘사한다.

> 물질적·문화적 불평등, 정부의 탄압, 정치조직들의 분파 투쟁[을 통해 소련 사회의 모순들이 표현되고 있다]. 경찰의 탄압은 정치적 투쟁을 은폐하고

왜곡하지만 제거하지는 못한다.[1]

스탈린 체제의 관료 집단은 개수임금, 스타하노프 운동, 임금 차별을 통해 자본주의 나라들보다 더 극심한 불평등을 강요했다.

임금의 불평등 수준에서 소련은 자본주의 나라들을 따라잡았을 뿐 아니라, 훨씬 앞지르고 있다![2]

프롤레타리아 내부의 차별과 함께 관료에게는 특별 상점, 사치품, 교육을 비롯한 각종 제도적 혜택 등 은밀하거나 공공연한 특권이 존재했다. 경제적 불평등 심화가 소련 사회의 가장 중요한 특징이 됐다.

봉급, 모든 형태의 현물 서비스, 온갖 종류의 반합법적 소득원뿐 아니라 극장, 으리으리한 휴양소, 병원, 요양원, 여름 별장, 박물관, 클럽, 체육시설 등에서 관료와 소비에트 귀족이 차지하는 몫을 감안하면, 십중팔구 인구의 15~20퍼센트가 나머지 80~85퍼센트와 거의 동등한 부를 누리고 있다고 결론지어야 할 것이다.[3]

사회적 불평등을 가늠하는 최상의 리트머스시험지는 사회에서 여성이 차지하는 지위라고 트로츠키는 주장한다. "문제 중의 문제"인 여성의 평등은 소련에서 해결되지 않았고, 오히려 노동하는 여성들은 관료 집단과 충돌하고 있었다. 관료들이 자신의 지배와 특권을 지키기 위해 사회의 모든 측면을 부르주아적 방향으로 탈바꿈시키고 있었기 때문이다. 트로츠키는 다음과 같이 썼다.

10월 혁명은 여성에 대한 의무를 정직하게 이행했다. 신생 혁명정부는 여성의 정치적·법률적 권리를 남성과 평등하게 보장했을 뿐 아니라, 더 중요하게는 여성이 모든 형태의 경제적·문화적 활동을 할 수 있도록 실질적으로 보장하는 데서 그 어떤 정부보다 많은 일을 했다. … 혁명은 이른바 가정생활을 파괴하고자 영웅적으로 노력했다. 즉, 노동하는 계급의 여성이 어려서부터 죽을 때까지 노예처럼 일해야 하는 낡고 고루하고 침체된 제도를 파괴하려 했다. 계획대로라면, 폐쇄적 소기업 같은 가족은 사라지고 사회적 돌봄 시설과 체계가 완성돼야 했다. 즉, 산부인과, 어린이집, 유치원, 학교, 공공 식당, 공공 세탁소, 응급치료 기관, 병원, 요양원, 체육 시설, 영화관 등이 설립돼야 했다. 가족의 가사 기능을 사회주의 사회의 제도들이 완전히 흡수해서 모든 세대를 연대와 상호부조 속에 단결시키면, 여성(과 따라서 서로 사랑하는 커플)을 1000년간 지속된 족쇄에서 진정으로 해방할 수 있을 터였다. 이 핵심적 문제는 지금까지도 해결되지 않았다. 소련의 4000만 가족 가운데 압도 다수는 여전히 중세의 관습이나 문화, 여성 노예제와 히스테리, 아이들에 대한 일상적 천대, 여성과 아이의 미신 등이 자라나는 온상이다. 우리는 이 점에 대해 어떤 환상도 품어서는 안 된다. 바로 그런 이유 때문에, 소련에서 가족 문제를 다루는 방식의 잇따른 변화야말로 소련 사회의 실제 성격과 그 지배층의 진화를 가장 잘 보여 준다.[4]

복원된 부르주아 가족의 한 측면은 성매매가 광범하게 나타났다는 것이었다.

[성매매], 즉 돈을 낼 수 있는 남성들의 이익을 위해 여성이 극단적으로 타락하는 현상[이 소련에 존재한다]. … 지난해[1935년] 가을 〈이즈베스티야〉는 갑자기 독자들에게 "프롤레타리아 수도의 거리에서 몰래 몸을 파는 여성이 1000명이나" 체포된 모스크바의 사례를 알려 줬다. … 성매매

가 엄연히 존재하는 마당에 사회주의의 승리 운운하는 것은 결코 용서할 수 없는 일이다.[5]

부르주아 가족의 복원과 미화는 여성 억압을 강화시켰다. 이런 복원은 관료 권력 강화의 부산물이었다.

지금 관료 집단이 가족을 숭배하는 가장 강력한 동기는 그들에게 안정된 위계질서가 필요하다는 것, 그리고 권위와 권력을 뒷받침하는 4000만 개의 거점들을 이용해 청년을 훈육할 필요가 있다는 것이다.[6]

정신생활은 숨이 막혔고, 청년들은 권위주의와 위선에 억눌렸다.

학생의 학교생활과 사회생활은 형식주의와 위선으로 가득 차 있다. 아이들은 극도로 따분한 수많은 모임에서 끝까지 자리를 지키고 앉아 연단에서 나오는 도덕적 훈화를 어쩔 수 없이 듣고, 경애하는 지도자들을 칭송하는 구호를 제창하고, 결론이 뻔한 토론에서 (어른들이 하듯이) 마음속 생각과 전혀 다른 말을 하는 법을 배운다. …
강요된 낙관주의에도 불구하고 [학교생활을 짓누르는] 억압과 허위, 따분한 분위기 속에서 더 사려 깊은 교사들과 아이들은 [일상적] 공포감을 글로 표현하지 않을 수 없다. … 독립적 사고와 마찬가지로 독립적 성격도 비판 없이는 발전할 수 없다. 그러나 소련의 청년들은 생각을 교환하고 잘못을 저지르고 자신뿐 아니라 남의 잘못도 바로잡으려고 노력할 초보적 기회조차 박탈당하고 있다. [그들 자신의 문제를 포함한] 모든 문제는 그들 대신 [다른 누군가의 손에서] 결정된다. 그들은 단지 그 결정을 실행하고, 그 결정을 내린 사람들을 칭송하기만 하면 된다. …
수많은 공산주의청년단원 중에서 큰 인물이 단 한 명도 나오지 않은 것

> 은 바로 그 때문이다.
>
> 청년들은 공학, 과학, 문학, 스포츠·체스 게임에 투신하면서 말하자면 미래의 위대한 행동을 위한 자극을 받는다. 이 모든 분야에서 그들은 준비되지 않은 구세대와 경쟁하고, 흔히 구세대와 맞먹거나 이들을 때려눕힌다. 그러나 정치 분야에서는 그저 다치기만 한다.[7]

스탈린 시대는 "예술 창작의 역사에 평범한 재능을 지닌 예술인들, 관변 예술인들, 아첨꾼 예술인들의 시대로 뚜렷이 기록될 것이다." 스탈린 치하에서 "문학 유파들은 하나씩 하나씩 목이 졸려 죽었다."

> 그런 몰살 과정은 모든 이데올로기 분야에서 진행됐다. 그것이 더 결정적이었던 이유는 절반 이상이 무의식적으로 진행됐기 때문이다. 현재의 지배층은 정신적 창작을 정치적으로 통제할 수 있을 뿐 아니라 그 발전 과정도 명령할 수 있다고 생각한다. 동의는 구하지 않고 명령만 하는 이 방법은 강제수용소, 과학적 영농, 음악 분야 등에도 똑같이 적용되고 있다. 철학, 자연과학, 역사는 말할 것도 없고 건축, 문학, 극예술, 발레 분야에서도 당 중앙 기관의 지시 사항들이 군대의 명령처럼 익명으로 인쇄돼 배포되고 있다.
>
> 관료 집단은 자신들이 이해하지 못하는 것뿐 아니라 자신들에게 직접 도움이 되지 않는 것에 대해서도 모두 미신과 같은 두려움을 느낀다.[8]

무엇보다 트로츠키는 거대한 권위주의 국가와 사회주의는 결코 양립할 수 없다고 주장한다. 《국가와 혁명》에서 레닌은 "국가가 시들어 죽는다"는 마르크스의 개념을 망각에서 구해 낸 바 있다. 트로츠키도 다음과 같이 썼다.

현재 소련 국가의 성격을 어떻게 해석하든 간에 하나는 명백하다. 존재한 지 20년이 다 돼 가지만 그 국가는 죽지 않았을 뿐 아니라, "시들어 죽기" 시작하지도 않았다는 것이다. 더 나쁜 점은, 그것이 지금까지 전혀 들어 보지 못한 강압 기구로 변해 버렸다는 것이다. 관료 집단은 대중에게 자리를 내주고 사라진 것이 아니라, 대중을 지배하고 대중의 통제를 받지 않는 세력으로 탈바꿈했다. 군대는 무장한 민중으로 대체된 것이 아니라, 원수들이 꼭대기에 있는 특권적 장교 집단을 만들었다. 반면에 "[프롤레타리아] 독재의 무장한 담당자들"인 민중은 지금 소련에서 비폭발성 무기를 소지하는 것조차 금지돼 있다. 아무리 상상의 나래를 펼치더라도, 마르크스·엥겔스·레닌이 생각한 노동자 국가 개념과 지금 스탈린이 이끄는 실제 국가의 차이보다 더 큰 차이를 상상하기는 어려울 것이다.[9]

적군赤軍은 스탈린 체제의 반동이 가장 극단적으로 구현된 것이었다.

10월 혁명의 원칙에 치명타를 가한 것은 온갖 부르주아적 분위기를 갖춘 장교 집단을 복원시킨 법령이다. …
군대는 사회의 복사판이어서 사회의 모든 질병에 시달리는데, 보통은 더 심한 고열을 앓는다. …
1935년 9월 소련의 우방과 적국을 비롯한 문명 세계의 인류는 이제 적군에 장교들의 위계질서(소위부터 원수까지)가 도입될 것이라는 놀라운 소식을 들었다.[10]

스탈린은 사회주의 사상 자체를 오염시켰다. 사회주의는 힘들게 일하는 사람들의 자치를 의미한다. 그러나 스탈린 체제는 힘들게 일하는 사람들을 억압한다. 사회주의는 보편적 평등을 향해 끊임없이 전진하는 것을 의미한다. 그러나 스탈린 체제는 역겨운 특권들을 확립했다. 사회주의의 목표는 통합적 개성을 꽃피우는 것이다. 그러나 스탈린 체제는 모든 개인을 퇴화시킨다. 사회주의는 이기적이지 않은 인간관계를 의미한다. 그러나 스탈린 체제는 사회적·개인적 관계에 탐욕, 거짓말, 배신을 주입한다.

'변질된 노동자 국가' 이론

트로츠키가 《배반당한 혁명》을 쓴 이유는 소련에 사회주의가 확립됐다는 스탈린의 주장을 논박하는 것 말고도, 러시아 혁명의 변질에 관한 종합적인 역사적·사회적 분석을 제시하는 것도 있었다.

트로츠키는 역사유물론의 방법을 사용해 소련의 경제 발전[을 분석하는 것]에서 시작했다. 그는 "거의 모든 자본주의 세계가 정체하고 쇠퇴한" 것과 대조적으로 소련에서는 철강, 석탄, 석유, 전기의 생산이 엄청나게 증가했다고 강조한다.

> 혁명은 생산수단을 국가의 수중에 집중함으로써 비할 바 없이 효과적인 새로운 공업 방식들을 적용할 수 있게 만들었다.[11]

여기서 트로츠키가 끌어낸 결론은 다음과 같다.

> 사회주의는 승리할 권리가 있음이 입증됐다. 그러나 《자본론》에서 입증된 것이 아니라, 지구 표면의 6분의 1을 차지하는 공업지역에서 입증됐다. … 오로지 프롤레타리아 혁명 덕분에 한 후진국이 10년이 채 안 되는 사이에 역사상 전례 없는 성공을 거둔 것이다.[12]

그러나 "사회주의가 승리할 권리"가 이렇게 입증됐다는 것이 곧 실제로 승리를 달성했다는 말은 아니었다. 사회주의는 자본주의보다 높은 경제 [발전] 수준을 요구하지만, 소련은 결코 그런 수준에 이르지 못했다.

> 소련 공업의 역동적 통계 수치들은 전례 없는 것들이다. 그런데 아직도 발전할 여지가 많다. 소련은 엄청나게 낮은 수준에서 자신을 끌어올리고 있는 반면, 자본주의 나라들은 매우 높은 수준에서 미끄러져 내려가고 있다. 지금 [자본주의 나라들과 소련의] 세력 관계는 성장률에 따라 결정되지 않는다. 물질적 축적, 기술, 문화, 무엇보다 인간 노동의 생산성으로 표현되는 두 진영의 능력 전체를 비교함으로써 결정된다. 이런 요인들의 통계 수치라는 관점에서 문제를 바라보면, 상황은 즉시 뒤바뀌어서 소련에 극히 불리해진다.[13]
> 소련의 1인당 노동생산성은 여전히 매우 낮다. 최상의 주물공장 책임자가 인정한 바를 보더라도, 노동자 1인당 철강 생산량은 미국 주물공장 평균 생산량의 3분의 1에 불과하다. 두 나라의 평균 수치를 비교해 보면 십중팔구 1 대 5나 그 이상으로 벌어질 것이다.[14]

관료 집단의 뿌리는 바로 소련 사회의 후진성에서 찾아야 했다. 관료는 희소한 생산물의 분배 과정에서 나타나는 경찰이었다.

> 관료 집단의 지배는 사회에 소비재가 부족하고 이에 따라 만인에 대한 만인의 투쟁이 벌어지는 상황에 바탕을 두고 있다. 가게에 상품이 충분이 많으면 구매자는 언제든지 와서 원하는 것을 살 수 있다. 그러나 상품이 부족하면 구매자는 줄을 설 수밖에 없다. 이 줄이 매우 길어지면, 질서를 유지하기 위해 경찰을 배치해야 한다. 그것이 소련 관료 집단의

권력이 생겨나는 출발점이다. 관료는 누가 물건을 살 수 있고 누가 기다려야 하는지를 "알고 있다."[15]

물론 관료들은 자신의 개인적 이익을 결코 잊지 않았다.

분배할 재산을 가진 사람이 자신을 빼놓고 분배하는 경우는 여태까지 없었다. … [관료 집단은 — 지은이] 사회적·도덕적으로 심각하게 대중과 괴리됐기 때문에, 이제 자신의 활동이나 소득에 대한 통제를 전혀 허용할 수 없다.[16]

관료들의 엄청나게 증대하는 특권에도 불구하고, 프롤레타리아와 여성에 대한 억압에도 불구하고, 완전히 전체주의적인 국가의 성격에도 불구하고, 스탈린 체제의 관료 집단이 당을 목 졸라 죽였다는 사실에도 불구하고, 가족과 문화 등의 분야에서 일어난 엄청난 반동에도 불구하고, 트로츠키는 여전히 소련이 노동자 국가라고 생각했다. 관료 집단이 프롤레타리아를 정치적으로 수탈했지만, 10월 혁명의 기본적인 사회적 성과인 국가 소유와 계획경제는 여전히 남아 있었기 때문이다.

관료 집단은 의식적 정치 세력으로서 혁명을 배반했다. 그러나 다행히 승리한 혁명은 강령, 깃발, 정치제도만이 아니라 사회관계 체제이기도 하다. 혁명을 배반하는 것으로는 충분하지 않다. 혁명을 전복해야 한다.[17]

따라서 소련은 여전히 노동자 국가였다.

토지 국유화, 산업의 생산·운송·교환 수단 국유화와 함께 외국무역 독점이 소련 사회구조의 토대를 이루고 있다. 우리가 보기에는 프롤레타리아 혁명으로 확립된 이런 관계를 통해 노동자 국가인 소련의 성격이 기본적으로 규정된다.[18]

비록 관료 집단은 "소련 사회에서 유일한 특권적 지배층"이지만[19] 그래도 지배계급은 아니[라고 트로츠키는 봤]다.

특권은 자녀에게 상속될 수 없다면 절반의 가치만 있을 뿐이다. 그러나 유서 작성권은 소유권과 분리될 수 없다. 독점기업의 책임자가 되는 것으로는 충분하지 않다. 주주가 돼야 한다. 이 결정적 영역에서 관료 집단이 승리한다면 그들은 새로운 소유 계급으로 바뀔 것이다. 반면에 프롤레타리아가 관료 집단을 물리치고 승리한다면 사회주의 혁명은 확실히 되살아날 것이다.[20]

소련 관료 집단은 [10월 혁명의] 사회적 성과를 독자적 방식으로 방어하기 위해 프롤레타리아를 정치적으로 수탈했다. 그러나 주요 생산수단이 국가의 수중에 있는 나라에서 관료가 정치권력을 장악했다는 사실 때문에 관료 집단과 소련의 재산 사이에는 지금껏 알려지지 않은 새로운 관계가 형성된다. … 관료 집단은 자신들의 지배를 사회적으로 뒷받침해 줄 특별한 종류의 소유 형태를 아직까지 만들어 내지 못했다. 그들은 권력과 소득의 원천인 국가 소유를 방어할 수밖에 없다. 그렇게 행동할 수밖에 없다는 측면에서, 관료 집단을 '국가자본가' 계급으로 표현하려는 시도는 분명히 비판을 견뎌 내지 못할 것이다. 관료 집단은 주식도 채권도 소유하지 않는다. 그들은 행정적 위계 구조를 통해 충원되고 갱신되며 그들만의 특별한 소유관계 따위는 전혀 없다. 관료 개인은 국가기구를 이용할 권리를 자식에게 물려줄 수 없다. 관료 집단은 권한을 남용하는 형태로 특권을 누린다. 그들은 자신들의 소득을 은폐하는데,

마치 특별한 사회집단으로서 자신들이 존재하지도 않는 척하는 것이다. 그들이 국민소득에서 엄청난 몫을 차지한다는 것은 사회적 기생성을 나타낸다. 이 모든 것 때문에 소련 지배층의 지위는 극단적으로 모순되고 모호하며 품위도 없다. 그들이 권력을 완전히 장악하고 있고, [노동계급에게] 아첨하는 연막술로 그 사실을 숨기고 있지만 말이다.[21]

관료 집단은 계급이 아니라 기생적 계층일 뿐이므로 그들을 제거하는 행위는 사회혁명이 아니라 정치혁명이라고 트로츠키는 주장했다.

소련 관료 집단은 싸움 한 번 하지 않고 자신들의 지위를 포기하지는 않을 것이다. 사태 전개는 분명히 혁명의 길로 나아가고 있다. …
관료 집단은 혁명적 세력만이 제거할 수 있다. …
관료 집단이 자신들에 맞서 준비하고 있는 혁명은 1917년 10월 혁명 같은 사회혁명이 아닐 것이다. 지금 문제는 사회의 경제적 토대를 바꾸는, 즉 특정한 소유 형태를 다른 소유 형태로 대체하는 것이 아니기 때문이다. 역사를 보면, 봉건 체제를 부르주아 체제로 대체한 사회혁명들뿐 아니라, 사회의 경제적 토대를 파괴하지 않은 채 옛 지배층을 쓸어버린 정치혁명들도 있었다(1830년과 1848년의 프랑스 혁명, 1917년 2월의 러시아 혁명 등이 그랬다). 물론 보나파르트 체제 [지배] 계층의 전복은 심각한 사회적 결과를 낳겠지만, 그 자체로는 정치혁명의 한계를 벗어나지 않을 것이다.[22]

소련의 전망은 어땠는가? 이 물음에 대한 트로츠키의 답변은 완전히 분명했다.

다가오는 세계대전에서 소련이 패배하지 않을 것이라고 … 기대할 수 있을까? 이 솔직한 물음에 우리는 다음과 같이 솔직하게 대답할 것이다. 전쟁이 단지 전쟁에 그친다면, 소련의 패배는 피할 수 없을 것이다. 기술적·경제적·군사적 의미에서 제국주의는 [소련보다] 비할 바 없이 강력하다. 서방에서 혁명이 일어나 제국주의가 마비되지 않는다면 제국주의는 10월 혁명으로 생겨난 체제를 쓸어버릴 것이다.[23]

혁명이 [제국주의를] 방해하지 않는다면, 소련의 사회적 토대는 [전쟁에서] 패배할 경우뿐 아니라 승리할 경우에도 틀림없이 분쇄될 것이다.

2년여 전에 발표된 강령 "전쟁과 제4인터내셔널"에서는 이런 전망을 다음과 같이 개괄한 바 있다. "주요 필수품이 국가에 절실하기 때문에, 농민 경제의 개인주의적 경향이 상당히 강해질 것이고 시간이 흐를수록 집단농장 내에서 원심력이 증대할 것이다. … 우리는 전쟁의 열기 속에서 [소련이] … 동맹한 외국자본을 끌어들이고, 외국무역 독점을 파기하고, 독점기업에 대한 국가 통제를 약화시키고, 독점기업 간 경쟁을 격화시키고, 독점기업과 노동자들 사이의 충돌을 불러일으킬 것 등을 예상할 수 있다. … 다시 말해 전쟁이 길어지고 세계 프롤레타리아가 계속 수동적이라면, 소련에서는 내부의 사회적 모순 때문에 부르주아 보나파르티즘 반혁명이 일어날 수 있을 뿐 아니라, 틀림없이 일어날 것이다." 지난 2년의 사건들은 이런 예상의 설득력을 갑절로 만들었다.[24]

스탈린 체제의 관료 집단이 지배계급이라는 견해를 트로츠키가 거부한 근본적 이유는, 앞서 인용했듯이 그들이 곧 사멸할 것이라고 예상했기 때문이다. "겨우 몇 년, 심지어 몇 달 뒤에 수치스럽게 몰락할 것이 뻔한 보나파르트 체제의 소수 지배층에게 새로운 지배계급이라는 이름을 붙여 준다면 우리 스스로 우스꽝스럽게 되지 않겠는가?"[25]

트로츠키가 《배반당한 혁명》에서 제시한 스탈린 체제 분석은 매우 큰 장점이 있다. 무엇보다 그것은 철저하게 마르크스주의적인 분석이고 역사유물론에 근거한 분석이다. 그 출발점은 소련이 처한 객관적 경제·사회·정치 상황, 게다가 일국적일 뿐 아니라 국제적인 상황이다. 이 점에서 그것은 스탈린 체제를 스탈린의 개성이 낳은 결과로 설명하거나(예컨대 흐루쇼프는 '개인숭배' 탓으로 설명한다), 아니면 볼셰비키 이데올로기와 당 조직 형태의 산물로 설명하는(자유주의자들과 사회민주주의자들과 아나키스트들은 그렇게 설명한다) 흔한 관념론적 견해와 근본적으로 다르다.

[트로츠키의] 분석은 철저하게 국제주의적이다. 그것은 러시아 혁명이 변질되고 스탈린주의가 성장하게 된 결정적 요인을 자본주의의 국제적 성격에서 찾는 연속혁명론에 뿌리를 두고 있다.

《배반당한 혁명》은 스탈린 체제가 사회주의와 전혀 관계없는 체제라고 비타협적으로 비판한다. 《배반당한 혁명》은 [소련] 관료 집단에 대한 가장 강력한 고발장이다. 그것은 철저하게 혁명적이어서, 스탈린 체제를 강력하게 비판하면서도 (반동적 반공주의와 비슷한) 스탈린 혐오로 전락하지는 않았다.

따라서 트로츠키의 소련 분석은 트로츠키주의의 핵심 특징 — 스탈린주의와 세계 자본주의에 모두 반대하는 혁명적 마르크스주의 — 을 뒷받침한다.

그러나 트로츠키의 스탈린 체제 분석에는 심각한 약점들도 있다. 그 약점들은 역사적으로 전례 없는 현상, 즉 노동자 국가가 내전에서 살아남았지만 여전히 엄청난 적들에게 포위당한 것에 직면해서 나타난 자연스러운 결과다. 트로츠키는 한발 물러서서 소련 국가의 현재 단계를 살펴볼 시간이 없었다. 시간이 흐른 뒤에 깨달은 사실에 비춰서 트로츠키의 스탈린 체제 분석에 있는 약점을 찾기는 훨씬 쉽다.

트로츠키의 견해에 대한 비판

나는 1948년에 "소련 스탈린 체제의 [계급적] 성격"이라는* 142쪽짜리 긴 글을 써서, 소련을 변질된 노동자 국가로 규정한 트로츠키의 주장을 검토하고 비판했다. 이 절에서는 주로 그 글의 발췌문을 이용할 것이다.

노동자들이 통제하지 못하는 국가를 노동자 국가라고 할 수 있을까?

트로츠키의 저작을 살펴보면, 매우 모순되고 서로 다른 두 가지 노동자 국가 정의를 발견할 수 있다. 첫째 정의에 따르면, 노동자 국가를 구별하는 기준은 프롤레타리아가 아무리 제한적이더라도 국가권력을 직간접적으로 통제하는지 그러지 못하는지다. 즉, 프롤레타리아가 굳이 혁명을 일으키지 않고도 개혁만으로 관료 집단을 제거할 수 있는가 없는가 하는 점이다. 1931년에 트로츠키는 다음과 같이 썼다.

> 현재의 소련 국가를 노동자 국가로 인정한다는 것은 부르주아지가 오직 무장봉기를 통해서만 권력을 장악할 수 있다는 뜻일 뿐 아니라, 소련 프롤레타리아가 새로운 혁명을 일으키지 않고도 개혁만으로 관료 집단을 굴복시키고 당을 부활시키고 [프롤레타리아] 독재 체제를 개선할 수 있다는 뜻이기도 하다.[26]

트로츠키는 '민주적 집중주의' 그룹이라는 반대파 조직의 회원인 보로다이에게 보낸 편지에서 이런 견해를 훨씬 분명히 표현했다. 이 편지에는 날짜가 적혀 있지 않지만, 모든 사정을 감안해 보면 1928년

---

* 이 글은 그동안 여러 차례 개정돼 영국에서 책으로 출판됐고, 우리말로는 《소련은 과연 사회주의였는가?》(책갈피, 2011)에 수록돼 있다.

말에 쓰였다는 것을 알 수 있다. 거기서 트로츠키는 다음과 같이 이야기했다.

> 당신은 "[당] 기구와 소비에트 권력이 변질됐다는 것은 사실입니까? 이것이 두 번째 질문입니다" 하고 썼습니다.
> 소비에트 기구가 당 기구보다 훨씬 많이 변질됐다는 것은 의심의 여지가 없습니다. 그렇지만 결정권은 당에 있습니다. 지금 이것이 뜻하는 바는 당 기구가 모든 것을 좌우한다는 것입니다. 따라서 당신의 질문은 다음과 같이 묻는 것이나 마찬가지입니다. 당의 프롤레타리아 중핵이 노동계급의 도움을 받아, 국가기구와 융합하고 있는 당 기구의 독재에 맞서 승리할 수 있을까요? 결코 그럴 수 없다고 예단하는 사람은 누구나 새로운 토대 위에서 새로운 당을 건설해야 한다고 말하는 것일 뿐 아니라, 제2의 새로운 프롤레타리아 혁명도 필요하다고 말하는 셈입니다.[27]

같은 편지의 뒷부분에는 다음과 같이 썼다.

> 당이 시체가 됐다면, 새로운 곳에서 새로운 당을 건설해야 하고 이 사실을 노동계급에게 공개적으로 알려야 합니다. 테르미도르 반동이 완료됐다면, 그래서 프롤레타리아 독재가 청산됐다면, 제2의 프롤레타리아 혁명이라는 깃발을 올려야 합니다. 우리가 옹호하는 개혁의 길이 가망 없는 것으로 판명된다면, 우리는 바로 그런 행동에 나서야 합니다.[28]

[그러나] 트로츠키의 둘째 정의는 근본적으로 기준이 다르다. 국가기구가 아무리 대중과 괴리돼 있고 심지어 관료 집단을 제거할 수 있는 방법이 오직 혁명뿐이더라도, 생산수단이 국가 소유로 남아 있는 한 그 국가는 여전히 노동자 국가이고 프롤레타리아는 여전히 지배

계급이라고 주장한 것이다.

여기서 다음과 같은 세 결론이 나올 수 있다.

(1) 노동자 국가에 대한 트로츠키의 둘째 정의는 첫째 정의를 부정한다.

(2) 둘째 정의가 옳다면, "혁명에서 노동계급이 취할 첫 조치는 프롤레타리아를 지배계급의 지위로 끌어올리는 것"이라는 《공산당 선언》의 주장이 틀린 것이 된다. 그리고 파리코뮌과 볼셰비키 독재 모두 노동자 국가의 사례가 아니게 된다. 왜냐하면 파리코뮌은 생산수단을 전혀 국유화하지 않았고 볼셰비키 독재는 얼마 동안 그러지 않았기 때문이다.

(3) 국가가 생산수단의 창고인데 노동자들이 그것을 통제하지 못한다면, 그들은 생산수단을 소유하지 못하는 것이다. 즉, 노동자들은 지배계급이 아닌 것이다. 첫째 정의는 이 점을 인정하지만, 둘째 정의는 이 점을 논박하지 않은 채 회피한다.

소련이 노동자 국가라는 정의와 마르크스주의 국가론

소련이 변질된 노동자 국가라는 생각은 마르크스주의 국가 개념과 정면충돌하는 결론으로 이어질 수밖에 없었다. 트로츠키가 말한 정치혁명과 사회적 반혁명의 구실을 분석해 보면, 이 점이 드러날 것이다.

부르주아 정치혁명 기간에, 예컨대 1830년과 1848년의 프랑스 혁명 때 정부 형태는 어느 정도 바뀌었지만 국가 형태는 변하지 않았다. 즉, "군대·감옥 등 특별한 기관"은* 민중과 괴리된 채 자본가계급에게 계속 봉사했다. 독일에서 히틀러가 승리한 것은 또 다른 사례다. 히틀러가 승리한 후 국가기구에서 대대적 숙청이 벌어졌지만, 국가기구 전체는 분쇄되지 않고 그대로 남아 있었다.

그러나 노동자 국가는 다른 어떤 국가보다 내용과 형식이 밀접하다. 그러므로 노동자 국가에서도 정치혁명이 일어날 수 있다고 가정하더라도, 하나는 분명하다. 프롤레타리아의 정치혁명 후에도 전과 똑같은 노동자 국가기구가 계속 존재해야 한다는 것이다. 소련이 노동자 국가였다면, 노동자 정당이 정치혁명 과정에서 대규모 '숙청'을 단행하더라도 그 당은 기존 국가기구를 이용할 수 있고 이용했을 것이다. 반면에, 부르주아지가 정권을 장악했다면 기존 국가기구를 이용하지 못하고 어쩔 수 없이 국가기구를 분쇄하고 그 폐허 위에서 새로운 국가기구를 건설해야 했을 것이다.

소련의 상황이 그랬는가? 질문이 정확하면 해답을 반쯤 얻은 것이나 마찬가지다. 혁명적 정당이 KGB[보안경찰]나 관료 기구나 상비군을 이용할 수 없었을 것이라는 점은 분명하다. 혁명적 정당은 기존 국가를 분쇄하고 소비에트와 시민군 등으로 대체해야 했을 것이다.

이에 반해, 부르주아지가 정권을 장악했다면 그들은 틀림없이 KGB와 정규군 등을 이용할 수 있었을 것이다. 트로츠키는 마르크스주의 국가론을 이렇게 적용하기를 부분적으로 회피하면서, 혁명적 정당은 "노동조합과 소비에트에서 민주주의를 회복하는 일부터 시작할 것"이라고 말했다. 그러나 사실 소련에는 민주주의가 회복될 수 있는 노동조합이나 소비에트가 존재하지 않았다. 문제는 국가기구를 개혁하는 것이 아니라, 그것을 분쇄하고 새로운 국가를 건설하는 것이었다.

---

* 레닌이 《국가와 혁명》에서 말한 바 있는 문구다.

프롤레타리아는 권력을 장악하자마자 기존 국가기구를 분쇄해야 했던 반면 부르주아지는 그것을 이용할 수 있었다면, 소련은 노동자 국가가 아니었다는 말이 된다. 프롤레타리아와 부르주아지가 모두 국가기구를 '숙청'하지 않고는 기존 국가기구를 이용할 수 없었을 것이라고 가정하더라도(그만큼 심대한 변화가 있어야만 국가기구가 질적으로 달라졌을 것이다), 마찬가지로 소련은 노동자 국가가 아니었다는 결론을 내릴 수밖에 없다. 프롤레타리아와 부르주아지가 똑같은 국가기구를 자신들의 지배 수단으로 이용할 수 있다는 생각은 마르크스·엥겔스·레닌과 트로츠키 자신이 주장한 국가론의 혁명적 내용을 부인하는 것과 마찬가지였다.

생산관계와 분리시켜 살펴본 소유 형태: 형이상학적 추상

마르크스주의자라면 누구나 사적 소유를 생산관계와 분리시켜 살펴보면 초역사적 추상으로 귀결된다는 것을 인정한다. 인류 역사에는 노예제, 봉건제, 자본주의 체제라는 사적 소유가 나타났고, 이것들은 서로 근본적으로 다르다. 마르크스는 프루동이 사적 소유를 생산관계와 분리시켜 정의하려고 한 것을 비웃었다. 생산수단을 자본으로 만드는 것은 생산관계 전체다. 그래서 마르크스는 다음과 같이 말했다.

> 역사의 시기마다 소유는 완전히 다른 사회관계 속에서 서로 다르게 발전했다. 따라서 부르주아적 소유를 정의하는 것은 부르주아적 생산의 모든 사회관계를 해명하는 것과 마찬가지다. 소유를 하나의 독립적 관

계, 독립적 범주로 — 추상적인 영원한 이념으로 — 정의하려는 것은 형이상학적 환상이나 법률적 환상일 뿐이다.[29]

자본주의 생산과정에서 사람들 사이에 형성되는 관계를 나타내는 범주들 — 가치·가격·임금 — 은 모두 부르주아적 사적 소유의 필수적 일부다. 자본주의적 사적 소유의 역사적·사회적 성격을 규정하고 그것을 다른 종류의 사적 소유와 구별해 주는 것은 바로 자본주의 체제의 운동 법칙이다. 생산관계에서 소유 형태를 추상시킨 프루동은 "이 경제적 관계들 전체[자본주의 생산관계 — 지은이]를 '소유'라는 일반적 법률 개념 속으로 쓸어 넣었다." 그러므로 "프루동은 브리소가* 1789년 이전에 쓴 비슷한 저작에서 했던 말, 즉 '소유는 도둑질이다'라는 대답을 넘어설 수 없었다."[30]

한 형태의 사적 소유가 다른 형태의 사적 소유와 역사적 성격이 서로 다를 수 있고, 서로 다른 형태의 사적 소유가 서로 다른 계급의 기반이 될 수 있다는 사실을 마르크스는 분명히 밝힌 바 있다. 이것이 국가 소유에도 적용될 수 있는지는 분명하지 않다. 왜냐하면 역사에서 계급투쟁은 주로 사적 소유를 바탕으로 벌어졌기 때문이다. 사적 소유에 바탕을 두지 않은 계급 분화의 사례는 그리 많지 않고 대체로 잘 알려져 있지도 않다. 그렇지만 그런 종류의 계급 분화가 존재했던 것은 사실이다.

예컨대, 유럽 역사의 한 장, 즉 중세의 가톨릭교회를 살펴보자. 가톨릭교회는 엄청나게 넓은 토지를 소유했고, 수많은 농민이 그 토지를 경작했다. 교회와 농민의 관계는 봉건영주와 농민의 관계와 똑같은 봉건적 관계였다. 따라서 교회는 봉건적이었다. 그와 동시에 주교

* 지롱드파의 지도자였다.

와 추기경 등은 아무도 개인적으로 봉건적 소유권을 갖고 있지 않았다. 교회의 소유가 사적 소유가 아니었는데도 교회 소유의 계급적 성격을 봉건적이라고 규정할 수 있는 것은 바로 생산관계 때문이었다.

소련 관료 집단: 분배 과정에서 나타나는 경찰?

앞서 인용했듯이, 트로츠키는 소련에 재화가 부족하기 때문에 구매자들이 길게 줄을 설 수밖에 없고, 관료 집단의 기능은 그 줄을 통제하는 것이라고 말했다. 이것은 옳은 말일까? 관료는 분배 과정에서만 나타나는 경찰이었는가 아니면 분배 과정을 포함한 생산과정 전체에서 나타나는 경찰이었는가? 이 문제는 이론적으로 엄청나게 중요하다.

이 물음에 답하기 전에 마르크스가 생산관계와 분배 사이의 연관을 어떻게 생각했는지부터 살펴보자. 마르크스는 다음과 같이 썼다.

> 개인에게 분배는 생산 영역에서 그가 차지하는 위치를 결정하고 따라서 생산에 선행하는 사회적 법칙처럼 보이는 것이 당연하다. 처음에 개인에게는 자본도 없고 토지도 없다. 태어날 때부터 그는 사회적 분배에 따라 임금노동을 하게 돼 있다. 그러나 이렇게 임금노동을 하게 돼 있는 조건 자체가 자본과 토지가 독립적 생산요소로 존재한 결과다.
>
> 사회 전체의 관점에서 봐도, 분배는 다른 방식으로 생산에 선행하고 생산을 결정하는 것처럼 보인다. 말하자면 경제 이전의 사실처럼 보인다. 정복민은 자기들끼리 토지를 나눠 가진다. 그렇게 해서 토지 소유의 특정한 분배와 형태를 확립하고 생산의 성격을 결정한다. 또는 피정복민을 노예로 만들어서 노예노동을 생산의 기초로 삼는다. 또, 어떤 국민은

혁명을 통해 대토지를 작은 땅뙈기로 분할하고, 이 새로운 분배를 통해 생산에 새로운 성격을 부여한다. 또는 법률로 대가문들의 토지 소유를 영속적으로 보장하거나 노동을 세습적 특권으로 배분해서 그것을 신분제로 고착시킨다. 이 모든 경우에, 그리고 이것들 자체가 모두 역사적 소산이기도 하지만, 생산이 분배를 조직하고 결정하는 것이 아니라 분배가 생산을 조직하고 결정하는 것처럼 보인다.

가장 피상적인 분배 개념은 분배를 생산물의 분배로만 이해하고 따라서 그만큼 생산과 거리가 멀고 생산과 무관한 것처럼 여긴다. 그러나 분배는 생산물의 분배를 뜻하기 전에 첫째, 생산수단의 분배를 뜻한다. 둘째, 똑같은 사실을 다른 말로 표현한 것이지만, 사회 성원을 여러 종류의 생산으로 분배하는 것(개인을 특정한 생산 조건에 종속시키는 것)을 뜻한다. 생산물의 분배는 분명히 이런 분배의 결과이고, 이런 분배는 생산과정과 밀접하게 연결돼 있고 생산과정을 조직하는 것 자체를 결정한다.[31]

이 인용문의 핵심 사상은 마르크스의 모든 저작에서 거듭거듭 되풀이되는데, 스탈린 체제 관료 집단이 경제에서 차지하는 위치를 분석할 때 출발점으로 삼기에 충분하다.

소련 관료 집단과 관련해서는 다음과 같은 물음들을 던져 보자.

관료 집단이 사람들에게 소비 수단을 분배하는 것만을 관리했는가 아니면 사람들을 생산과정에 분배하는 것도 관리했는가? 관료 집단이 분배의 통제만을 독점했는가 아니면 생산수단의 통제도 독점했는가? 관료 집단이 소비 수단만을 배급했는가 아니면 축적과 소비 사이에, 생산수단의 생산과 소비 수단의 생산 사이에 사회의 총노동시간도 분배했는가? 소련의 지배적 생산관계는 그 생산관계의 일부인 분배 관계도 결정하지 않았는가?

국가자본주의가 돼 버린 소련 스탈린 체제

마르크스의 자본주의 분석에는 착취자와 피착취자의 관계, 착취자들 사이의 관계에 대한 이론이 포함돼 있다. 자본주의 생산양식의 주요 특징 두 가지는 노동자가 생산수단과 분리돼 있고 노동력이 상품이 돼 있어서 노동자는 먹고살려면 노동력을 팔아야만 한다는 것과, 개별 자본가들은 서로 경쟁하며 싸우기 때문에 어쩔 수 없이 잉여가치를 재투자해야 한다는 것 — 자본축적 — 이다. 이 두 가지 특징은 모두 1차 5개년계획 기간에 나타난 소련의 특징이기도 했다. [당시의] 농업 집산화는 영국의 농민 토지 수탈(마르크스가 《자본론》의 "자본의 시초 축적" 장에서 분석한 인클로저)과 매우 비슷했다. 두 경우 모두 직접생산자들은 토지를 빼앗기고 자신의 노동력을 팔아야 하는 신세로 전락했다. 그런데 소련 경제는 자본축적의 압력을 받았는가? 이 문제와 관련해 나는 다음과 같이 썼다.

> 마치 공장 소유주가 자신이 고용한 노동자들의 노동을 배치하듯이 스탈린 체제의 국가도 소련 사회의 총노동시간을 배치한다. 다시 말해, 분업이 계획되는 셈이다. 그런데 소련 사회에서 총노동시간의 실질적 분배를 결정하는 것은 무엇인가? 소련이 다른 나라들과 경쟁하지 않아도 됐다면, 노동시간 분배는 완전히 자의적으로 이뤄졌을 것이다. 그러나 사실 스탈린이 내리는 결정들은 자신이 통제할 수 없는 요인들, 즉 세계경제나 국제 경쟁 같은 요인들에 바탕을 두고 있다. 이런 관점에서 보면 소련 국가는 다른 기업들과 경쟁하는 자본주의 기업의 소유주와 비슷한 처지에 있는 셈이다.
>
> 착취율, 즉 임금 대 잉여가치의 비율(S/V)은 스탈린 정부가 멋대로 결정할 수 있는 것이 아니라 세계 자본주의에 좌우된다. 이 점은 기술혁신,

즉 사실상 똑같은 것을 의미하는 마르크스주의 용어를 빌리면 가변자본 대 불변자본의 관계(C/V), 다시 말해 기계·건물·원료 등과 임금 사이의 관계도 마찬가지다. 그러므로 소련 사회의 총노동시간이 생산수단 생산과 소비 수단 생산으로 나뉘는 것도 세계 자본주의에 좌우된다. 따라서 세계경제의 관점에서 소련을 보면, 다음과 같은 자본주의의 기본 특징을 식별할 수 있다. "무계획적인 사회적 분업과 작업장 내의 독재는 서로 맞물려 있는 상호 조건이다."[32]

소련의 생산양식이 자본주의 생산양식으로 바뀐 것은 바로 5개년 계획 기간이었다.

이때 처음으로 관료 집단은 프롤레타리아를 창출하고 급속히 자본을 축적하려 했다. 다시 말해, 바로 이때 관료 집단은 부르주아지의 역사적 임무를 최대한 빨리 실현하려 한 것이다. 생산수준이 낮고 1인당 국민소득도 얼마 안 되는 상황에서 급속하게 자본을 축적하려다 보니 대중의 소비와 생활수준에 견디기 힘든 압력을 가할 수밖에 없었다. 그런 상황에서 관료 집단은 자본의 화신으로 변모해 자본축적만을 최고의 목적으로 여긴 채, 노동자 통제의 잔재를 모두 없애고, 노동과정에서 설득을 강압으로 대체하고, 노동계급을 원자화하고, 모든 사회·정치 생활을 전체주의의 틀에 욱여넣어야 했다. 자본축적 과정에 꼭 필요한 존재가 되고 노동자들을 억압하는 세력이 된 관료 집단이 분배 관계에서 우위를 차지하기 위해 생산관계상의 사회적 우위를 서슴없이 이용했으리라는 점은 분명하다. 이렇게 관료 집단은 [국제적으로] 포위당한 후진국에서 공업화와 농업의 기술 혁명('집산화') 덕분에, 프롤레타리아의 직간접 압력과 통제를 받던 계층에서 지배계급으로 탈바꿈했다. 다시 말해, "사회의 일반 업무, 즉 노동 감독, 국가행정, 사법, 과학, 예술 등"의 관리자로 탈바꿈한 것이다.

모순과 놀라움으로 가득 찬 변증법적 역사 발전으로 말미암아, 관료 집단이 '일국사회주의'를 서둘러 건설하겠다는 주관적 의도로 내디딘 첫 걸음이 국가자본주의 건설의 토대가 된 것이다.[33]

1~2차 5개년계획 기간에 소비는 축적에 완전히 종속됐다. 그래서 총생산물에서 소비재가 차지하는 비율은 1927~1928년 67.2퍼센트에서 1940년 39퍼센트로 낮아졌다. 같은 기간에 생산재의 비율은 32.8퍼센트에서 61퍼센트로 높아졌다.[34]

소련을 관료적 국가자본주의 체제로 보는 이런 분석은 자본주의 세계 체제를 기준틀로 삼는다는 점에서 트로츠키의 연속혁명론을 따른 것이다. 그런 분석이 《배반당한 혁명》과 그 밖의 저작을 통해 트로츠키가 제시한 스탈린 체제 분석에서 한 걸음 더 나아간 것이라면, 그것은 세계 자본주의가 소련의 지배적 생산양식과 생산관계에 가한 압력을 고려했기 때문이다. 소련의 발전에 대한 트로츠키의 설명은 체제의 동역학을 보여 주지 못했다. 즉, 생산관계를 다루지 않은 채 소유 형태에만 머물렀다. 트로츠키의 설명은 또, 체제의 정치경제학도 제시하지 못했다. 관료적 국가자본주의 이론은 둘 다를 하려는 노력의 산물이다.

그러나 분명히 밝혀 둘 것이 있다. 연속혁명론을 주장하고 '일국사회주의'론에 반대하고 스탈린 체제의 관료 집단에 맞서 영웅적으로 투쟁한 레온 트로츠키라는 거인의 어깨 위에 올라서야만 스탈린 체제를 완전히 이해할 수 있다는 것이다.

관료적 국가자본주의 이론을 발전시킬 수 있었던 것은 트로츠키가 죽고 나서 몇 년 뒤에 스탈린 체제를 살펴볼 기회가 있었기 때문이다. 나는 동유럽이 스탈린의 위성국들로 바뀌는 것을 보고서야, 소련이 변질된 노동자 국가라는 트로츠키의 설명이 적절한지를 의심하게 됐다.

소련이 노동자 국가라는 정의와 스탈린의 위성국들

동유럽에서 공산당이 지배하는 체제들이 출현하자, 소련이 노동자 국가라는 정의는 시험대에 오르게 됐다.

국가 소유와 [경제]계획과 외국무역 독점이 한 나라를 노동자 국가로 정의하는 근거라면, 소련뿐 아니라 소련의 위성국들도 분명히 노동자 국가였다. 그렇다면 동유럽에서 프롤레타리아 혁명들이 일어난 셈이다. 그러나 스탈린주의자들의 정권 장악은 국민 화합, 부르주아지와의 연립정부, 수많은 독일 노동자와 그 가족을 추방한 국수주의를 바탕으로 이뤄진 것이었다. 그런 정책들이 정말로 프롤레타리아 혁명을 촉진하는 데 도움이 됐는가? 만약 그랬다면, 국제 사회주의의 미래는 어떤 것이었는가? 그것의 역사적 정당성은 무엇이었는가? 스탈린주의 정당들은 국제 사회주의자들보다 모든 면(국가기구, 대중조직, 자금 등등)에서 유리했다. 그들에게 없는 유일한 이점은 국제주의적 계급 이데올로기였다. 그러나 이런 이데올로기 없이도 프롤레타리아 혁명을 완수할 수 있었다면, 왜 노동자들이 스탈린주의에서 멀어져야 했겠는가?

동유럽 나라들에서 혁명적 프롤레타리아의 지도 없이 사회혁명이 일어났다면, 과거의 사회혁명에서 그랬듯이 미래의 사회혁명에서도 [프롤레타리아] 대중이 투쟁은 하겠지만 지도는 하지 않을 것이라고 결론 내릴 수밖에 없을 것이다.

[소련의] 위성국들을 노동자 국가라고 생각한다면, 부르주아 전쟁과

마찬가지로 프롤레타리아 혁명도 원칙적으로 민중을 속이는 행동에 바탕을 두고 있다는 관점을 받아들이게 된다.

위성국들이 노동자 국가였다면 스탈린은 프롤레타리아 혁명을 실현한 셈이다. 그것도 매우 신속하게 완수했다. 파리코뮌 이후 인구가 1억 4000만 명인 나라에서 최초의 노동자 국가가 수립될 때까지 47년이 걸렸다. 그런데 많은 나라들이 추가로 노동자 국가가 되는 데는 40년도 채 안 걸린 셈이다. 폴란드, 유고슬라비아, 헝가리, 루마니아, 불가리아, 동독, 체코슬로바키아의 인구 7500만 명이 추가됐다(여기에는 발트3국, 동부 폴란드, 베사라비아가 포함되지 않았는데, 소련에 합병된 이 나라들에는 2000만 명이 살고 있었다). 동양에서는 인구 6억 명의 중국이 추가됐다. 이 나라들이 노동자 국가였다면, 마르크스주의나 제4인터내셔널은 결코 필요 없었을 것이다.

[소련의] 위성국들이 노동자 국가였다면, 사회주의 혁명은 "자기의식적 역사"라는 마르크스와 엥겔스의 말은 논박당한 셈이다. 다음과 같은 엥겔스의 말도 논박당한 셈이다. "바로 이때[사회주의 혁명 — 지은이]부터 인간은 완전히 의식적으로 자신의 역사를 만들어 나갈 것이다. 바로 이때부터 인간은 사회적 실천에서 자신이 원하는 결과를 얻게 될 것이다. 원인은 대개 의도한 결과를 낳을 것이고, 그런 추세는 점점 더 강해질 것이다. 그렇게 해서 인간은 필연의 왕국에서 자유의 왕국으로 도약하게 될 것이다."[35]

혁명에서 프롤레타리아의 의식이 차지하는 위치에 관한 모든 마르크스주의 스승들의 가르침을 다음과 같이 요약한 로자 룩셈부르크도 허튼소리를 한 셈이 된다.

> 소수의 이익을 위해 벌어진, 마르크스의 말을 빌리면 "모든 발전이 대다수 인민대중의 이익을 거슬러서 이뤄진" 과거의 모든 계급투쟁에서 행

동의 필수 조건은 대중이 투쟁의 진정한 목적, 투쟁의 구체적 내용과 그 한계 등을 몰랐다는 것이다. 사실, 대중은 고분고분한 추종자 구실을 하는 반면 '계몽된' 부르주아지는 '지도자 구실'을 할 수 있었던 특별한 역사적 토대는 바로 이런 모순이었다. 그러나 마르크스가 이미 1845년에 썼듯이 "역사적 행동이 심화할수록 그 행동에 참여하는 대중의 수도 증가하기 마련이다!" 프롤레타리아의 계급투쟁은 지금까지 벌어진 모든 역사적 행동 가운데 '가장 심화한' 행동이고, 하층민 전체를 포괄하며, 사회가 계급들로 분열된 이후 대중의 진정한 이익에 부합하는 최초의 운동이다. 바로 그래서, 대중이 자신들의 임무와 그 임무를 수행하는 방법에 눈을 뜨는 것이 사회주의적 행동에 꼭 필요한 역사적 조건인 것이다. 마치 과거에는 대중의 무지가 지배계급의 행동을 위한 조건이었던 것처럼 말이다.[36]

왜 트로츠키는 소련이 노동자 국가라는 이론을 거부하지 못했는가?

사람은 흔히 과거의 틀로 미래를 본다. 오랫동안 착취에 맞서 싸운 사회주의자들에게 주된 적은 사유재산 소유자들, 즉 부르주아지였다. 레닌·트로츠키 등 볼셰비키 지도자들이 러시아의 노동자 국가가 계속 고립된다면 결국 파멸할 것이라고 말했을 때, 그들이 예상한 파멸의 형태는 분명히 사적 소유의 복원이었다. 국가 소유는 노동 대중이 투쟁해서 얻은 성과로 여겨졌다. 여기서 한 걸음만 더 나아가면 다음과 같은 결론에 이르게 된다. 소련에 국가 소유가 존재한다면 그것은 관료 집단이 노동계급(트로츠키)을 두려워하기 때문이고, 반대로 관료 집단이 자신들의 특권(상속권을 포함해서)을 강화하려고 애쓴다면 사적 소유를 복원하려고 그런다는 것이다. 주로 과거의 경험 때문에 트로츠키는 반동의 승리가 반드시 원래 출발점으로 복귀하는 것을 뜻하지는 않는다는 사실을 제대로 파악할 수 없었다. 반동의 승리는 후퇴의 결과로, 즉 혁명 이전의 요소들과 혁명기의 요소들이 결합된 나선형으로 나타날 수도 있었다. 그래서 옛 자본주의 계급사회의 내용이 새로운 '사회주의의' 형식으로 나타날 수 있었던 것이다. 이것은 결합 발전의 법칙(트로츠키 자신이 이 법칙을 발전시키는 데 크게 기여했다)을 다시 한 번 확인시켜 준다.

요컨대, 트로츠키는 스탈린 체제를 이해하는 데 다른 마르크스주의자와 비교가 안 될 정도로 많은 기여를 했지만, 그의 분석에는 한 가지 중대한 한계가 있었다고 말할 수 있다. 그것은 바로 형식주의에 보수적으로 집착했다는 것인데, 이는 형식을 내용에 종속시키는 마르크스주의와 근본적으로 모순된다.

스탈린 체제의 대단원을 향해

스탈린 체제가 본질적으로 자본주의보다 우월하고 더 진보적이라는 생각은, 소련의 생산력이 매우 역동적으로 발전한 반면 "거의 모든 자본주의 세계는 정체하고 쇠퇴했다"는 트로츠키의 주장에서 단적으로 드러난다.[37] 물론 마르크스주의자가 보기에 한 체제가 다른 체제보다 진보적이라는 것은 무엇보다 생산력을 더 발전시킬 수 있는 능력으로 표현된다.

소련 체제는 자본주의가 달성할 수 있는 수준을 훨씬 뛰어넘어 생산력을 급속하게 발전시킬 수 있음을 입증했다는 트로츠키의 주장을 그대로 되풀이하면서, 제4인터내셔널의 지도자 에르네스트 만델은 1956년에 다음과 같이 썼다.

> 소련은 과거의 진보가 미래의 가능성을 짓누르지 않은 채, 수십 년 동안 계획이 거듭됨에 따라 거의 균등한 경제성장 흐름을 유지하고 있다. … 경제성장의 속도를 떨어뜨리는 자본주의 경제 발전 법칙이 모두 사라졌기 때문이다.[38]

같은 해인 1956년에 아이작 도이처는 10년 후 소련의 생활수준이 서유럽을 뛰어넘을 것이라고 예언했다!

소련 체제를 국가자본주의로 파악한 분석은 이와 정반대로 주장했다. 즉, 관료 집단이 생산력 발전을 가로막는 장애물 구실을 하고 있고 점점 더 그럴 것이라고 지적했다. 1948년에 쓴 "소련 스탈린 체제의 [계급적] 성격"에서 나는 관료 집단의 구실이 노동생산성을 높여서 소련을 공업화하는 것이지만 그 과정에서 다음과 같이 첨예한 모순에 빠지게 될 것이라고 지적했다.

> 관료 집단의 역사적 임무는 노동생산성을 높이는 것이다. 그렇게 하는 과정에서 관료 집단은 심각한 모순에 빠져든다. 노동생산성을 특정 수준 이상으로 높이려면 대중의 생활수준도 높여야 한다. 왜냐하면 영양 상태가 나쁘고 주거 환경이 열악하고 제대로 교육받지 못한 노동자는 현대식 생산 활동을 할 수 없기 때문이다.

관료 집단이 강압적으로 노동생산성을 어느 수준까지 끌어올릴 수는 있겠지만, 이것은 무한정 지속될 수 없다. 생활수준을 끌어올리지 못해서 이미 생산성 증가율이 떨어지고 있었고, "생산이 변덕스럽게 발전"하고 있는지도 모를 일이었다.[39]

1964년에 나는 소련 국가자본주의를 분석한 책을 《소련: 마르크스주의적 분석》이라는 제목으로 새로 펴내면서 100쪽을 추가했다. 그 책에서는 스탈린의 유산인 소련 경제가 위기의 요소들 때문에 갈수록 마비되고 있고 점점 더 생산의 발전을 억누르고 있다고 지적했다.

> 새로운 실패나 어려움에 부딪힐 때마다 스탈린은 압력과 공포정치를 강화했다. 그러나 이렇게 경직된 대응 방법은 점점 비인간적일 뿐 아니라 비효율적인 것이 돼 갔다. 새로 채찍을 휘두를 때마다 사람들은 비록 말은 안 하더라도 점점 더 완강하게 저항했다. …
> 경직된 스탈린 체제의 억압은 모든 현대식 산업 발전을 가로막는 장애물이 됐다.[40]

그 책은 스탈린 체제가 경제의 모든 부문을 어떻게 짓눌렀는지 자세히 살펴봤다. 예컨대, 농업 위기에 대해서는 다음과 같이 말했다.

> 스탈린이 농촌에 남긴 유산은, 25년 넘게 지속된 정체의 늪에 빠진 농업이었다. 1949~1953년의 곡물 생산량은 1910~1914년보다 겨우 12.8퍼센트 증가한 반면 같은 기간에 인구는 약 30퍼센트 증가했다. 소련 농업의 노동생산성은 미국의 5분의 1 수준에도 못 미쳤다.
> 이런 정체는 여러 이유로 소련 정권을 위협하는 것이 됐다. 첫째, 농촌의 숨은 실업이 대체로 사라진 뒤에는 농업의 노동생산성을 높이지 않으면 과거와 같은 규모로 농촌의 노동력을 공업 부문으로 빨아들일 수 없었다. 둘째, 공업의 성장을 지원하기 위해 농업에서 자본을 일정 수준 이상으로 뽑아내는 것도 불가능해졌다.
> 스탈린이 사용한 '자본의 시초 축적' 방법은 전에는 가속기였지만 이제는 제동기로 바뀌어서 경제 전체의 성장을 둔화시켰다.[41]

공업은 어땠는가? 공업은 약 35년간 크게 성장했지만 성장률은 뚜렷하게 하락하고 있었다. 그리고 생산성은 1930년대에는 서방보다 빠르게 증가했지만, 이제는 소련의 주요 경쟁 상대인 미국보다 상당히 낮은 수준에 머물러 있었다.

> 1957년 말에 소련의 공업 노동자 수는 미국보다 12퍼센트 더 많았다. … 그렇지만 심지어 소련의 통계를 보더라도, 1956년 소련의 연간 공업 생산은 미국의 절반 수준이었다.[42]

농업이 위기에 빠져 있었기 때문에, 공업 노동자 수를 크게 늘려서 공업의 낮은 생산성을 보완할 수도 없었다. 그래서 소련 관료 집단은 소련 경제 내에서 낭비가 확산되고 생산물의 품질이 떨어지는 것에 점점 더 많은 주의를 기울여야 했다.

그 책에서는 낭비의 원천 몇 가지를 다음과 같이 지적했다. 다른 기업에서 더 싸게 생산할 수 있는 제품을 굳이 기업 내부에서 생산하게 만드는 칸막이 현상,[43] 관리자와 노동자가 물자를 사재기하는 것,[44] 관리자들이 기술혁신에 저항하는 경향,[45] 질이 떨어지더라도 양을 늘리고 보는 풍조,[46] 유지·보수를 등한시하는 태도,[47] '산더미 같은 서류 작업과 뒤죽박죽 혼란'의 확산,[48] 관리자들이 서로 다른 공장의 효율성을 비교·평가하는 데 필요한 효율적·합리적 가격 메커니즘을 확립하지 못한 것[49] 등이었다. 그 책은 다음과 같이 결론지었다.

> '계획경제'라는 말이 모든 구성 요소가 단일한 흐름에 따라 조정·조절되며, 갈등이 최소화하고, 무엇보다 예측을 바탕으로 경제적 결정이 내려지는 경제를 뜻한다면, 소련 경제는 결코 계획경제가 아니다. 진정한 계획이 아니라 엄격한 방식의 정부 명령이, 바로 그 정부의 결정과 행동

때문에 나타난 경제적 격차들을 메우는 데 사용된다. 그러므로 소련을 계획경제라고 말하기보다는 관료적 명령 경제라고 말하는 것이 훨씬 정확할 것이다.[50]

물론 소련 경제의 비효율성을 설명한 사람은 많다. 그러나 내가 제시한 설명의 특징은 낭비와 비효율성을 국가자본주의 체제의 성격에서 비롯한 결과로 본다는 것이다.

> 소련 공업의 무계획성과 낭비는 근본 원인이 무엇인가? …
> 물자는 부족한데 생산 목표는 높다 보니 (옴짝달싹하기 힘들 만큼 압박을 받는) 관리자들은 거짓으로 보고하고, 생산잠재력을 숨기고, 필요한 장비와 물자의 수량을 부풀리고, 복지부동하고, 대체로 보수적으로 행동한다. 이것은 낭비를 낳고, 그래서 물자가 부족해지면 상부에서는 관리자들을 더 압박하고, 그러면 관리자들은 다시 거짓 보고를 하는 등의 악순환이 벌어진다.
> 생산 목표는 높은데 물자는 부족하기 때문에 부문주의가 갈수록 심해진다. [그래서 경제 전체는 어찌 되든 자기 부문만 잘되면 그만이라는 태도가 만연해서] 악순환이 되풀이된다.
> 생산 목표는 높은데 물자는 부족하므로 관리자들은 우선순위를 정하지 않으면 안 된다. 그러나 이런 우선순위 체계와 '캠페인' 방식은 양적 측정 기준이 분명하지 않아서 낭비를 낳고, 그러면 우선순위 계획에 의지할 필요성은 더 커진다. 여기서도 악순환이 계속되는 것이다.
> 이 모든 문제를 해결하려고 다양한 통제 시스템이 도입되지만, 이런 통제 시스템 자체가 낭비적인 데다가 체계적으로 조율되지도 않아서 오히려 낭비가 더 심해진다. 그래서 더 많은 통제, 더 많은 서류 더미가 필요해지고 관료의 숫자가 지나치게 많아진다. 또 악순환이 되풀이되는 것이다.

너무 야심 찬 계획 목표와 부족한 물자 사이의 갈등에서 비롯한 이 악순환은 형편없는 가격 메커니즘의 결과에도 변형된 형태로나마 적용된다. 그래서 예컨대, 형편없는 가격 메커니즘은 부문주의와 우선순위 캠페인과 과잉 통제를 낳는다. 이것은 다시 가격 메커니즘의 결함을 증대시킨다. 또다시 악순환이 되풀이된다. …

생산 목표를 낮추지 못하게 하는 중대한 요인은 세계적 패권 경쟁과 이를 위한 엄청난 군비 지출이다.[51]

생산성이 낮은 원인은 위에서 관리를 잘못한 탓도 있지만 아래에서 노동자들이 저항했기 때문이기도 하다.

이 낮은 생산성이 어느 정도까지 상층의 관리 잘못과 실수 때문이고 어느 정도까지 아래에서 노동자들이 저항한 탓인지를 정확히 따지는 것은 물론 불가능하다. 두 측면은 당연히 서로 분리될 수 없다. 일반으로 자본주의는, 그리고 자본주의의 특수한 형태인 관료적 국가자본주의는 인간의 필요 충족보다는 비용 절감과 효율성 향상을 추구한다. 자본주의의 합리성은 근본적으로 비합리적이다. 왜냐하면 노동자를 자신의 욕구에 따라 삶을 만들어 나가는 주체가 아니라 소외된 존재로 만들어 '사물', 즉 조작 대상으로 변모시키기 때문이다. 이런 이유로 노동자들이 생산을 사보타주하는 것이다.[52]

그 책에서 소련 노동자를 다룬 장은 다음과 같은 말로 끝맺는다.

오늘날 소련 지도자들의 주된 고민은 노동자의 생산성을 어떻게 향상시킬까 하는 것이다. 노동자 스스로 노동을 대하는 태도가 지금처럼 사회에 중요한 적은 결코 없었다. 관료들은 노동자를 생산 기계의 톱니바퀴

쯤으로 만들려고 하다 보니, 관료 자신들에게 가장 절실한 것, 즉 노동자의 생산성과 창조적 능력을 말살하고 있다. 착취의 합리화와 강화는 노동생산성 향상을 가로막는 심각한 장애물이다.

노동계급의 숙련도와 통합도가 높아질수록 노동계급은 소외와 착취에 더욱 저항할 뿐 아니라 착취자와 억압자를 점점 더 경멸한다. 노동자들은 기술적 행정관인 관료를 존중하지 않는다. 대중의 경멸을 받으면서도 오랫동안 존속할 수 있는 지배계급은 존재하지 않는다.[53]

관료적 국가자본주의는 전반적 위기로 점점 깊숙이 빠져들고 있었다. 마르크스가 설명했듯이, 사회체제가 생산력 발전의 질곡이 되면 사회혁명의 시대가 시작된다.

스탈린 체제 부검

죽은 사람을 부검해 보면 살아 있을 때 어떤 중병을 앓았는지 알 수 있다. 어떤 사회질서가 몰락한 이유를 알면 그 사회질서의 진실을 볼 수 있다. 스탈린의 군대가 세워 놓은 동유럽 정권들이 1989년 가을과 겨울에 붕괴하기 시작하고 이어서 소련 자체의 '공산주의'도 붕괴하자, 스탈린 체제의 본질을 정확히 판단할 수 있게 됐다.

스탈린 체제를 사회주의 체제나 심지어 '변질된 노동자 국가', 즉 자본주의에서 사회주의로 전환[이행]하는 단계로 보는 견해는 스탈린 체제가 자본주의보다 진보적이라고 생각하는 것이었다. 마르크스주의자가 보기에 이것이 뜻하는 바는 무엇보다 스탈린 체제가 자본주의보다 효율적으로 생산력을 발전시킬 수 있다는 것이었다. 이 점은 트로츠키의 다음과 같은 말만 떠올려 봐도 알 수 있다. "사회주의는 승리할 권리가 있음이 입증됐다. 그러나 《자본론》에서 입증된 것이 아니라, 지구 표면의 6분의 1을 차지하는 공업지역에서 입증됐다. 변증법의 언어로 입증된 것이 아니라 강철·시멘트·전기의 언어로 입증됐다."[54] 사실 동유럽과 소련의 위기 심화를 설명하려면, 1970년대 말과 1980년대 초의 경제성장 둔화가 정체로 이어지더니, 이 나라들과 서방 선진국들 사이의 격차가 점점 더 벌어졌다는 것을 이야기하지 않을 수 없다.

소련의 연간 국민총생산GNP 성장률은 다음과 같았다. 1차 5개년 계획 기간에는 19.2퍼센트(비록 과장된 수치지만), 1950~1959년에는 5.8퍼센트, 1970~1978년에는 3.7퍼센트, 1980~1982년에는 1.5퍼센트로 떨어지더니 소련 붕괴 직전의 3~4년 동안에는 마이너스성장을 기록했다.*

서방보다 동유럽과 소련의 노동생산성이 더 역동적으로 향상됐다면, 동유럽과 소련의 지배자들이 결국 시장에 매료된 이유를 아무도 이해할 수 없었을 것이다. 또, 독일 통일을 계기로 동독의 공업은 서독의 공업보다 크게 성장해야 했을 것이다. 그러나 동독 경제는 통일 이후 붕괴하고 말았다. 1989년에 동독의 취업 노동자 수는 1000만 명이었지만 지금은** 600만 명에 불과하다. 동독의 노동생산성은 서독의 29퍼센트 수준에 불과하다.[56] 즉 동독의 생산성 수준은 동유럽 전체에서는 가장 높았지만, 경쟁 상대인 서독과 그 밖의 선진국 경제들

---

* 코메콘[동유럽경제상호원조회의] 진영의 연간 국민소득 성장률은 1951~1955년에 10.8퍼센트, 1956~1960년에 8.5퍼센트, 1961~1965년에 6퍼센트, 1966~1970년에는 7.4퍼센트, 1971~1975년에 6.4퍼센트, 1976~1980년에 4.1퍼센트, 1981~1985년과 1986~1988년에 3퍼센트였다.[55]

** 이 책의 초판은 1993년 12월에 출간됐다.

보다는 여전히 낮았다.

소련이 (비록 변질됐을지라도) 노동자 국가였다면, 자본주의가 소련을 공격했을 때 노동자들이 자신들의 국가를 방어하고 나섰을 것이라는 점은 분명하다. 트로츠키는 소련이 자본주의의 공격을 받는다면 소련의 지배 관료 집단이 아무리 부패하고 타락했을지라도 노동자들이 소련을 지지하고 방어할 것임은 자명하다고 항상 생각했다.

트로츠키는 소련 관료와 노동조합 관료의 비슷한 점을 곧잘 이야기했다. 노조는 전투적 노조, 개혁주의적 노조, 혁명적 노조, 반동적 노조, 가톨릭 노조 등 종류가 다양하지만 모두 일국에서 노동자들의 이익을 방어하는 조직이다. 트로츠키는 노조를 지배하는 관료들이 아무리 반동적이더라도 노동자들은 항상 "관료들의 진보적 조치를 지지하고 … 부르주아지에 맞서 관료들을 방어할 것"이라고 주장했다.[57] 1989년에 위기가 닥쳤을 때 동유럽 노동자들은 '자신들의' 국가를 방어하지 않았다. 스탈린주의 국가를 노동자 국가로 본다면, 루마니아와 동독 등지에서 국가를 방어하고 나선 것이 오직 보안경찰뿐이었던 이유가 무엇인지 또는 노골적으로 시장을 옹호하던 옐친을 소련 노동계급이 지지한 이유가 무엇인지를 결코 설명할 수 없을 것이다.

동유럽과 소련이 탈脫자본주의 체제였고 1989년에 자본주의가 복원됐다면, 어떻게 그토록 놀라울 만큼 쉽게 자본주의가 복원될 수 있었을까? [동유럽과 소련에서 일어난] 사건들은, 하나의 사회질서가 다른 사회질서로 전환[이행]할 때는 반드시 내전이 벌어진다는 트로츠키의 주장과도 맞지 않는다. 트로츠키는 다음과 같이 썼다.

> 권력이 한 계급의 손에서 다른 계급의 손으로 넘어가는 파국의 성격에 관한 마르크스주의의 테제는, 역사가 미친 듯이 휩쓸고 나아가는 혁명

의 시기뿐 아니라 사회가 역주행하는 반혁명의 시기에도 적용된다. 소련 정부가 프롤레타리아 정부에서 부르주아 정부로 점진적으로 변해 왔다고 주장하는 사람은, 말하자면 개혁주의의 필름을 거꾸로 돌리고 있을 뿐이다.[58]

1989년의 동유럽 혁명은 대규모 사회적 충돌과 폭력이 없었다는 점이 특징이었다. 루마니아를 제외하면 무장 충돌이 없었다. 사실 동독·체코슬로바키아·헝가리에서 일어난 폭력 충돌은 영국에서 대처 집권기에 파업을 벌인 광원과 경찰의 폭력 충돌보다 적었다.

한 사회질서가 다른 사회질서로 전환할 때는 반드시 국가기구가 교체된다. 그러나 1989년에는 국가기구가 거의 그대로 남아 있었다. 소련의 군대와 KGB와 국가 관료 기구는 아직도 그대로 남아 있다. 폴란드에서는 군부가 변화를 촉진하는 데 한몫했다. 1981년 군사 쿠데타 주모자였던 야루젤스키 장군과 내무부 장관 겸 계엄사령관이었던 키슈차크 장군은 연대노조와의 원탁 협상이나 마조비에츠키의 연립정부 구성에서 결정적 구실을 했다.

반혁명이 일어났다면, 그래서 자본주의가 복원됐다면, 한 지배계급이 다른 지배계급으로 완전히 교체돼야 했을 것이다. 그러나 옛날이나 지금이나 똑같은 인물들이 사회 상층부에 앉아 있다. '사회주의' 체제에서 경제·사회·국가를 운영했던 특권 관료 집단이 지금 '시장' 체제에서도 똑같은 일을 하고 있다. 마이크 헤인스는 "계급과 위기: 동유럽의 [체제] 전환"이라는 아주 좋은 글에서 다음과 같이 밝혔다.[59]

> 그것[국가 — 지은이]은 그 권력의 제도적 기반을 '국가 주머니'에서 '사적 주머니'로 어느 정도 옮겨 놓는 데 성공했다. 그 과정에서 지배계급 내의 일부는 위로 올라갔고 가끔은 새로운 인물이 지배계급 대열로 들어왔

다. 지배계급 내의 부문 간 세력균형도 변했다. 그러나 사회주의 생산양식이 … 자본주의 사회로 교체되는 중대 사건이 일어났다고 주장하는 사람들의 말과 달리, 지배계급의 성격이 근본적으로 변했다는 증거는 전혀 없다. 오히려 놀라운 것은 실제로는 변화가 거의 일어나지 않았다는 점이다. 장군을 해임하고 대령을 장군으로 승진시키는 것이 사회혁명이 아니듯, 국영기업을 그 경영자들에게 매각하는 것이나 그 기업을 재국유화해서 그놈이 그놈인 자들이 통제하게 하는 것도 사회혁명이 아니다. 오히려 이런 사실에서 알 수 있는 것은, 생산양식 내에서 변화가 일어났다는 점, 이 경우에는 강력한 국가자본주의에서 국가와 시장이 더 혼합된 형태의 자본주의로 자본주의 형태가 변했을 뿐이라는 점이다.[60]

크리스 하먼은 이런 변화를 '옆 걸음질'이라고 적절히 묘사했다. 자본주의가 관료적 국가자본주의에서 다국적 자본주의로 형태만 바뀌었을 뿐이라는 것이다.

마지막으로, 소련과 동유럽 나라들이 탈자본주의 경제·사회 체제였다면, 어떻게 그 체제에 자본주의 시장경제가 접목될 수 있었겠는가? 레몬을 오렌지 나무에 접붙이거나 그 반대로 접목할 수는 있다. 왜냐하면 둘 다 같은 감귤류이기 때문이다. 그러나 감자를 오렌지 나무에 접붙일 수는 없다. 마이크 헤인스는 시장 자본주의가 스탈린주의 경제에 접목되는 과정을 다음과 같이 아주 흥미롭게 묘사한다.

앞서 분석한 것 같은 개인적 기회주의가 가능했던 이유는 바로 두 체제의 구조적 특징이 똑같았기 때문이다. 우리는 단지 여러 계급사회들을 보고 있는 것이 아니라, 공통의 생산양식에 뿌리를 둔 계급사회들을 보고 있다. 그리고 거기서 바뀌고 있는 것은 본질이 아니라 형태다. 이 점을 이해하지 못하면, 사회의 상층부가 전복됐는데도 어떻게 똑같은 사람들, 똑같은 가문들, 똑같은 사회집단들이 1980년대에 그랬듯이 1990년대에도 여전히 자신들의 행운을 축하하며 건배를 드는지를 이해할 수 없을 것이다. 그들이 사교 모임에서 수다를 떨 때 가끔은 몇몇 친구들이 곁에 없는 것을 떠올리며 아쉬워할지 모른다는 것은 사실이다. 그러나 더 큰 그림, 즉 체제 전환에도 불구하고 그들이 여전히 상층부에 있다는 사실은 결코 잊지 않을 것이다. 그들 밑에서는 옛날과 똑같은 노동계급이 그들의 부와 특권을 여전히 떠받치면서 무능함의 대가를 대신 치르느라 고생하고 있다.[61]

구질서의 진정한 피해자였던 사람들이 이제 신질서의 진정한 피해자이기도 하다.[62]

국가자본주의 체제가 동유럽으로 확장되는 것을 보면서 '변질된 노동자 국가'론이 옳은지 의심하게 됐다면, 스탈린 체제의 붕괴를 보면서 그 의문의 답을 분명히 알게 됐다. 두 경우에서 모두 관료적 국가자본주의 이론은 설득력 있는 대안임이 입증됐다.

러시아 혁명의 변질과 스탈린 체제의 발흥을 국제 자본주의가 후진국의 노동자 국가에 압력을 가한 결과로 분석한 트로츠키의 작업은 선구적 노력이었다.

트로츠키는 스탈린의 '일국사회주의'론을 반대하는 데서 결정적 구실을 했다. 트로츠키가 철저하게 마르크스주의적인 역사유물론의 관점에서 스탈린 체제를 분석한 것이 관료적 국가자본주의 이론의 발전에서 결정적으로 중요했다. 트로츠키의 정신을 지키면서도 그의 어떤 말들은 버려야 한다.

내가 트로츠키의 견해를 비판한 취지는 고전적 마르크스주의로 돌아가자는 것이었다. 역사 발전, 특히 트로츠키 사후의 역사 발전은 '변질된 노동자 국가'론이 사회주의를 노동계급의 자력 해방으로 여기는 고전적 마르크스주의와 양립할 수 없음을 보여 줬다. 스탈린 체제를 분석한 트로츠키 저작의 정신을 보존하려면, 그의 저작에 나오는 문구를 그저 고수해서는 안 된다.

소련과 동유럽의 가짜 사회주의가 끝났으므로 레닌과 트로츠키의 진정한 혁명 사상과 10월 혁명의 참된 유산을 재발견할 기회가 열리고 있다. 이 13장은 내가 쓴 《소련 국가자본주의》의* 마지막 단락으로 끝맺으려 한다.

> 스탈린 치하 소련에서 계급투쟁은 **필연적으로** 수많은 사람들의 거대한 자발적 투쟁으로 그 모습을 드러낼 것이 틀림없다. 그때까지는 겉보기에 불길이 꺼져 있는 휴화산처럼 보일 것이다. 그때까지는 보안경찰의 전능한 마수 때문에, 혁명적 정당이 대중 속으로 파고들어 가 집단적 행동을 조직하기가 불가능할 것이다. 그러나 자연 발생적 혁명이 일어나 스탈린 체제 관료 집단의 강철 군화를 분쇄하면, 모든 종류의 노동계급 정당과 단체, 노동계급 운동의 다양한 경향이 자유롭게 활동할 수 있는 여지가 생길 것이다. 그것은 승리한 프롤레타리아 혁명의 제1장이 될 것이다. 그리고 그 마지막 장은 오직 자주적으로 동원되고 사회주의의 목표와 그 달성 방법을 알고 있는, 또 혁명적 마르크스주의 정당의 지도를 받는 대중만이 쓸 수 있을 것이다.[63]

---

* 국역: 《소련은 과연 사회주의였는가?》, 책갈피, 2011.

14장

악몽: 모스크바 재판과 대숙청

듀이위원회에서 논의 중인 트로츠키.

키로프 암살

1934년 12월 1일 [소련 공산당] 정치국원이자 중앙위원회 간사이자 레닌그라드 당 조직 제1간사인 세르게이 M 키로프가 레오니트 니콜라예프에게 암살당했다. 며칠 뒤에 다음과 같은 발표가 있었다.

> 1934년 12월 5일 소련 최고재판소 군사법원은 소련 국가 관리들을 겨냥한 테러 행위를 모의하고 준비한 혐의로 기소된 백위대 71명의 재판을 시작했다. 법원이 확인한 사실은 피고인의 다수가 폴란드·라트비아·핀란드를 통해 몰래 들어왔다는 것이었다. 피고인들은 테러 행위를 조직하는 데서 분명한 임무를 맡았다. 66명의 백위대 피고인에게는 총살형이 선고됐다. 5명의 피고인은 최고재판소의 결정에 따라 계속 조사를 받고 있다.

12월 28일과 29일 니콜라예프를 비롯한 12명의 재판이 열렸다. 검찰은 니콜라예프가 1926년 레닌그라드에서 지노비예프를 지지하는 반대파에 소속된 전력이 있다고 주장했다(사실 1926년에는 몇 명을 제외하면 레닌그라드 당 조직 전체가 지노비예프를 지지하는 반대파였다). 니콜라예프 기소장에는 트로츠키가 주요 범인으로 적시돼 있었다. 그리고 니콜라예프는 라트비아 영사관을 방문한 자신에게 영사가 5000루블을 주면서 "조직이 트로츠키한테 보내는 편지를 나에게 주면, 내가 트로츠키와 연락을 취하겠다"는 말을 했다고 진술했다. 라트비아 영사는 사실은 히틀러의 첩자였다. 니콜라예프를 비롯한 피고인 12명은 사형을 선고받고 즉시 총살됐다.

1934년 12월 30일 트로츠키는 "기소장"이라는 글에 게페우GPU는 키로프를 겨냥한 테러 행위가 준비되고 있다는 사실을 처음부터 알고 있었음을 확신한다고 썼다.[1] 1935년 1월 23일 군사법원은 레닌그라드의 게페우 우두머리 F D 메드베트와 그의 부관 I 자포로제츠를 포함해서 게페우 관리 12명에게 장기 징역형을 선고했다. 그들의 혐의는 "키로프를 겨냥한 [테러] 모의가 있다는 사실을 알면서도 필요한 보안 조치를 취하지 않은 태만죄를 저질렀다"는 것이었다(메드베트와 자포로제츠는 1937년에 모두 처형됐다).

오랜 세월이 흐른 뒤 1956년 2월 소련 공산당 20차 당대회에서 흐루쇼프는 키로프 암살 사건의 진짜 장본인으로 스탈린을 지목했다.

> 지금까지 키로프 살해를 둘러싼 상황들은 불가사의한 수수께끼처럼 많은 것이 밝혀지지 않았고, 따라서 매우 신중한 조사가 필요하다는 점을 강조해야겠습니다. 키로프를 살해한 니콜라예프가 키로프의 신변을 보호할 의무가 있는 사람 한 명의 도움을 받았다는 의혹은 근거가 있습니다. 니콜라예프는 키로프를 살해하기 한 달 반 전에 거동이 수상하다는 이유로 체포됐지만 석방됐고 심지어 압수 수색도 당하지 않았습니다. 매우 의심스러운 점은, 키로프 보호 임무를 맡은 보안경찰 요원이 1934년 12월 2일 심문을 받기 위해 이동하던 중에 자동차 '사고'로 죽었는데 차에 같이 타고 있던 사람들 가운데 다친 사람이 아무도 없었다는 것입니다. 키로프가 살해당한 뒤에 레닌그라드 내무인민위원부NKVD의 고위 관리들은 매우 가벼운 형을 선고받았지만 1937년에 가서는 총살

당했습니다. 그들은 키로프 살해를 조직한 자들의 흔적을 은폐하는 과정에서 총살당했다고 추정할 수 있습니다.(장내 동요)[2]

레온 세도프는 키로프 살해로 득을 보는 자가 누구인지를 분명히 밝혔다.

키로프 암살이 누군가에게 도움이 됐다면, 그것은 확실히 스탈린 체제의 관료 집단일 것이다. '테러리스트들'에 대항하는 투쟁을 핑계로 관료 집단은 소련에 남아 있는 비판적 사고의 마지막 징후조차 질식사시켰다. 관료 집단은 살아 있는 모든 것 위에 무거운 묘비를 세워 놨다.[3]

1935년 1월 지도적 볼셰비키 선임 당원 일부를 포함해 19명이 재판에 회부됐다. 그중에는 볼셰비키 창립 당원이자 레닌 시대에 정치국원이었고 코민테른 의장을 지낸 지노비예프, 볼셰비키 창립 당원이자 레닌 시대에 정치국원이었고 정부 수반인 레닌 밑에서 [인민위원회] 부의장을 지낸 카메네프, 최고참 노동자 출신 볼셰비키 가운데 한 명이고 전 중앙위원과 전 [러시아 공산당] 레닌그라드 위원회 간사를 지낸 P A 잘루츠키, 최고참 노동자 출신 볼셰비키 가운데 한 명이고 전 중앙위원인 G E 예브도키모프, 최고참 노동자 출신 볼셰비키 가운데 한 명이고 전 중앙위원과 10월 혁명 당시 소비에트 노동자 분과 의장을 지낸 G 표도로프, [1917년 4월] 레닌과 함께 봉인 열차를 타고 러시아에 도착했고 전 중앙위원과 레닌그라드 〈프라우다〉의 편집자를 지낸 G I 사파로프, 최고참 노동자 출신 볼셰비키 가운데 한 명인 전 중앙위원 A S 쿠클린과 그 밖의 볼셰비키 선임 당원 8명이 있었다. 이 피고인들은 모두 자신들이 키로프 암살에 도덕적 책임이 있다고 자백했다.

1936년 8월의 조작된 재판

1935년 1월에 열린 재판은 1936년 8월의 중대한 여론 조작용 재판, 즉 이른바 '트로츠키파·지노비예프파 테러 본부' 사건 재판의 서곡이었다. [1년 반 전의] 첫 재판에서 유죄 선고를 받은 많은 사람들(지노비예프·카메네프·예브도키모프·바카예프 등)이 다시 등장했다. 피고인석에 앉은 사람들은 키로프 암살에 책임이 있고 스탈린을 비롯한 소련 지도자 암살을 모의했다는 혐의로 기소됐다.

피고인들은 모두 극악무도한 범죄들을 자백했다. 그들의 발언은 검찰 측 발언과 전혀 구별되지 않았다. 피고인들은 '자백'을 하면서 검사와 경쟁하듯 자기비난에 열을 올렸다. 또, 자기들끼리 서로 "파시스트의 미친개"라고 욕을 해 댔다. 그들은 오랫동안 스탈린 체제에 매우 적대적이었지만, 이제 스탈린을 비판하는 말을 한마디라도 하는 사람은 아무도 없었다. 오히려 앞을 다퉈 스탈린의 천재성을 칭송하고 나라와 사회주의를 위해 스탈린이 이룬 위대한 업적에 찬사를 보냈다. 피고인들이 예외 없이 되풀이한 말은 테러 음모의 진정한 지배자가 빠져 있는데, 바로 트로츠키라는 것이었다.

비신스키는 검찰 측 발언을 끝맺으면서 "저 미친개들을 총으로 쏴 죽일 것을 요구합니다. 모조리 다 쏴 죽여야 합니다!" 하고 말했다.[4] 그러자 모든 피고인이 변론을 포기하고 최후진술만 하겠다고 말했다. 그러나 최후진술 역시 또 다른 자기비난처럼 들렸다. 카메네프는 다음과 같은 말로 최후진술을 마쳤다.

> 그렇게 해서 우리는 파시즘에 봉사했고, 사회주의에 대항하는 반혁명을 조직했고, 간섭주의자들이 침투할 수 있는 길을 준비하고 닦아 줬습니다. 그것이 바로 우리가 걸어온 길이었고, 그것이 바로 우리가 빠진 비열

하고 혐오스러운 반역의 구덩이였습니다.[5]

[당시 피고인 가운데 하나인] E S 홀츠만은 다음과 같이 말했다.

여기 피고인석에서 제 옆에 앉아 있는 살인자 패거리는 그냥 살인자들이 아니라 파시스트 살인자들입니다. 저는 자비를 구하지 않겠습니다.[6]

피고인 16명은 모두 사형을 선고받고 즉시 총살당했다.

재판의 불합리성

어떤 문서도, 어떤 물적 증거도, 어떤 서면 증거도 법원에 제출되지 않았다. 어떤 증인도 법정에 출석하지 않았다. 증거라고는 하나같이 참회하는 피고인들의 '자발적이고 자연스러운' 고백뿐이었다. 끔찍한 테러리스트들이 갑자기 자신을 채찍질하는 고행자로 변신해서 검찰 측과 경쟁하듯, 또 서로 경쟁하듯 자기비난에 열을 올렸고, 스스로 사형을 선고해 달라고 요구했다.

재판의 진실성은 피고인들이 자백한 만남이나 모임을 조회하는 과정에서 탄로 났다. 그런 만남이나 모임의 세부 사항들은 확인이 가능했기 때문이다. 예컨대, 홀츠만은 재판에서 다음과 같이 말했다.

저는 2~3일 안에 코펜하겐으로 가 브리스틀 호텔에서 세도프를 만나기로 약속했습니다. 저는 기차역에서 곧장 그 호텔로 간 다음 휴게실에서 세도프를 만났습니다.[7]

그러나 게페우는 경솔했다. 1917년 이후 코펜하겐에는 브리스틀 호텔이 없었다! 게페우는 1931년 모스크바 재판 때 그랬듯이 여전히 엉성했다. 1931년에도 한 피고인이 특정 장소에서 누군가를 만났다고 자백했지만 그때 그는 다른 곳에 있었다는 증거가 나왔던 것이다.

트로츠키는 볼셰비키 선임 당원들에 대한 모스크바 재판의 불합리성을 거듭거듭 지적했다. 예컨대, 1936년 12월 18일에 쓴 "수치!"라는 글에서 다음과 같이 말했다.

> 불가능한 것을 인정해 … 보자. 트로츠키주의자들이 자신들의 원칙, 강령, 저작, 개인적 서신(정직한 조사위원회가 있다면 얼마든지 보여 줄 수 있다)과 모순되게도 테러리스트들이 돼 버렸다고, 그것도 내부 투쟁이나 분열 없이, 필연적 탈퇴나 비난 없이 그렇게 됐다고 치자. 그들이 자본주의를 복원하는 데 테러리즘이 필요했다고 치자. 왜 모든 사람이 이 새로운 강령을 아무 말 없이, 이의 없이, 비판하지 않고, 반대하지 않고 받아들였을까? 더 나아가서 자본주의의 복원과 파시즘의 승리를(그렇다, 심지어 파시즘의 승리조차) 보장하기 위해 트로츠키주의자들이 게슈타포와 협약을 체결했고, 적어도 1931년부터 1936년 중반까지 트로츠키주의자들이 테러 행위를 추진해 왔다는 것이 사실이라고 치자(몇몇 불합리한 것들은 대체로 전혀 중요하지 않지만 말이다). 어디서? 어떻게? 그러나 이것은 별로 중요하지 않다. 그것은 모두 4차원에서 벌어진 일이기 때문이다. 그들은 계속 모든 '지도자들'을 암살하려 했고, 경제를 파괴하려 했고, 히틀러와 미카도의 승리를 준비하려 했다.
>
> 이 비열하고 불합리한 모든 짓거리가 합법적이라고 과연 생각할 수 있을까? 그러나 우리가 마침내 목격하고 있는 것은 무엇인가? 1936년 중반에 이 이상한 경향의 지도자들, 즉 이런 범죄들에 가담했다는 혐의로 기소된 사람들이 갑자기 회개함과 동시에 자신들이 저지른 범죄(사실은

저지르지 않았다)를 시인한다. 서로 앞다퉈 자기 몸에 오물을 뒤집어쓰겠다고 난리고, 서로 남보다 더 목청 높여 스탈린 찬가를 부른다. 바로 어제까지만 해도 죽이고 싶어 하던 그 스탈린을 말이다.[8]

피고인들은 완전히 미쳤는가?

피고인들은 개인적 테러에 만족하지 않았다. 그들은 자본주의를 복원하고 싶어 했다. 그것을 너무 강하게 원했기 때문에 독일 파시즘이나 일본 군국주의 체제와 결탁했다는 것이다! 그러나 과연 그들은 자신들과 내가 [복원된] 자본주의 체제에서 지도부 자리를 차지할 수 있다고 생각했을까? 이런 의문을 이해할 수 있는 말로 표현하기조차 어렵다. 따라서 이 재판의 정치적 토대는 무의미하다.[9]

그리고 트로츠키가 게슈타포와 거래할 때 유대인 5명, 즉 올베르크, 베르만유린, 다비트, M 루리예와 N 루리예 형제를 대리인으로 골랐다는 사실은 과연 얼마나 믿을 만한가?*

왜 그들은 모스크바 재판에서 자백했을까? 무엇보다, 게페우의 심문을 받은 사람들 가운데 완전히 무너져서 시키는 대로 자백한 사람은 극소수에 불과했다. 시키는 대로 진술하기를 거부한 사람들은 즉결 처형을 당했다. 서유럽에서 소련의 고위급 첩자로 활동하다가 1937년 스탈린 정권과 결별한 발테르 크리비츠키는 다음과 같이 말했다. "정말로 놀라운 일은, 스탈린의 정적들이 처한 비참한 상황과 게페우가 그들에게 가한 무시무시한 압력에도 불구하고 극소수만이

---

* 그런데 게슈타포가 N 루리예를 소련으로 보낸 때는 1932년 4월이었다고 한다.[10] 그 때는 나치가 집권해서 게슈타포를 만들기 약 11개월 전이었다! — 지은이.

자백했다는 사실이다. 세 차례 '반역죄 재판'에 연루된 죄수 54명 가운데 한 명꼴로, 적어도 100명이 끝까지 버티다가 총살당했다."[11]

그렇지만 차르 치하에서도 감옥과 시베리아에서 오랜 세월을 보내며 꿋꿋하게 투쟁했던 볼셰비키 선임 당원들 가운데 일부가 [스탈린 치하에서] 비굴하게 행동한 것을 어떻게 설명할 수 있을까? 감옥에서 혁명가인 어머니(와 아버지)에게서 태어났고 1905년 이후 볼셰비키 당원이었으며 매우 노련하고 강인한 지하활동가였고 내전 시기에 여러 전투에서 영웅적으로 활약한 므라치콥스키나, 1899년에 입당한 공장 노동자였고 여러 번 구속됐으며 내전 당시 콜차크 제독을 물리치고 승리한 싸움에서 영웅적으로 활약했고 '시베리아의 레닌'으로 불렸고 빈번하게 '당의 양심'으로 일컬어진 I N 스미르노프 같은 사람들이 어떻게 스탈린과 그의 첩자들의 손에 놀아날 수 있었을까? 그토록 영웅적인 인물들이 왜 차르 치하에서 불평 한마디 없이 교수대로 갔던 나로드니키 활동가들과 너무 다르게 행동했을까? 므라치콥스키와 스미르노프가 법정에서 한 행동은 [프랑스 혁명 때] 당통과 로베스피에르를 비롯한 자코뱅 지도자들이 위풍당당하게 항거하면서 의연하게 단두대로 올라간 행동과 어찌 그리도 달랐을까?

프랑스 [혁명 당시의] 민중 지도자들뿐 아니라 나로드니키 순교자들도 투쟁의 현장에서 곧장 끌려 나온 사람들이었고, 여전히 권력의 절정에 있으며 한창 대중의 존경을 받던 사람들이었다. 그것은 혁명의 강력한 분출기에 벌어진 일이었다. 지노비예프·카메네프·므라치콥스키·스미르노프 등이 법정에 끌려 나왔을 때는 반동이 오랫동안(10년 넘게) 지속된 뒤였다. 그들은 여러 차례 스탈린에게 투항했고, 투항할 때마다 더 비굴해지고 자신감과 용기가 꺾였으며 기력이 약해졌다. 예컨대, 지노비예프가 투항하는 과정을 간략히 살펴보자.

1927년 11월 14일 지노비예프는 공산당에서 제명됐다. 12월에 그는 스탈린에게 투항했다. 1928년 1월 27일 지노비예프와 카메네프는 성명을 발표해서 다음과 같이 말했다. "우리의 레닌주의 사상이 소련 공산당 밖에서 직면하게 될 운명은 단 하나뿐이다. 그것은 바로 변질과 쇠퇴다."[12] 6월에 지노비예프와 카메네프는 당에 재가입했다. 1932년 10월에 그 불운한 단짝은 많은 우익반대파와 함께 재차 당에서 제명됐다. 그중에는 중앙위원회와 모스크바 위원회의 전 간사였던 N A 우글라노프, 중앙위원이자 모스크바 조직의 지도자였던 M N 류틴도 있었다. 류틴은 전에 스탈린의 정책과 정권을 비판하는 문서를 작성한 적이 있다. 지노비예프와 카메네프에게 제기된 혐의는 다음과 같았다.

> [류틴의] 반혁명적 문서가 널리 퍼지고 있다는 것을 알면서도 그것을 고발하기는커녕 오히려 그 문서로 토론하기를 즐기고, 그렇게 해서 스스로 해당 행위를 하는 반혁명 집단의 공범임을 입증했다.[13]

단지 류틴을 고발하지 않았다는 이유로 지노비예프와 카메네프는 당에서 제명되고 모스크바에서 추방됐다.

지노비예프와 카메네프는 6개월 뒤인 1933년 5월 다시 한 번 순종하는 성명서를 발표한 뒤에 재입당이 허용돼 시베리아 유배지에서 돌아올 수 있었다. 1927년 12월에 처음 투항했을 때 그들은 아직 스탈린 앞에 무릎을 꿇지는 않았다. 그런데 1933년 5월에는 [신념을] 새롭게 철회하면서, 스탈린의 무오류성과 천재성을 칭송했다.

이른바 '승리자들의 당대회'였던 17차 당대회(1934년 1~2월)에서 옛 반대파의 많은 사람들 — 부하린·지노비예프·카메네프·로미나제·프레오브라젠스키·퍄타코프·라데크·리코프·톰스키 등 — 이 연단에 올라 연설했다. 저마다 자신의 과오를 인정하고, 지도자의 위대함과 천재성을 칭송하는 말로 연설을 끝맺었다.

1934년 내내 지노비예프가 쓴 글들이 〈프라우다〉에 빈번하게 실렸다. 가장 비굴한 글은 키로프가 죽었을 때 쓴 추도사였다. 그 글의 제목은 "등대 같은 사람"이었다.

> 당의 큰 슬픔은 전 인민의 슬픔, 모든 소련 인민의 슬픔이다. 당의 애도는 위대한 우리 나라 전체의 애도다. … 전 인민이 사별의 비통함을 느끼고 있다.
>
> 세르게이 미로노비치 키로프를 살해한 악독한 짓은 진실로 당 전체를, 소련 전체를 분기시켰다. 모든 사람이 이 사랑하는 사람을 잃고서 가장 가깝고 가장 소중한 사람을 잃은 것처럼 느끼고 있다. …
>
> 노동계급의 아들, 이 등대 같은 사람은 그래서 … 우리에게 소중하고 속 깊고 강인한 사람이었다. … 우리는 그를 신뢰하지 않을 수 없었고, 사랑하지 않을 수 없었고, 자랑스러워하지 않을 수 없었다.[14]

그런데 두 달 뒤 지노비예프는 자신이 키로프 살해에 '도덕적 책임'이 있다고 자백했다!

마찬가지로, 장차 스탈린에게 희생되는 다른 사람들도 흔히 구속되기 전에 미리 스탈린 앞에 납작 엎드리는 바람에 재판 때는 입지를 만회하고 스탈린을 고발하는 일을 사실상 할 수가 없었다.

예컨대, 라데크는 두 쪽짜리 기사에서 스탈린을 칭찬하는 역겨운 말을 다음과 같이 늘어놨다. "레닌의 가장 뛰어난 제자, 레닌주의 정당의 모범이자 정수"인 스탈린은 "당의 역사적 경험 전체"를 체현하고 있다. 그의 "통찰력은 레닌만큼 탁월하다." 기타 등등. 이 기사는 재빨리 소책자로 만들어져서 22만 5000부나 발행됐는데, 이것은 당시로서는 엄청난 부수였다.

지노비예프 일파가 재판을 받고 있을 때 라데크는 〈프라우다〉에 "트로츠키파·지노비예프파 파시스트 패거리"라는 제목의 기사를 썼다.[15] 같은 호 〈프라우다〉에서 라콥스키는 지노비예프와 카메네프를 비롯한 게슈타포 첩자들을 총살해야 한다고 주장했다. 퍄타코프도 비슷하게 추잡한 비난을 피고인들에게 퍼부어 댔다.

비굴하기는 부하린도 마찬가지였다. 그는 17차 당대회에서 다음과 같은 말로 연설을 끝마쳤다.

> 우리 당 만세! 투쟁하는 우리 당의 위대한 동지애, 강철같이 단단하게 단련된 병사들의 전우애 만세! 불굴의 용기를 지닌 혁명가들을 이끌고 백전백승하는 프롤레타리아 군대의 영광스러운 원수, 최고 중의 최고인 스탈린 동지 만세![16]

세도프는 [게페우가] 어떻게 피고인들을 쥐어짜서 자백을 얻어 냈는지를 매우 잘 설명했다.

> 피고인석에 앉아 있는 것은 내전 당시 스미르노프나 코민테른 초기 지노비예프의 그림자뿐이었다. 피고인석에는 무너지고 짓밟히고 끝장난 사람들이 앉아 있었다. 스탈린은 그들을 물리적으로 죽이기 전에 도덕적으로 무너뜨리고 파괴했다.
> 투항은 기울어진 벽면 같은 것이어서, 지금까지 그것에 기대는 데 성공한 사람은 아무도 없었다. 일단 그것에 기대기만 하면 바닥까지 미끄러지지 않을 수 없었다. …
> 혁명적 인물들을 파괴하는 스탈린주의자들의 '기예'는 천천히 조심스럽게 다가가서 이 사람들을 조금씩 조금씩 가라앉히는 것이었다. … 그러면 그들에게 무슨 투지가 생기겠는가? 그들은 자신들의 사상을 포기했

을 뿐 아니라, 스탈린이 자신들을 진흙탕에 빠뜨리는 것을 스스로 도와 주기까지 했다. 국제 노동자 운동이 그와 같이 붕괴돼 있지 않았다면, 이 사람들은 분명히 다르게 행동했을 것이다. 혁명적 운동에서 고립되고 심지어 일반적 세계에서도 고립돼 있다 보니 그들이 본 것은 오직 파시즘의 발흥과 강화, 소련의 가망 없는 스탈린주의뿐이었다. 피고인들의 가련한 행동은 무엇보다 모든 전망을 상실한 사람들의 깊은 절망이 표현된 것이었다. 그리고 어떻게 오늘날 소련 사람들이, 심지어 최상의 사람들조차 사기 저하하지 않을 수 있겠는가? 혁명가들이 진공상태에서 단련된 적이 있었던가? 혁명가들이 단련되려면 집단적 노력, 상호 관계, 대중과의 연계, 이론적 자기교육 등이 있어야 한다. 오직 그런 상황에서만 혁명적이고 볼셰비키다운 인간이 단련될 수 있었다. 그러나 그것은 완전히 과거지사가 돼 버렸다. 지난 10년 동안 소련뿐 아니라 다른 곳에서도 정반대 과정이 진행됐다.[17]

개인의 영웅적 행동은 사회적 기능이다. 차르 치하에서 감옥에 가고 시베리아로 유배되고 심지어 교수대로 끌려가더라도, 주위에 자신과 자신의 견해를 지지하는 사람들이 있다는 것을 알고 그러는 것과 물리적·정신적으로 철저히 고립된 채 그러는 것은 완전히 별개의 문제다. 후자의 경우 모든 용기가 고갈돼 버리기 때문이다. 트로츠키는 다음과 같이 썼다.

투항의 새로운 단계마다 희생자들이 직면한 대안은 계속 똑같았다. 그동안 받은 비난을 모두 거부하고 관료 집단에 맞서 (깃발도, 조직도, 어떤 개인적 권위도 없이) 가망 없는 투쟁을 벌이거나 아니면 더한층 가라앉아서 자신과 다른 사람들의 새로운 악행을 비난하는 것이었다. 이것은 심연으로 빠져들어 가는 것이었다! 그 과정의 대략적 요인을 알아내면, 뒤의 단계에서 쏟아질 비난들을 정확히 예측할 수 있었다. 나는 그런 예측을 여러 번 글로 발표했다.[18]

인간의 신경이 아무리 강력하더라도 도덕적 고문을 참을 수 있는 능력에는 한계가 있기 마련이다.[19]

전기저항 같은 물질의 저항이 있듯이 인간 본성에도 저항이 있다. … 정치 활동에서 영웅이 되려면 전망, 희망, 강령의 사상이 필요하다. 자백한 사람들은 오래전에 개인적으로 사상을 완전히 잃어버렸다. 그들은 오래전에 관료 집단에게 투항했다. 그것도 한 번이 아니라 여러 번 그랬다. 재판을 받는 사람들은 외부 세계와 고립됐고, 상황을 분석할 만큼 이론적으로 충분히 강하지 않았고, 모든 전망을 잃어버렸다. 관료 집단이 승리했다는 말이 나돌자 재판받는 사람들은 스스로 다음과 같이 말했다. '이런 상황에서 우리가 무엇을 할 수 있을까? 파시즘의 힘이 전 세계로 확산되고 우리 노동자들은 거의 환멸에 빠지고 침울한 분위기에 사로잡혀 있는데, 우리가 무엇을 할 수 있을까? 우리는 속수무책이므로 관료들에게 투항해야 한다.' 이렇게 그들은 전에 받았던 작은 지지마저 잃어버렸다.

그들이 투항하자 관료 집단은 '동지들, 여러분의 투항만으로는 충분하지 않고 여러분이 우리를 도와서 모든 반대파를 전멸시켜야 합니다' 하고 말했다. 그들이 무엇을 할 수 있었을까? 만약 그들이 거부했다면 소련 국가에 헌신적이지 않다는 이유로 총살당했을 것이다. 그래서 그 고립된 불쌍한 인간들은 스스로 다음과 같이 말했다. '우리는 자신을 희생할 것이다. 내가 투항하는 것은 오늘날 스탈린이 이끄는 소련 국가가 유일한 희망이라는 사실을 인정하는 것이다. 나는 반대파에게는 희망이 없다는 것을 인정한다. 만약 내가 자백을 거부한다면 그것은 오직 추상적 도덕을 고려하기 때문일 것이다.' 그렇게 해서 그들은 전에 정치적으로 투항했듯이, 이제는 도덕적으로 투항했다.[20]

재판 5일 전에 지노비예프와 카메네프를 비롯한 피고인들을 약화시키기 위해 정부는 테러 범죄로 군사법원에서 사형선고를 받은 사람들에게 상소권을 주는 특별법을 제정했다. 그래서 피고인들의 마음속에는 죽음을 면할 수 있게 됐다는 희망이 잠깐 되살아났다. 그들은 또, 전에 정부가 법원에서 사형선고를 받은 피고인들(샤흐티 재판, '산업당' 재판, '멘셰비키 중앙' 재판의 피고인들)에게 관대한 처분을 내린 것도 알고 있었다.

그러나 스탈린은 다시 한 번 사람들을 속였다. 8월 24일 새벽 2시 30분 군사법원의 재판장 V V 울리흐는 피고인 전원에게 사형을 선고하는 평결문을 낭독했다. 바로 그날 밤에 다음과 같이 퉁명스러운 공식 성명서가 발표돼 다음 날 소련 언론에 실렸다.

소련 중앙집행위원회 상임간부회는 올해 8월 24일 소련 최고재판소 군사법원에서 열린 트로츠키파·지노비예프파 테러 본부 재판에서 유죄 선고를 받은 사람들에게 자비를 베풀어 달라는 호소를 거부했다. 그래서 그 평결은 집행됐다.

뒤따른 모스크바 재판들

1936년 8월에 열린 (지노비예프 일파의) '16인 재판' 뒤에 유명한 재판이 세 차례 더 열렸다. 1937년 1월 (퍄타코프·라데크·소콜니코프·무랄로프·세레브랴코프 등에 대한) '17인 재판', 1937년 6월 투하

첩스키 원수를 비롯한 적군赤軍의 고위 장성들에 대한 비밀재판, 마지막으로 1938년 3월 (리코프·부하린·크레스틴스키·라콥스키·야고다 등에 대한) '21인 재판'이 그것이다. 피고인석에 앉은 사람들 중에는 레닌 시절의 정치국원이 스탈린만 빼고 모두 포함돼 있었다. 트로츠키는 비록 재판정에 없었지만 주요 피고인이었다.

'16인 재판'에서는 피고인들이 소련 지도자들에 대한 테러 행위를 모의했다는 것이 핵심 쟁점이었다면, '17인 재판'에서는 피고인들이 히틀러와 미카도의 첩자 노릇을 하면서 자본주의를 복원하려 했다는 점이 강조됐다. 피고인들이 독일에는 우크라이나를 넘겨주려 했고 일본에는 연해주와 아무르강 지역을 넘겨주려 했다는 것이다. 그 대가로 히틀러는 소련에 트로츠키·지노비예프 정부가 들어서는 것을 지원하기로 했다고 한다. 예컨대 퍄타코프는 법정에서 다음과 같이 진술했다.

> [트로츠키가 — 지은이] 저에게 말하기를, 자신이 독일 국가사회주의당의 부총재인 루돌프 헤스와 상당히 길게 협상했다고 했습니다. … 독일 파시스트들은 트로츠키파와 지노비예프파의 연합 진영에 우호적 태도를 취하면서, 만약 전쟁 전이나 전시에 트로츠키파와 지노비예프파가 집권하는 데 성공한다면 지지하겠다고 약속했습니다.[21]

히틀러가 유대인 공산주의자 트로츠키를 소련 총독으로 임명하려 했다는 것이다!

이 재판의 또 다른 요소는 피고인들이 기업과 철도를 대거 파괴하는 활동을 조직했다는 혐의였다.

'16인 재판'에서 그랬듯이 여기서도 그런 혐의의 유일한 '증거'는 피고인들의 자백뿐이었다. '16인 재판'에서 홀츠만이 코펜하겐에 있지도 않은 브리스틀 호텔에서 세도프를 만났다는 이야기가 완전히 소설이었음이 폭로됐다면, '17인 재판'에서도 퍄타코프가 비행기를 타고 오슬로로 가서 트로츠키를 만났다는 주장이 완전히 허튼소리임이 드러났다.[22] 당시 오슬로에는 어떤 외국 비행기도 착륙한 적이 없었기 때문이다.

'17인 재판'에서는 트로츠키주의자들이 대규모 파괴 활동에 가담했다는 혐의가 공판 기록의 5분의 4를 차지했다.

관료들의 부실 경영, 불충분한 투자 운용의 만연, 낭비 확산, 불량품 양산, 생산의 불비례·병목현상 등 스탈린의 관료적 국가자본주의 체제에 내재한 문제들이 트로츠키주의 첩자들의 파괴 활동 탓으로 돌려졌다. 사실 '17인 재판'의 공판 기록은 스탈린 치하 경제의 관리 부실을 매우 다채롭게 묘사하고 있다. 장관들을 포함한 산업 관리자들이 그 희생양이 됐다. 다음은 공판 기록에 나오는 파괴 활동의 한 사례인데, 철도에서 사보타주 활동을 감행한 트로츠키주의자들이 적힌 매우 긴 명단을 제출한 남부 우랄 철도 책임자 I A 크냐제프의 진술이다.[23]

> 법관 리치코프: 당신이 이끄는 트로츠키주의자들의 조직은 얼마나 많은 열차 사고를 획책했습니까?
> 크냐제프: 우리가 직접 조직한 열차 사고는 13~15건입니다. … 열차 사고 증가는 의심의 여지 없이 다른 산업 분야에서 트로츠키주의 조직이 벌인 파괴 활동과도 연관이 있습니다. 제 기억으로는 1934년에 모두 합쳐 약 1500건의 열차 파괴와 사고가 있었습니다.[24]

이런 사보타주 자백은 결국 관료적으로 운영된 경제의 비참한 상태를 보여 줄 뿐이었다. 1937년 4월 듀이위원회가 멕시코에서 개최한 모스크바 재판 진상 조사 청문회에서 트로츠키는 다음과 같이 증언했다.

> 기소장과 공판 기록을 보고 전 세계가 알게 된 사실은 소련의 모든 공업을 '한 줌의 트로츠키주의자들'이 사실상 통제하고 있었다는 것입니다. 운수 분야에서도 사정은 마찬가지였습니다. 그러나 과연 트로츠키주의자들의 사보타주 행위가 실제로 존재했습니까? 죄수석 옆자리에 앉은 옛 부하의 증언으로 보강된 퍄타코프의 자백에서 다음과 같은 사실이 드러났습니다. 첫째, 새로운 공장을 위한 계획안이 너무 느리게 작성됐고 거듭거듭 수정됐습니다. 둘째, 공장 건설이 너무 지연돼서 막대한 금액의 유통이 정지됐습니다. 셋째, 기업들이 미완성 상태에서 조업을 시작했고 그래서 금방 파산했습니다. 넷째, 다양한 신설 공장 사이에 균형이 이뤄지지 않아서 그 공장들의 생산능력이 엄청나게 축소됐습니다. 다섯째, 공장들이 굳이 필요하지 않은 원료와 부품을 쌓아 두는 바람에 생산적 자본이 비생산적 자본으로 변해 버렸습니다. 여섯째, 부품 낭비가 만연했습니다. 기타 등등. 오래전부터 소련 경제의 고질병으로 알려진 이 모든 현상이 지금은 퍄타코프가 주도한 악의적 음모의 결과로 제시되고 있습니다(물론 제가 내린 명령이랍니다). 그러나 정말 이해할 수 없는 것은 이 모든 일이 벌어지는 동안, 모든 시설과 기업에 세포가 있는 당은 말할 것도 없고 산업과 금융 분야의 국가기관들이나 회계 당국은 도대체 뭘 하고 있었느냐는 것입니다. 기소장의 내용이 사실이라면 소련 경제의 지도력은 '상냥한 무오류의 지도자' 수중에 있는 것도 아니었고, 그와 가장 가까운 협력자들이나 정치국원들이나 정부의 수중에 있는 것도 아니었고, 오히려 유배되고 추방된 지 9년이나 지난 고립된 인간의 수중에 있었던 셈입니다. …
>
> 우리는 '트로츠키주의자들'이 대수롭지 않은 극소수이며 대중과 괴리

돼 있고 대중에게 미움받고 있다는 말을 귀가 따갑게 들었습니다. 바로 그런 이유로 그들은 개인적 테러라는 방식에 의존하게 됐다고 들었습니다. 그러나 사보타주 문제와 관련해서는 이야기가 완전히 달라집니다. 한 사람이 기계에 모래를 뿌리거나 다리를 폭파할 수 있다는 것은 분명합니다. 그러나 법정에서 나오는 말을 들어 보면 행정기관 전체가 사보타주하는 사람들의 수중에 있어야만 그런 사보타주 방식이 가능할 것입니다.[25]

퍄타코프·세레브랴코프·무랄로프·드로브니스 등 13명에게 사형이 선고됐고, 소콜니코프와 라데크를 포함한 3명의 피고인에게는 징역 10년이, 또 다른 피고인에게는 징역 8년이 선고됐다.

군 장성 재판

1937년 5월 말에 게페우는 적군을 현대화한 인물이자 적군의 실질적 총사령관이며 국방 부副인민위원인 투하쳅스키 원수가 수괴 노릇을 한 음모 집단을 적발했다고 발표했다. 음모에 연루된 사람들 중에는 뛰어난 장군들인 야키르·우보레비치·예이데만·코르크·푸트나·펠드만·프리마코프 등과 함께 적군의 최고 정치위원인 가메르니크 장군도 있었다. 재판은 비공개로 진행됐고, 평결 외에는 자세한 내용이 아무것도 알려지지 않았다. 자살한 가메르니크 외에 나머지 사람들은 모두 처형됐다. 사형선고장에 서명한 4명의 원수, 즉 보로실로프·부됸니·블류헤르·예고로프 가운데 블류헤르와 예고로프도 머잖아 총살대 앞에 서게 된다.

그 뒤 군대 숙청이 대대적으로 벌어졌다. [러시아의 저술가인] 로이 메드베데프는 군대에서 진행된 숙청의 규모를 다음과 같이 기록했다.

> 원수 5명 가운데 3명, 1급 군사령관 4명 가운데 3명, 2급 군사령관 12명 모두, 군단장 67명 가운데 60명, 사단장 199명 가운데 136명, 여단장 397명 가운데 221명, 1급 함대사령관 2명 모두, … 2급 함대사령관 2명 모두, 1급 제독 6명 모두, 2급 제독 15명 가운데 9명, 1급 군 정치위원 2명 모두, 2급 군 정치위원 15명 모두, 군단 정치위원 28명 가운데 25명, 사단 정치위원 97명 가운데 79명, 여단 정치위원 36명 가운데 34명[이 숙청됐다]. 또, 영관급 장교와 위관급 장교도 엄청나게 많이 죽었다. 정말 충격적인 사실은 다음과 같이 간단히 요약할 수 있다. 즉, 소련 군대가 이 평화적 시기에 당한 것보다 큰 인명 손실을 당한 군 지휘부는 어떤 전쟁에서도 결코 없었다는 것이다.[26]

21인 재판

마침내 1938년 3월, 떠들썩한 모스크바 재판의 마지막 재판이 열렸다. 리코프·부하린·크레스틴스키·라콥스키·야고다 등의 재판이었다. 그들의 혐의는 이른바 '우파·트로츠키파 연합'이라는 음모 집단에 가담했다는 것이었다.

이 재판은 대체로 '17인 재판'과 '16인 재판'의 복사판이었다. 이전 재판들에서 그랬듯이 트로츠키는 다시 한 번 주요 피고인이었다. 그러나 이번에는 그의 범죄 경력이 전에 받았던 혐의보다 훨씬 일찍 시작됐다. 예컨대 기소장에는 다음과 같이 적혀 있었다.

> 조사 결과 분명히 밝혀진 사실은 트로츠키가 독일 정보기관과는 1921년

부터, 영국 정보기관과는 1926년부터 내통하고 있었다는 것이다.[27]

크레스틴스키는 법정에서 다음과 같이 진술했다.

> 1921년에 트로츠키는 저에게 말하기를, [독일과의] 공식 협상 기간에 기회를 봐서 제크트[독일군 참모총장 — 지은이]를 만나 트로츠키파의 불법 활동 지원금을 정기적으로 보내 달라고 제안해 보라고 했습니다. 또, 만약 제크트가 그 대가로 우리에게 첩보 분야의 도움을 요구하면 그 요구를 받아들이라고 했습니다. 트로츠키가 저에게 이런 지시를 했을 때 나온 대화 내용에 대해서는 나중에 다시 말씀드리겠습니다. 저는 제크트에게 그 문제를 제기하면서 연간 25만 마르크, 즉 6만 달러를 요구했습니다.[28]

내전에서 승리한 후 레닌과 함께 소련 공산당과 코민테른을 이끌면서 권력의 정점에 있던 트로츠키가 [제1차세계대전에서] 패배해 가난해진 독일의 첩자가 됐고, 이 모든 것의 대가로 겨우 연간 25만 마르크, 즉 6만 달러를 받았다는 것이다!

라콥스키의 증언에 따르면, 트로츠키는 "간첩 행위, 파괴 활동, 반역, 테러를 가르치는 학교"를 운영했다. "우리는 외국 침략과 국제 파시즘의 전위였습니다. 단지 소련에서만 그런 것이 아니라 스페인과 중국을 비롯한 전 세계에서 그랬습니다."[29]

법원의 평결은 다음과 같았다. 부하린·리코프·야고다·크레스틴스키·로젠골츠 등 피고인 18명에게는 사형, D D 플레트네프에게는 징역 25년, 라콥스키에게는 징역 20년, S A 베소노프에게는 징역 15년이 선고됐다.

'21인 재판'은 키로프 암살로 시작된 일련의 여론 조작용 재판의 마지막이었다. 1939년 초쯤 대숙청은 끝났다.

그런데 흥미로운 사실은 제2차세계대전이 끝난 뒤에 나치 지도자들을 심판한 뉘른베르크재판의 문서를 아무리 살펴봐도, 트로츠키주의자들이나 다른 반대파 공산주의자들과 나치의 연관을 암시라도 하는 문서는 단 하나도 없었다는 것이다.

볼셰비키 선임 당원들의 제거

스탈린은 레닌이 살아 있을 때 러시아 혁명의 운명뿐 아니라 코민테른의 운명도 감독했던 정치국원들을 모두 제거했다. 당시 정치국원은 레닌·트로츠키·지노비예프·카메네프·톰스키·리코프·스탈린이었고, 부하린이 후보국원이었다. 1924년에 레닌이 죽은 뒤 트로츠키는 스탈린에게 박해를 받다가 마침내 스탈린이 보낸 첩자에게 암살됐다. 지노비예프·카메네프·리코프·부하린은 모두 처형됐고, 톰스키는 재판을 받기 직전에 자살했다.

레닌은 유언장에서 트로츠키·스탈린·지노비예프·카메네프·부하린·퍄타코프 등 6명을 언급하면서 부하린과 퍄타코프는 "청년들 가운데 가장 뛰어난 당원"이라고 평가했다. 그런데 레닌이 언급한 6명 가운데 4명은 스탈린에게 총살당했고, 1명은 스탈린이 보낸 첩자에게 암살됐다.

또, 혁명 당시의 중앙위원 21명 가운데 겨우 2명만이 살아남았는데, 스탈린과 알렉산드라 콜론타이였다.

그러나 대숙청은 그 직전까지 스탈린을 지지한 유명 인사들조차 제거해 버렸다. 17차 당대회(1934년 1월)에서 선출된 중앙위원과 후보위원 139명 가운데 겨우 21명, 즉 15.1퍼센트만이 다음 당대회

(1939년 3월)에서 다시 선출됐다. 17차 당대회 대의원 1966명 가운데 1108명, 즉 56.4퍼센트가 그 뒤 몇 년 사이에 총살당했다.[30]

트로츠키가 계산한 것을 보면, 지역 당 간사들이 모두 1937년 말까지는 제거되거나 교체됐다.[31]

그러나 이것은 빙산의 일각일 뿐이었다. 로이 메드베데프는 다음과 같이 압축적으로 묘사했다.

> 2년이 채 안 되는 기간에 NKVD가 체포해서 살해한 공산주의자가, [제정 시절의] 지하투쟁 시기와 세 차례 혁명과 내전 기간을 통틀어 희생된 공산주의자보다 더 많았다.[32]

로이 메드베데프는 또 다음과 같이 썼다.

> 1936~1939년에 정치적 이유로 탄압받은 사람이 아무리 적게 잡아도 400만~500만 명이나 된다. 그중에 적어도 40만~50만 명, 특히 고위 관리들이 즉석에서 총살당했고 나머지는 장기 징역형에 처해졌다. 1937~1938년에는 며칠 사이에 모스크바에서만 약 1000명이 총살당했다. 이것은 피의 개울이 아니라 피의 강물이었다. 정직한 소련 사람들의 피가 강물처럼 흘러넘친 것이다. 단순한 진실을 이야기하자면, 과거의 어떤 폭군과 독재자도 자기 동포를 그토록 많이 박해하고 파멸시키지는 않았다.[33]
>
> 미국의 어떤 역사가가 계산한 것을 보면, 자코뱅의 공포정치 시기에 혁명재판소는 1만 7000명을 단두대로 보냈다. 대략 같은 수의 사람들이 재판 없이 유죄 선고를 받거나 감옥에서 죽었다.[34]

소련의 강제 노동 수용소에 갇힌 사람의 수도 매우 급속하게 증가

했다. [폴란드의 역사가] S 스비아니에비치는 강제 노동 수용소의 노동인구를 다음과 같이 추산했다.[35]

연도	강제수용소 노동인구
1927	140,000
1930	1,500,000
1932	2,500,000
1936	6,500,000
1938	11,500,000

(강제수용소의 노동인구에 관한 이 수치들은 부풀린 것이다. 이 책 1장의 '강제 노동' 절[45쪽]에 나오는 수치와 비교해 보라.)

대숙청 초기에 스탈린은 다음과 같은 유명한 말을 했다. "살기가 더 좋아졌습니다, 동지들. 삶이 더 즐거워졌습니다."[36]

잔혹한 숙청의 역사적 구실

국가가 생산수단의 창고이고 경제·사회·정치 생활을 모두 지배할 때, 사회에 존재하는 모든 비판은 필연적으로 국가에 집중되기 마련이다. 사회적 생산의 조직자인 국가는 생산의 모든 실패에 대한 책임을 지게 되고, 자연스럽게 모든 불만의 대상이 되고, 사회불안의 초점이 된다. 따라서 그 국가는 일관되게 민주적일 수 있거나, 아니면 모든 비판을 초월하는 강력한 국가가 돼야 한다. 즉, 전체주의 국가가 돼야 한다.

세계 자본주의의 강력한 압력을 받는 그런 국가가 훨씬 더 경제가 발전한 경쟁국들을 따라잡기 위해 급속한 공업화를 시도하고 따라서 노동계급한테 엄청난 잉여를 뽑아내야 할 때, 이 전체주의는 거대하게 확대된다. 이런 양상은 스탈린 치하 소련과 마오쩌둥 치하 대약진운동·문화혁명 시기 중국에서 나타났을 뿐 아니라, 그보다 작은 다른 스탈린주의 국가들에서도 나타났다. 그러나 흐루쇼프 시대에 그랬듯이 공업화 과정이 근본적으로 완료되고 강조점이 양적 발전에서 질적 발전으로 바뀔 때는 공포정치의 필요성이 줄어들지만 기본적으로 전체주의적인 국가의 성격은 그대로 남아 있게 된다.

1차 5개년계획은 사적 농업과 네프맨을 제거함으로써 그런 국가로 가는 문을 열었다. 대대적 강제 집산화는 전대미문의 대규모 공포정치를 사회 유기체에 도입했다.

경제 실정, 낭비, 다양한 경제 부문 간 또는 공장 간 불균형, 투자된 자본의 낮은 활용률, 생산물의 극히 조악한 품질, 출혈 판매, 빈곤과 나란히 존재하는 경제적·사회적 특권 등 이 모든 것이 노동자와 경영진 사이에, 노동자와 국가 사이에, 관료 집단의 서로 다른 부문 사이에 엄청난 사회적 긴장을 만들어 냈다. 트로츠키는 1937년 1월 26일에 쓴 "산업의 사보타주"라는 글에서, 스탈린이 자신과 관료 집단이 저지른 경제관리 잘못의 책임을 뒤집어씌울 희생양을 찾고 있다고 설명했다.

> 관료 집단은 힘든 일을 강요하는 노동 제도에 조금이라도 반대하면 죄다 사보타주라는 딱지를 붙인다. 기술자와 노동자의 훈련 부족 자체가 막대한 투자 수익을 얻으려는 열의가 넘친 것을 보여 준다. 그런 훈련 부족 때문에 기계류의 가치가 떨어지고 광산 갱도에서 폭발이 일어나고 수많은 철도 사고와 온갖 종류의 불상사·사고가 발생했다. 이 모든 현상은 노동자 대중의 불만을 매우 고조시킬 것이고, 관료 집단은 자신들이 저지른 모든 범죄의 책임을 뒤집어씌울 희생양이 필요할 것이라는

점은 불을 보듯 뻔하다.

게페우는 참사의 책임을 다양한 피고인들에게 배분했다. 이렇게 해서, 관료 집단이 저지른 범죄의 책임을 … 다시 한 번 트로츠키주의가 뒤집어쓰게 됐다.[37]

도널드 필처는 스탈린과 산업 관리자들과 노동자들 사이에 형성된 삼각관계를 다음과 같이 묘사했다.

물론 산업 관리자들은 스탈린 체제의 주요 수혜자였고, (당 관료들과 함께) 스탈린 체제의 주된 사회적 지지 기반이었다. 어쩌면 바로 이런 이유 때문에 그들은 손쉬운 희생양이 됐을 것이다. 그들을 공격하는 것은 분명한 정치적 이점이 있었다. 정권이 노동자들을 상급자의 권한 남용에 맞서 지켜 주고 있으며 '노동자 국가'에 대한 상급자의 충성과 열의는 항상 의심스럽다는 환상을 부추겼기 때문이다. 그러면서도 신흥 엘리트 내의 집단에 속한 관리자들의 지위는 결코 위협하지 않았다. 비록 개별 관리자들의 개인적 운수는 크게 부침을 겪을 수 있었지만 말이다.[38]

모든 어려움의 책임은 산업 부문 장관들, 지역의 국가 관리들, 공장 관리자들이 져야 했고, 위대한 지도자는 하늘처럼 존귀한 존재여야 했다.

대숙청으로 말미암아 산업 관리자들의 대다수가 제거됐다. 로이 메드베데프는 다음과 같이 말했다.

1940년에 철야금업부의 대기업 책임자 151명 가운데 62명은 근무한 지 1년이 채 안 됐고 55명은 1년 이상 2년 미만이었다. 최고 기술자 140명 가운데 56명도 근무한 지 1년이 채 안 됐다. [대숙청이 벌어지기 전인]

1935년과 비교해 보면, 당시 중공업부 산하 전체 기구의 책임자들 가운데 교체된 사람은 5명뿐이었고, 철야금업 분야에서는 교체된 최고 기술자가 1명뿐이었다.[39]

1938년 11월 13일 현재 철도의 주요 직위에서 일하는 피고용인 가운데 1년 이상 근무한 사람은 겨우 24퍼센트에 불과했다.[40]

대숙청이 1937~1940년의 산업 생산에 미친 직접적·즉각적 영향은 정말로 매우 심각했다.[41]

스탈린 정권은 숙청이 필요했다. 희생자를 선정하고 그들의 후임자를 선택하는 사람 자신은 숙청의 범위에서 벗어나 있어야 한다. 그는 또, 서로 다른 관리 부문 사이에서 중재자가 돼야 한다. 생사여탈권을 쥐고 있으면서 자신은 숙청의 범위에서 벗어나 있게 되면, 신인神人의 지위는 완성된다.

트로츠키를 파시즘과 엮는 작업이 필요했던 이유는 현실에 불만을 품은 노동자들이 트로츠키에게 공감하는 경우가 꽤 흔했기 때문이다. 《소비에트 지배하의 스몰렌스크》라는 책에서 [미국의 정치학자] 멀 페인소드는 [독일군이] 노획한 게페우 문서들을 인용해, 심지어 숙청이 절정에 달한 1936~1937년에도 노동자들은 트로츠키에게 공감을 표했으며, 이런 일은 트로츠키주의가 별로 인기가 없었던 스몰렌스크 지방에서도 일어났다고 지적했다. 그런 몇몇 사례를 들어 보겠다.

한 노동자는 트로츠키의 망명에 대해 다음과 같이 말했다. "[공산]당이 이 문제에서 잘못 판단했을 수도 있어. 왜냐하면 트로츠키는 그래도 똑똑한 사람이니까."[42]

또 다른 노동자는 다음과 같이 주장했다. "노동자들의 처지는 갈수록 나빠지고 주거 환경도 열악한데, '상급자들'은 좋은 집에서 산다. 우리의 어려움은 다 올바르지 않은 정책 때문이다."[43] 키로프를 기념하는 집회에 참석한 어린 학생들은 "트로츠키를 명예 상임간부회에 포함시키자고 제안했다."[44] 어떤 노동자들은 다음과 같이 말했다고 한다. "우리 사이에서 착취는 아직 사라지지 않았다. 공산주의자들과 기술자들이 종업원들을 고용해서 착취하고 있다." "트로츠키주의자들과 카메네프와 지노비예프는 어쨌든 총살당하지 않을 것이고, 그래서도 안 된다. 왜냐하면 그들은 볼셰비키 선임 당원들이니까."[45] 어떤 [공산당원] 선동가가 볼셰비키 선임 당원은 어떤 사람이라고 생각하느냐고 묻자 한 노동자는 "트로츠키"라고 대답했다.[46]

유럽에서 활동하는 소련 보안경찰의 주요 지도자 중 한 명이었지만 모스크바 재판에 항의하며 사직한 이그나츠 라이스가 1937년에 폭로하기를, 레닌그라드 공산주의청년단의 일부 단원들이 스탈린에 맞서 저항했다가 총살대로 끌려 나갈 때 "트로츠키 만세!" 하고 외쳤다고 한다.[47]

소련에서 트로츠키주의 조직은 게페우의 주도로 사실상 청산됐다. 심지어 지역에서 조직된 트로츠키주의 그룹조차 존재하지 않았다. 그러나 불평등, 관료의 특권, 대중의 고통에 대한 분노와 분개는 트로츠키에게 공감하는(비록 애증이 엇갈리는 것이었지만) 광범한 정서로 표출됐다. 모스크바 재판의 목표는 트로츠키와 게슈타포를 한통속으로 치부함으로써 그런 정서를 끝장내려는 것이었다. 그래서 트로츠키라는 저항의 상징을 짓밟고 깎아내리고 욕보여야 했다. 나는 다른 곳에 다음과 같이 썼다.

모스크바 재판은 관료 집단이 대중을 상대로 벌인 내전이었다. 그런데 이 전쟁에서는 한쪽만 무장하고 조직돼 있었다. 모스크바 재판은 관료 집단이 민중의 통제에서 완전히 해방되는 과정의 완성이었다.[48]

스탈린은 민중을 탄압했고 이제는 숙청을 감행해서 관료 집단 자체를 공포에 빠뜨리고 있었다. 관료 집단은 스탈린이 민중에 맞서 자신들의 이익을 지켜 준다고 봤기 때문에 그를 지지하면서도 그가 자신들에게 채찍을 휘두르며 거칠게 대하는 것에는 분개했다. 1936~1938년의 숙청은 민중과 관료 집단에 대한 스탈린의 지배권을 확고히 다지는 구실을 했다.

공포정치는 강제 공업화로 형성된 사회적 긴장을 반영했다. 또, (정치적 스펙트럼을 막론하고) 모든 볼셰비키 선임 당원들을 스탈린 시대에 형성된 새로운 관료 세대로 교체할 수 있게 했다. 차르 체제에 맞선 투쟁 속에서 형성돼 10월 혁명과 내전을 승리로 이끈 볼셰비키는 청산됐다. 트로츠키는 '16인 재판' 직후인 1936년 8월 29일 쓴 "스탈린주의냐 볼셰비즘이냐"라는 글에서 다음과 같이 지적했다.

> 지금의 숙청으로 볼셰비즘과 스탈린주의 사이에는 단지 피 묻은 경계선이 그어진 것이 아니라 피의 강물이 흐르게 됐다. 볼셰비즘 전통을 진지하게 받아들인 청년 세대의 중요한 일부도 제거됐다는 것은, 스탈린주의가 볼셰비즘과 정치적으로뿐 아니라 물리적으로도 결코 양립할 수 없다는 점을 보여 준다.[49]

숙청은 혁명적 전통의 연속성을 완전히 파괴했다. 그 때문에 생겨난 사상적 공백은 심지어 1980년대 말과 1990년대 초에 스탈린 체제가 전복된 뒤에도 메우기가 매우 힘들었다는 것이 드러났다.

숙청은 또, 트로츠키를 히틀러와 미카도의 첩자로 날조해서 국제적 불신의 대상으로 만들었고, 그래서 제4인터내셔널 건설에 커다란 장애물이 됐다. '17인 재판'에서 라데크는 마지막으로 항변하면서, 스페인과 프랑스 등지의 트로츠키주의자들에게 다음과 같이 경고했다.

우리는 프랑스, 스페인, 그 밖의 나라에 있는 트로츠키주의 집단들에게 러시아 혁명의 경험은 트로츠키주의가 노동운동의 파괴자라는 사실을 보여 줬다고 말해야만 합니다. 만약 그들이 우리의 경험에서 배우지 못한다면 자신들의 목숨으로 그 대가를 치르게 될 것이라고 우리는 경고해야만 합니다.[50*]

모스크바 재판은 스탈린 개인숭배가 시작되는 발판이었다. 바로 그때부터 스탈린 숭배가 가장 극단적이고 음모적인 형태를 띠게 됐던 것이다. 크고 작은 도시들이 스탈린의 이름을 따서 명명됐다. 예컨대, 1957년에는 스탈린그라드 1곳, 스탈리노 10곳, 스탈린스키 4곳, 스탈린스코예 2곳, 스탈린스크 2곳, 스탈리노고르스크 1곳, 스탈린 1곳, 스탈린슈타트 1곳, 스탈리나바트 1곳, 스탈리니시 1곳, 스탈리니

---

* 대숙청 기간에 소련에서 살고 있던 [외국] 공산주의 지도자들도 많이 제거됐다. 예컨대 코민테른 창립 대회에 독일 대표로 참석했던 노련한 공산주의자 후고 에벌라인, 전 독일 공산당 정치국원 하인츠 노이만, 역시 독일 공산당 정치국원들이던 헤르만 레멜레, 프리츠 슐테, 헤르만 슈베르트 등이 제거됐다.

> 다른 유명한 독일인 희생자들 중에는 독일 공산당 군사 기구 책임자인 한스 키펜베르거, 중앙위원회 조직 간사인 레오 플리크, 〈로테 파네〉의 최고 편집자들인 하인리히 쥐스킨트, 베르너 히르슈와 함께 그들의 부편집자 4명도 포함돼 있었다.
> 1939년 나치와 소련의 조약 체결 후에 약 570명의 독일 공산주의자들이 모스크바의 여러 감옥에 모였다. 그들 중에 일부는 러시아인들에게 형을 선고받았지만, 다수는 NKVD 특별위원회의 심판을 받고 '반갑지 않은 외국인'으로서 추방될 것이라는 말을 들었다. 이 독일 공산주의자들 중에는 … 유대인들도 있었고 나치가 특별 수배한 사람들도 있었다.[51]

헝가리 공산당의 많은 지도자들도 제거됐다. 그중에는 1919년 헝가리 공산주의 혁명의 지도자 벨러 쿤과 그 밖의 헝가리 소비에트 정부 인민위원 12명도 있었다.[52]
소련에 있던 폴란드 공산당 지도자 12명 전원과 함께 그 밖의 폴란드 공산당원 수백 명도 처형됐다.[53]
유고슬라비아, 핀란드, 루마니아 공산당 지도자들도 제거됐다[54] — 지은이.

르 1곳 등이 있었다.

'16인 재판'이 끝나고 며칠 뒤에는 〈프라우다〉에 다음과 같은 찬가가 실렸다.

> 오 위대한 스탈린이여, 오 민중의 지도자여,
> 당신은 인간이 탄생하게 하셨고
> 당신은 토지를 비옥하게 하셨고
> 당신은 수백 년을 되찾으셨고
> 당신은 봄에 꽃이 피어나게 하셨고
> 당신은 음악의 화음이 울려 퍼지게 하셨습니다.
> 당신은 봄날의 광채입니다. 오 당신은,
> 수많은 사람들의 마음을 비추는 태양입니다.[55]

쏟아지는 중상모략에 맞서 싸우는 트로츠키

말도 안 되는 거짓말, 가장 뻔뻔한 자기비난, 이구동성으로 하는 자백은 도저히 막을 수 없는 눈사태 같았다. 트로츠키는 모스크바 재판의 잔혹한 광기에 서슴없이 용감하게 대항하고 나섰다. 그러나 처음부터 그는 손발이 묶여 있었다.

'16인 재판'이 끝난 다음 날인 1936년 8월 26일 노르웨이 법무부 장관의 명령을 받은 고위 경찰 간부 2명이 트로츠키를 찾아와서, 그가 거주 허가 조건을 위반했다고 말했다. 트로츠키가 계속 노르웨이에 머무른다면 경제 보복을 가하겠다고 소련 정부가 위협한 결과였다. 노르웨이 노동당 정부의 법무부 장관인 트뤼그베 리는 트로츠키에게 이제부터 현안에 관한 글을 쓰지 않겠다는 내용의 서약서를 요구했다. 트로츠키는 단호하게 거부했다. 그러자 경찰은 트로츠키를 가택에 연금하고, 그의 공개 진술을 일절 금지하고, 4주 뒤에는 그를 억류했다. 트로츠키에 관한 흉측한 거짓말이 난무했지만 그는 대응할 수 없었다. 당시 트로츠키의 비서였던 반에예노르트는 다음과 같이 썼다.

> 트로츠키는 모스크바가 자신에게 퍼붓는 근거 없는 비난을 반박하기 위해, 유럽 2~3개국에서 자신을 계속 비방하던 공산당 기관지들을 변호사 2명을 통해 고소하려 했다. 그러나 10월 29일 노르웨이 정부의 임시 칙령은 '연금된 외국인'이 법정에 소송을 제기하는 것을 금지해 버렸다.[56]

강요된 침묵은 틀림없이 몹시 고통스러운 경험이었을 것이다. 스탈린주의자들은 그 침묵을 최대한 이용했다. 트로츠키가 연금된 지 2주가 채 안 돼 비신스키는 《볼셰비크》에서* 트로츠키가 자기방어를 위해 할 말이 있었다면 목소리를 높였을 텐데 그러지 않은 것을 보면 할 말이 전혀 없는 게 분명하다고 주장했다.[57]

그 간극을 세도프가 메우고 나섰다. 아버지의 그늘 속에 있는 것에 익숙하던 세도프가 전면에 나서서 탁월한 글을 써낸 것이다. '16인 재판'이 열린 지 몇 주 만에 세도프가 펴낸 《모스크바 재판에 관한 붉은 책》은 사실을 근거로 [트로츠키의] 혐의를 반박하고, 스탈린이 모스크바 재판을 벌이도록 자극한 사회적·정치적 요인들을 분석한 뛰어난 저작이었다.

세도프의 책은 아버지에게 큰 위안이 됐다. 1938년 2월 16일에 세도프가 죽고 나흘이 지나서 트로츠키는 다음과 같이 썼다.

---

* 소련 공산당의 주요 이론지였다.

[당시] 아내와 나는 손발이 묶인 채 극악한 중상모략의 표적이 돼서 노르웨이에 억류돼 있었다. 모든 것을 보고 듣고 이해할 수 있지만 치명적 위험을 피하기 위해 손가락 하나도 움직일 수 없는 마비 증상이 있다. 노르웨이의 '사회주의' 정부가 우리에게 강요한 것이 바로 그런 종류의 정치적 마비였다. 그런 상황에 처한 우리에게 레온의 책은 값을 매길 수 없을 만큼 귀중한 선물이었다. 그 책은 크렘린의 거짓말쟁이들에 대한 최초의 치명적 반박이었다. … 나는 그 책에 완전히 몰입했다. 장章을 넘길수록 점점 더 좋아지는 듯했다. 나와 아내는 "장하다, 우리 아들. 우리를 옹호해 주다니!" 하고 외쳤다. 그가 우리의 따뜻한 칭찬이 적힌 편지를 읽고 기뻐서 얼마나 눈이 반짝거렸겠는가! 몇몇 신문들, 특히 덴마크 사회민주당의 기관지는 비록 내가 엄격한 감금 상태에 있지만 세도프의 이름으로 출판된 책에 참여할 수 있는 방법을 분명히 찾아냈을 것이라고 호언장담하며, [세도프의 책에서] "트로츠키의 문체를 느낄 수 있다"고 썼다. … 이 모든 것은 소설 같은 이야기다. 그 책에는 내가 쓴 글이 단 한 줄도 없다. (마치 카를 리프크네히트가 오랫동안 빌헬름 리프크네히트의 아들로만 여겨졌듯이) 세도프를 단지 '트로츠키의 아들'로만 여기는 경향이 있던 많은 동지들은 이 작은 책을 읽어 보기만 해도 세도프가 독립적 인간일 뿐 아니라 뛰어난 인물이기도 하다는 점을 확신할 수 있었을 것이다.[58]

1936년 12월에 멕시코가 트로츠키의 망명을 승인했다. 그달 19일에 트로츠키와 나탈리야를 태운 유조선 루트Ruth호가 노르웨이를 출발했다. 승객이라고는 두 사람을 호송하는 경찰뿐이었다. 배는 1937년 1월 9일 멕시코에 도착했다. 거친 파도를 헤치며 멕시코로 가는 도중에 트로츠키는 '16인 재판'에서 제기된 혐의들을 반박하며 쓴 여러 글을 모으기 시작했다. 멕시코 땅에 도착한 뒤에야 그는 모스크바 재판의 피고인인 자신의 이야기를 듣고 유무죄를 판단해 줄 국제 조사위원회를 만들기 위해 여론을 움직이기 시작할 수 있었다. 이제 18개월 동안 그는 역겨운 오물을 처리해야 했다. 1936년 8월 23일 그는 다음과 같이 썼다. "이제 나는 가장 역겨운 중상모략과 근거 없는 비난에 [맞서 싸우는 데] 시간을 쏟아야 한다. [지금까지] 그것을 위해 해 놓은 일이 전혀 없다."[59]

이제 그의 펜 끝에서 엄청나게 많은 말들이 쏟아져 나왔다. 재판이 거짓임을 폭로하기 위해 트로츠키는 만약 자신이 범인이라면 소련 정부가 당장 본국 송환 절차를 개시하라고 거듭거듭 요구했다. 그러면 노르웨이나 멕시코 법정에서 시비를 가릴 수 있을 터였기 때문이다.

1937년 2월 9일 트로츠키는 멕시코시티에서 뉴욕의 히퍼드롬 극장까지 연결된 직통전화를 이용해 연설할 준비를 했다. 히퍼드롬 극장에서는 대규모 청중이 그의 목소리를 들으려고 기다리고 있었다. [그러나] 전송선에 원인을 알 수 없는 문제가 발생해서 연결 상태가 좋지 않았다. 비록 그날 밤에 트로츠키의 목소리를 직접 들을 수는 없었지만 그의 연설은 녹음됐다. 그 연설에서 트로츠키는 다음과 같이 말했다.

> 왜 모스크바는 한 사람의 목소리를 그토록 두려워할까요? 그 이유는 단지 내가 진실을, 모든 진실을 알고 있기 때문입니다. 그 이유는 단지, 내가 공개적이고 공정한 조사위원회에 문서와 사실, 증언을 손에 들고 출석해서 모든 진실을 끝까지 다 밝힐 태세가 돼 있기 때문입니다. 나는 다음과 같이 선언하는 바입니다. 만약 그런 조사위원회가 나에게 유죄판결을 내린다면, 그것이 스탈린이 나에게 씌운 범죄 혐의들 가운데 가장 경미한 것일지라도 나는 자발적으로 게페우의 처형대에 설 것임을 미리 서약합니다. 그

점을 분명히 밝히고자 합니다. 내 말을 모두 들으셨습니까? 나는 이 선언을 전 세계 앞에서 하고 있습니다. 나는 내 말을 지구상에서 가장 멀리 떨어진 구석구석까지 전달해 주기를 언론에 요청합니다. 그러나 만약 그 조사위원회가 — 내 말 들립니까? — 모스크바 재판은 의도적이고 계획적인 조작임을, 인간의 뼈와 신경으로 고안해 낸 조작임을 규명한다고 해도 나는 나를 기소한 자들에게 자발적으로 사형대 앞에 서라고 요구하지는 않을 것입니다. 나는 그러지 않을 것입니다. 대대손손 인류의 기억 속에 영원한 수치로 남는 것만으로도 그들에게는 충분할 것입니다! 크렘린에서 나를 기소한 자들은 내 말을 듣고 있는가? 나는 그들의 면전에 직접 도전장을 던졌습니다. 이제 그들의 답변을 기다리겠습니다.[60]

트로츠키는 모스크바가 그에게 제기한 혐의에 대해 판결을 내릴 조사위원회를 여러 나라에서 구성하기 위해 많은 노력을 기울였다. 그러나 그의 노력은 사실상 성과가 없었다. 세도프는 제2인터내셔널의* 사무총장인 프리드리히 아들러에게 접근했다. 아들러가 모스크바 재판을 중세적 마녀사냥으로 묘사한 소책자를 썼기 때문이다. 그러나 아들러는 제2인터내셔널 지도자들이 조사위원회나 모스크바 재판 진상 조사 청문회에 참여하도록 납득시키는 데 실패했다.

제2인터내셔널은 레옹 블룸의 영향을 매우 많이 받았는데, 프랑스 민중전선 정부의 우두머리인 블룸은 스탈린주의자들의 지지에 의존하고 있었다. 암스테르담인터내셔널도** 일체의 조사위원회에 참여하기를 거부했다. 지식인들의 반응이 더 나은 것도 아니었다. 프랑스,

* 노동자·사회주의인터내셔널LSI을 뜻한다.

** 개혁주의자들이 주도하는 국제노동조합연맹IFTU이었다.

스페인, 영국, 미국에서 지식인들은 스탈린주의의 영향을 매우 많이 받고 있었다. 아이작 도이처는 다음과 같이 썼다.

> 러시아 문학과 예술의 꽃이 모조리 뽑히고 있던 모스크바에서 고리키, 숄로호프, 예렌부르크의 목소리가 들려왔지만, 그 목소리는 모스크바의 대기를 가득 채운 "미친개들을 총살하라!"는 이구동성 외침에 합세하는 것이었다. 서유럽에서는 시어도어 드라이저, 리온 포이히트방거, 바르뷔스, 아라공 같은 유명한 작가들이 그 외침을 따라 했고, 폭력의 적인 간디를 존경하고 당대의 '인도주의적 양심'으로 칭송받던 로맹 롤랑 같은 사람도 복음을 전하는 듯한 달콤한 목소리로 소련에서 벌어지는 학살을 정당화하고 교수형 집행의 달인[스탈린]을 극찬했다. … 고리키와 롤랑이 신호를 주자, 별로 중요하지 않은 수많은 인도주의자들과 도덕주의자들이 거의 또는 전혀 거리낌 없이 그 뒤를 따랐다. … 예컨대, 미국에서는 그들이 존 듀이의 주관 아래 설립된 조사위원회를 보이콧한다고 선언했다. 그들은 모스크바 재판을 비판하는 것은 소련 국내 문제에 간섭하는 것이고 파시즘을 지원하는 것이고 "진보 세력에 타격을 가하는 것"이라고 말하면서, "선의를 지닌 모든 사람들"은 조사위원회를 지원하지 말라고 경고했다. 그 보이콧 선언문에 서명한 사람은 시어도어 드라이저, 그랜빌 힉스, 콜리스 러몬트, 맥스 러너, 레이먼드 로빈스, 애나 루이즈 스트롱, 폴 스위지, 너새니얼 웨스트를 비롯한 많은 교수들과 예술가들이었다. 그중 상당수는 1940년대와 1950년대에 반공주의 운동의 전면으로 나서게 된다. 인기 있는 소련 문제 전문가였던 루이스 피셔와 월터 듀랜티는 지노비예프, 카메네프, 퍄타코프, 라데크의 자백을 받아내는 과정에서 스탈린은 정직했고 비신스키는 진실했으며 게페우가 사용한 방법은 인도주의적이었다고 장담했다.[61]

영국에서는 버나드 쇼와 함께 시드니·비어트리스 웨브 부부가 모스크바 재판을 옹호했다. H G 웰스는 처음에는 진상 조사 청문회를 지지하는 반응을 보였지만 결국 멀찍이 거리를 두기로 작정했다. 모스크바 재판은 또, 〈트리뷴〉과 〈뉴 스테이츠먼〉 같은 비공산당계 좌파 저널들의 지지도 받았다. 〈옵서버〉는 다음과 같이 썼다. "모스크바 재판은 연출됐고 그 혐의들은 날조됐다는 생각은 헛된 것이다."[62] 심지어 독립노동당조차 모스크바 재판에 대해 매우 모호한 태도를 취했다.[63]

마침내 1937년 4월 10일 미국의 중요한 철학자이자 교육학자인 존 듀이를 위원장으로 하는 조사위원회가 구성됐다. 조사위원회는 꼬박 1주일 동안 13차례에 걸쳐 청문회를 개최했다. 존 듀이, 존 F 피너티(전에 사코·반제티사건, 톰 무니 재판에서 변호인단에 참여했고, 이제는 듀이위원회의 법률고문을 맡고 있었다), 앨버트 골드먼, 트로츠키의 변호사 등이 모스크바 재판에서 제기된 혐의들의 온갖 세부 사항에 관해 트로츠키를 자세히 심문했다. 때로는 심문이 정치적 논쟁으로 바뀌기도 했다. 조사위원들 가운데 일부가 스탈린주의를 볼셰비즘 탓으로 돌렸기 때문이다. 그러면 트로츠키는 이런 비난을 반박했다. 트로츠키가 답변을 회피한 물음은 단 하나도 없었다.

트로츠키는 오랫동안 조사받으면서 소련 문제와 국제 공산주의 운동에 관한 자신의 기본적 생각을 피력했다. 트로츠키의 최후진술은 126쪽, 약 6만 단어나 된다. 이것이 특히 인상적인 이유는 그가 영어로 진술했기 때문이다. 그에게 영어는 러시아어는 말할 것도 없고 독일어나 프랑스어보다도 훨씬 낯선 언어였다. 그는 다음과 같이 10월 혁명과 공산주의를 찬양하는 말로 최후진술을 마무리했다.

성공도 없지 않았고 실패도 없지 않았던 제 인생 경험은 인류의 밝고 빛나는 미래에 대한 제 신념을 파괴하지 않았을 뿐 아니라, 오히려 그 신념을 확고한 것으로 만들어 줬습니다. 이성, 진실, 인간의 연대에 대한 이 신념을 저는 18살 때 지니게 됐고, 니콜라예프라는 러시아 지방 도시의 노동자 거주 지역으로 갖고 들어갔습니다. 그때부터 지금까지 저는 그 신념을 완전하게 유지하고 있습니다. 그 신념은 더 성숙해졌을 뿐, 열정이 식지는 않았습니다.[64]

처음에 듀이는 청문회를 끝마치며 조사 결과를 자신이 요약할 생각이었다. 그러나 트로츠키의 최후진술을 듣고 나서는 마음이 바뀌어 다음과 같이 말했다. "제가 하는 말은 용두사미가 될 것 같군요."[65]

9월에 듀이위원회는 심의를 마치며 다음과 같은 평결을 내렸다. "모든 증거를 바탕으로 … 우리는 1936년 8월과 1937년 1월의 [모스크바 — 지은이] 재판은 조작된 것이었음을 발견했다. … 우리는 레온 트로츠키와 레온 세도프가 무죄임을 선언한다."[66]

비극이게도 듀이위원회의 보고서는 사실상 영향력이 전혀 없었다. 그것은 마치 장난감 총으로 코끼리를 잡으려는 것이나 다름없었다. 늘 그랬듯이, 듀이위원회가 평결을 내리고 나서 7일 뒤에 모스크바는 외교 자문 위원 7명과 15년간 소비에트 중앙집행위원회 간사를 지낸 A S 예누키제 등 8명을 즉결 처형했다고 발표했다.

모스크바 재판이 아무리 기만적이고 비합리적이었다고 해도, 합리적 주장만으로 모스크바 재판을 폭로하기는 힘들었던 듯하다. 엄청난 비합리성과 광기 때문에 어디서나 좌파들은 스탈린을 신뢰하고 트로츠키를 거부할 태세가 돼 있었다. 스탈린은 말도 안 되는 거짓말을 퍼뜨리고 있었고 트로츠키는 진실만을 말하고 있었는데도 그랬다.

우리는 전 세계의 수많은 노동자와 지식인이 스탈린을 신뢰한 이유를 합리적으로 설명할 수 있다. 그렇다고 해서 이런 신뢰가 합리적이었다는 말은 아니다. 스탈린주의는 맹목적 믿음, 거의 종교적 믿음이었다. 히틀러의 승리, 수많은 사람을 괴롭힌 극도의 고통이 이 믿음의 근본 원인이었다. 마르크스가 종교를 두고 한 말은 수많은 사람이 스탈린주의에 헌신한 것을 설명해 주기도 한다. "종교는 억압받는 피조물의 한숨이고, 몰인정한 세계의 인정이고, 정신을 상실한 현실의 정신이다. 종교는 사람들의 아편이다."

히틀러의 강력한 힘에 직면했을 때, 오직 스탈린과 적군만이 현실적 대안처럼 보였다. 스탈린과 적군을 비판하기만 하면 반파시스트 세력에게 존재하는 유일한 위안에 비수를 꽂는 것처럼 보였다.

중상모략이 효과를 내기는커녕 오히려 중상모략꾼에게 부메랑이 되는 상황이 있다. 1917년 7월이 바로 그런 경우였다. 당시 부르주아 언론들은 레닌과 트로츠키가 독일 황제 카이저의 첩자라고 비난했다. [그러나] 자신감 있고 성장하던 노동계급은 진실을 찾으려고 애썼다. 그런데 트로츠키가 히틀러와 미카도의 첩자라는, 훨씬 더 말도 안 되는 거짓말이 이번에는 먹혀들었다. 모스크바 재판은 트로츠키주의자들의 고립을 확고하게 만들었고, 그럼으로써 스페인과 프랑스에서 혁명의 희망을 가라앉히는 데 한몫했다.

숙청에 희생된 트로츠키 가족

1926년에 열린 한 정치국 회의에서 트로츠키는 스탈린이 마침내 "당과 혁명의 무덤을 파는 자"가 되고 싶어 한다고 말했다. 회의가 끝난 뒤에 퍄타코프는 트로츠키에게 다음과 같이 말했다. "그[스탈린 ― 지은이]는 그 말 때문에 결코 당신을 용서하지 않을 것입니다. 당신과 당신의 자녀와 손주까지 모두 용서하지 않을 것입니다." 그런데 그 예언이 현실이 됐다. 트로츠키 가족의 운명은 트로츠키의 형 알렉산드르의 손자인 발레리 브론시테인이 쓴 글 "러시아의 트로츠키 친척들과 스탈린"이라는 글에 상세히 묘사돼 있다.

그 글의 내용을 요약하면 다음과 같다. 트로츠키의 첫 아내 알렉산드라 리보브나 소콜롭스카야는 1935년 레닌그라드에서 체포돼 시베리아로 유배됐다가 1938년에 총살당했다. 트로츠키의 형 알렉산드르는 어떤 정치 활동에도 참여하지 않았지만 1938년에 총살당했다. 트로츠키의 여동생 올가는 1935년 유배됐다가 1941년에 총살당했다.

알렉산드르의 자녀들 중에서 마틸다는 강제 노동 수용소에 보내졌다가 거기서 1952년에 죽었고, 보리스는 1937년에 총살당했고, 레프는 보르쿠타의 강제 노동 수용소에서 돌아오자마자 죽었고(그는 어떤 정치 활동에도 참여하지 않았다), 예브게니야는 카자흐스탄으로 유배됐다가 몇 년 뒤에 병으로 죽었고(그녀 역시 어떤 정치 활동에도 참여하지 않았다), 안나는 카자흐스탄으로 유배됐지만 살아남았다(그녀 역시 어떤 정치 활동에도 참여하지 않았다). 트로츠키의 누나 옐리자베타는 1924년에 자연사했다. 그녀의 아들 레프는 투옥됐다가 카자흐스탄으로 유배됐지만 살아남았다(그는 결코 정치 활동에 참여하지 않았다). 트로츠키의 여동생 올가의 자녀는 운명이 다음과 같았다. 알렉산드르는 29살 때인 1937년에 총살당했고, 유리는 (20살 때인) 1936년에 총살당했다. 둘 다 어떤 정치 활동에도 참여하지 않았다.

트로츠키 자녀의 운명은 다음과 같았다. [큰딸] 지나는 소련 시민권을 박탈당해서, 노동 수용소에 갇혀 있던 남편과 딸에게 돌아갈 수 없게 되자 결국 1933년에 자살했다. 트로츠키의 둘째 딸 니나는 1927년 남편이 구속된 직후에 모스크바에서 폐결핵으로 죽었다. 트로츠키의 막내아들 세르게이는 1935년에 구속됐고 29살 때인

1937년에 총살당했다(그는 결코 정치 활동에 참여하지 않았다). 트로츠키의 큰아들 레온 세도프는 (32살 때인) 1938년에 파리에서 스탈린의 첩자들에게 살해당했다.

지금까지 말한 15명 가운데 정치 활동에 참여한 사람은 겨우 6명뿐이다. 다른 사람들은 정치 활동에 참여하지 않았는데도 목숨을 잃었다. 트로츠키의 친척이라는 사실만으로도 스탈린의 복수에 희생되기에는 충분했던 것이다.

정말 한없이 소름 끼치는 일이었다!

15장

제2차세계대전이 시작되다

암살 직전 멕시코에서 미국인 동료들과 함께 찍은 사진.

스페인에서 프롤레타리아가 승리했다면, 대규모 파업과 공장점거가 벌어지고 있던 프랑스에서도 혁명적 운동이 거대하게 분출할 수 있었을 것이다. 스페인과 프랑스에서 모두 프롤레타리아가 승리했다면, 세계정세가 근본적으로 바뀌었을 것이다. 안타깝게도 스탈린주의 정당들의 정책 때문에 프롤레타리아는 심각한 패배를 겪었고, 이것은 독일과 오스트리아의 재앙에 이어서 국제 노동계급을 더한층 약화시켰다. 이제부터 가파른 내리막길이 이어졌다. 제2차세계대전은 피할 수 없었다.

트로츠키는 자신의 지지자들과 노동계급 운동이 전쟁이라는 결정적 시험에 대비하도록, 그리고 그들의 국제주의를 강화하고자 엄청나게 노력했다. 그는 사회민주주의자들과 스탈린주의자들이 전쟁을 정당화하면서 내놓은 거짓 주장들을 모두 능숙하게 비판했다. 그의 출발점은 전쟁의 제국주의적 성격이었다. 이 전쟁도 "지난번 제국주의 전쟁을 부른 것과 똑같은 원인들, 현대 자본주의와 분리할 수 없는 원인들"에서 비롯한 결과라는 것이었다.[1]

1940년 5월에 쓴 "제국주의 전쟁과 프롤레타리아 세계혁명에 관한 제4인터내셔널의 선언"에서 트로츠키는 다음과 같이 주장했다.

> 현재의 전쟁 — 두 번째 제국주의 전쟁 — 은 우연이 아니다. 그것은 이런저런 독재자의 의지가 만들어 낸 결과가 아닌 것이다. 그것은 오래전

에 예견됐다. 그것은 명백히 국제 자본주의 이해관계의 모순에서 비롯했다. … 현재 전쟁의 직접적 원인은 오래되고 부유한 식민지 제국들(영국·프랑스)과 제복 입은 제국주의 약탈자들(독일·이탈리아) 사이의 경쟁이다.[2]

미국 제국주의는 어떤 구실을 하는가?

미국 제국주의가 직면한 문제들은 1914년에 독일을 전쟁의 길로 내몬 것과 똑같은 문제들이다. 세계가 분할됐다고? 그렇다면 재분할돼야 한다. 독일에게 그것은 '유럽을 조직하는' 문제였다. 미국은 전 세계를 '조직해야' 한다. 역사는 인류로 하여금 미국 제국주의의 화산 폭발에 직면하게 하고 있다.[3]

트로츠키는 '국가 방위' 주장을 비판하며 다음과 같이 썼다.

거의 100년 전에 국민국가가 비교적 진보적 요인이었을 때, 《공산당 선언》은 프롤레타리아에게는 조국이 없다고 선언했다. 프롤레타리아의 유일한 목표는 전 세계에서 힘들게 일하는 사람들의 조국을 창건하는 것이다. …
트러스트와 카르텔의 경쟁 때문에 소규모 독립적 제조업자들과 상인들은 운신의 여지가 거의 없듯이, 제국주의 강도들의 투쟁 때문에 작은 독립국가들도 운신의 여지가 거의 없다. …
공식적 애국주의는 착취계급의 이해관계를 가리는 가면이다. 계급의식적 노동자들은 이 가면을 경멸하면서 벗어던진다. 그들은 부르주아지의 조국을 방어하지 않는다. 그들이 방어하는 것은 자기 나라와 전 세계에서 힘들게 일하는 사람들과 억압받는 사람들의 이익이다. 제4인터내셔널의 테제는 다음과 같이 주장했다.

"'국가 방위'라는 반동적 구호에 맞서서 국민국가의 혁명적 파괴라는 구호를 제기해야 한다. 광란의 자본주의 유럽에 맞서서, 세계 사회주의 국가 연합으로 나아가는 길의 한 단계로 유럽 사회주의 국가 연합이라는 강령을 내걸어야 한다."[4]

트로츠키는 '민주주의 수호' 주장을 비판하며 다음과 같이 썼다.

파시즘에 맞서 민주주의를 지키는 전쟁이라는 구호 역시 거짓말이다. 그것은 마치 영국 정부가 히틀러의 망나니 패거리가 권력을 잡도록 도와준 것을 노동자들이 망각하기라도 했다는 듯이 지껄이는 말이다! 민주적 제국주의 국가들은 사실 역사상 가장 큰 귀족들이다. 영국, 프랑스, 네덜란드, 벨기에는 식민지인들의 노예화에 의존한다. 미국의 민주주의는 대륙 전체의 막대한 부를 강탈하는 것에 의존한다. 이 '민주주의' 국가들의 모든 노력은 자신의 특권적 지위를 보존하는 것을 겨냥하고 있다.[5]

우리는 이 전쟁이 우리의 전쟁이 아니라는 사실을 한순간도 잊지 않고 있다. 제2·제3인터내셔널과는 반대로 제4인터내셔널의 정책은 그 기초가 자본주의 국가들의 군사적 부침이 아니라, 제국주의 전쟁을 자본가들에 맞서는 노동자들의 전쟁으로 전환하는 것, 모든 나라의 지배계급을 타도하는 것, 세계 사회주의 혁명을 완수하는 것이다.[6]

그와 동시에 트로츠키는 비록 변질되긴 했지만 노동자 국가인 소련을 방어해야 한다는 주장도 포기하지 않았다. 그러나 여기서도 그는 스탈린에게 한 치도 양보하지 않았다.

제4인터내셔널은 오직 혁명적 계급투쟁이라는 방법으로만 소련을 방어할 수 있다. …
소련 방어는 세계 프롤레타리아 혁명의 준비와 원칙적으로 일치한다.

소련 방어는 "스탈린의 보나파르트 체제 패거리를 혁명적으로 타도하는 것"과 결코 분리되지 않았다.[7]

트로츠키는 (1938년 9월) 체임벌린·달라디에·히틀러·무솔리니가 체결한 뮌헨 협정으로 전쟁 발발이 오히려 앞당겨졌다고 주장했다. 스페인에서 프랑코가 승리한 것도 마찬가지로 전쟁 발발을 앞당겼다. 왜냐하면 그 덕분에 유럽 각국의 부르주아 정부는 노동자 혁명에 대한 두려움에서 벗어났기 때문이다. 바로 이런 상황에서 1938년 9월 22일 트로츠키는 히틀러·스탈린 [불가침] 조약을 예언했다. 즉, 조약이 실제로 체결되기 11개월 전에 이를 예언한 것이다. 그는 "체코슬로바키아의 붕괴 후 스탈린은 히틀러와 합의를 추구할 것이다"라는 글에 다음과 같이 썼다.

체코슬로바키아의 붕괴는 스탈린이 지난 5년간 추진한 외교정책의 붕괴이기도 하다. 파시즘에 대항하는 투쟁을 위해 '민주주의 국가들과 동맹'하겠다는 모스크바의 생각은 생명력 없는 허구다. 아무도 민주주의라는 추상적 원칙을 위해 싸우고 싶어 하지 않는다. 모두 물질적 이익을 위해 싸우고 있다. 영국과 프랑스는 자신들의 식민지를 희생시키기보다는 오스트리아와 체코슬로바키아를 희생시켜서 히틀러의 욕심을 채워주고자 한다. …
소련의 국제적 지위가 엄청난 타격을 입은 것은 끊임없는 유혈 숙청의 대가다. 유혈 숙청 탓에 군 수뇌부가 제거되고 경제가 혼란에 빠지고 스탈린 체제의 약점이 드러났기 때문이다. 패배주의적 정책의 근본 원인은 크렘린에 있다. 이제 우리는 소련이 새로운 후퇴와 굴복을 대가로 히틀러와 화해하는 외교정책을 추진할 것이라고 확실히 예상할 수 있다. 그런데 그것은 스탈린의 소수 독재정치의 붕괴를 앞당기기만 할 것이다. 체코슬로바키아라는 시체에 관한 타협은 평화를 조금도 보장하지 않으며 오히려 다가오는 전쟁에서 히틀러에게 유리한 기반을 만들어 줄 뿐이다. 체임벌린이 [뮌헨으로] 비행기를 타고 날아간 것은, 탐욕스럽고 노쇠하고 분열된 유럽이 (우리 지구 전체를 피로 흠뻑 적실) 새로운 학살 직전에 겪은 외교적 격변의 상징으로 역사에 기록될 것이다.[8]

사실 1933년 이후 트로츠키는 스탈린이 민주적 정부들과 동맹하려고 열심히 노력한 것은 매우 기회주의적인 책략이었고, 스탈린은 그와 동시에 히틀러와 협정을 맺는 방안도 추구하고 있다고 주장했다. 이런 주장을 뒷받침하려고, 트로츠키는 1937년 4월 듀이위원회에 출석해서 진술할 때 1933년 3월 15일 자 〈이즈베스티야〉 기사를 인용했다.

소련은 독일에 대해 적대감을 품고 있지 않은 유일한 국가다. 소련은 [제3]제국의 정부 형태나 구성과 무관하게 그런 태도를 취하고 있다.[9]

히틀러·스탈린 조약은 1939년 8월 22일 체결됐다. 9월 1일 독일은 폴란드를 침공했다. 이제 스탈린주의자들의 선전은 180도 바뀌었다. 트로츠키는 정말로 역겨워하면서 다음과 같이 썼다.

9월 14일 자 〈프라우다〉는 폴란드가 우크라이나인들, 벨라루스인들, 유대인들을 억압하고 있다고 비난한다. 그런 비난 자체는 맞는 말이다. 그러나 폴란드가 독일군에게 두들겨 맞아서 피를 철철 흘리고 있는 바로 이때 〈프라우다〉가 그들을 떠올렸다는 것은 정말 놀라운 일 아닌가![10]

스탈린·히틀러 조약이 체결됐을 때부터 1941년 6월 22일 독일이 소련을 침공할 때까지 국제적으로 스탈린주의자들의 언론에 영국 제국주의가 인도와 이집트 등을 억압하는 것을 비난하는 기사들은 넘쳐 난 반면, 나치가 자행한 참사들은 안중에도 없었다.

제4인터내셔널 본부가 미국으로 옮겨 가다

1938년 9월 열린 제4인터내셔널 창립 대회에서는 만약 전쟁이 발발하면 인터내셔널의 집행위원회를 미국으로 옮기자는 제안이 채택됐다. 전쟁이 시작되자 그 제안은 실행됐다. 인터내셔널 집행위원들로 구성된 거주민위원회가 뉴욕에 설립됐다.

1937년 1월 멕시코에 온 이후 트로츠키는 다른 어느 나라보다 미국 지지자들의 활동에 깊숙이 관여했다. 그는 항상 미국 트로츠키주의자들에게 기꺼이 조언하고 그들을 비판하고 그들의 분쟁을 해결하려고 애썼다. 트로츠키의 특사들이 뉴욕과 멕시코시티를 분주히 오고 갔다. 트로츠키의 비서들과 경호원들이 거의 모두 미국인이었다는 사실도 연락을 용이하게 했다.

미국 트로츠키주의 조직은 제4인터내셔널에서 단연 가장 강력한 지부였다. 창립 대회 의사록을 보면, 미국 지부는 회원이 2500명이라고 보고한 반면(이 수치는 십중팔구 과장됐을 것이다), 다른 모든 지부는 훨씬 작은 규모였다.[11]

미국 노동운동도 유럽 노동운동보다 끔찍한 패배와 재앙의 피해를 훨씬 덜 입었다. 사실 1934~1937년은 미국에서 전투적 노동조합

운동이 성장한 시기였다(비록 정치적으로는 상당히 미숙했지만 말이다). 새로운 전투성이 철강·고무 산업과 결정적으로는 자동차 생산 같은 미조직 산업 부문으로 확산됐다. 미국 노동총동맹AFL의 지도자들은 이런 산업의 미숙련 노동자들을 조직하기를 거부했기 때문에 옆으로 밀려났다. 당시는 대중적 산업 투쟁의 장엄한 물결이 일고, 산업별조직회의CIO가 조직한 공장점거 파업이 확산되던 시기였다.

미국 사회주의노동자당SWP의 사회적 구성도 제4인터내셔널의 다른 어느 지부보다 훨씬 프롤레타리아적이었다. 그 프롤레타리아적 지도부의 역량은 "미국 [노동자] 투쟁의 역사에서 가장 멋진 페이지들 가운데 하나"라는 1934년 미니애폴리스 트럭 운전사 파업에서 아주 잘 드러났다.[12] 그 파업을 조직하고 지도하는 정치적 수준은 매우 높았다. 파업에 주도적으로 참가한 사람 가운데 한 명인 패럴 돕스는 그 파업의 역사를 생생하게 묘사한 바 있다.[13]

미니애폴리스 트럭 운전사 파업은 2~3년 뒤에 벌어질 거대한 CIO 운동의 선구자였다. CIO 운동이 벌어지자, 미국의 트로츠키주의 운동은 독일·프랑스·스페인보다는 강력하지만 스탈린주의 공산당보다는 훨씬 약하다는 사실이 분명히 드러났다. 1937년 6월 30일 현재 미국 공산당의 당원은 4만 8223명이었다.[14] 이것은 SWP 당원보다 몇 배나 많은 수치였다.

훨씬 더 결정적이었던 것은 공산당이 노동계급에게 미친 영향력이었다. CIO 초기에 용감한 조직자들의 압도 다수는 공산당원이었다. [프랑스의] 역사가 다니엘 게랭은 다음과 같이 썼다.

> 1937년 중반에 공산당은 CIO의 국제 조직들 가운데 약 40퍼센트를 완전히 또는 부분적으로 통제하고 있었던 것으로 추산된다. … 게다가 공산당은 (뉴욕·클리블랜드·디트로이트·시카고·로스앤젤레스 등지에서)

가장 중요한 지역 노조 연합체들도 통제하고 있었다.[15]

CIO가 1936~1937년의 대규모 공장점거 파업들을 통해 크게 성장하고 있던 바로 그때 트로츠키주의자들은 입당 전술에 따라 사회당에 흡수돼 있었는데, 사회당은 산업 투쟁과 접점이 없는 조직이었다. 이것은 미국 트로츠키주의의 처지가 스탈린주의보다 나아지는 데 도움이 되지 않았다. 사회당 가입은 사실 트로츠키주의 조직의 사회적 구성에도 도움이 되지 않았다. 트로츠키주의 조직에 괜찮은 프롤레타리아 부류들이 있었다는 것은 사실이다. 특히 미니애폴리스에서 그랬다. 그러나 조직 전체의 구성은 결코 프롤레타리아적이지 않았다. 1937년 10월 10일 트로츠키는 제임스 P 캐넌에게 보낸 편지에 다음과 같이 썼다.

> 당에 진정한 공장노동자는 소수에 불과합니다. … 비프롤레타리아적 부류들은 매우 필수적인 촉매 구실을 하고, 저는 우리가 이런 부류들의 괜찮은 자질을 자랑스러워할 수 있다고 생각합니다. … 그러나 … 우리 당은 비프롤레타리아적 부류들에 압도당할 수 있고, 그래서 심지어 당의 혁명적 성격을 잃어버릴 수도 있습니다.[16]

SWP가 변질될 위험이 특히 큰 곳은 뉴욕이었다. 뉴욕의 당원들은 거의 모두 프티부르주아였기 때문이다. 그들은 뉴욕 지식인들과 매우 가까운 사이였다. 그래서 이 지식인들이 '자유주의적 반공주의'로 진화한 것의 영향을 크게 받았다.[17] 이 지식인들은 소름 끼치는 모스크바 재판, 트로츠키주의의 국제적 고립, 스탈린주의의 영향력을 보며 사기가 저하했다. 그들은 점점 더 반동적 반공주의 비슷한 히스테리성 스탈린 혐오의 피해자가 됐다. 1936년에 트로츠키주의와 결별한 시드니 훅 같은 개인들은 다른 많은 지식인들이 나중에 따르게 되는 패턴을 확립했다. 이것을 매우 잘 묘사한 글이 SWP 이론지 편집자들인 제임스 버넘과 맥스 샥트먼이 쓴 "후퇴하는 지식인들"이다. 버넘과 샥트먼이 놀라운 통찰을 바탕으로 그 글에서 묘사한 동역학이 곧 당대의 지식인들을 압도하고 머잖아 그 글의 지은이들 자신도 삼켜 버리게 된다. 그 지식인들의 비판은 스탈린주의와 레닌주의를 동일시하고 레닌주의는 전체주의적 일당독재를 지지한다는 주장으로 이어졌다. 그 논리적 결론은 트로츠키주의와 스탈린주의는 같은 것이고 '자유'와 '민주주의'는 유지될 필요가 있다는 것이었다. 버넘과 샥트먼의 글은 "이 지식인들을 괴롭히는 주된 질병은 스탈린 혐오, 즉 저속한 반스탈린주의라고 할 수 있다"는 점을 보여 줬다. 이 질병의 원인은 "스탈린의 소름 끼치는 조작·숙청 체제에 대한 보편적 혐오였다. 그리고 그 결과는, 그때 이후 그 주제를 다룬 저작은 대부분 냉철한 사회적 분석의 산물이 아니라 정신적 충격의 산물이었다는 것, 혹시 분석이 있다고 하더라도 그것은 과학적·정치적 분석이 아니라 도덕적 분석이었다는 것이다." 이 글은 1939년 1월에 출간됐다. 얄궂게도 8개월 뒤에 히틀러·스탈린 조약이 체결되고 제2차세계대전이 시작되자 버넘과 샥트먼도 똑같은 스탈린 혐오에 사로잡히고 말았다.

1939년 9월 초에 버넘은 SWP 전국위원회에 제출한 글에서 "소련은 결코 어떤 의미에서도 노동자 국가로 볼 수 없다"고 주장했다. 몇 주 뒤에 샥트먼은 소련이 폴란드 동부를 점령한 것을 '제국주의적' 행동으로 규정하고 당이 트로츠키의 소련 방어 노선을 거부해야 한다고 촉구했다.

1940년 4월 5~9일 열린 SWP 전국 협의회에서 샥트먼·버넘의 주장이 거부되자 소수파는 분열해 나가서 노동자당WP이라는 조직을 새로 만들었다. 버넘은 관리자 혁명 이론으로 넘어갔고 샥트먼은 관료적 집산주의 이론으로 옮겨 갔다. 그래서 그들은 강경한 스탈린 혐오적 반공주의를 채택하기가 더 쉬워졌다.

버넘은 눈 깜짝할 사이에 마르크스주의에서 멀어졌다. 노동자당이 결성된 지 한 달 만인 1940년 5월 21일 버넘은 탈당한다는 내용의 편지를 써 보냈다. 그 편지에서 버넘은 다음과 같이 주장했다.

> 용어를 아무리 확장하더라도 저는 이제 자신을 마르크스주의자로 여길 수 없고 남들이 저를 그렇게 여기는 것도 용납할 수 없습니다. …
> 신념과 이해관계의 측면에서 보더라도 지난 몇 년 동안 마르크스주의 정당에는 제가 있을 자리가 전혀 없었습니다.
> 사회주의는 결코 실현될 수 없는 유토피아일 뿐입니다.
> 이제 우리가 입수할 수 있는 증거를 바탕으로 생각건대, (제가 '관리자 사회'라고 부르는) 새로운 형태의 착취 사회는 자본주의의 대안으로서 가능할 뿐 아니라 오늘날 사회주의보다 더 개연성 있는 결과이기도 합니다.

이어서 버넘은 자신이 마르크스주의에서 멀어지게 된 사회적 원인을 다음과 같이 설명했다.

> 많은 사람들은 저의 현재 신념과 그 신념을 바탕으로 제가 내린 결정이, 한편으로는 안이하고 부르주아적인 개인적 환경을, 다른 한편으로는 지난 20년 동안 노동자들과 인류가 겪은 끔찍한 패배들과 전쟁 위기라는 환경을 '합리화'하는 것일 뿐이라고 생각하고 그렇게 말할 것입니다. …
> 제가 지난 20여 년간의 패배와 배신의 영향을 받았다는 것은 확실한 사실입니다. 이런 패배와 배신은 마르크스주의를 거부해야 한다는 제 신념을 뒷받침하는 증거의 일부입니다. 왜냐하면 많은 역사적 실험에서 마르크스주의는 매번 사회주의 실현에 실패했거나 사회주의를 배신했

기 때문입니다.[18]

버넘은 계속 우경화했다. 그는 1941년에 펴낸 책《관리자 혁명》에서, 새로운 탈脫자본주의적 '관리자 사회'의 다양한 형태들이 소련, 나치 독일, 미국에 존재하는데 미국에서는 루스벨트의 뉴딜이 그 사례라고 주장했다. 1945년에 버넘은 레닌주의가 스탈린주의의 아버지라고 단언했다. 곧이어 그는 서방 열강들이 소련을 상대로 예방적 핵전쟁을 시작해야 한다고 역설했다.[19]

샤트먼은 버넘이 간 길을 똑같이 따라갔지만, 그 속도는 훨씬 느렸다. 샤트먼은 미국 공산당과 세계 트로츠키주의 운동의 노련한 활동가였다. 그가 트로츠키를 처음 만난 것은 1929년 프린키포섬을 방문했을 때로 거슬러 올라간다. 그때 이후 두 사람은 자주 만났다. 두 사람이 주고받은 편지도 매우 많았다. 미국 SWP 내의 분파 투쟁에서 트로츠키는 캐넌 편을 들었지만, 여전히 개인적으로는 샤트먼에게 매우 친근한 감정을 느끼고 있었다. 그래서 논쟁이 한창일 때도 샤트먼에게 보내는 편지에 다음과 같이 썼다.

> 만약 가능하다면 저는 당장 비행기를 타고 뉴욕으로 가서 당신과 48시간이든 72시간이든 계속 토론하고 싶습니다. 이런 상황에서 당신이 여기에 찾아와 다양한 문제를 저와 토론해야겠다는 생각을 못 하신다는 것이 매우 안타깝습니다. 혹시 그럴 필요를 느끼십니까? 그렇다면 저는 매우 기뻐하겠습니다.[20]

샤트먼은 마침내 미국이 쿠바의 피그스만을 침공한 것과 남베트남에 개입하고 북베트남을 폭격한 것을 지지했다. 또, 대통령 선거에서는 리처드 닉슨을 지지하기도 했다.

샤트먼은 소련을 '관료적 집산주의'로 보는 이론을 고수했기 때문에 자본주의와 제국주의 쪽으로 미끄러지기가 쉬웠다. 샤트먼은 그 이론을 제대로 설명한 책을 출판한 적이 한 번도 없었다. 그가 스탈린 치하 소련이 사회주의 나라 또는 모종의 노동자 국가라는 이론을 비판하는 글을 수백 쪽이나 쓴 것은 사실이다. 그러나 '관료적 집산주의' 경제의 운동 법칙에 관해서는 거의 한 단락도 쓰지 않았고, 그 체제 내 계급투쟁의 구체적 특징을 분석한 적도 없다. 또, 역사 발전의 사슬에서 관료적 집산주의 사회가 차지하는 위치도 분명히 말하지 않았고, 무엇보다 샤트먼의 설명 자체가 대체로 일관성이 없다. 그래서 그는 한때는 관료적 집산주의가 (비록 사회주의보다는 덜 진보적이지만) 자본주의보다 더 진보적이라고 말했다가, 몇 년 뒤에는 관료적 집산주의가 자본주의보다 더 반동적이라고 말할 수 있었다. 1941년에 샤트먼은 다음과 같이 썼다.

> 사회주의의 관점에서 보면, 관료적 집산주의 국가는 반동적 사회질서다. [그러나] 자본주의 세계와 비교하면, 역사적으로 더 진보적인 수준에 올라 있다.

이런 주장을 바탕으로, 그는 [소련에 대한] '조건적 방어주의' 정책을 제시했다. 그러나 몇 년 뒤 샤트먼은 스탈린 체제가 '새로운 야만 체제'라고 선언했다. 자본주의보다 더 반동적인 체제라는 것이었다.*

---

* 관료적 집산주의 이론을 더 자세히 논한 것으로는 T. Cliff, "The Theory of Bureaucratic Collectivism: A Critique", *State Capitalism in Russia*, London, 1988, pp 333~353[국역: "관료집산주의 이론: 비판", 《소련 국가자본주의》, 책갈피, 1993, 295~321쪽] 참조 — 지은이.

그렇지만 버넘과 달리 샥트먼은 혁명적 기초 위에서 조직을 건설하려고 여러 해 동안 노력했다.

미국 제국주의의 열렬한 지지자로 변신한 사람은 버넘과 샥트먼만이 아니었다. 몇 가지 사례를 보자. 맥스 이스트먼은 1920년대 초부터 트로츠키와 가깝게 지냈다. 그는 1925년에 펴낸 책《레닌 사후》에서 트로츠키를 옹호했다. 1년 뒤에는《레온 트로츠키: 한 청년의 초상》이라는 전기를 펴냈다. 또, 트로츠키의 책《러시아의 실제 상황》,《러시아 혁명사》,《배반당한 혁명》을 번역하기도 했다. 1933년에는 트로츠키에게 보낸 편지에 다음과 같이 썼다.

> 저는 볼셰비키가, 그리고 당신과 레닌이 취한 조치를 모두 지지했습니다. 권력을 장악하고 제헌의회를 해산한 것부터 사회혁명당을 비난한 것까지 모두 지지했습니다. 저는 6년 동안 미국에서 좌익반대파를 지지한 유일한 사람이었습니다. 저는 좌익반대파였습니다.[21]

1940년에 이스트먼은《스탈린의 러시아와 사회주의의 위기》라는 책을 써서, 스탈린주의는 레닌주의의 논리적 결과라고 주장했다. 그 뒤에는 사회주의를 완전히 반대하는 쪽으로 돌아섰고, 결국은 극우 잡지《리더스 다이제스트》의 편집자로서 생을 마감했다. 이스트먼과 마찬가지로, 조직된 트로츠키주의 운동에 참여해서 실제로 활동한 적이 한 번도 없었던 시드니 훅도 미국 제국주의에 투항했다. 1934년에 그가 쓴 글의 제목은 "나는 왜 공산주의자인가"였다. 20년 뒤에 그는 다음과 같이 말했다. "오늘날 세계에서 인간의 자유를 가장 크게 위협하는 것은 … 공산주의다." 그는 뻔뻔하게도 학교 교직에서 "공산당과 그 비슷한 집단들을 배제하는 정책"을 시행하라고 대학교 당국자들에게 요구했다. 또 20년 뒤에는 리처드 닉슨을 지지하는 선거운동을 벌였고, 1980년에는 로널드 레이건을 지지한다고 자랑했다. 그러자 레이건은 1982년 가을 훅의 80세 생일잔치에 따뜻한 축하 인사를 보냈다.[22]

미국 SWP 안에서 분파 투쟁이 벌어지던 1939~1940년에 트로츠키와 캐넌을 지지한 사람들도 심각한 우경화를 피하지 못한 것은 마찬가지였다. 대체로 캐넌파의 사회적 구성은 샥트먼파보다 더 프롤레타리아적이었다. 그러나 트로츠키(와 캐넌)는 몇백 명짜리 소규모 조직에서 그런 사회적 구성의 중요성을 과장했다. 대중정당에 적용되는 것이 선전 그룹에도 그대로 적용되는 것은 아니다. 1880년대 러시아에서 마르크스주의가 처음 등장한 이후 10년이 넘도록 마르크스주의자는 지식인들뿐이었고, 심지어 20세기 초에도 조직된 마르크스주의자들의 다수는 지식인이었다. 사회적 구성은 러시아 마르크스주의의 발전에서 결정적 요인이 아니었다. 그러나 대중정당에서는 그 사회적 구성이 훨씬 더 중요하다.* SWP 지도자 개인들의 부르주아적 환경, 그리고 소련을 '변질된 노동자 국가'로 보는 견해에 바탕을 둔 트로츠키의 예측이 빗나간 것이 그런 우경화를 용이하게 했다.

1940년 분열 당시 캐넌을 지지한 골드먼과 모로의 운명은 교훈적이다. 앨버트 골드먼은 듀이위원회가 조사를 진행할 때 트로츠키의 변호사였고 여러 해 동안 트로츠키주의 운동에 남아 있었다. [그러나] 1950년 2월에 골드먼은 스스로 '우파 사회주의자'라고 선언했다. 1952년에는 자신이 연방수사국FBI과 협력해 왔다고 고백했다. 그

---

* 캐넌은 《프롤레타리아 정당을 위한 투쟁》이라는 책에서, 조직 내의 반대파를 모두 계급의 적으로 규정해 맹비난하고 조직의 사회적 구성을 엄청나게 강조하는 지도 방법과 당 건설 방식을 정당화하는 데 트로츠키의 권위를 이용했다. 이것은 재앙적이었다. 그 결과로 전후에 SWP 지도부의 지적 보수성은 돌처럼 단단히 굳어 버렸다 — 지은이.

는 반공주의가 너무 강해져서 "만약 내가 좀 더 젊었더라면, 한국이나 특히 유럽에서 군 복무를 하면서 공산주의자들과 잘 싸울 수 있었을 텐데" 하고 말할 정도였다.[23]

필릭스 모로의 운명도 서글프기는 마찬가지였다. 그는 노련한 트로츠키주의자였고 《스페인의 혁명과 반혁명》이라는 훌륭한 책을 쓰기도 했다.

[그러나] 머잖아 모로는 골드먼보다 더 심하게 냉전적 반공주의 활동에 몰두했다. 모로는 자신이 공산당원만을 고발했다고 주장했지만, [공산당원과 비공산당원을] 구별하기가 어렵다는 것을 알게 됐다. [1967년에 시행된] 정보공개법에 따라 입수한 파일들을 살펴보면, 그가 [미국 공산당뿐 아니라] 사회주의노동자당에 관한 정보도 어느 정도 제공했다는 사실이 드러난다. 게다가 그는 중앙정보국CIA과도 협력하기 시작했다.[24]

스탈린 혐오 때문에 강경한 냉전 자유주의자로 변신한 옛 트로츠키주의자들은 훨씬 더 많지만, 이쯤에서 다시 1940년 SWP의 분열 이야기로 돌아가자.

트로츠키는 '프티부르주아 부류와 출세주의자들'이 탈당하고 나면 SWP가 미국 노동계급 속에 더 깊이 뿌리내릴 것이라고 생각했다. 그러나 이런 일은 일어나지 않았다. 오히려 분열 때문에 SWP는 근본적으로 약해졌다. 당원의 약 40퍼센트가 떠났을 뿐 아니라 청년 조직 거의 전체가 떨어져 나갔다. 1942년에 SWP 당원은 645명이었다고 한다(한편, 노동자당은 200명쯤 더 적었다).[25]

미국 SWP의 분열은 다른 나라 트로츠키주의 조직들에도 영향을 미쳤다. 특히 프랑스에서는 많은 트로츠키주의자들이 샥트먼의 견해를 받아들였다. 또, SWP가 분열하자 제4인터내셔널의 국제집행위원회도 붕괴하고 말았다. 국제집행위원회의 거주민위원들 대다수는 트로츠키에 반대해서 버넘·샥트먼 분파를 지지했다. 그래서 1940년에 트로츠키는 1930년대 어느 때보다 지지자가 훨씬 적은 상황에 처하게 됐다.

불굴의 용기

이 책에서 다루는 시기는 매우 암울하고도 길다. 트로츠키의 고통은 극심했다. 그는 자기 연민 따위는 없었지만, 그의 생애에서 가장 끔찍한 시기에 세도프의 죽음이 가져다준 상처는 몹시 고통스러웠다. 이 점은 세도프가 죽고 나흘 뒤에 트로츠키가 쓴 추도사 "아들이자 친구이자 투사였던 레온 세도프"를 보면 알 수 있다.

> 지금 이 글을 쓰는 나의 곁에는 레온 세도프의 어미가 있다. … 우리는 아직도 그 사실을 믿을 수 없다. 레온이 진실되고 헌신적이고 사랑스러운 우리 아들이었기 때문만이 아니라, 무엇보다 그가 세상 그 누구보다도 우리 삶의 일부가 돼서 그 속에 뿌리를 내리고 우리와 함께 생각하고 우리와 함께 일하고 우리를 지켜 주고 우리에게 조언해 주는 우리 친구였기 때문이다.
>
> 지난 세기 말에 혁명의 길에서 우리와 함께했던 나이 든 세대는 모두, 예외 없이 무대에서 쓸려 나갔다. 차르 체제의 중노동 감옥과 가혹한 유배, 궁핍한 망명 생활, 내전, 질병조차 해내지 못한 것을 스탈린은 지난 몇 년 사이에 다 이뤘다. … 나이 든 세대가 말살된 뒤에 다음 세대, 즉 1917년에 정치의식을 깨우치고 혁명 전선의 24개 군軍에서 훈련받은 세대의 가장 뛰어난 부위도 마찬가지로 말살됐다. 그리고 레온 또래 청년 세대의 가장 뛰어난 부위도 짓밟히고 완전히 제거됐다. … 우리는 지난

번 망명 생활을 할 때 새로운 친구들을 많이 사귀었고, 그중 일부는 … 말하자면 우리 가족이나 다름없게 됐다. 그러나 그들은 모두 우리가 이미 나이 든 뒤에 처음 만난 사람들이다. 우리가 젊었을 때부터 우리를 알던 사람은 레온뿐이었다. 그는 자의식을 지니게 된 바로 그 순간부터 우리 삶의 일부가 됐던 것이다. 나이는 아직 어렸지만 그는 마치 우리 세대처럼 느껴졌다.[26]

그 추도사는 아들을 구하지 못했다는 회한의 말로 끝난다.

그의 어미 — 세상 누구보다 레온과 가까웠던 사람 — 와 나는 이토록 한없이 괴로운 순간에 그의 모습을 하나하나 떠올리면서, 그가 더는 이 세상 사람이 아니라는 것을 믿을 수 없지만, 믿지 않을 수도 없기에 울고 있다. … 그는 우리 두 사람의 일부, 즉 우리의 젊은 부분이었다. 우리 안에 아직 젊은 채로 남아 있던 모든 것이 우리 애와 함께 죽어 버렸다. 잘 가라, 레온. 잘 가라, 둘도 없는 사랑하는 친구야. 네 어미와 나는 이렇게 네 추도사를 써야 하는 끔찍한 과제를 운명이 우리에게 강요하리라고는 결코 생각한 적도 없고 예상한 적도 없다. … 그러나 우리는 너를 지켜 주지 못했구나.[27]

상황이 아무리 어려웠어도 트로츠키의 용기와 통찰력은 전혀 흐려지지 않았다. 그는 어떤 역경과 시련에도 맞서 싸우겠다는 투지를 결코 잃지 않았다. 그는 비관주의라는 말의 의미를 결코 이해하지 못했다. 그래서 1937년 2월 3일 [뉴욕에서 활동하던] 안젤리카 발라바노프에게 보낸 편지에 다음과 같이 썼다.

분노, 노여움, 혐오감이 드나요? 그러겠지요, 일시적으로 지치고 피곤하기도 하겠지요. 이 모든 것은 인간적입니다. 매우 인간적입니다. 그러나 저는 당신이 비관주의에 굴복했다고 믿지는 않을 것입니다. … 이것은 마치 소극적으로, 그리고 애처롭게 역사에 대해 불쾌감을 느끼는 것과 비슷합니다. 우리가 어떻게 그럴 수 있겠습니까? 역사는 역사 그 자체로 봐야 합니다. 그리고 역사가 그토록 괴상하고 추악한 짓거리를 허용한다면, 우리는 주먹을 불끈 쥐고 그 역사에 맞서 싸워야 합니다.[28]

미래에 대한 트로츠키의 확신은 결코 약해지지 않았고, 그의 정신과 의지와 에너지는 그 미래를 지향하고 있었다. 앞에서 나는 트로츠키가 22살* 청년이었을 때 말한 구절을 인용한 바 있다.

Dum spiro, spero! 살아 숨 쉬는 한 나는 희망을 간직하리라. 살아 숨 쉬는 한 나는 미래를 위해 투쟁하리라. 그 빛나는 미래에서 강인하고 아름다운 인간은 자기 역사의 흐름을 지배하는 주인이 되고, 그 역사의 흐름이 아름다움·기쁨·행복의 끝없는 지평선으로 향하게 할 것이다. … Dum spiro, spero![29]

암살당하기 얼마 전에 쓴 유언장에서 트로츠키는 미래에 대한 낙관을 거듭 밝혔다.

인류의 공산주의적 미래에 대한 내 신념은 조금도 식지 않았고, 오히려 오늘날 그것은 내 젊은 시절보다 더 확고해졌다. … 벽 아래로 연초록 잔디밭과 벽 위로 청명한 하늘, 모든 것을 비추는 햇살이 보인다. 인생은 아름다워라. 미래 세대가 모든 악과 억압과 폭력에서 벗어나 인생을 마

* 21살의 오타인 듯하다.

음껏 즐기게 하자.[30]

레온 트로츠키는 혁명적 노동자 운동의 성공과 비극을 상징하는 독보적 인물이 됐다. 그 성공의 선두에 섰던 사람이 이제는 그 비극의 피해자가 돼 버렸다.

트로츠키의 죽음

멕시코의 스탈린주의자들은 트로츠키가 소련에 반대하는 음모를 꾸미고 있을 뿐 아니라, 멕시코 대통령 카르데나스에 대항해서 미국 석유 재벌들의 이익을 위해 파시스트 집단을 조직하려는 음모도 꾸미고 있다고 비난하면서, 반反트로츠키 히스테리를 선동했다. 1940년 5월 1일 공산주의자 2만 명이 "트로츠키를 타도하자"는 구호가 적힌 현수막을 들고 멕시코시티에서 시위를 벌였다.

5월 23일 새벽 4시에는 유명한 화가인 다비드 알파로 시케이로스가 이끄는 스탈린주의자 무장 집단이 트로츠키의 저택을 습격했다. 그들은 대규모 기관총 공격을 가해서 총탄 약 200발을 퍼부었다. 트로츠키와 나탈리야가 자고 있던 방의 벽과 문에 생긴 총탄 구멍이 70개가 넘었다. 침대 아래로 떨어진 트로츠키를 나탈리야가 자기 몸으로 감싸 안았다. 두 사람은 모두 다치지 않았지만, 손자인 세바가 가벼운 상처를 입었다. 트로츠키의 경호원 가운데 한 명인 로버트 셸던 하트가 [끌려갔다가] 살해됐다.

스탈린은 만족하지 않았다. 게페우는 끈질겼다. 라몬 메르카데르라는 자가 멕시코에 도착한 것은 1939년 10월 10일이었다. 그의 어머니는 스페인 내전 당시 게페우와 밀접한 관계에 있었던 것으로 널리 알려진 스페인 스탈린주의자 카리다드 메르카데르였다. 라몬 메르카데르는 멕시코에 도착했을 때 자신을 [캐나다인] 프랭크 잭슨이라고 소개했다. 그는 파리에서 만난 트로츠키주의자 실비아 아겔로프와의 [연인] 관계를 이용해 트로츠키의 집으로 들어올 수 있었다. 실비아는 트로츠키의 비서들 가운데 한 명의 자매였고, 러시아어·프랑스어·스페인어를 할 줄 알았기에 트로츠키의 비서 업무를 도와주기도 했다. 1940년 8월 20일 '잭슨'은 자신이 쓴 글을 읽고 논평을 해 달라며 트로츠키의 서재로 갔다. 트로츠키가 원고를 읽고 있을 때 '잭슨'이 등산용 얼음도끼를 꺼내 트로츠키의 머리를 힘껏 쳤다. 다음 날인 8월 21일 트로츠키는 죽었다.

유산

트로츠키 생애의 마지막 장章, 즉 소련에서 추방된 후부터 멕시코에서 암살당할 때까지의 삶은 언뜻 보면 가장 무미건조하다. 이 시기와, 1905년 혁명 때 트로츠키가 페트로그라드 소비에트 의장으로서 맹활약한 영웅적 시기를 비교해 보라. 또는 1917년 혁명 당시 똑같은 기구의 의장을 지내면서 이 지위를 이용해 10월 무장봉기를 조직했을 때를, 또는 내전 당시 적군赤軍을 창건하고 지도하던 때를, 또는 레닌과 함께 공산주의인터내셔널을 지도하던 때를 비교해 보라!

생애의 마지막 12년 동안 그가 한 노력은 완전히 무의미한 것처럼 보인다. 혁명적 지도자의 업적을 평가하는 척도가 직접적 성공이라면 그런 판단은 정확할 것이다. 그러나 똑같은 잣대를 마르크스가 35년 동안 영국에서 생활한 기간에도 적용할 수 있을 것이다. [마르크스 전기 작가인] 메링은 마르크스의 장례식에 대해 다음과 같이 말했다. "그의 무덤 곁에 서 있는 사람들은 충실한 친구 몇 명뿐이었다."[31] 그중에 영국인은 거의 없었다.

마르크스가 영국에 살았을 때는 영국 자본주의가 번영을 누리고 영국 노동자들의 사상은 사회주의와 거리가 먼 그런 시기였다. 1883년에 마르크스가 죽었을 때 노동조합으로 조직된 노동자들의 수는 모두 합쳐도 50만 명에 불과했고, 그나마 자유당 지지자 아니면 보수당 지지자였다.

트로츠키의 말년, 즉 1928~1940년은 반동의 시기였다. 시대가 그렇다 보니, 스탈린은 노동자들의 낡은 사고 습관, 복종하는 태도, 자신감 부족을 이용해서 자신의 권력을 공고히 다지고 트로츠키를 고립시킬 수 있었다. 그리고 스탈린의 정책이 패배를 낳을수록 트로츠키가 대중에게 미치는 영향력도 약해졌다. 트로츠키는 혁명과 내전의 시기에 수많은 사람들에게 영감을 줄 수 있었다. 그래서 많은 노동자들이 그의 요구에 따라 기꺼이 목숨까지 바칠 태세가 돼 있었다. 그러나 이제는 그의 말을 잘 들어 보려는 노동자조차 거의 없었다.

그래도 트로츠키가 1935년 3월 25일 자 일기에 다음과 같이 쓴 것은 옳았다.

> 내가 지금 하고 있는 일은 비록 극히 불충분하고 파편적 성격의 일이지만 내 평생 가장 중요한 일이라고 생각한다. 1917년에 내가 한 일보다 더 중요하고, 내전 때나 그 밖의 어떤 시기에 내가 한 일보다도 중요하다. … 1917년에 내가 페테르부르크에 없었어도 10월 혁명은 일어났을 것이다. 단, 레닌이 페테르부르크에서 [볼셰비키를] 지도하고 있었다면 말이다. 만약 레닌과 내가 모두 페테르부르크에 없었다면 10월 혁명은 일어나지 않았을 것이다. 볼셰비키 지도부가 10월 혁명이 일어나지 못하도록 방해했을 것이기 때문이다. 이 점을 나는 추호도 의심하지 않는다! 만약 레닌이

> 페테르부르크에 없었다면 내가 볼셰비키 지도자들의 저항을 극복할 수 있었을지 의심스럽다. … 그러나 거듭 말하지만 레닌이 있었다면 어쨌든 10월 혁명은 성공했을 것이다. …
> 따라서 내가 한 일이 '필수 불가결했다'고 말할 수는 없다. 심지어 1917~1921년에 내가 한 일도 그렇다. 그러나 지금 내가 하는 일은 말 그대로 '필수 불가결하다.' 이런 주장은 결코 오만한 것이 아니다. 제2·제3인터내셔널의 붕괴는 그 지도부의 어느 누구도 절대 해결할 수 없는 문제를 제기했다. 내 개인적 운명의 우여곡절 때문에 나는 그 문제에 직면하게 됐고, 그 문제를 해결하는 데 필요한 중요한 경험으로 무장할 수 있었다. 제2·제3인터내셔널의 지도자들은 결코 이해할 수 없는 혁명적 방법으로 새 세대를 무장시키는 임무를 수행할 사람은 지금 나 말고는 아무도 없다.[32]

혁명적 사회주의 전통을 보존하고 마르크스주의를 보존할 수 있는 유일한 길은 그것을 계급투쟁에 적용하는 것이다. 마르크스주의의 본질은 이론과 실천의 통일이다. 레닌·룩셈부르크·트로츠키는 마르크스와 엥겔스가 한 일을 계속했다. 계속한다는 것은 되풀이한다는 말이 아니라, 이전 세대들의 가르침을 이용해 새로운 삶에서 제기되는 문제들을 처리한다는 말이다.

1928~1940년의 트로츠키 저작들(독일과 프랑스와 스페인의 상황을 다룬 기사·평론·책 등)은 가장 뛰어난 마르크스주의 저작 축에 든다. 그 저작들은 카를 마르크스의 가장 뛰어난 역사 저작 — 《루이 보나파르트의 브뤼메르 18일》이나 《프랑스의 계급투쟁》 — 과 같은 반열에 든다. 트로츠키는 단지 상황을 분석하기만 한 것이 아니라, 프롤레타리아의 행동 방침도 분명히 제시했다. 전략과 전술의 측면에서 트로츠키의 저작들은 극히 귀중한 혁명적 지침서로, 코민테른 첫 4년

동안 레닌과 트로츠키가 만들어 낸 최상의 작품들과 견줄 만하다.

트로츠키의 《러시아 혁명사》는 다른 어떤 마르크스주의 역사서보다 뛰어나다. 그것은 분석과 예술적 기교 면에서 전례 없이 풍부하고 아름다운 걸작이다.

또, 트로츠키의 《배반당한 혁명》은 스탈린 체제를 이해하는 데 필요한 결정적 무기다. 그 책에서 트로츠키가 제시하는 스탈린 체제 분석은 철저하게 마르크스주의적이고 철저하게 유물론적이다. 트로츠키의 출발점은 러시아 혁명이 처한 객관적 상황, 게다가 일국적일 뿐 아니라 국제적인 상황이다. 러시아의 역사를 좌우한 것은 일국적·국제적 규모에서 서로 싸우는 양대 계급, 즉 프롤레타리아와 부르주아지의 투쟁이었다. 트로츠키는 진정한 사회주의 개념을 다시 진술하고 훌륭하게 발전시키면서, 스탈린주의의 가짜 사회주의에 한 치도 양보하지 않는다. 《배반당한 혁명》은 스탈린주의를 매우 강력하게 반대하면서도, 다른 많은 사람들을 반공주의의 함정에 빠뜨린 반反스탈린 히스테리도 피해 간다. 그래서 《배반당한 혁명》은 트로츠키주의의 주요 특징 — 국제주의적·혁명적 관점에서 스탈린주의와 자본주의에 모두 반대하는 것 — 을 분명히 밝히는 데서 결정적 구실을 했다. 56년이 지났어도 이 책은 여전히 스탈린주의에 대한 분석을 더 발전시키려고 할 때 기초가 되는 책이다.

비록 성공하지는 못했지만, 제4인터내셔널을 건설하려는 그의 노력도 혁명적 전통의 보존에서 결정적으로 중요한 연결 고리였다. 그는 학술적 마르크스주의에, 그 무기력한 수동성에 양보할 수 없었다. 마르크스주의의 본질은 행동이다. 투쟁하는 노동계급에게 조직 말고 다른 무기는 없다. 그리고 프롤레타리아의 성공과 패배를 통해 트로츠키가 거듭거듭 보여 주는 것은 혁명적 정당이 틀림없이 결정적 구실을 한다는 것이다. 프롤레타리아 혁명의 승리는 혁명적 정당 없이는 불가능하다. 트로츠키가 혁명적 인터내셔널을 건설하려고 노력하지 않았다면, 그는 자신에게 충실하지 못했을 것이다.

현재와 미래 세대의 마르크스주의자들은 레닌·룩셈부르크·트로츠키가 우리에게 남겨 준 혁명의 불꽃을 전달할 것이다. 현재와 미래 세대들은 차티스트운동, 파리코뮌, 1905년과 1917년의 러시아 혁명, 1925~1927년 중국 혁명, 스페인 혁명 등의 전통을 전달할 것이다.

지난 60년은 스탈린이 지배자였다. 앞으로 수십 년은 레닌·룩셈부르크·트로츠키가 득세할 것이다. 우리는 트로츠키에게 엄청난 빚을 졌다. 그가 스탈린 체제의 관료 집단에 맞서 싸우지 않았다면, 그의 국제주의가 없었다면, 사회주의를 노동계급의 자주적 활동으로 이해하는 '아래로부터 사회주의' 전통은 살아남지 못했을 것이다.

후주

머리말

1 *Biulleten Oppozitsii*, No 33, March 1933, pp 29~30.

2 L. Trotsky, *Trotsky's Diary in Exile*, London, 1958, p 66.

3 Kh. Rakovsky, M. Okudzava, V. Kossior, "On Capitulation and Capitulators", *Biulleten Oppozitsii*, No 7, Nov~Dec 1929, p 4.

4 *Writings of Leon Trotsky*, 이하 *WLT*로 줄임, *1933~1934*, p 277.

5 *Trotsky's Diary in Exile*, p 53.

6 L. Trotsky, *Sochineniia*, Moscow, Vol 20, p 78.

7 S. Lovell, editor, *Leon Trotsky Speaks*, New York, 1972, p 312.

1장 스탈린이 강제 집산화를 시작하다

1 J. V. Stalin, *Sochineniia*, Vol 8, p 290.

2 E. H. Carr and R. W. Davies, *Foundations of Planned Economy*, Vol 1, London, 1974, p 12에서 인용.

3 L. Trotsky, "Counter thesis of the Opposition to the Five-Year Plan", in L. Trotsky, *Challenge of the Left Opposition(1926~1927)*, 이하 *Challenge, 1926~1927*로 줄임, New York, 1980, p 458.

4 Carr and Davies, *Foundations of Planned Economy*, Vol 1, p 1000.

5 M. Reiman, *The Birth of Stalinism*, London, 1987, pp 43~44.

6 같은 책, p 39.

7 R. W. Davies, *The Socialist Offensive: Collectivisation of Soviet Agriculture 1929~1930*, London, 1980, pp 27, 39.

8 Reiman, pp 44~45.

9 같은 책, p 52.

10 같은 책, pp 49~50.

11 *Pravda*, 16 May 1928.

12 Reiman, p 51.

13 같은 책, p 53.

14 같은 책, pp 53~54.

15 같은 책, p 54.

16 같은 책, p 55.

17 J. V. Stalin, *Works*, Vol XI, p 18.

18 같은 책, pp 49~50.

19 같은 책, p 95.

20 같은 책, p 111.

21 같은 책, p 113.

22 같은 책, p 129.

23 트로츠키 문서 보관소, *T1901*, 이하 같은 방식으로 씀.

24 *T1835*.

25 Carr and Davies, p 75.

26 같은 책, p 1000.

27 M. Lewin, *The Making of the Soviet System*, London, 1985, p 108.

28 Reiman, p 109.

29 Stalin, *Works*, Vol XIII, p 224.

30 *KPSS y rezoliutsiiakh i resheniiakh sezdov, Konferentsii i plenumov TsK*, 이하 *KPSS y rez.*로 줄임, Vol 2, p 451.

31 같은 책, p 454.

32 같은 책, p 545.

33 Davies, p 442.

34 같은 책, p 203.

35 같은 책, pp 255~256.

36 Stalin, *Works*, Vol XII, pp 197~205.

37 *KPSS y rez.*, Vol 2, pp 548~551.

38 Davies, pp 442~443.

39 A. Nove, *An Economic History of USSR*, London, 1984, p 174[국역: 《소련경제사》, 창비, 1998].

40 T. Cliff, *State Capitalism in Russia*, London, 1988, p 72[국역: 《소련은 과연 사회주의였는가?》, 책갈피, 2011].

41 N. Jasny, *The Socialized Agriculture of the USSR*, Stanford, 1949, p 634.

42 같은 책, p 794.

43 D. Filtzer, *Soviet Workers and Stalinist Industrialisation*, London, 1986, p 91.

44 F. Lorimer, *The Population of the Soviet Union: History and Prospects*, Geneva, 1946, pp 133~137.

45 B. Krawchenko, "The Great Famine of 1932~1933 in Soviet Ukraine: Causes and Consequences", *Critique*, No 17, p 145.

46 D. J. Dallin and B. I. Nicolaevsky, *Forced Labour in Soviet Russia*, London, 1948, p 153.

47 같은 책, p 52.

48 같은 책, pp 54~62.

49 N. Jasny, "Labour and Output in Soviet Concentration Camps", *Journal of Political Economy*, October 1951, p 415.

50 N. Khrushchev, *Khrushchev Remembers*, Boston, Mass., 1974, p 62.

51 S. Rosefielde, "An Assessment of the Sources and Uses of Gulag Forced Labour 1929~1956", *Soviet Studies*, January 1981, p 72.

52 W. S. Churchill, *The Second World War: The Hinge of Fate*, London, 1951, p 447[국역: 《제2차 세계대전 상·하》, 까치, 2016].

53 K. Marx, *Capital*, Vol I, p 193[국역: 《자본론 1 상·하》, 비봉출판사, 2015].

2장 공업화의 강행군

1 Reiman, p 86.

2 같은 책, p 89.

3 A. Ehrlich, *The Soviet Industrialisation Debate 1924~1928*, Cambridge, Mass., 1960, p 106.

4 같은 책, p 94.

5 *KPSS y rez.*, Vol 2, p 449.

6 같은 책, p 581.

7 같은 책, p 620.

8 *Sobranie zakonov*, 1931, Art 60.

9 Nove, p 189.

10 R. Hutchings, *Soviet Economic Development*, London, 1982, p 57.

11 같은 책, p 60.

12 Cliff, *State Capitalism in Russia*, pp 34~44 참조.

13 *KPSS y rez.*, Vol 2, p 510.

14 Stalin, *Works*, Vol XIII, pp 40~41.

15 Cliff, *State Capitalism in Russia*, p 25.

16 Filtzer, p 91.

17 Nove, p 198.

18 Cliff, *State Capitalism in Russia*, pp 34~35.

19 Filtzer, p 48.

20 Reiman, p 49.

21 같은 책, p 119.

3장 5개년계획에 대한 트로츠키의 반응

1 Trotsky, *Challenge, 1926~1927*, pp 497~500.

2 Trotsky, *Challenge, 1928~1929*, p 98.

3 같은 책, pp 106, 108.

4 같은 책, p 80.

5 같은 책, p 143.

6 같은 책, pp 155~156.

7 Stalin, *Works*, Vol XI, pp 231~248.

8 Trotsky, *WLT, 1929*, p 48.

9 같은 책, pp 109~110.

10 Trotsky, *WLT, 1930*, p 24.

11 Cliff, *Trotsky,* Vol 3, London, 1991, pp 15~16.

12 더 자세한 내용은 12장 참조.

13 L. Trotsky, *Results and Prospects*, London, 1971, pp 204~205[국역: 《영구혁명, 평가와 전망》, 책갈피, 2003].

14 D. Gluckstein, *The Tragedy of Nikolai Bukharin*(forthcoming)[The Tragedy of Bukharin으로 1993년 영국에서 출간됨].

15 *WLT, 1930~1931*, pp 227~228.

16 *WLT, 1932*, p 42.

17 같은 책, pp 47~48.

18 같은 책, pp 53~54.

19 Trotsky, *Challenge, 1928~1929*, pp 44~45.

20 같은 책, p 55.

21 *WLT, 1930*, p 198.

22 같은 책, p 114.

23 *WLT, 1929~1933*, p 121.
24 같은 책, p 139.
25 *WLT, 1932*, p 260.
26 같은 책, pp 274~275.
27 F. D. Holzman, "Foreign Trade", in A. Bergson and S. Kuznets, editors, *Economic Trends in the Soviet Union*, Cambridge, Mass., 1963, p 290.
28 *WLT, 1930~1931*, pp 228~229.
29 Reiman, p 58.
30 같은 책, p 59.
31 같은 책, pp 60~61.
32 같은 책, pp 65~66.
33 Trotsky, *Challenge, 1928~1929*, p 96.
34 같은 책, p 330.
35 *WLT, 1930~1931*, p 68.
36 같은 책, p 201.
37 같은 책, pp 306~307.
38 *Biulleten Oppozitsii*, No 10, April 1930, p 2.
39 Trotsky, *Challenge, 1928~1929*, pp 293~295.
40 *WLT, 1929*, p 248.
41 같은 책, pp 278~279.
42 같은 책, p 288.
43 같은 책, p 280.
44 *WLT, 1930~1931*, p 225.
45 *WLT, 1933~1934*, pp 117~118.
46 *WLT, 1934~1935*, pp 173~174, 181~182.

4장 소련의 트로츠키주의자들

1 Reiman, pp 22, 27~28.
2 T. Cliff, *Trotsky*, Vol 3, pp 259~261.
3 I. Longuet, *La Crise de L'Opposition de gauche en 1928~1929*, Paris Univ. de Saint Denis, 1987, Mémoire de Maitrise, Université de Paris VIII.
4 *T1586*, Longuet, p 51.
5 *T2439*, Longuet, pp 51~52.
6 *T1780*, Longuet, p 52.

7 *T1795*, *T1464*, Longuet, p 52.

8 *T2560*, Longuet, p 53.

9 *T2502*, Longuet, p 53.

10 *Biulleten Oppozitsii*, May 1930, No 11, pp 31~32에 실린 모스크바에서 온 편지.

11 *T1392*, *T1617*, *T1745*, *T2698*, *T2829*, Longuet, pp 54~55.

12 *T2066*, *T1586*, Longuet, pp 55~56.

13 *T2535*, *T2066*, Longuet, pp 56~57.

14 *T2066*, *T2436*, *T2752*, *T2854*, Longuet, pp 57~58.

15 *T2533*, *T2560*, Longuet, pp 58~59.

16 *T2851*, *T2560*, *T2533*, *T2535*, Longuet, pp 60~61.

17 *T2849*, *T2875*, *T2865*, Longuet, pp 61~62.

18 *T2851*, *T2898*, Longuet, pp 64~65.

19 Longuet, p 65.

20 Filtzer, pp 7~8.

21 같은 책, pp 255~256.

22 *The Case of Leon Trotsky*, London, 1937, pp 331~332.

23 V. Serge and N. S. Trotsky, *The Life and Death of Leon Trotsky*, London, 1975, p 158.

24 *WLT, 1937~1938*, pp 168~169.

25 *T1262*.

26 *T1254*.

27 *T1273*.

28 *Pravda*, 16 May 1928.

29 *T1497*.

30 *T1593*.

31 *T1464*.

32 *T1587*.

33 *T1309*.

34 *Challenge, 1928~1929*, pp 77~78.

35 같은 책, p 80.

36 같은 책, p 108.

37 같은 책, pp 168, 173, 175.

38 같은 책, p 180.

39 *T1606*.

40 *Biulleten Oppozitsii*, No 3~4, September 1929, pp 35~37.

41 *T1780a*.

42 *T2324*.

43 *Challenge, 1928~1929*, p 128.

44 같은 책, pp 168, 172.

45 *T2071*.

46 *T2218*.

47 *Challenge, 1928~1929*, pp 379~383.

48 같은 책, p 249.

49 같은 책, p 342.

50 "Inside the Right-Centre Bloc", *Biulleten Oppozitsii*, No 1~2, July 1929, pp 15~17.

51 *Pravda*, 9 June 1929.

52 *T15264*.

53 *Biulleten Oppozitsii*, October 1929, No 6, p 25.

54 *WLT, 1929*, p 136.

55 같은 책, pp 162, 164.

56 *Pravda*, 14 July 1929.

57 *Pravda*, 16 March 1930; Davies, pp 274~275.

58 Nove, p 221.

59 *Correspondance internationale*, No 102, 9 October 1929, p 1415; *Cahiers Léon Trotsky*, No 7/8.

60 Kh. Rakovsky, *Selected Writings on Opposition in the USSR, 1923~1930*, London, 1980, pp 138~144.

61 *Biulleten Oppozitsii*, October 1929, No 6, p 3.

62 *WLT, 1929*, pp 325~328.

63 같은 책, pp 329~330.

64 *Biulleten Oppozitsii*, Nov~Dec 1929, No 7, p 6.

65 *Biulleten Oppozitsii*, Nov~Dec 1929, No 7, p 8.

66 *Biulleten Oppozitsii*, Nov~Dec 1929, No 7, p 9.

67 Longuet, p 194.

68 Rakovsky, pp 151~152.

69 *Pravda*, 27 October 1929.

70 V. Serge, *Memoirs of a Revolutionary*, London, 1984, pp 252~253[국역: 《한 혁명가의 회고록》, 오월의봄, 2014].

71 *Cahiers Léon Trotsky*, No 7/8, p 108.

72 같은 책, pp 124~125.

73 같은 책, p 139.

74 *T3491*.

75 *T1082*, P. Broué, in *Cahiers Léon Trotsky*, No 6, p 43.

76 *WLT, 1929~1933*, pp 97~98.

77 *The Case of Leon Trotsky*, pp 124, 128.

78 *WLT, 1929*, p 398.

79 *Pravda*, 27 February 1934.

80 *Trotsky's Diary in Exile*, p 53.

81 *WLT, 1933~1934*, p 245.

82 같은 책, p 278.

83 같은 책, p 277.

84 L. Fischer, *Men and Politics*, New York, 1946, pp 293~294.

85 Kh. Rakovsky, M. Okudzhava and V. Kossior, "On Capitulation and Capitulationists", *Biulleten Oppozitsii*, Nov~Dec 1929, No 7, p 4.

86 A. Solzhenitsyn, *The Gulag Archipelago 2, 1918~1956*, Parts Ⅲ~Ⅳ, London, 1976, pp 303~307, 372~376 참조.

87 'MB', "The Trotskyists in Vorkuta Prison Camp", *Sotsialisticheskii Vestnik*, 1961, in T. Ali, editor, *The Stalinist Legacy*, London, 1984, pp 187~188.

88 Cliff, *Trotsky*, Vol 3, pp 262~263 참조.

89 M. Joffe, *One Long Night: A Tale of Truth*, London, 1978, pp 104~116.

90 A. Ciliga, *The Russian Enigma*, London, 1979, p 135.

91 같은 책, p 209.

92 같은 책, pp 210~211.

93 같은 책, p 211.

94 같은 책, pp 264~265.

5장 나치에 반대하는 투쟁

1 *Trotsky's Diary in Exile*, pp 53~54.

2 *The Lessons of the German Events*, pp 44~45, C. L. R. James, *World Revolution*, London, 1937, p 310.

3 J. Degras, editor, *The Communist International, 1919~1943*, London, 1971, Vol 2, p 139.

4 Stalin, *Works*, Vol VI, p 294.

5 *The World Situation and Economic Struggle: Theses of the Tenth Plenum ECCI*, published by the CPGB, London, 1929, p 8.

6 E. H. Carr, *The Twilight of the Comintern, 1930~1935*, London, 1986, p 11에서 인용.

7 J. Braunthal, *History of the International, 1914~1943*, Vol 2, London, 1967, p 365.

8 *Die Rote Fahne*, 15 September 1930, R. Zimmermann, *Der Leninbund: Linke Kommunisten in der Weimarer Republik*, Düsseldorf, 1978, p 197.

9 Braunthal, p 366.

10 C. L. R. James, p 334.

11 E. Thälmann, "Some Mistakes in our Work", *The Communist International*, 15 December 1931; C. L. R. James, p 333.

12 Stalin, *Works*, Vol XI, pp 313~315.

13 *WLT, 1930*, p 28.

14 H. James, *The German Slump*, Oxford, 1987, p 218.

15 *WLT, 1930*, p 38.

16 같은 책, p 49.

17 같은 책, p 61.

18 Braunthal, p 320.

19 *Biulleten Oppozitsii*, No 10, April 1930.

20 L. Trotsky, *The Struggle against Fascism in Germany*, New York, 1971, p 57[국역: 《트로츠키의 반(反)파시즘 투쟁》, 풀무질, 2001].

21 같은 책, p 58.

22 같은 책, p 59.

23 같은 책, p 60.

24 같은 책, p 72.

25 *Inprekorr*, 17 February 1931.

26 E. Rosenhaft, *Beating the Fascists? The German Communists and Political Violence, 1929~1933*, Cambridge, 1983, p 113.

27 C. L. R. James, pp 331~332.

28 *Pravda*, 12 August 1931.

29 Rosenhaft, p 113.

30 Trotsky, *The Struggle Against Fascism in Germany*, p 94.

31 같은 책, p 82.

32 같은 책, pp 121~122, 125.

33 같은 책, pp 127~129.

34 H. Weber, "Introduction" to O. Flechtheim, *Die KPD in der Weimarer Republik*, Frankfurt, 1969, p 64.

35 R. Palme Dutt, *Fascism and Social Revolution*, San Francisco, 1974, p 150.

36 Trotsky, *The Struggle Against Fascism in Germany*, p 86.

37 같은 책, p 132.

38 같은 책, p 139.

39 같은 책, p 140.

40 같은 책, p 141.

41 같은 책, p 153.

42 같은 책, p 357.

43 같은 책, pp 138~139.

44 같은 책, p 304.

45 같은 책, pp 284~285.

46 같은 책, pp 147~148.

47 같은 책, p 144.

48 같은 책, p 155.

49 같은 책, p 136.

50 같은 책, p 254.

51 I. Deutscher, *The Prophet Outcast*, London, 1963, p 132[국역: 《추방된 예언자 트로츠키 1929-1940》, 시대의창, 2017].

52 Trotsky, *The Struggle against Fascism in Germany*, p 155.

53 같은 책, p 144.

54 같은 책, p 400.

55 같은 책, p 402.

56 같은 책, p 399.

57 같은 책, pp 403~405.

58 같은 책, p 284.

59 A. Bullock, *Hitler: A Study in Tyranny*, London, 1952, p 214.

60 Braunthal, Vol 2, pp 381~382.

61 같은 책, pp 384~386.

62 E. Anderson, *Hammer or Anvil*, London, 1945, p 155.

63 같은 책, p 156.

64 같은 책, p 154.

65 같은 책, p 157.

66 같은 책, p 159.

67 C. L. R. James, p 353.

68 Trotsky, *The Struggle Against Fascism in Germany*, pp 341, 343.

69 같은 책, p 375.

70 같은 책, p 384.

71 같은 책, p 391.

72 같은 책, p 408.

6장 독일의 트로츠키주의 운동

1 K. H. Tjaden, *Struktur und Funktion der KPD Opposition(KPO)*, Meisenheim am Glan, 1964, p 100.

2 H. Drechsler, *Die Sozialistische Arbeiterpartei Deutschlands(SAPD)*, Hanover, 1983, p 150.

3 Tjaden, p 114.

4 같은 책, p 232.

5 같은 책, pp 226~227.

6 같은 책, p 144.

7 같은 책, p 336.

8 같은 책, p 337.

9 같은 책, p 349.

10 Cliff, *Trotsky*, Vol 3, pp 130~135.

11 Zimmermann, pp 30~31.

12 H. Weber, *Die Wandlung des Deutschen Kommunismus*, Frankfurt, 1969, p 164.

13 Zimmermann, p 102.

14 같은 책, p 115.

15 같은 책, p 177.

16 같은 책, p 230.

17 A. Schüle, *Trotzkismus in Deutschland bis 1933*, Köln, 1989, p 56.

18 Drechsler, p 109.

19 같은 책, p 111.

20 같은 책, p 117.

21 같은 책.

22 Tjaden, p 293.

23 Drechsler, p 160.

24 같은 책, p 164.

25 같은 책, pp 169~171.

26 같은 책, p 250.

27 같은 책, pp 288~310.

28 같은 책, p 282.

29 같은 책.

30 사민당원 수는 1932년 1월 1일 기준이고, 공산당원 수는 3월 기준이다. Rosenhaft, p 45.

31 같은 책.

32 W. Alles, *Zur Politik und Geschichte der deutschen Trotskisten ab 1930*, Mannheim, 1978, p 75.

33 Weber, p 36.

34 R. N. Hunt, *German Social Democracy, 1918~1933*, London, 1964, p 50.

35 Weber, "Introduction" to O. K. Flechtheim, *Die KPD in der Weimarer Republik*, p 64.

36 Hunt, p 103.

37 Rosenhaft, p 51.

38 같은 책, p 95.

39 같은 책, p 112.

40 같은 책, p 116.

41 같은 책, p 127.

42 같은 책, p 213.

43 같은 책, p 127.

44 Hunt, p 102.

45 Zimmermann, p 284.

46 Hunt, p 101.

47 Weber, pp 316, 363.

48 Schüle, p 56.

49 *WLT, 1930*, pp 293~294.

50 *WLT, 1930~1931*, pp 147, 152~153.

51 같은 책, pp 169~170.

52 Schüle, p 74에서 인용.

53 *WLT, 1929~1933*, p 190.

54 Alles, p 73.

55 같은 책, p 77.

56 Schüle, p 84.

57 Weber, p 370.

58 Trotsky, *The struggle against Fascism in Germany*, p 240.

59 H. Schafranek, *Das Kurze Leben des Kurt Landau*, Vienna, 1988, p 282.

60 *Permanente Revolution*, Oct~Nov 1931.

61 *Permanente Revolution*, December 1931.

62 *Permanente Revolution*, Jan~Feb 1933.

63 J. Van Heijenoort, *With Trotsky in Exile, From Prinkipo to Coyoacán*, Cambridge, Mass., 1978, p 97.

64 같은 책, p 95.

65 Schafranek, pp 136~145.

66 *WLT, 1932*, p 237.

67 T. Cliff, *Lenin*, Vol 1, London, 1986, pp 242~324[국역: 《레닌 평전 1》, 책갈피, 2010].

68 Zimmermann, p 237.

69 Schafranek, pp 252~257.

70 *WLT, 1930*, pp 77~78.

71 *WLT, 1930~1931*, p 140.

72 트로츠키 문서 보관소의 비공개 자료에 들어 있는, 1932년 3월 6일 자 레닌에게 보낸 편지. Deutscher, *The Prophet Outcast*, p 206에서 인용.

73 *WLT, 1932~1933*, pp 32~33.

74 O. Hippe, … *und unsere Fahn' ist rot*, Hamburg, 1979.

75 G. Jungclas, *Aus der Geschichte der deutschen Sektion der IV Internationale*, Hamburg, 1972.

76 Schüle, p 86.

77 *WLT, 1929*, p 337.

78 *WLT, 1930~1931*, p 26.

79 Trotsky, *The Struggle Against Fascism in Germany*, p 193.

80 같은 책, p 252.

7장 러시아 혁명의 역사가 트로츠키

1 L. Trotsky, "Preface" to *History of the Russian Revolution*, 이하 *History*로 줄임, London, 1934, p 21[국역: 《러시아 혁명사》, 아고라, 2017].

2 Cliff, *Trotsky*, Vol 1, London, 1989, pp 123~139 참조.

3 Trotsky, *History*, pp 26~27.

4 같은 책, p 17.

5 같은 책, p 18.

6 같은 책, p 19.

7 같은 책, p 138.

8 같은 책, pp 809~810.

9 같은 책, pp 124~125.

10 같은 책, p 344.

11 같은 책, p 343.

12 같은 책, p 73.

13 같은 책.

14 같은 책, p 76.

15 같은 책, p 81.

16 같은 책, p 112.

17 같은 책, p 113.

18 같은 책, p 114.

19 같은 책, p 113.

20 같은 책, pp 239~240.

21 같은 책, p 663.

22 같은 책, p 395.

8장 새로운 인터내셔널을 향한 첫걸음

1 *WLT, 1932~1933*, pp 137~138.

2 같은 책, p 138.

3 같은 책, p 305.

4 같은 책, p 308.

5 같은 책, p 311.

6 같은 책, pp 274~275.

7 같은 책, p 275.

8 같은 책, p 276.

9 W. Buschak, *Das Londoner Büro*, Amsterdam, 1985, pp 84~85.

10 같은 책, pp 86~87.

11 같은 책, p 100.

12 같은 책, p 159.

13 같은 책, pp 90~91.

14 F. Tichelman, *Henk Sneevliet, 1883~1942*, Bochum, 1978, p 90.

15 같은 책, p 82.

16 *WLT, 1933~1934*, p 52.

17 같은 책, p 65.

18 *WLT, Supplement, 1929~1933*, p 290.

19 *T9397.*

20 *WLT, 1933~1934*, pp 67~68.

21 *WLT, 1932~1933*, p 276.

22 Cliff, *Lenin*, Vol 3, pp 216~218[국역: 《레닌 평전 3》, 책갈피, 2010].

23 *WLT, 1932*, p 202.

24 *WLT, 1932~1933*, p 214.

25 *WLT, 1933~1934*, pp 46~47.

26 Buschak, pp 112~113.

27 Drechsler, p 343.

28 *La Batalla*, 2 May 1937, Buschak, p 248.

29 Buschak, p 181.

30 같은 책, p 267.

31 같은 책, p 274.

32 같은 책, pp 297~298.

33 Tichelman, p 90.

34 *WLT, Supplement, 1929~1933*, p 133.

35 "Introduction" to L. Trotsky, *The Spanish Revolution 1931~1939*, New York, 1973, p 31.

36 P. Pagés, *El Movimiento Trotskista en España 1930~1935*, Barcelona, 1977, p 94.

37 Tichelman, pp 7~8.

38 같은 책, p 77.

39 같은 책, p 82.

40 같은 책, p 97.

41 같은 책, p 99.

42 A. Elefantis, *The promise of the Impossible Revolution: the KKE and the Bourgeoisie between the World Wars(in Greek)*, Athens, 1976.

43 V. Alba, *Histoire du POUM*, Paris, 1975, p 34.

44 G. J. Lerski, *Origins of Trotskyism in Ceylon*, Stanford, 1968, p 110.

45 같은 책, p 110.

46 같은 책, p 126.

47 같은 책, p 144.

48 같은 책, p 149.

49 같은 책, p 156.

50 같은 책, p 211.

9장 트로츠키와 프랑스 민중전선

1 J. Danos and M. Gibelin, *June '36, Class Struggle and the People's Front in France*, London, 1986, pp 33~34.

2 J. Jackson, *The People's Front in France: Defending Democracy, 1934~1938*, Cambridge, 1988, p 29.

3 *L'Humanité*, 18 February 1933.

4 Jackson, p 22.

5 Y. Craipeau, *Le mouvement trotskyste en France*, Paris, 1971, pp 96~97.

6 Jackson, p 29.

7 Danos and Gibelin, pp 35~36.

8 *Leon Trotsky on France*, New York, 1979, pp 29~30.

9 같은 책, p 31.

10 같은 책, pp 33~34.

11 같은 책, p 35.

12 같은 책, p 40.

13 같은 책, p 60.

14 Danos and Gibelin, p 39.

15 E. H. Carr, *The Twilight of Comintern, 1930~1935*, London, 1986, p 204에서 인용.

16 *Leon Trotsky on France*, p 75.

17 같은 책, p 129.

18 Jackson, p 85.

19 같은 책, pp 86~87.

20 같은 책, p 272.

21 같은 책, pp 9~10.

22 Danos and Gibelin, p 108.

23 Jackson, p 231.

24 같은 책, pp 219~220.

25 같은 책, p 220.

26 같은 책.

27 같은 책, p 222.

28 *Leon Trotsky on France*, p 161.

29 같은 책, pp 163~164.

30 같은 책, p 166.

31 같은 책, p 171.

32 같은 책, p 173.

33 Jackson, p 110.

34 같은 책.

35 Danos and Gibelin, p 181.

36 Jackson, p 184.

37 같은 책, p 170.

38 같은 책, p 180.

39 A. Mitzman, "The French Working Class and the Blum Government 1936~1937", *International Review of Social History*, Amsterdam, 1964, p 375.

40 Jackson, p 11.

41 Mitzman, p 386.

42 Mitzman, p 365에서 인용.

43 Jackson, p 271.

44 Danos and Gibelin, pp 228~229.

45 같은 책, p 229.

46 같은 책, pp 229~230.

47 Jackson, pp 111~112.

48 Danos and Gibelin, p 230.

49 Mitzman, pp 388~389.

50 Jackson, p 13.

51 *Leon Trotsky on France*, p 200.

52 Jackson, p 248.

53 같은 책, p 13.

10장 프랑스의 트로츠키주의자들

1 트로츠키 문서 보관소에 있는 로스메의 편지. Deutscher, *The Prophet Outcast*, p 45에서 인용.

2 Craipeau, p 36.

3 *WLT, 1929*, pp 234~235.

4 같은 책, p 236.

5 같은 책, pp 237~238.

6 Craipeau, pp 38~39.

7 같은 책, p 39.

8 같은 책, p 40.

9 같은 책, p 41.

10 Van Heijenoort, p 1.

11 *WLT, 1933~1934*, pp 88~89.

12 *WLT, 1930*, p 231.

13 Craipeau, p 87.

14 같은 책, p 107.

15 P. Frank, *The Fourth International: The Long March of the Trotskyists*, London, 1979, p 51.

16 *WLT, 1934~1935*, pp 41~42.

17 *WLT, 1934~1940*, p 494.

18 같은 책, pp 500~501.

19 *WLT, 1934~1935*, pp 87~88.

20 Craipeau, pp 110~111.

21 L. Trotsky, *The Crisis of the French Section(1935~1936)*, New York, 1977, pp 20~21.

22 Craipeau, pp 119~120.

23 *WLT, 1934~1940*, p 554.

24 *WLT, 1934~1935*, p 202.

25 *WLT, 1935~1936*, p 70.

26 Craipeau, p 129.

27 G. Vereeken, *The GPU in the Trotskyist Movement*, London, 1976, p 90.

28 같은 책.

29 Craipeau, pp 124~125.

30 같은 책, p 141.

31 같은 책, pp 131~132.

32 같은 책, p 126.

33 같은 책, p 132.

34 Trotsky, *The Crisis of the French Section*, p 31.

35 *WLT, 1934~1935*, pp 315~316.

36 같은 책, p 76.

37 Trotsky, *The Crisis of the French Section*, p 116.

38 Craipeau, p 133.

39 같은 책, p 136.

40 같은 책, p 143.

41 Trotsky, *The Crisis of the French Section*, p 186.

42 같은 책, p 29.

43 같은 책, p 183.

44 Craipeau, p 143.

45 Trotsky, *The Crisis of the French Section*, p 87.

46 Craipeau, p 144.

47 같은 책, p 137.

48 같은 책, p 144.

49 *WLT, 1935~1936*, p 220.

50 Trotsky, *The Crisis of the French Section*, pp 124~125.

51 Frank, p 52.

52 Craipeau, p 157.

53 Trotsky, *The Crisis of the French Section*, p 137.

54 같은 책, p 139.

55 같은 책, p 165.

56 Craipeau, p 189.

57 Trotsky, *The Struggle Against Fascism in Germany*, p 421.

58 George Breitman to A. M. Wald, 17 July 1985, in A. M. Wald, *The New York Intellectuals*, University of North Carolina Press, 1987, p 110.

59 James P. Cannon, *History of American Trotskyism*, New York, 1972, pp 251~252.

60 M. Fisk, *Socialism from Below in the United States*, Cleveland, 1977, p 10.

61 *WLT, 1936~1937*, p 483.

62 George Breitman to Wald, 17 July 1985, in Wald, p 165.

63 M. Staszewski, *L'Action Socialiste, 1933~1936*, thesis presented to gain a

degree in history, Université Libre de Bruxelles, 1974~1975, p 3.

64 N. de Beule, *Le Trotskyisme Belge*, Brussels, 1985, pp 44~46, 70~72, 93.

65 같은 책, p 93.

66 같은 책, p 105.

67 *WLT, 1929*, p 316.

68 N. de Beule, p 119.

69 같은 책, pp 119~123.

70 같은 책, pp 130, 134.

71 같은 책, p 139.

72 *WLT, 1934~1935*, p 104.

73 Vereeken, p 105에서 인용.

74 같은 책, p 101.

75 Staszewski, p 196.

76 같은 책, p 199.

77 Vereeken, p 101.

78 W. Reisner, editor, *Documents of the Fourth International: The Formative Years 1933~1940*, New York, 1973, p 289.

79 R. Lefebvre, *Dauge et le Daugisme*, thesis presented to gain a degree in social sciences, Université Libre de Bruxelles, 1978~1979, pp 78~83.

80 R. J. Alexander, *Trotskyism in Latin America*, Stanford, 1973, pp 50~51.

81 같은 책, pp 101~102.

82 같은 책, pp 103~104, 110.

83 같은 책, p 184.

84 같은 책, pp 184~198.

85 같은 책, p 215.

86 같은 책, pp 217, 219.

87 같은 책, pp 222~224.

88 같은 책, p 234.

89 같은 책, p 246.

11장 트로츠키와 스페인 혁명

1 L. Trotsky, *The Spanish Revolution 1931~1939*, New York, 1973, p 69[국역: 《레온 트로츠키의 스페인혁명》, 풀무질, 2008].

2 같은 책, pp 59~60.

3 같은 책, pp 85~86, Notes 403.

4 같은 책, p 130.

5 같은 책.

6 K. Marx and F. Engels, *Collected Works*, Vol 13, London, 1980, p 391.

7 Trotsky, *The Spanish Revolution*, p 244.

8 R. Fraser, *Blood of Spain*, London, 1979, p 514.

9 같은 책, p 42.

10 같은 책, p 521.

11 H. Thomas, *The Spanish Civil War*, London, 1977, p 127.

12 같은 책, p 91.

13 Fraser, p 42.

14 P. Broué and E. Témime, *The Revolution and Civil War in Spain*, London, 1972, p 48.

15 Thomas, p 49.

16 Fraser, p 525.

17 같은 책, p 526.

18 같은 책, p 530.

19 G. Brenan, *The Spanish Labyrinth*, Cambridge, 1971, p 235.

20 같은 책, p 237.

21 Thomas, p 127.

22 같은 책, p 186.

23 Brenan, p 253.

24 같은 책, p 254.

25 같은 책, pp 258~259.

26 같은 책, p 249.

27 Broué and Témime, p 49.

28 Brenan, p 269.

29 같은 책, p 270.

30 같은 책, p 271.

31 같은 책, p 282.

32 같은 책, p 284.

33 같은 책, pp 286~289.

34 같은 책, p 292.

35 P. Pagés, *El Movimiento Trotskista en España 1930~1935*, Barcelona, 1977, pp 40~43.

36 P. Pagés, *Andreu Nin: su evolucion politica 1911~1937*, Madrid, 1975, p 148.

37 P. Broué, editor, L. Trotsky, *La révolution espagnole 1930~1940*, Paris, 1975, p 36.

38 Trotsky, *The Spanish Revolution*, p 369.

39 같은 책, p 370.

40 같은 책, pp 370~371.

41 같은 책, p 371.

42 V. Alba, *Histoire du POUM*, Paris, 1975, p 34.

43 R. Tosstorff, *Die POUM im spanischen Bürgerkrieg*, Frankfurt, p 17.

44 Alba, p 68.

45 같은 책.

46 V. Alba and S. Schwartz, *Spanish Marxism versus Soviet Communism: A History of the POUM*, New Brunswick, 1988, p 47.

47 "Introduction" to L. Trotsky, *The Spanish Revolution*, p 31.

48 Pagés, *El Movimiento Trotskista en España*, p 94.

49 A. Durgan, "The Spanish Trotskyists and the Foundation of the POUM: The Spanish Civil War, The View from the Left", *Revolutionary History*, Vol 4, No 1/2, London, 1992, p 18.

50 Trotsky, *The Spanish Revolution*, p 371.

51 같은 책, p 372.

52 같은 책, p 373.

53 같은 책, p 385.

54 같은 책.

55 같은 책, pp 386~387.

56 같은 책, p 387.

57 같은 책, p 374.

58 Tosstorff, p 14.

59 같은 책, p 388.

60 같은 책, p 375.

61 같은 책, p 388.

62 같은 책, pp 388~390.

63 같은 책, p 376.

64 같은 책, p 377.

65 같은 책, p 379.

66 Pagés, *El Movimiento Trotskista en España*, pp 124~128.

67 Durgan, in "The Spanish Trotskyists and the Foundation of the POUM", p 25.

68 Fraser, p 552.

69 Trotsky, "Introduction", *The Spanish Revolution*, p 33.

70 R. A. H. Robinson, *The Origins of Franco Spain*, Pittsburgh, 1970, p 182에 인용된 1934년 4월 29일 자 〈엘 소시알리스타〉. 스페인 사회당의 좌경화에 관한 더 자세한 설명은 A. Durgan, "The Rise and Fall of Largo Caballero", *International Socialism*, No 18, Winter 1983 참조.

71 Trotsky, *The Spanish Revolution*, p 202.

72 같은 책, p 206.

73 *Comunismo*, September 1934, Alba and Schwartz, 앞의 책, p 41.

74 Tosstorff, p 47.

75 L. Trotsky, *La révolution Espagnole*, p 297.

76 Pagés, *El Movimiento Trotskista en España*, pp 184~189.

77 Trotsky, *La révolution Espagnole*, pp 304~305.

78 "Maurin's testimony dates from 1972", Tosstorff, pp 48~49.

79 Broué and Témime, pp 75~76.

80 Brenan, p 301.

81 Broué and Témime, pp 80~81.

82 Thomas, p 5.

83 F. Morrow, *Revolution and Counter-revolution in Spain*, New York, 1974, p 45.

84 Broué and Témime, p 81.

85 Thomas, pp 169~170.

86 Fraser, p 521.

87 Thomas, p 190.

88 Morrow, p 48.

89 Thomas, p 220.

90 Morrow, p 49.

91 Broué and Témime, pp 121~122.

92 F. Borkenau, *The Spanish Cockpit*, London, 1932, p 71.

93 같은 책, p 76.

94 같은 책, pp 115~116.

95 같은 책, pp 123~125.

96 Broué and Témime, p 129.

97 Trotsky, *The Spanish Revolution*, p 209.

98 Fraser, p 341.

99 Tosstorff, p 242.

100 같은 책, p 350.

101 Fraser, p 340.

102 *El Comunista*, 5 December 1936.

103 Trotsky, *La révolution espagnole*, p 318.

104 Trotsky, *The Spanish Revolution*, pp 308~309.

105 같은 책, p 309.

106 같은 책, p 310.

107 같은 책, p 309.

108 같은 책, p 322.

109 같은 책, p 86.

110 Borkenau, p 131.

111 Thomas, p 653.

112 같은 책, p 646.

113 Broué and Témime, p 232.

114 Borkenau, p 192.

115 Broué and Témime, p 229.

116 같은 책, p 92.

117 Thomas, p 180.

118 Fraser, p 186.

119 Broué and Témime, pp 207~208.

120 Trotsky, *The Spanish Revolution*, p 316.

121 같은 책, p 146.

122 Buschak, p 207에서 인용.

123 Fraser, p 321.

124 Broué and Temimé, p 204.

125 *La Batalla*, 17 December 1936, Buschak, p 240.

126 Trotsky, *The Spanish Revolution*, p 351.

127 같은 책, p 134.

128 Tosstorff, p 165.

129 Trotsky, *The Spanish Revolution*, pp 317~318, 345~346.

130 Alba, p 153.

131 P. Pagés, *Andreu Nin*, pp 232~233.

132 Trotsky, *The Spanish Revolution*, pp 318, 343.

133 Alba and Schwartz, p 140.

134 Morrow, p 124.

135 Borkenau, pp 174~175.

136 G. Orwell, *Homage to Catalonia*, London, 1989, pp 93~94[국역: 《카탈로니아 찬가》, 민음사, 2001].

137 Broué and Témime, p 275.

138 같은 책, p 277.

139 같은 책, p 278.

140 같은 책, p 279.

141 Fraser, p 378.

142 Broué and Témime, p 287.

143 같은 책, pp 283~284.

144 H. Oehler, *Barricades in Barcelona*, New York, 1982(초판은 1937년), p 11. 지은이 휴고 올러는 5월 사태를 직접 목격했다.

145 같은 책, pp 12~13.

146 같은 책, p 16.

147 Alba and Schwartz, pp 189~190.

148 Fraser, pp 382~383.

149 Tosstorff, pp 214~215.

150 같은 책, p 224.

151 Oehler, p 10.

152 같은 책, p 17.

153 Tosstorff, pp 240~241.

154 같은 책, pp 333~334.

155 같은 책, p 335.

156 같은 책, p 367.

157 Trotsky, *The Spanish Revolution*, pp 277, 279.

158 같은 책, pp 302~303.

159 Trotsky, *La révolution Espagnole 1930~1940*, p 726.

160 Tosstorff, p 311.

161 Reisner, p 289.

162 Trotsky, *The Spanish Revolution*, pp 267~268.

163 Broué and Témime, p 312.

164 같은 책, pp 312~313.

165 같은 책, pp 313~314.

166 Trotsky, *The Spanish Revolution*, p 235.

167 같은 책, p 347.

12장 왜 제4인터내셔널은 성장하지 못했는가?

1 *WLT, 1930*, p 261.

2 *WLT, 1933~1934*, p 268.

3 같은 책, p 291.

4 *WLT, 1934~1935*, p 204.

5 *WLT, 1935~1936*, p 24.

6 *WLT, 1938~1939*, p 77.

7 *WLT, 1939~1940*, p 85.

8 같은 책, p 219.

9 *WLT, 1933~1934*, p 329.

10 *WLT, 1935~1936*, p 23.

11 *WLT, 1938~1939*, p 78.

12 *WLT, 1937~1938*, p 27.

13 *WLT, 1938~1939*, p 87.

14 Trotsky, *The Death Agony of Capitalism and the Tasks of the Fourth International*, Reisner, pp 180, 183.

15 *WLT, 1939~1940*, p 213.

16 같은 책, p 218.

17 *WLT, 1938~1939*, p 71.

18 *WLT, 1934~1935*, pp 181~182.

19 *WLT, 1933~1934*, p 316.

20 *WLT, 1935~1936*, p 360.

21 Trotsky, *In Defence of Marxism*, London, 1971, pp 16~17.

22 Cliff, *Lenin*, Vol 1, pp 325, 340, 351.

23 M. Kidron, *Western Capitalism since the War*, London, 1970, p 11.

24 Reisner, p 184.

25 같은 책, p 183.

26 *WLT, 1930~1931*, p 114.

27 *WLT, 1935~1936*, p 266.

28 *WLT, 1929~1933*, p 369.

29 Reisner, pp 151~152.

30 같은 책, p 178.

31 D. Hallas, *Trotsky's Marxism*, London, 1979, p 95[국역: 《트로츠키의 마르크스주의》, 책갈피, 2010].

32 I. Deutscher, *Heretics and Renegades*, London, 1955, p 20.

33 K. Marx and F. Engels, *Collected Works*, Vol 38, London, 1982, p 286.

34 같은 책, p 289.

35 K. Marx and F. Engels, *Collected Works*, Vol 10, London, 1978, p 510.

36 *WLT, 1933~1934*, p 207.

37 *WLT, 1934~1935*, p 274.

13장 《배반당한 혁명》

1 Trotsky, *The Revolution Betrayed*, p 3[국역: 《배반당한 혁명》, 갈무리, 2018].

2 같은 책, p 125.

3 같은 책, p 142.

4 같은 책, pp 144~145.

5 같은 책, pp 148~149.

6 같은 책, p 153.

7 같은 책, pp 161~163.

8 같은 책, pp 181~182.

9 같은 책, pp 51~52.

10 같은 책, pp 221~222.

11 같은 책, p 6.

12 같은 책, p 8.

13 같은 책, p 9.

14 같은 책, p 15.

15 같은 책, p 112.

16 같은 책, p 113.

17 같은 책, pp 251~252.

18 같은 책, p 248.

19 같은 책, p 249.

20 같은 책, p 254.

21 같은 책, pp 249~250.

22 같은 책, pp 287~288.

23 같은 책, p 227.

24 같은 책, p 229.

25 Trotsky, *In Defence of Marxism*, p 17.

26 L. Trotsky, *Problems of the Development of the USSR: A Draft of the Theses of the International Left Opposition on the Russian Question*, New York, 1931, p 36.

27 *New International*, April 1943.

28 *New International*, April 1943.

29 K. Marx, *The Poverty of Philosophy*, London n.d., pp 129~130[국역: 《경제학·철학초고/자본론/공산당선언/철학의 빈곤》 중 철학의 빈곤, 동서문화동판, 2016].

30 같은 책, p 166.

31 K. Marx, *A Contribution to the Critique of Political Economy*, Chicago, 1918, pp 285~286[국역: 《정치경제학 비판을 위하여》, 중원문화, 2017].

32 Cliff, *State Capitalism in Russia*, pp 221~222.

33 같은 책, pp 165~166.

34 같은 책, p 47.

35 F. Engels, *Anti-Dühring*, London n.d., p 312[국역: 《반듀링론》, 새길아카데미, 2012].

36 L. Laurat, *Marxism and Democracy*, London, 1940, p 69에서 인용.

37 Trotsky, *The Revolution Betrayed*, p 6.

38 E. Germain[Ernest Mandel — 지은이], in *Quatrieme Internationale*, 14, 1956, No 1~3.

39 Cliff, *The Nature of Stalinist Russia*, pp 134~135.

40 Cliff, *Russia: A Marxist Analysis*, London, 1964, pp 197~198.

41 같은 책, p 198.

42 같은 책, p 240.

43 같은 책, p 257.

44 같은 책, p 256.

45 같은 책.

46 같은 책, p 254.

47 같은 책, p 257.

48 같은 책, pp 248~249.

49 같은 책, pp 250~254.

50 같은 책, pp 273~274.

51 같은 책, pp 262~263.

52 같은 책, p 283.

53 같은 책, pp 309~310.

54 Trotsky, *The Revolution Betrayed*, p 8.

55 *Statisticheskii ezhegodnik stran-chlenov soveta ekonomich eskoi vzaimopomoshchi*, Moscow, 1989, p 18.

56 *Financial Times*, 12 May 1992.

57 Trotsky, *In Defence of Marxism*, p 31.

58 *WLT, 1933~1934*, pp 102~103.

59 *International Socialism*, No 54, Spring 1992.

60 *International Socialism*, No 54, Spring 1992, pp 46~47.

61 *International Socialism*, No 54, Spring 1992, p 90.

62 *International Socialism*, No 54, Spring 1992, p 69.

63 Cliff, *State Capitalism in Russia*, p 276.

14장 악몽: 모스크바 재판과 대숙청

1 *WLT, 1934~1935*, pp 132~137.

2 N. S. Khrushchev, "Secret Address to the Twentieth Party Congress of the Communist Party of the Soviet Union", in H. M. Christman, editor, *Communism in Action: A Documentary History*, New York, 1969, p 177.

3 L. Sedov, *The Red Book on the Moscow Trial*, London, 1980, p 63.

4 *Report of the Court Proceedings in the Case of the Trotskyite-Zinovievite Terrorist Centre*, Moscow, 1936, p 164.

5 같은 책, p 170.

6 같은 책, p 172.

7 같은 책, p 100.

8 *WLT, 1935~1936*, p 499.

9 *WLT, 1936~1937*, p 144.

10 *Report of the Court Proceedings in the Case of the Trotskyite-Zinovievite Terrorist Centre*, pp 102~103.

11 W. G. Krivitsky, *I was Stalin's Agent*, London, 1939, p 212.

12 *Pravda*, 27 January 1928.

13 *Pravda*, 11 October 1932.

14 *Report of the Court Proceedings in the Case of the Trotskyite-Zinovievite Terrorist Centre*, pp 135~136에서 비신스키가 인용한 [지노비예프의] 말.

15 *Pravda*, 21 August 1936.

16 *Semnadtsatii Sezd VKP(b)*, Moscow, 1934, p 129.

17 Sedov, pp 37~38.

18 *WLT, 1936~1937*, p 59.

19 같은 책, p 97.

20 같은 책, p 365.

21 *Report of the Court Proceedings in the Case of the Anti-Soviet Trotskyite Centre*, Moscow, 1937, p 64.

22 같은 책, p 60.

23 같은 책, p 365.

24 같은 책, p 371.

25 *The Case of Leon Trotsky*, London, 1937, pp 503~505.

26 R. Medvedev, *Let History Judge*, Nottingham, 1972, p 213.

27 *Report of the Court Proceedings in the Case of the Anti-Soviet 'Bloc of Rights and Trotskyites'*, Moscow, 1938, p 6.

28 같은 책, pp 259~260.

29 같은 책, p 296.

30 [소련 공산당] 20차 당대회에서 흐루쇼프가 한 비밀 연설.

31 *Biulleten Oppozitsii*, No 70, October 1938, p 11.

32 R. Medvedev, p 234.

33 같은 책, p 239.

34 같은 책.

35 S. Swianiewicz, *Forced Labour and Economic Development*, London, 1965, pp 36~37.

36 "Speech at the First All-Union Conference of Stakhanovites", 17 November 1935, in J. Stalin, *Problems of Leninism*, Moscow, 1953, p 670.

37 *WLT, 1936~1937*, p 150.

38 Filtzer, p 196.

39 Medvedev, p 230.

40 B. G. Katz, *A Quantitative Evaluation of the Economic Impact of the Great Purges on the Soviet Union*, PhD Thesis, University of Pennsylvania, 1973, pp 9~10.

41 같은 책.

42 M. Fainsod, *Smolensk under Soviet Rule*, London, 1959, p 212.

43 같은 책.

44 같은 책, p 302.

45 같은 책, p 322.

46 같은 책.

47 *Biulleten Oppozitsii*, No 60~61, December 1937, p 12.

48 Cliff, *State Capitalism in Russia*, p 195.

49 *WLT, 1936~1937*, p 423.

50 *Report of the Court Proceedings in the Case of the Anti-Soviet Trotskyite Centre*, p 550.

51 R. Conquest, *The Great Terror*, London, 1968, pp 576~578.

52 같은 책, pp 579~580.

53 같은 책, p 584.

54 같은 책, pp 581~582.

55 *Pravda*, 28 August 1936.

56 Van Heijenoort, p 91.

57 *Bolshevik*, 15 September 1936, in Deutscher, *The Prophet Outcast*, p 343.

58 *WLT, 1937~1938*, p 174.

59 *WLT, 1935~1936*, p 410.

60 Trotsky, "I Stake My Life!" in *Leon Trotsky Speaks*, New York, 1972, p 280.

61 Deutscher, *The Prophet Outcast*, pp 367~368.

62 S. Bornstein and A. Richardson, *Against the Stream*, London, 1986, p 218에 인용된 1936년 8월 23일 자 〈옵서버〉.

63 같은 책, pp 222~228.

64 *The Case of Leon Trotsky*, pp 584~585.

65 같은 책, p 585.

66 *Not Guilty!, Report of the Commission of Inquiry into the Charges made against Leon Trotsky in the Moscow Trials*.

67 T. Brotherstone and P. Dukes, editors, *The Trotsky Reappraisal*, Edinburgh, 1992, pp 8~15.

15장 제2차세계대전이 시작되다

1 *WLT, 1933~1934*, p 300.

2 *WLT, 1939~1940*, p 185.

3 같은 책, p 188.

4 같은 책, pp 190~191.

5 같은 책, pp 191~192.
6 같은 책, p 222.
7 같은 책, pp 199~200.
8 *WLT, 1938~1939*, pp 29~30.
9 *The Case of Leon Trotsky*, p 293.
10 *WLT, 1939~1940*, p 89.
11 Reisner, p 289.
12 D. Guerin, *100 Years of Labor in the USA*, London, 1979, p 107.
13 F. Dobbs, *Teamster Rebellion*, London, 1986.
14 H. Klehr, *The Heyday of American Communism*, New York, 1984, p 380.
15 Guerin, p 105.
16 Trotsky, *In Defence of Marxism*, London, 1971, p 135.
17 A. M. Wald, *The New York Intellectuals*, New York, 1987, ch 6~9.
18 Trotsky, *In Defence of Marxism*, pp 257~262.
19 J. Burnham, *The Struggle for the World*, New York, 1947, pp 242~248.
20 Trotsky, *In Defence of Marxism*, p 82.
21 Wald, p 113에서 인용.
22 Wald, p 4.
23 같은 책, p 287.
24 같은 책, p 288.
25 George Breitman to A. Wald, 17 July 1985, in Wald, p 165.
26 *WLT, 1937~1938*, pp 166~167.
27 같은 책, p 179.
28 *WLT, 1936~1937*, p 193.
29 Trotsky, *Sochineniia*, Moscow, Vol 20, p 78.
30 Lovell, *Leon Trotsky Speaks*, p 312.
31 F. Mehring, *Karl Marx: The Story of his Life*, London, 1966, p 530.
32 *Trotsky's Diary in Exile*, 1935, pp 53~54.

찾아보기

ㅇ

ㅈ

ㅍ

ㅎ